COSTA DE LA LUZ

Thomas Schröder

Text und Recherche: Thomas Schröder
Lektorat: Anja Keul
Redaktion und Layout: Sven Talaron
Fotos: Thomas Schröder
Cover: Karl Serwotka
Titelfotos: Caños de Meca (oben);
Arcos de la Frontera (unten, beide: Thomas Schröder)
Karten: Susanne Handtmann, Carlos Borrell, Matthias Patrzek

Herzlichen Dank den vielen Leserinnen und Lesern, die mit Tipps und Beiträgen bei der Aktualisierung dieses Reisehandbuchs geholfen haben:

Chantal Weidenmüller und Andreas Schaum, Robert Schöffmann, Daniel Hoch und Conny Braun, Doris und Hans Strässle, Claudia Hess, Michael Müller, Irmgard und Franz Sinnesbichler, Stefan-Kai Obst, Matthias Schantl, Nina Tobergte, Thomas Leufen, Ralf und Ines Seidewitz, Annelie Kefer-Henseler, Renate Leichner, Frank Freihoff, Dieter Uetzmann, Otto Bitter, Silke und Ralf-Jürgen Hofmann.

ISBN 3-89953-175-2

2. überarbeitete und aktualisierte Auflage 2005

Costa de la Luz –
Allgemeines

Costa de la Luz –
Reisepraktisches

Provinz Cádiz

Abstecher nach Ronda –
Ausflug nach Gibraltar

Sevilla

Provinz Huelva

INHALT

Küche und Keller ... 46

Wissenswertes von A bis Z ... 55

Provinz Cádiz ... 66

Das Binnenland der Provinz Cádiz ... 150

Kartenverzeichnis

Zeichenerklärung für die Karten und Pläne

Grünanlage	Kirche
Aussicht	Kloster
Höhle	Sehenswürdigkeit
Campingplatz	Flughafen/-platz
Badestrand	Bushaltestelle
Leuchtturm	Information
Turm	Post
Wanderweg	Museum

Alles im Kasten

Was haben Sie entdeckt?

Haben Sie ein charmantes Hotel gefunden, eine prima Bar, einen schönen Wanderweg? Und welcher Tipp war nicht mehr so toll?

Wenn Sie neue Informationen, Verbesserungsvorschläge oder Ergänzungen zu diesem Reisehandbuch haben, dann lassen Sie es mich bitte wissen.

Ich freue mich über jeden Brief!

Thomas Schröder
Stichwort "Costa de la Luz"
c/o Michael Müller Verlag
Gerberei 19
91054 Erlangen
thomas.schroeder@michael-mueller-verlag.de

Strahlendes Licht: am Strand von La Antilla (Provinz Huelva)

Gesichter einer Küste

Strände, Strände, Strände ... Und noch viel mehr. Die Costa de la Luz zählt zu den vielfältigsten und reizvollsten Landstrichen Andalusiens. Und vor allem: Sie hat sich ihren Charakter bewahrt.

Die Costa de la Luz, die „Küste des Lichts", erstreckt sich von Tarifa nach Nordwesten bis zur portugiesischen Grenze und umfasst die andalusischen Provinzen Cádiz und Huelva. An ihrem südlichsten Punkt reicht sie bis auf 14 Kilometer an Afrika heran. Entsprechend gestaltet sich das Klima. Ihren Namen verdient die andalusische Atlantikküste denn auch durchaus: „Etwas Strahlenderes und Schimmernderes, ein diffuseres und gleichzeitig doch grelleres Licht ist nicht vorstellbar", schrieb Théophile Gautier 1840 über Cádiz.

Ein großer Vorzug der Costa de la Luz sind sicher ihre fabelhaften, schier endlosen Naturstrände. Gut 270 Kilometer Strand hat die andalusische Tourismusbehörde gezählt, verteilt auf eine Küstenlinie von rund 380 Kilometern. Ein Verhältnis, das für sich spricht – und ein Kapital, mit dem die Verantwortlichen künftig hoffentlich weise umzugehen wissen. Auch an der Küste des Lichts sind nämlich schon erste Feriensiedlungen entstanden, zum Glück allerdings bislang noch weitaus weniger als an der benachbarten Costa del Sol und in der Mehrzahl auch etwas geschmackvoller angelegt als dort. Den eigentlichen Reiz der Costa de la Luz jedoch machen die gewachsenen Fischerdörfer und kleinen Städtchen aus, die wie Conil oder Tarifa ihre Traditionen, ihre Feste und ihr Ortsbild trotz zunehmenden Fremdenverkehrs weitgehend erhalten haben.

Auch wenn die historischen Monumente an der Costa de la Luz vielleicht nicht ganz so dicht gedrängt und auch weniger hochklassig sind als z. B. in Granada oder

Córdoba, so war die Geschichte Andalusiens doch immer eng mit der Atlantikküste verbunden. Die maurische Eroberung, die die Region fast acht Jahrhunderte lang prägen sollte (und z. T. bis heute prägt), nahm hier ihren Anfang, und noch immer erinnert in vielen Orten der Namenszusatz „de la Frontera" an die einstigen Grenzlinien im jahrhundertelangen Kampf der Christen gegen die Mauren. Von der Atlantikküste startete Kolumbus zu seinen großen Reisen. Hierhin kehrten auch die Karavellen aus der Neuen Welt zurück, bis zur Reling beladen mit goldenen Schätzen. 1812 schließlich wurde in Cádiz die erste Verfassung Spaniens verabschiedet. Ein geschichtsträchtiges Gebiet also.

Natur pur: Bucht bei Conil (Provinz Cádiz)

Und ein höchst abwechslungsreiches dazu. Schon die Küstenzonen der Costa de la Luz sind von beeindruckender landschaftlicher Vielfalt. Da gibt es schattige Wälder, ausgedehnte Dünensysteme und die Salzmarschen der Marismas mit ihrer artenreichen Tier- und Pflanzenwelt. Noch facettenreicher präsentiert sich das Hinterland der Lichtküste, eine wahre Essenz Andalusiens. Hier liegen weite Kampfstierweiden, wildschöne Sierras und die berühmten, bildhübschen „Weißen Dörfer". Zu Ausflügen verlocken aber auch die Städte wie Jerez, Heimat des Sherry und Sitz der Königlichen Reitschule, oder das meerumschlungene Cádiz, die älteste Stadt Westeuropas. Und Andalusiens farbenprächtige Hauptstadt Sevilla ist schließlich auch nur einen Katzensprung entfernt ...

Wohin an der Costa de la Luz?

Zwischen dem Anfang der Küste bei Tarifa und ihrem Ende bei Ayamonte an der Grenze zu Portugal liegen gut 200 Kilometer. Luftlinie wohlgemerkt, denn auf der Straße sind zwischen den beiden Orten fast 340 Kilometer zurückzulegen.

Verantwortlich für diese große Diskrepanz ist der Río Guadalquivir, dessen Flussmündung im Nationalpark Coto de Doñana unter höchsten Schutz gestellt ist und die Costa de la Luz in zwei Bereiche teilt. Die „Küste des Lichts" kann deshalb nicht durchgängig bereist werden: Zwischen den beiden Provinzen Cádiz und Huelva ist der Umweg landeinwärts über Sevilla obligatorisch. Eigentlich handelt es sich also um zwei Küsten, die sich zudem über ein beträchtliches Gebiet erstrecken – Grund genug, an dieser Stelle schon einmal einen ersten Überblick zu geben. Die Reihenfolge der Gebiete entspricht dabei dem Aufbau dieses Handbuchs.

- **Die Küste der Provinz Cádiz**: Die Provinz Cádiz bildet derzeit sicher die häufiger bereiste Region der Lichtküste. Das hat durchaus seine Gründe. Einerseits sind die Transferzeiten von den Flughäfen in den meisten Fällen deutlich kürzer, vor allem aber offeriert die Provinz insgesamt gesehen das breitere Programm. Das Hinterland hier ist abwechslungsreicher als beim Nachbarn Huelva, die günstigere Lage und die besseren Verkehrsverbindungen ermöglichen eine Vielzahl reizvoller Ausflüge. Für Reisen zur Nebensaison vielleicht ebenfalls nicht ganz unwichtig ist das internationaler geprägte Publikum mancher (nicht aller!) Küstensiedlungen der Provinz Cádiz, das dort für eine deutlich längere Saison und damit letztlich auch für mehr Leben im Ort sorgt.

• *Wichtige Urlaubsorte* **Tarifa** ist Windsurfers Traum. Nirgendwo sonst an der durchaus nicht windstillen Costa de la Luz pfeift es so schön kräftig wie hier – für einen Badeurlaub trotz herrlicher Strände natürlich nicht gerade ideal. Die Stadt selbst jedoch besitzt Charme, das Publikum ist international und hübsch bunt, die Saison lang.

Bolonia: Das winzige Örtchen besitzt nur eine Handvoll Einwohner und glänzt mit einem sehr schönen Strand, der in eine riesige Düne ausläuft. Die wenigen, meist recht schlichten Unterkünfte sind im Sommer meist belegt.

Zahara de los Atunes: Ein bescheidenes Fischernest, mit seinem kilometerlangen Strand und einigen recht guten Hotels gleichzeitig auch ein Feriendörfchen. Außerhalb der spanischen Urlaubssaison im Hochsommer geht es ausgesprochen ruhig zu in Zahara. Die etwas außerhalb gelegene Urbanisation Atlanterra ist keine Schönheit.

Los Caños de Meca: Die kleine Siedlung beim Kap Trafalgar war früher ein Hippie-Treffpunkt und besitzt auch heute noch einen gewissen kosmopolitischen Anstrich. Wunderbare Strände, an denen z. T. nackt gebadet wird, originelle Kneipen. Eher wenige Unterkünfte. Außerhalb der Sommersaison herrscht wenig Betrieb.

Zahora, El Palmar de Vejer: Zwei winzige, abgelegene Standsiedlungen jenseits des Kaps von Trafalgar. Einzeln stehende Häuser, umgeben von Bauernland; kilometerlange Strände. Vorwiegend schlichte Unterkünfte, jedoch bereits im Visier der Touristikbranche. Außerhalb der Saison fast einsam.

Vejer de la Frontera: Kein Urlaubsort im eigentlichen Sinn, sondern ein sehr attraktives „Weißes Dorf" einige Kilometer landeinwärts der Küste. Dank seiner verkehrsgünstigen Lage und dem recht vielfältigen Angebot an Unterkünften ist Vejer für Individualreisende jedoch eine Überlegung wert. Mit dem Auto bis vors Hotel zu fahren, ist in den engen Altstadtgassen allerdings kaum möglich.

Conil de la Frontera: Ein Städtchen mit Eigenleben jenseits des Fremdenverkehrs, dazu lange, breite Strände, reichlich Bars und Restaurants, ein hübsches Ortsbild und eine weitsichtige Gemeindeverwaltung. Nicht umsonst zählt Conil bei deutschen Urlaubern zu den beliebtesten Zielen der Lichtküste. Das Publikum der beiden Sprachschulen und die recht zahlreiche Ausländerkolonie bringen auch zur Nebensaison Leben in den Ort.

Novo Sancti Petri: Ein ganz anderes Urlaubskonzept: Novo Sancti Petri ist eine erst Anfang der 90er-Jahre errichtete Feriensiedlung aus mehreren, praktisch ausschließlich pauschal gebuchten Großhotels der gehobenen Kategorie. Prima Strand mit reichlich Platz, viel deutsches Publikum, exzellente Sportmöglichkeiten, darunter ein berühmter Golfplatz. Wer das „echte Andalusien" kennenlernen möchte, sollte für ein paar Tage einen Mietwagen einplanen.

El Puerto de Santa María: In der quirligen Stadt an der Bucht von Cádiz spielt der internationale Fremdenverkehr kaum eine Rolle – als Urlaubsziel wird El Puerto ganz überwiegend von Spaniern besucht. Einen Ausflug wert ist die Stadt jedoch allemal, kommt dank der guten Verkehrsverbindungen auch als Standquartier für den Besuch von Cádiz in Betracht.

Rota: Auch diese Kleinstadt ist bislang, wie die gesamte Küste in diesem Gebiet, vorwiegend vom innerspanischen Tourismus geprägt. Erstklassige Strände sind an der Costa de la Luz ja fast schon Standard;

Zur Nebensaison gehört der Strand von Bolonia fast ausschließlich den tierischen „Einwohnern"

beim Vergleich mit dem Nachbarstädtchen Chipiona besitzt Rota zur Nebensaison den etwas lebendigeren Charakter.

Costa Ballena: Eine ganz junge Feriensiedlung im landwirtschaftlich geprägten Gebiet zwischen Rota und Chipiona, an der noch eifrig gebaut wird. Hoch aufragende Kräne dürften hier für die nächste Zeit sicher ein alltäglicher Anblick bleiben. Der Strand, natürlich, ist wieder einmal prima.

Chipiona: Obwohl einzelne Hotels auch bei deutschen Veranstaltern gebucht werden können, ist Chipiona eine Hochburg spanischer Urlauber. Von etwa Mitte Juli bis Anfang September tobt hier denn auch das Leben, dann wird es schlagartig sehr ruhig in dem kleinen Städtchen. An den Stränden gibt es nichts zu mäkeln.

Sanlúcar de Barrameda: Die Kleinstadt an der Mündung des Río Guadalquivir ist kein Badeort im eigentlichen Sinn, besitzt aber ein gewisses Flair, einige gute Unterkünfte und zahlreiche feine Restaurants, bietet sich deshalb sowohl als Ausflugsziel wie auch als Zwischenstation für Individualreisende an.

▸ **Die Küste der Provinz Huelva**: Hier steht vor allem das Stranderlebnis im Vordergrund. Die Provinz Huelva ist deutlich dünner besiedelt als die Provinz Cádiz, das Angebot an Ausflugszielen weniger vielfältig, und die Hauptstadt Huelva kann mit ihrer Konkurrentin Cádiz an Attraktivität schon gar nicht mithalten. Aber natürlich gibt es auch in der Provinz Huelva einiges zu entdecken, insbesondere für Naturfreunde. Da hauptsächlich von Spaniern besucht, fällt die Saison an der hiesigen Küste ausgesprochen kurz aus. Noch im Juni und bereits wieder im September sind viele Feriensiedlungen fast menschenleer, von den Wochenenden einmal abgesehen. Etwas mehr Betrieb herrscht dann nur noch in den wenigen Küstenorten, die auch ein Eigenleben abseits des Fremdenverkehrs besitzen.

• *Wichtige Urlaubsorte* **Matalascañas** ist eine reine, sehr ausgedehnte Feriensiedlung und der mit Abstand größte Touristenkomplex in der Provinz Huelva. Beim Ort erstrecken sich Dutzende von Kilometern bester Strand, schöne Ausflugsziele in der Umgebung sind der Nationalpark Doñana und das Dörfchen El Rocío.

Mazagón ähnelt Matalascañas im Charakter, ist aber etwas kleiner und besitzt weniger Hotels. Auch hier bietet der Strand reichlich Platz, von der Mündung des schwer verschmutzten Río Odiel sollte man jedoch geflissentlich Abstand halten.

Punta Umbría, auf einer Halbinsel gegenüber der Hauptstadt Huelva gelegen, ist sowohl ein Ferienort als auch ein prosperierendes Fischerstädtchen und deshalb auch außerhalb der Saison belebt. Prima Strände.

La Antilla: Früher ein Fischerörtchen, setzt La Antilla mit seinen langen Stränden inzwischen eindeutig auf den sommerlichen Fremdenverkehr. Die Zahl der Hotels und Pensionen ist jedoch gering, die Mehrzahl der fast ausschließlich spanischen Besucher wohnt in großen Apartmentanlagen.

Islantilla: Erst wenige Jahre jung ist diese reinrassige Feriensiedlung, an der immer noch gebaut wird und die wohl schon bald mit La Antilla zusammengewachsen sein wird. Großer Golfplatz. Mehrere Hotels gehobener Kategorie, die praktisch ausschließlich pauschal gebucht werden. Die kilometerlangen Strände sind ein Paradies für Strandwanderer und Muschelsucher.

Isla Cristina: Wie Punta Umbría eine Mischung aus Ferien- und Fischerstädtchen, weshalb sich Isla Cristina auch außerhalb der Sommersaison nicht völlig ausgestorben zeigt. Die Mehrzahl der Urlauber sind Spanier, die in eigenen Apartments wohnen. Zwischen hier und Islantilla erstreckt sich durchgehend feinster Strand.

Isla Canela und **Punta del Moral**: Die jüngsten Tourismusprojekte an der Küste von Huelva sind einander benachbart und liegen am früher praktisch jungfräulichen Strand einige Kilometer außerhalb des spanisch-portugiesischen Grenzstädtchens Ayamonte. Mehrere große Pauschalhotels. Anhaltende Bautätigkeit.

Highlights der Costa de la Luz ...

... für Liebhaber schöner Strände

Ihre langen, feinsandigen und praktisch nie überlaufenen Strände sind geradezu das Markenzeichen der Costa de la Luz. Das Angebot ist immens, weshalb es auch nicht leicht fällt, die schönsten herauszuheben. Hier dennoch eine kurze und natürlich subjektive Auswahl unter den Favoriten des Autors.

Playa de Valdevaqueros: Der gut fünf Kilometer lange Sandstrand bei Tarifa ist unter Windsurfern sehr beliebt. Am reizvollsten präsentiert er sich an seinem nordwestlichen Ende, wo er in eine spektakuläre Dünenlandschaft ausläuft.

Playa de Bolonia: Weit und schön geschwungen präsentiert sich auch dieser Strand beim winzigen Örtchen Bolonia. Die Riesendüne an seinem Ende ist als Naturmonument ausgewiesen, im Hinterland liegen die Ruinen einer Römersiedlung.

Strände bei Caños de Meca: Die kleine Siedlung Caños de Meca besitzt gleich mehrere feine Strände. Landschaftlich besonders reizvoll ist der Nacktbadestrand östlich des Ortes, der sich unterhalb der Klippen des Breña-Naturparks erstreckt.

Cala del Aceite: Nicht besonders groß, aber bildhübsch ist diese Bucht unweit des Fischerhafens von Conil de la Frontera. Bei Sonnenuntergang leuchten die Felsen der Steilküste in tiefen Orangetönen.

Strandbuchten bei Roche: Nördlich des Fischerhafens von Conil setzt sich bis zur Urbanisation von Roche die Kette kleiner, in die verwitterte Steilküste geschmiegter Buchten fort – hier sollte jeder seine Lieblingsbucht finden können.

Playa del Puerco: Jenseits der Urbanisation von Roche folgen wieder lange Sandstrände. Die Playa del Puerco mit ihrem bislang noch unbebauten Hinterland wird von schönen Dünen begleitet und geht bei Novo Sancti Petri nahtlos in die Playa de la Barrosa über.

Cuesta de Maneli: In der Provinz Huelva erstreckt sich zwischen Matalascañas und Mazagón ein einziger, mehr als 25 Kilometer langer Strand. Gut ein Dutzend Kilometer hinter Matalascañas liegt die versteinerte Dünenformation von Cuesta de Maneli, die als Naturmonument geschützt und nur zu Fuß zu erreichen ist.

Playa de los Enebrales: Nordwestlich von Punta Umbría liegt ein langer Sandstrand,

Über den Dächern von Cádiz: Blick vom Westturm der Kathedrale

der seinen besonderen Reiz aus dem unter Naturschutz gestellten Hinterland bezieht. Auf dem Dünengürtel wachsen Pinien und phönizischer Wacholder, mit etwas Glück sieht man hier sogar Chamäleons.

Playa de Nueva Umbría: Rund zwölf Kilometer misst dieser Strand, der am besten von La Antilla aus zu erreichen ist. Er verläuft entlang der schmalen, „Flecha del Rompido" genannten Sandbank, die sich zwischen dem offenen Meer und dem Fluss Río Piedras gebildet hat.

Playas Redondela und Hoyo: Zwischen Islantilla und Isla Cristina erstreckt sich unter diesen beiden Namen in Wahrheit nur ein einziger, mehrere Kilometer langer Strand, der von schönen Dünen und schattigen Wäldchen begleitet wird. Von wenigen, einzeln stehenden Häusern abgesehen, ist das Gebiet praktisch unbebaut.

... für Kunst- und Kulturinteressierte

Die ganz großen Monumente vom Rang der Alhambra in Granada und der Mezquita in Córdoba hat die Costa de la Luz selbst nicht zu bieten. Das nahe Sevilla allerdings kann sich durchaus mit diesen beiden anderen Kulturhauptstädten Andalusiens messen. Doch gibt es auch in den Provinzen Cádiz und Huelva so manches zu entdecken, von der Römersiedlung bis zum Nachbau der Kolumbusflotte.

Baelo Claudia: Beim Dörfchen Bolonia liegen die Ruinen einer Römersiedlung, die im 2. Jh. v. Chr. gegründet wurde. Ihren Aufschwung verdankte sie einer großen Fabrik zur Verarbeitung von Thunfisch. Kontinuität über die Jahrtausende: Noch heute wird an der Küste nach althergebrachter Weise Thunfisch gefangen und, vor allem in Barbate, mit verschiedenen Methoden konserviert.

Pueblos Blancos: Die „Weißen Dörfer" im Hinterland der Lichtküste, insbesondere Vejer, Arcos und Medina Sidonia, sind nicht nur bildhübsch anzusehen. Ihre alten Ortskerne atmen auch Geschichte, erinnern mit ihrem Grundriss, den engen Gassen und den (freilich nicht spektakulären) Resten mancher Festungen noch an die vielen Jahrhunderte der Maurenherrschaft in diesem Teil Spaniens.

Cádiz: Die Provinzhauptstadt wurde in ihrer langen Geschichte immer wieder zerstört, die heutige Bausubstanz der Altstadt stammt deshalb vor allem aus dem 18. Jh. Die besondere Atmosphäre von Cádiz lohnt einen Besuch jedoch unbedingt. Das hiesige Stadtmuseum verfügt zudem über eine beachtliche archäologische Sektion und vor allem über eine der bedeutendsten Gemäldesammlungen Andalusiens.

Jerez de la Frontera: Mancher wird vielleicht auch die Sherry-Bodegas, von denen viele zum Besuch offen stehen, zum Thema „Kultur" zählen wollen... Neben diesen Kathedralen des Weins besitzt die überwiegend modern geprägte Stadt aber auch noch eine frisch renovierte Maurenfestung und ein gut ausgestattetes Archäologisches, Museum ist zudem Sitz der Königlichen Reitschule.

Ronda: Zugegeben – Ronda liegt schon etwas weitab vom Schuss und außerdem bereits im Hinterland der Costa del Sol, wäre eigentlich also gar nicht mehr Thema dieses Führers. Wer jedoch, z. B. im Rahmen einer Rundfahrt durch das Hinterland der Provinz Cádiz, in die Nähe kommt, sollte sich den Abstecher überlegen: Rondas spektakuläre Lage, die schöne Altstadt und die älteste Stierkampfarena Spaniens sind den Weg allemal wert.

Sevilla: Auch Sevilla zählt nicht mehr zur Costa de la Luz, ist jedoch (nicht nur für Kulturinteressierte) fast schon ein Pflichtbesuch und deshalb in diesem Reisehandbuch ausführlich beschrieben. Einige der zahlreichen Glanzpunkte von Andalusiens Hauptstadt sind die riesige Kathedrale, der christlich-maurische Festungspalast der Reales Alcázares und das hervorragende Museum der Schönen Künste – nicht zuletzt aber auch die vitale Atmosphäre der lebenslustigen Metropole am Guadalquivir.

Niebla: Einer der oft übersehenen kleinen Schätze der Provinz Huelva. Das uralte Städtchen am Río Tinto besitzt nicht nur eine römische Brücke und eine fantastisch erhaltene mittelalterliche Stadtmauer, sondern auch ein restauriertes Kastell und einige sehr ungewöhnliche Kirchen.

La Ruta Colombina: Die moderne Provinzhauptstadt Huelva ist nicht gerade mit kulturellen Höhepunkten gespickt. Vor ihren Toren jedoch liegt eine Reihe von Orten, die eng mit den Expeditionen von Christoph Kolumbus verknüpft sind. Zu besichtigen sind unter anderem das Kloster, in dem er seine Fahrten plante und ein Dokumentationszentrum samt Nachbauten der „Pinta", „Niña" und „Santa María".

... für Landschafts- und Naturgenießer

Abseits der Siedlungen glänzen sowohl die Küste als auch das Hinterland der Costa de la Luz mit einer ganzen Reihe landschaftlich reizvoller Regionen. Erfreulicherweise wurden viele dieser Gebiete weiträumig als Naturparks oder gar als Nationalpark ausgewiesen.

Parque Nacional Coto de Doñana: Der einzige Nationalpark der Costa de la Luz zählt überwiegend zur Provinz Huelva. Die mehr als 50.000 Hektar große Zone im Mündungsgebiet des Río Guadalquivir in den Atlantik war lange Jahrhunderte königliches Jagdreservat und blieb deshalb nahezu unbebaut. Um den Nationalpark selbst erstreckt sich eine weitere Schutzzone, der Parque Natural Entorno de Doñana. Weltweite Bedeutung kommt dem Nationalpark insbesondere aufgrund seiner Funktion als Rückzugsgebiet und Raststation zahlreicher Vogelarten zu, darunter einiger sonst nur in Afrika heimischer Spezies. Das Kerngebiet des Nationalparks ist nur auf geführten Ausflügen zugänglich, die im Dokumentationszentrum El Acebuche unweit von Matalascañas beginnen. In der Provinz Cádiz bieten die Schiffsausflüge ab Sanlúcar de Barrameda Gelegenheit zu einer Schnuppertour.

Parque Natural Sierra de Grazalema: Der über 47.000 Hektar große Gebirgspark erstreckt sich im Nordosten der Provinz Cádiz und reicht bis hinüber in die Nachbarprovinz Málaga. Er liegt in der niederschlagsreichsten Region Spaniens und zählt zu den ökologisch wertvollsten Landschaften des Landes: ein zerklüftetes Kalksteingebiet der Klippen, Schluchten, Höhlen, seltenen Pflanzen und dichten Wälder, in dem auch noch die aus dem Tertiär stammende Pinsapo-Tanne wächst. Unter den zahlreichen Arten von Greifvögeln gibt es große Bestände an Gänsegeiern.

Parque Natural Los Alcornocales: Los Alcornocales, ebenfalls im Grenzgebiet der Provinzen Cádiz und Málaga, schließt sich direkt südlich an den Park von Grazalema an, ist aber in der Durchschnittshöhe deutlich niedriger; eine teilweise aus Sandstein bestehende Mittelgebirgslandschaft der sehr ausgedehnten Korkeichenforste, die zusammen mit den Beständen an Eichen und Bergeichen einen Begriff davon geben, wie Spaniens einst riesige Wälder vor dem

Einsetzen der Zivilisation einmal ausgesehen haben mögen. Hier leben Fischotter, Wildschwein, Königs- und Steinadler und auch der Uhu.

Parque Natural de la Breña y Marismas de Barbate: Provinz Cádiz. Ein nur kleiner Naturpark beiderseits der Stadt Barbate, der sich auf zwei Gebiete verteilt. Die östliche Zone umfasst das Sumpfland der Marismas des Río Barbate, die westliche reicht von den steil abstürzenden, teils bis zu 100 Meter hohen Küstenfelsen bei Caños de Meca bis ins hügelige, bewaldete Hinterland und beherbergt zahlreiche Vogelarten, darunter Silbermöwen und Reiher. Eine schöne Wanderung führt quer durch das Breña-Gebiet und entlang der Steilküste, siehe unter Caños de Meca.

Parque Natural Bahía de Cádiz: Provinz Cádiz. Von Industrie und Zersiedelung bedroht, bewahrt der Naturpark doch ausgedehnte Feuchtgebiete mit Marschen, Dünen und Salinen, die von einem System von Flutungs- und Abzugskanälen durchzogen werden und auch der Fischzucht dienen. Der Park ist Heimat einer Vielfalt an Pflanzen- und Tierarten, darunter Kormorane, Säbelschnäbler und auch Chamäleons.

Parque Natural Sierra de Aracena y Picos de Aroche: Der Naturpark im Norden der Provinz Huelva zählt zur Gebirgsregion der dünn besiedelten Sierra Morena und wird von ausgedehnten Wäldern aus Korkeichen und Kastanien sowie großen Weide- und Koppelflächen geprägt – ein idealer Lebensraum für die hier halbwild gehaltenen schwarzen Schweine, die mit die besten Schinken Spaniens liefern.

Schönes Wandergebiet: Naturpark Sierra de Grazalema

... für die Fans des Originellen und Ungewöhnlichen

Neben den schönen Stränden, den Sehenswürdigkeiten und Naturlandschaften offerieren die Costa de la Luz und ihr Hinterland auch einige etwas ungewöhnlichere Attraktionen und Eindrücke.

Gibraltar: Die britische Kronkolonie liegt zwar am Mittelmeer, kann aber von vielen Orten der Provinz Cádiz als Tagesausflug besucht werden. Gibraltar ist schon eine Kuriosität für sich: Duty-Free-Shops im Dutzend, Bobbys als Verkehrswächter und an jeder Ecke Buden, die Fish&Chips verkaufen. Und dann sind da natürlich noch die berühmten Affen auf dem Apes Den...

Sancti Petri: Ungewöhnlich ist auch der Anblick, den dieses ehemalige Fischerdorf bietet, das einige Kilometer von der bekannteren Urbanisation Novo Sancti Petri entfernt liegt – Sancti Petri, in den 40er-Jahren nach Plan errichtet, wurde in den 70er-Jahren verlassen und liegt heute in Ruinen. Bleibt abzuwarten, was aus dem Areal, das eine ganz eigene, wehmütige Stimmung besitzt, zukünftig wird.

Cameras Obscuras: Das alte Projektionsverfahren der Camera Obscura erzeugt in einer dunklen Kammer (daher der Name) ein scharfes, vor allem aber „lebendiges" Bild der Außenwelt – der Effekt ist wirklich verblüffend. Im Turm Torre Tavira von Cádiz gibt es schon länger so ein Gerät, vor

Jungvolk: Fast jeder zweite Andalusier ist unter Dreißig

einigen Jahren wurde auch im Alcázar von Jerez de la Frontera eine Camera Obscura eingerichtet.

El Rocío: Das Dörfchen am Rand des Doñana-Nationalparks ist eine Kuriosität für sich. Die riesigen Plätze und ungewöhnlich breiten Straßen der Siedlung bestehen aus Sand und verleihen dem Ort die Atmosphäre eines Westerndorfs. Dafür sorgen auch die zahlreichen Kapellen, die im Besitz religiöser Bruderschaften sind: An Pfingsten ist El Rocío Schauplatz der größten Wallfahrt Europas.

Minas de Riotinto: Noch ein Superlativ – das Dorf im Norden der Provinz Huelva besitzt die größte Übertages-Abbaustätte Europas. „Corta de Atalaya" heißt das riesige Loch und misst mehr als einen Kilometer Länge und 900 Meter Breite, ist über 300 Meter tief. Führungen beginnen bei dem sehenswerten Bergbaumuseum von Riotinto, das auch Eisenbahnfahrten mit ehemaligen Minenzügen veranstaltet.

Tropfsteinhöhlen: Noch weiter nördlich in der Provinz Huelva liegt im Städtchen Aracena die „Gruta de las Maravillas". Die größte Tropfsteinhöhle der Iberischen Halbinsel kann auf einer einstündigen Führung besichtigt werden. Urwüchsiger ist ein Gang durch die „Cueva de las Piletas", zwar schon außerhalb der Provinz Cádiz gelegen, jedoch im Rahmen des Abstechers nach Ronda beschrieben.

Hintergrund: Andalusien

Die Costa de la Luz ist Teil Andalusiens, der zweitgrößten unter den insgesamt 17 Autonomen Gemeinschaften Spaniens. Von der Bevölkerungszahl her nimmt Andalusien mit mehr als sieben Millionen Einwohnern sogar den landesweit ersten Rang ein.

Andalusien hat das Spanienbild im Ausland geprägt. Vieles, das als „typisch spanisch" angesehen wurde und wird, ist tatsächlich „typisch andalusisch", und auch das nicht mehr unbedingt. Andalusien ist die Heimat des Flamenco, des Sherry und des Stierkampfs. Carmen und Don Juan sind Andalusier. Andalusien, um nur einige der gängigen Vorstellungen aufzugreifen, bedeutet alte Männer auf Mauleseln, heißblütige Zigeuner und bitterarme Tagelöhner, bedeutet den Klang von Gitarren und Kastagnetten, den Anblick blumengeschmückter Innenhöfe und wilder Kampfstiere auf hitzeflirrenden Feldern. Klischees, gewiss. Doch so oft sie schon bemüht wurden, teilweise treffen sie immer noch zu. Sie sollten nur nicht vergessen lassen, dass es natürlich längst auch ein anderes, modernes Andalusien der Autobahnen, Hochgeschwindigkeitszüge und Internetcafés gibt.

In Kürze: Andalusien

Fläche: 87.260 Quadratkilometer, größer als z. B. Österreich

Bevölkerung: fast 7,5 Mio. Einwohner, die bevölkerungsreichste Region Spaniens. Jeder sechste Spanier ist Andalusier.

Bevölkerungsdichte: Etwa 84 Einwohner pro Quadratkilometer, ganz knapp über dem spanischen Durchschnittswert. Siedlungszentren bilden die Küsten und das Tal des Guadalquivir. Viele Bergregionen sind dagegen geradezu menschenleer.

Verwaltung und Politik: Seit 1981 ist Andalusien als Comunidad Autónoma Andalucía eine der 17 teilautonomen Regionen Spaniens. Traditionell gilt die Autonome Gemeinschaft Andalusien als ausgesprochene Hochburg der Sozialisten. Sie besitzt ein eigenes Parlament und eine eigene Regionalregierung, die Junta de Andalucía. Die teilweise Selbstverwaltung betrifft unter anderem die Bereiche Kultur, Soziales, Polizei, Tourismus und Umwelt.

Landesflagge: grün-weiß-grün

Provinzen: Andalusien ist in acht Provinzen eingeteilt, die nach ihren Hauptstädten benannt sind. Von Ost nach West: Almería, Granada, Jaén, Málaga, Córdoba, Sevilla, Cádiz, Huelva. Jede wird von einem gewählten Rat und einem ernannten Gouverneur regiert.

Hauptstadt: Sevilla (ca. 700.000 Ew.)

Gesellschaft: Zu den Außenseitern der andalusischen Gesellschaft zählen die „Gitanos" genannten Zigeuner, die rund ein Prozent der Bevölkerung ausmachen und unter einer extrem hohen Arbeitslosigkeit leiden. Eine weitere diskriminierte Bevölkerungsgruppe sind die aus Marokko über die Meerenge geflüchteten afrikanischen Immigranten, die mangels gültiger Papiere ihr Leben mit schlecht bezahlten Aushilfsjobs fristen müssen. Dabei haben diejenigen, die ins Land gelangt sind, noch Glück gehabt, denn die heimliche, von Schlepperbanden organisierte Überfahrt durch die gefährliche Straße von Gibraltar fordert alljährlich viele Opfer.

Wirtschaft: Andalusien zählt zu den ärmeren Gebieten Spaniens. Das Pro-Kopf-Einkommen erreicht hier gerade mal drei Viertel des landesweiten Durchschnitts. Umso höher ist die Arbeitslosigkeit, besonders unter Jugendlichen. Die Landwirtschaft, die vor allem in den Provinzen Cádiz und Sevilla vorwiegend auf Großgrundbesitz betrieben wird, und der Fischfang sind traditionell die Basis der andalusischen Wirtschaft. Der Dienstleistungssektor, zu dem auch der Tourismus zählt, erwirtschaftet mittlerweile jedoch zwei Drittel des Bruttoinlandsprodukts. Der Bergbau steckt in einer schweren Krise. Die Industrie spielt trotz der unübersehbaren Großanlagen z. B. um Cádiz und Huelva nur eine relativ geringe Rolle, stellt heute noch weniger Arbeitsplätze bereit als die Landwirtschaft.

Tourismus-Website: www.andalucia.org

Landschaft und Geographie

Lange Sandstrände, Dünen, Kiefernwälder, Flussmündungen und Salzmarschen bestimmen das Landschaftsbild der Lichtküste. Das unmittelbare Hinterland ist überwiegend flach bis leicht hügelig.

Die Form der Costa de la Luz ähnelt einer nach Südwesten geöffneten Sichel, wobei das Gebiet zwischen Tarifa und Cádiz sozusagen den Griff bildet. Zwischen Anfang und Ende der Costa de la Luz liegen gut 200 Kilometer Luftlinie, doch beträgt die eigentliche Küstenlinie rund 380 Kilometer.

Gebirge im eigentlichen Sinn gibt es an der Costa de la Luz und ihrem unmittelbar anschließenden Hinterland nicht. Einzig im Süden der Provinz Cádiz ragen zwischen Tarifa und Barbate kleinere Sierras („Säge“, nach der gezackten Form mancher spanischen Gebirgszüge) auf, die aber nur Höhen von etwa 400 bis 600 Metern erreichen. Nordwestlich von Barbate erstreckt sich noch sanftes Hügelland, dann wird die Landschaft flach und präsentiert sich zwischen Cádiz und dem westlichen Ende der Costa de Luz bei Ayamonte fast bretteben. Weiter landeinwärts sieht es anders aus: Die Sierra de Grazalema im Nordosten der Provinz Cádiz steigt bis immerhin über 1600 Meter Höhe an, und die Sierra de Aracena im Norden der Provinz Huelva verfehlt die Tausendmetermarke nur knapp.

Flüsse sind ein prägendes Element der Costa de la Luz. Der breiteste und längste von ihnen, der Río Guadalquivir, bildet die Grenze der beiden Provinzen und hat von seiner Quelle in der Provinz Jaén aus schon fast ganz Andalusien durchflossen, bevor er bei Sanlúcar de Barrameda mündet. Andere große Flüsse der Region sind der Río Guadalete, der in die Bucht von Cádiz mündet, der Río Tinto und der Río Odiel bei Huelva sowie der Río Piedras bei Lepe. Der Río Guadiana bei Ayamonte schließlich markiert die Grenze zu Portugal und das Ende der Costa de la Luz.

Marismas liegen im Mündungsgebiet von Flüssen und werden vom offenen Meer durch eine Landbarriere getrennt. An der flachen Costa de la Luz reichen diese Salzsümpfe oft weit landeinwärts. Durch den Wechsel von Ebbe und Flut steigt und sinkt der Wasserspiegel, Süß- und Salzwasser mischen sich. Die Marismas sind Heimat einer an das Salz angepassten Flora und vieler seltener Tiere, bieten insbesondere zahlreichen Vogelarten ein wichtiges Brutgebiet, Winterquartier oder eine Raststation auf ihren Zügen. Nicht umsonst wurden die Marismas von Barbate und der Bucht von Cádiz als Naturpark ausgewiesen, die Doñana als wichtigstes Vogelschutzgebiet Europas sogar als Nationalpark. Leider schützt das alle diese Gebiete nicht vor Abwasser- und Industrieeinleitungen in die dort mündenden Flüsse.

Sandstrände bilden ebenfalls ein Charakteristikum der Costa de la Luz und den weitaus größten Teil ihrer Uferlinie, insgesamt rund 270 Kilometer. In aller Regel sind die Strände der Lichtküste herrlich breit, werden häufig von Dünen und Kiefern- bzw. Pinienwäldern begleitet und bestehen aus feinem, hellen Sand, der manchmal mit angespülten Muscheln durchsetzt ist. Felsküsten hingegen sind selten an der Costa de la Luz. Sie beschränken sich auf kurze Abschnitte im Süden der Provinz Cádiz, wo sie zwischen Barbate und Caños de Meca sogar einen spektakulären, bis zu hundert Meter tiefen Steilabfall bilden.

Flora und Fauna

Die Pflanzen- und Tierwelt der Lichtküste ist nicht nur ein Resultat der südlichen Lage, sondern auch des menschlichen Einflusses.

Pflanzenwelt: Im Frühling ist die Costa de la Luz ein einziger blühender Garten, bringen selbst die kargsten Böden wahre Blumenmeere hervor. In der Sonnenglut des Sommers sind viele Blüten dann schon verdorrt. Nach den ersten Herbstregen sprießt es jedoch schon wieder allerorten.

• *Bäume und Wälder* Wälder sind nicht mehr so zahlreich wie einst, wurden weite Gebiete doch schon von den Römern abgeholzt. Die vorherrschenden Bäume in Küstennähe sind Pinien, zu erkennen an ihrer schirmförmigen Krone, und Aleppokiefern. Stellenweise gibt es auch Zwergpalmen, die einzige einheimische Palmenart Euro-

Vom Wind zerzaust: Küstenvegetation bei Caños de Meca

pas. Landeinwärts wachsen vor allem Stein- und Korkeichen; häufig sieht man auch verwilderte Ölbäume und Johannisbrotbäume. Eine botanische Besonderheit der Sierra de Grazalema sind die Pinsapo-Tannen, eine seltene, uralte Koniferenart, die streng geschützt ist.

Las Dehesas: Die ausgedehnten, von Menschenhand geschaffenen Viehweiden der Dehesas sind typisch für die Sierra de Aracena und Teile der Provinz Cádiz. Es handelt sich um Stein- und Korkeichenwälder, die vom Unterholz gesäubert wurden und der Viehzucht, der Forstwirtschaft, aber auch der Gewinnung von Kork, Holzkohle und Honig dienen. Da sich menschliche Eingriffe in den nur extensiv bewirtschafteten Gebieten in engen Grenzen halten, sind sie Heimat einer artenreichen Tierwelt.

• *Kulturpflanzen* Ein großer Teil der fruchtbaren Gebiete wird landwirtschaftlich genutzt. Hier gibt es große Olivenhaine und ausgedehnte Weingärten, besonders in der Provinz Huelva auch riesige Erdbeerfelder. Die hochstämmigen Dattelpalmen, die so manchen Boulevard zieren, wurden von den Mauren ins Land gebracht, ebenso die Orangenbäume, deren Duft viele Plätze umschmeichelt. Feigenkakteen (Opuntien) stammen ursprünglich vom amerikanischen Kontinent und werden häufig als Hecke gepflanzt. Sie schützen ihre herrlich süßen Früchte durch winzige, aber sehr lästige Stacheln – nicht anfassen! Aus Amerika importiert wurden auch die Agaven, eine Sukkulentenart, deren auffällige, meterhohen Blütenstände im Juni blühen. Nach der Blüte stirbt die Pflanze ab.

Tierwelt: Nur in den geschützten Gebieten hat sich noch eine artenreiche Tierwelt erhalten können. Besonders wichtige Rückzugsräume sind die Sierras im Landesinneren und die Marismas der Küste.

• *Säugetiere* Große Säugetiere wird man nur selten in freier Wildbahn beobachten können. Zu erwähnen sind Hirsch, Wildschwein und Ginsterkatze; in der Sierra de Grazalema lebt vereinzelt der Steinbock. Der seltene Luchs findet im Doñana-Park eines seiner wichtigsten Refugien. Weit häufiger trifft man auf die mehr oder weniger domestizierten „Freunde des Menschen“, von denen oft eigene Rassen erhalten sind: Kampfstier, das Iberische Schwein, Kartäuserpferd und Merinoschaf, außerdem natürlich Esel und Maulesel.

• *Vögel* Vögel sind in besonderem Artenreichtum vertreten. In den Gebirgen kreisen noch andernorts selten gewordene Adlerarten, auch Geier sind vergleichsweise häufig zu beobachten. Die Feuchtgebiete der Küsten sind Heimat oder Raststation für zahlreiche Wasser- und Watvögel wie Reiher, Störche, Flamingos, Löffler und natürlich viele Entenarten.

• *Reptilien und Amphibien* Schlangen begegnet man eventuell auf Wanderungen. Die meisten Arten sind ungiftig, es gibt jedoch auch Vipern, deren Biss gefährlich sein kann. Beste Vermeidungsstrategien sind in unübersichtlichem Gelände knöchelhohes Schuhwerk und lange, dicht gewebte Hosen, dazu ein fester Schritt: Schlangen flüchten, wenn man ihnen die Chance lässt. Vorsicht bei Steinhaufen und Ruinen! Dort leben auch Skorpione, deren Stich schmerzhaft, jedoch in der Regel nicht lebensbedrohlich ist. Heimisch sind außerdem verschiedene Eidechsenarten, selten auch Chamäleons.

• *Meerestiere* Trotz der Bedrohung durch Fangflotten und Schleppnetze existieren noch zahlreiche Fischarten; am besten mit ihnen vertraut macht ein Streifzug über einen der Fischmärkte. Haie gibt es natürlich auch, doch braucht man vor ihnen keine Angst zu haben – Haiangriffe sind in spanischen Gewässern eine absolute Seltenheit. Delphine und Wale sieht man mit etwas Glück auf den Beobachtungstouren, die ab Tarifa stattfinden.

Feiern Sie mit!

In Spanien haben sich alte Traditionen lebendiger erhalten, als dies in den meisten anderen Ländern Westeuropas der Fall ist. Das gilt erst recht für die Costa de la Luz.

Feste

Andalusien ist das Land der Ferias und Fiestas – eine Reise ohne Teilnahme an einem dieser vor Lebensfreude überschäumenden Feste wäre nicht komplett. Ihre Zahl geht in die Tausende, feiert doch schon jedes Dorf einmal jährlich seinen Schutzpatron, und je nach Region und Anlass zeigen sie sich völlig unterschiedlich. Wein, Tanz, Musik und viel, viel Spaß fehlen jedoch nie.

▸ **Ferias** entwickelten sich aus traditionellen Jahrmärkten zu allgemeinen Volksfesten, die nur teilweise noch Bezug zur Vergangenheit haben, aber immer ein erlebenswertes Ereignis sind. Oft sind sogenannte „Casetas“ aufgebaut: Zelte oder Boxen, die Vereinen gehören oder von Familien gemietet sind, im ersten Fall meist frei zugänglich.

▸ **Fiestas** sind religiösen Ursprungs, doch spielt das weltliche, lustbetonte Element immer auch eine Rolle: Spätestens nach der Prozession oder der Messe quellen die Bars über, wird gefeiert bis in den Morgen. So auch in der eigentlich als eher düster zu vermutenden Karwoche Semana Santa („Heilige Woche“). Neben der Karwoche existieren noch eine ganze Reihe ebenso reizvoller Großereignisse und zahllose unbekanntere und deshalb zumindest ursprünglichere Festivitäten.

▸ **Romerías** nennen sich in Spanien die Wallfahrten zu einer oder einem Schutzheiligen. Die größte Wallfahrt Europas findet zu Pfingsten statt und führt zu dem winzigen Dörfchen El Rocío in der Provinz Huelva: Bis zu einer Million Menschen nehmen an dieser farbenprächtigen und ausgelassenen Romería teil.

Auf die schier unzähligen Feste der einzelnen Städte und Dörfer wird in diesem Handbuch in den jeweiligen Ortskapiteln noch näher eingegangen. Im Kasten deshalb nur eine Aufstellung der bedeutendsten Festivitäten – sowohl als Appetithäppchen wie auch als Anregung, sie bei der Urlaubsplanung zu berücksichtigen. Es lohnt sich! Achtung jedoch, bei vielen lokalen Festen sind Unterkünfte in aller Regel lange vorher ausgebucht.

Hauptfeste im Bereich der Costa de la Luz

Carnaval (Karneval, Fasching), unter Franco wegen antikonservativer Gesinnung der Feiernden verboten, heute wieder ausgelassen wie eh und je. Die peppigsten Umzüge finden in Cádiz statt, doch feiern auch El Puerto de Santa María, Chipiona und Isla Cristina mit bunten Prozessionen.

Semana Santa, die Karwoche, zählt zu den berühmtesten Festen Andalusiens. Hauptakteure der Prozessionen sind die teilweise schon seit Jahrhunderten bestehenden religiösen Bruderschaften, die „Cofradías". Im Mittelpunkt stehen die oft uralten und teilweise künstlerisch wertvollen „Pasos", kostbar geschmückte Jesus- und Mariendarstellungen, die der ganze Stolz der Bruderschaften sind. Ein besonders bizarres Bild bieten die „Nazarenos" und „Penitentes" (Büßer), die in anonymen Kutten mit Spitzhauben à la Inquisition oder Ku-Klux-Klan den Zug begleiten. Die bedeutendsten Feierlichkeiten zur Semana Santa finden in Sevilla statt, gefolgt von Jerez, Arcos de la Frontera und Cádiz, doch wird die Heilige Woche in jedem Ort enthusiastisch begangen. Ostersonntag finden in Vejer und in Arcos de la Frontera Stiertreiben statt. Termine der Semana Santa: 2005 vom 20. bis 27. März, 2006 vom 9. bis 16. April, 2007 vom 1. bis 8. April.

Feria de Abril, in Sevilla. Ein einwöchiges Frühlingsfest mit Hektolitern von Sherry, festlich gewandeten Reitern und üppig geschmückten Familienzelten. Termine der Feria de Abril: 2005 vom 12. bis 17. April; 2006 vom 25. bis 30 April; die Daten für 2007 hatte das Rathaus von Sevilla bei Redaktionsschluss noch nicht festgelegt.

Feria del Caballo, Fest des Pferdes, Anfang, Mitte Mai in Jerez de la Frontera. Für Pferdefreunde ein „Muss"; mit üppigem Beiprogramm jedoch für jedermann interessant.

Romería del Rocío, an Pfingsten. Neben der Semana Santa und der Feria de Abril von Sevilla das berühmteste Fest Andalusiens, eine mehrtägige Wallfahrt zum Örtchen El Rocío in der Provinz Huelva. Pfingstmontag liegt 2005 am 16. Mai, 2006 am 5. Juni, 2007 am 28. Mai.

Corpus Cristi, Fronleichnam. Der zweite Höhepunkt im kirchlichen Festkalender. Jedes kleine Dorf feiert, bedeutende Feste in Cádiz und Zahara de la Sierra.

Día de San Juan, vom 23. auf den 24. Juni, in vielen Orten. Ein Mittsommernachtsfest, das wirklich die ganze Nacht hindurch geht, große Feuerwerke.

Virgen del Carmen, am 16. Juli. Das Fest der Schutzheiligen der Fischer und Seeleute, in praktisch allen Hafenorten mit einer Meeresprozession begangen.

Fiestas Colombinas, Ende Juli, Anfang August in Huelva. Ein Fest zur Erinnerung an die Entdeckungsfahrten von Kolumbus und das bedeutendste von mehreren Festen dieser Art im Großraum Huelva.

La Virgen de la Asunción, Mariä Himmelfahrt am 15. August, in ganz Andalusien ebenso gefeiert wie im Rest Spaniens.

Carreras de Caballo, an wechselnden Terminen in der zweiten und vierten Augustwoche. Berühmte Pferderennen am Flussstrand von Sanlúcar de Barrameda.

Bienal de Flamenco, nur in geraden Jahren (2006, 2008) jeweils von Anfang September bis Anfang Oktober, ein großes Flamencofestival in Sevilla.

Fiestas de Otoño, etwa Mitte September in Jerez de la Frontera. Ein zweiwöchiges Herbstfest, das mit einem umfangreichen Beiprogramm und einem berühmten Flamencofestival glänzt.

Leidenschaftlich: Flamenco-Tänzer in Aktion

Flamenco

Eine Spezialität Andalusiens, doch zu einem der spanischen Klischees schlechthin geworden. Dabei ist längst nicht alles Flamenco, was sich der Ausländer unter diesem Namen vorstellen mag.

So gibt es eine ganze Reihe andalusischer Volkstänze wie die Sevillanas oder die Malagueñas, die häufig mit dem eigentlichen Flamenco verwechselt werden. Seine Ursprünge hat der Flamenco, der „Blues Europas", wohl in der von der restlichen Bevölkerung Spaniens lange völlig abgeschottet lebenden Volksgruppe der Gitanos. Die regionalen Anfänge liegen etwa im „Flamenco-Dreieck" zwischen Cádiz, Sevilla und Ronda. Nachgewiesen sind jedoch auch vielfältige andere Einflüsse, unter anderem aus Nordafrika, aber auch aus Pakistan und Indien. Heute besitzt der Flamenco drei Hauptelemente, den Gesang (cante), Tanz (baile) und das Gitarrenspiel (toque), doch war dem nicht immer so: Lange Zeit galt Flamenco als reine Gesangskunst des *cante jondo*, zu übersetzen etwa mit „tief empfundener Gesang", dessen Texte, getragen vom *duende* (dem „Geist" oder „Dämon" des Flamenco), sich um Trauer, Einsamkeit und Leidenschaft drehen. Erst im 19. Jh. folgte die Begleitung durch die Gitarre und dann auch erst der Tanz, den viele fälschlicherweise für den Kern des Flamenco halten; Kastagnetten übrigens gehören überhaupt nicht dazu.

Guten Flamenco zu erleben ist gar nicht so leicht, viele Vorführungen in den *tablaos* sind auf Touristen zugeschnitten. Allzu schlimm muss das, je nach Können und Engagement der Akteure, nicht unbedingt sein: Nur wenige können ernsthaft behaupten, den „guten, wahren, echten" Flamenco auch zu erkennen. Ganz passable Chancen, ihn zu erleben, hat derjenige, der auf Plakatankündigungen und Anzeigen in den Tageszeitungen achtet. Auch bei den verschiedenen Festen ist häufig hochklassiger Flamenco zu sehen, z. B. bei der Fiesta de la Bulería anlässlich des Herbstfestes von Jerez. An Wochenenden bieten die *peñas*, meist recht urige Lokale örtlicher Flamencovereine, oft kostenlose Aufführungen.

• *Infos* **Fundación Andaluza de Flamenco**, eine gute Adresse für alle, die sich mit dem Thema auseinandersetzen wollen. Unter anderem gibt sie den „Annuario Flamenco Guía de Festivales" heraus, der alle Flamenco-Festivals auflistet. Im Buchhandel nur selten erhältlich, wohl aber im Sitz der Fundación in Jerez de la Frontera. http://caf.cica.es

• *Flamenco im Internet* **www.andalucia flamenco.org**, ein „Reiseführer des Flamenco" der andalusischen Tourismusbehörde. Viel Hintergrund, auch auf Deutsch. **www.deflamenco.com**, mit zahlreichen Artikeln und Veranstaltungshinweisen. Spanisch und Englisch.

• *Buchtipp* **Flamenco**, von Bernard Leblon, Palmyra-Verlag. Bereits ein Standardwerk zum Thema. Dank der beiliegenden CD lassen sich verschiedene Flamencostile miteinander vergleichen.

Stierkampf

In der Zuschauergunst wurde er zwar längst vom Fußball überholt, blieb aber dennoch sehr populär. Die Corrida de Toros („Lauf der Stiere" = Stierkampf) ist Gegenstand zahlreicher Diskussionen und auch in Andalusien nicht mehr unumstritten. Wie er dazu steht, muss jeder für sich selbst entscheiden.

Tierschützer – die sich ja hoffentlich auch als Naturschützer verstehen – sollten dennoch wissen, dass die Abschaffung des Stierkampfs gerade für Andalusien einige negative ökologische Folgen nach sich ziehen würde: „Zum einen handelt es sich beim Kampfstier um eine sehr ursprüngliche Rinderrasse, die ohne Stierkampf schnell aussterben würde, und zum anderen weiden diese Rinder bis zu ihrem Tod mehrere Jahre in ausgedehnten Dehesas und auf Weiden, die auch Lebensraum für seltene Tiere und Pflanzen sind und ihren wirtschaftlichen Wert eben durch diese Kampfstiere erhalten. Ohne diesen würden viele Weideflächen zu intensiven Landwirtschaftskulturen degradiert werden" (Roberto Cabo, Reiseführer Natur).

Die Saison dauert von April bis September, wobei längst nicht in jeder Stadt und an jedem Wochenende Kämpfe stattfinden – meist sind sie mit einer Fiesta verbunden. Landesweit soll es knapp 2000 Corridas pro Jahr geben, bei denen jeweils sechs Stiere getötet werden. Die berühmtesten Kämpfe Andalusiens, ein Fest für jeden „Aficionado" (Liebhaber des Stierkampfs), finden in der Regel zur Feria de Abril in Sevilla statt, gefolgt von denen der Feria de Caballo von Jerez.

Die Preisspanne bei Eintrittskarten ist recht weit und hängt nicht zuletzt auch vom Renommee der Arena und des Matadors ab. Ein wichtiges Kriterium unter vielen ist die Frage, inwieweit die Plätze der Sonne ausgesetzt sind, da die Matadore es vorziehen, im Schatten zu arbeiten: *sol* (Sonne), *sol y sombra* (teils-teils, nur manchmal angeboten) und *sombra* (Schatten) sind die Kategorien. Die Zuschauerränge nennen sich *gradas*, im Unterschied z. B. zu den viel teureren Logen. Wer möglichst preisgünstig davonkommen will, wählt mithin *gradas sol* – von dort sieht er absolut alles, jedoch aus einem gewissen, fürs erste Mal sicher günstigen Abstand. Am preisgünstigsten sind die *novilladas*, bei denen hoffnungsvolle Nachwuchsmatadore ihr Debüt gegen Jungstiere ableisten. Allerdings können solche Veranstaltungen auch leicht zu einer üblen Schlächterei ausarten, wenn nämlich ein noch unerfahrener Matador den Stier beim Todesstoß wieder und wieder nicht richtig trifft. Bei Spitzenmatadoren bleibt man dagegen in aller Regel von solchen Anblicken verschont. *Videoaufnahmen* zu machen, ist bei fast allen Corridas verboten und mit Strafen bedroht! Fotografieren wird dagegen meist geduldet.

Dramaturgie des Stierkampfs

Als ausgesprochenes Ritual verläuft ein Stierkampf immer gleich. Wer zuschaut, sollte zumindest die Grundabläufe kennen.

Paseo: Einmarsch der Teilnehmer, begleitet von einer Musikkapelle. Den beiden voranreitenden Dienern des *presidente*, der die Oberaufsicht hat, folgen die drei *matadores* („Töter“, auch: espadas); der älteste links, der jüngste in der Mitte und der zweitälteste auf der rechten Seite. Sie werden jeder zwei Stiere töten und entsprechen dem, was man sich bei uns unter „Torero“ vorstellt. Doch Toreros sind alle, die mit dem Stier arbeiten, also auch die Mannschaft (*cuadrilla*) der Matadore, nämlich die *banderilleros* und die *picadores* zu Pferd, die jenen folgen. Den Schluss des Zuges bilden die Helfer, die mit Maultieren die toten Stiere aus der Arena schleifen. Nachdem der Präsident den Schlüssel für das Stiertor in die Arena geworfen hat, geht es los.

Suerte de varas (auch: Suerte de la pica): Das erste Drittel (Tercio) des Kampfes. Zunächst „testet“ der Matador den Stier mit der *capa*, einem schweren Tuch; er will damit Eigenheiten des Stiers und dessen Verfassung kennenlernen. Auf den Matador folgt der Picador auf einem gepanzerten Pferd. Seine Lanze soll den Stier genau in den Nackenmuskel treffen, um diesen zu schwächen und den Stier so dazu zu bringen, den Kopf unten zu halten. Oft übertreibt der ja in den Diensten des Matadors stehende Picador vorsichtshalber seine Aufgabe, obwohl er damit den Unmut des Publikums herausfordert.

Suerte de banderillas: Die Banderilleros sollen dem Stier die zwei *banderillas*, mit Widerhaken versehene Spieße, in den Nackenmuskel stoßen, und zwar so, dass sie dort steckenbleiben. Es gibt rund ein Dutzend Varianten, diese etwa 65 cm langen Spieße (je kürzer, desto gefährlicher für den Banderillero) zu setzen. Zweck der Übung ist es, den Nackenmuskel des Stiers weiter zu schwächen und gleichzeitig seine Angriffslust zu reizen. Damit sich der Stier jedoch nicht zu sehr an den Menschen gewöhnt, dauert dieses Drittel meist nur etwa fünf Minuten.

Suerte de matar: Das „Drittel des Tötens“. Erneuter Auftritt des Matadors, diesmal mit dem roten Tuch *muleta*. Verschiedene Manöver mit der Muleta sollen den Stier für den tödlichen Degenstich vorbereiten; ist es soweit, folgt der Todesstoß *estocada*. Dabei versucht der Matador den Kopf des Stieres durch Reizen mit der Muleta zu senken, um den Degen möglichst tief – zwischen die Schulterblätter und nach Möglichkeit bis in die Aorta – zu versenken. Trifft er die richtige Stelle, ist das Tier auf der Stelle tot. Er kann sich aber auch so lächerlich machen, dass es Pfiffe oder gar Sitzkissen hagelt. Ein tödlich verwundeter Stier, der nicht mehr angreifen kann, darf auch mit einem Dolch den Gnadenstoß *„Descabello“* erhalten. Je nach seiner Leistung kann der Presidente dem Matador als Ehrung ein Ohr des Stiers, zwei Ohren oder, höchste Lobpreisung, zwei Ohren und den Schwanz verleihen.

- *Literatur zum Stierkampf* **Tod am Nachmittag**, Ernest Hemingway. Der „Papa" war ein echter Kenner des Stierkampfs. Seine auch mit Fotografien versehene Stierkampf-Fibel zählt – wie jeder Aficionado bestätigen wird – zum Besten, was jemals über die Corrida geschrieben wurde. Ebenso kenntnisreich, wenn auch bezüglich des modernen Stierkampfs deutlich desillusionierter, ist Hemingways Jahrzehnte später geschriebener, erst aus dem Nachlass veröffentlichter **Gefährlicher Sommer**.
- *Internet-Infos* **www.torosensevilla.com**, ein „Portal taurino", das unter anderen Themen auch eine Vorschau auf künftige Kämpfe bietet. Bislang nur auf Spanisch.

www.tauromaquia.de, sehr umfangreiche deutsche Site mit vielen Hintergrund-Informationen, Links und aktuellen Beiträgen zum Thema. Auch kritische Töne fehlen nicht. Sehr lesenswert unter „Kommentare" ist der Text von Horst Stern.

www.anti-corrida.de, die Gegenseite: eine Webpage deutscher Stierkampfgegner mit weiterführenden Links. Hier auch Infos zu den tierquälerischen „Vergnügungen" auf manchen spanischen Festen, die mit der eigentlichen Corrida nichts zu tun haben.

Geschichte im Überblick

Die Vergangenheit als wichtiger Schlüssel zur Gegenwart: Andalusiens Geschichte hat die Region nachhaltig geprägt.

Bis heute nicht zu übersehen ist der Einfluss der Mauren, die fast acht Jahrhunderte in Andalusien herrschten: Jeder Orangenbaum, jede Palme erinnert ebenso an die Söhne Allahs wie der Alcázar von Jerez und die Giralda und die Torre del Oro von Sevilla. Doch hatten schon vor den Mauren die Phönizier und Römer ihre Spuren hinterlassen. Und nachdem erst einmal das letzte arabische Reich in Andalusien gefallen war, machte sich die kastilische Herrschaftsschicht des nunmehr vereinigten Spanien daran, Andalusien nach ihren Vorstellungen zu gestalten. Gleichzeitig mit dem Fall Granadas war Amerika entdeckt worden. Karavellen, überbordend von Reichtümern, die dem neuen Kontinent entrissen worden waren, landeten in Cádiz und Sevilla, machten die Hafenstadt am Guadalquivir zur reichsten Metropole des Landes. Doch die politische Macht lag weiterhin bei Kastilien. Andalusien folgte den von Madrid aus gesteuerten Geschicken Spaniens, erlebte den Glanz des Weltreichs mit und bald darauf seinen Jahrhunderte währenden Niedergang. Geblieben ist die Struktur des Großgrundbesitzes, die noch auf die großzügige Landverteilung während der christlichen Rückeroberung zurückgeht und der Andalusien einen guten Teil seiner sozialen Probleme verdankt.

Vorgeschichte – Geheimnis um Tartessos: Die Ansiedelung des Menschen in Andalusien ist ab der Jungsteinzeit belegt. Als erste Bevölkerungsgruppe erwähnen antike Geschichtsschreiber die Iberer, aus Afrika eingewanderte Berber, die dennoch als die „Urbevölkerung" Spaniens gelten. Auf sie geht vielleicht die sagenumwobene Stadt Tartessos zurück, die vermutlich an der Mündung des Río Guadalquivir lag und ihren Reichtum der Bronzeherstellung verdankte. Mancher vermutet in Tartessos gar das legendäre Atlantis.

Ab etwa 1100 v. Chr. – Phönizier gründen Cádiz: Im Gebiet um die Meerenge von Gibraltar gründen Phönizier verschiedene Handelsniederlassungen, darunter Gadir, das heutige Cádiz, die älteste Stadt Spaniens und ganz Westeuropas.

Ab etwa 241 v. Chr. – Karthager: Nach ihrer Niederlage im Ersten Punischen Krieg gegen Rom beginnen die Karthager (auch: Punier) in Südspanien mit der Errichtung eines neuen Reichs. Gadir wird ihr Ausgangspunkt zur Eroberung der spanischen Küsten.

Ab 201 v. Chr. – Romanisierung: Auch den Zweiten Punischen Krieg entscheiden die Römer schließlich für sich. Andalusien wird romanisiert, neue Städte wie Hispalis (Sevilla) werden gegründet, bestehende Siedlungen wie Gades (Cádiz) ausgebaut. Die Römer errichten Wasserleitungen, Handels- und Heeresstraßen und führen ihr grundlegendes Rechtssystem ein. 27 v. Chr. entsteht die römische Provinz Baetica, deren Grenzen schon ungefähr denen des heutigen Andalusien entsprechen. Aus Baetica stammen berühmte Kaiser wie Trajan und Hadrian, in Córdoba wird der Gelehrte, Philosoph und Politiker Seneca geboren.

Ab dem 5. Jh. – Westgoten: Über Jahrhunderte hinweg hatte sich Andalusien im römischen Frieden gesonnt, hatte mit Rom das Christentum angenommen und den langsamen Niedergang geteilt. Jetzt, Anfang des 5. Jh., fallen Westgoten in Spanien ein und übernehmen das römische Erbe. Kulturell tritt das Germanenvolk nur wenig in Erscheinung.

Ab 711 – maurische Eroberung: Im Frühjahr 711 setzen Berbertruppen unter ihrem Führer Tarik, dem Namenspatron von Tarifa, über die Meerenge von Gibraltar. Die Berber, ein von den Arabern erobertes Bergvolk, sind als „Moros" bekannt, als Mauren. Nach kaum drei Jahren ist der größte Teil Spaniens in ihrer Hand, nur wenige Gebiete im Norden sind ausgenommen. Das neue maurische Reich wird „Al-Andalus" genannt, nach Meinung mancher Historiker abgeleitet aus „Land der Vandalen", in jedem Fall aber der Vorläufer des heutigen Namens Andalusien.

Ab 756 – Omaijaden: Nach blutigen Machtkämpfen herrscht Abd ar-Rahman als Emir in Córdoba und beginnt mit dem Bau der Moschee Mezquita. Seine Nachfolger regieren (meist) weise und tolerant und führen Al-Andalus auf den Höhepunkt seines Glanzes. Glaubensfreiheit für Juden und Christen ist garantiert, Künste und Wissenschaften werden gefördert. Berühmte Gelehrte und Dichter des Orients wie auch des Abendlandes lehren an den Königshöfen, die arabischen Ärzte genießen Weltruf. Schulen und Krankenhäuser entstehen. Bewässerungsanlagen und Wasserräder werden installiert, Nutzpflanzen wie Orange, Zitrone, Aprikose, Aubergine, Artischocke, Feige, Zuckerrohr, Baumwolle und Reis eingeführt.

Um 1031 – Zerfall in Teilkönigreiche: Nach dem Tod des letzten großen Omaijadenherrschers Almansor folgt ein rascher Abstieg des Reichs. Die Nachfolgekämpfe reißen nicht ab. 1031 ist das Herrschaftsgebiet der Mauren in etwa 30 kleinere Teilkönigreiche, die sogenannten „Taifas", zerfallen. Unterdessen hat sich im Norden

Zum Schutz vor Piraten errichtet: Wachtturm bei El Palmar (Provinz Cádiz)

Spaniens der Widerstand der christlichen Königreiche verstärkt. Die „Reconquista“, die Rückeroberung des Landes, rückt langsam gen Süden vor. 1085 fällt die Festungsstadt Toledo in die Hände Alfons VI. von Kastilien.

Ab 1089 – Almoraviden: In ihrer Not wenden sich die maurischen Herrscher an das sehr religiöse und kriegerische Berbervolk der Almoraviden. In blutigen Schlachten gegen die christlichen Heere festigen die Almoraviden die maurischen Besitzungen noch einmal und etablieren eine Zentralregierung. Mit der Toleranz gegenüber Andersgläubigen ist es nun vorbei; Juden müssen ebenso um ihr Leben fürchten wie die Mozaraber, unter maurischer Herrschaft lebende Christen.

Ab 1145 – Almohaden: Noch schlimmer werden die Zeiten für andalusische Juden und Christen unter dem fundamentalistischen Regime der Almohaden, einer Berbersekte, die sich von Nordafrika aus auch Al-Andalus einverleibt. In Jerez errichten sie den Alcázar, in Sevilla die Giralda und die Torre del Oro. Doch treten die Almohaden ein schweres Erbe an, denn mittlerweile hat der christliche Widerstand eine neue Qualität erreicht: Die bislang rivalisierenden Einzelkönigreiche im Norden und der Mitte Spaniens haben sich im Zeichen des Kreuzes zusammengeschlossen.

Ab 1212 – Durchbruch der Reconquista: Die für die Mauren verheerende Schlacht bei Navas de Tolosa im Grenzgebiet zwischen Kastilien und Andalusien markiert am 16. Juli 1212 einen Wendepunkt. In der Folge zerbricht auch der Almohadenstaat in Teilkönigreiche, die eines nach dem anderen untergehen: 1236 fällt Córdoba, 1248 Sevilla, 1263 Cádiz und 1264 Jerez in die Hände der Christen.

Ab 1238 – Nasriden: Fast ganz Al-Andalus ist nun in den Händen der Christen. Es verbleibt nur das 1238 gegründete Emirat der Nasriden mit ihrer Hauptstadt Granada. Taktisches Geschick vor allem, weniger militärische Stärke, sichert den letzten maurischen Herrschern das Überleben auf spanischem Boden. In Granada ent-

Zeitloses Bild: Ziegenherde bei Rota

faltet sich fortan noch ein letztes Mal alle Eleganz arabischer Hochkultur. Erneut feiern Kunst und Dichtung Höhepunkte, erneut ergänzen sich die drei Kulturen der Mauren, Juden und Christen, erneut blühen die Übersetzerschulen. Mit dem Märchenschloss der Alhambra schaffen sich die Mauren einen letzten orientalischen Traum der Schönheit in Spanien.

Ab 1469 – Los Reyes Católicos: Die Heirat von Isabella von Kastilien und Ferdinand von Aragón katapultiert die iberische Halbinsel in ein neues Zeitalter – erstmals kann nun mit Recht von einem Land „Spanien" gesprochen werden. „Los Reyes Católicos", die „Katholischen Könige", wie Isabella und Ferdinand genannt wurden, machen sich schnell daran, ihren Einfluss zu sichern. Der katholische Glaube wird als Instrument zur Einigung des spanischen Volks eingesetzt. Zunächst trifft es die meist wohlhabenden Juden, die unter Zwangstaufen und der Wut der Inquisition leiden. Ab 1481 beginnen die Katholischen Könige mit dem endgültigen Abschluss der Reconquista.

1492 – große Ereignisse: Im Februar 1492 kapituliert Granadas letzter Herrscher Boabdil, zieht kampflos aus der Stadt ab und rettet so die Alhambra vor der Zerstörung. Ganz Spanien ist nunmehr zurückerobert. Wenige Monate später setzt die systematische Vertreibung der Juden ein, eine Schwächung der wirtschaftlichen Leistungskraft des Landes, die fatale Folgen hätte haben müssen. Dazu kommt es jedoch vorläufig noch nicht: Während der Belagerung Granadas erhält ein Genueser von den Katholischen Königen die Erlaubnis, den Seeweg nach Indien zu suchen. Die Fahrt beginnt in Huelva, und am 12. Oktober 1492 entdeckt Christoph Kolumbus, in Spanien „Cristóbal Colón" genannt, Amerika.

16. Jh. – Aufstieg und Fall der Weltmacht Spanien: 1516 geht die Thronfolge Spaniens an einen Habsburger über. Karl V. regiert als Carlos I. von Spanien das

„Reich, in dem die Sonne nicht untergeht“. Unter seiner Herrschaft werden die Kolonialgebiete ausgedehnt, Sevilla und später auch Cádiz nehmen durch den Warenverkehr einen ungeheuren Aufschwung. 1556 dankt Karl ab. Das Augenmerk seines Sohns Philipp (Felipe) II. gilt angesichts des sich ausbreitenden Protestantismus vor allem dem Erhalt der Macht der katholischen Kirche. Doch Philipps Kriege verschlingen viel Geld, Staatsverschuldung und Inflation steigen. Zwar steht Spanien auf der Höhe seiner Macht, sie ist jedoch unsichtbar bereits im Bröckeln begriffen. Zum Fiasko kommt es, als die protestantischen Niederlande, von England unterstützt, einen Aufstand beginnen. Philipps Antwort entwickelt sich zur Katastrophe: Die „Unbesiegbare Armada“, Spaniens gewaltige Flotte, wird 1588 im Ärmelkanal verheerend geschlagen – der Beginn von Spaniens Niedergang als Seemacht.

17. Jh. – Spanien am Boden: Philipps Nachfolger zeigen sich als Abfolge unfähiger und schwacher Regenten, die die Regierungsgeschäfte Günstlingen überlassen. 1609 werden unter Philipp III. Hunderttausende bisher verbliebener Mauren ausgewiesen, ein schwerer Aderlass für das ohnehin durch Auswanderung und Pest von Bevölkerungsrückgang betroffene Land. In einer Folge unnötiger Kriege verliert Spanien nacheinander die Niederlande, das Roussillon und auch Portugal. Die Kette der Niederlagen setzt sich fort in Kriegen gegen das aufstrebende Frankreich, die mit weiteren Territorialverlusten enden. Mit dem Tod des schwachen Königs Karl II. endet 1700 die habsburgische Linie. Das einst so glanzvolle Spanien liegt am Boden.

El Siglo de Oro

So sehr Spanien auch militärisch, wirtschaftlich und politisch absinkt, seine kulturelle Blüte dauert an und erreicht im 16. und 17. Jh. ihren Höhepunkt. Das „Goldene Jahrhundert“ Spaniens wird geprägt durch Mystiker wie die heilige Theresa von Avila und Ignatius von Loyola, den Gründer des Jesuitenordens, durch Literaten wie Miguel de Cervantes („Don Quijote“, erdacht im Gefängnis von Sevilla) und den Bühnenautor Calderón de la Barca, durch Maler wie El Greco und Velázquez. Letzterer, Hofmaler des Königs und mit vollem Namen Diego Velázquez de Silva (1599–1660) geheißen, ist der berühmteste Vertreter der Malerschule von Sevilla, der wohl herausragenden Künstlergruppierung Spaniens in jener Epoche, zu der auch Bartolomé Esteban Murillo, Juan de Valdés Leal und Francisco de Zurbarán zählen, letzterer zwar kein gebürtiger Andalusier, aber in Sevilla tätig.

18. Jh. – Bourbonenherrschaft: 1701 setzt der Spanische Erbfolgekrieg ein, in den halb Europa verwickelt ist und der sich in Spanien zusätzlich als Bürgerkrieg manifestiert. Zu jener Zeit greift sich England im Auftrag der Habsburger den Felsen Gibraltar. Der Frieden von Utrecht lässt 1713 den Bourbonen Philipp V. den Thron besteigen; Spanien muss jedoch die italienischen und verbliebenen niederländischen Besitzungen abtreten. Die nächsten Jahrzehnte sehen das Land als Verbündeten Frankreichs und unter reformfreudigen Herrschern. Karl IV. und sein Günstling Manuel de Godoy jedoch manövrieren das Land erneut in verschiedene Kriege. Der Höhepunkt des Desasters wird 1805 mit der verheerenden Niederlage gegen England in der Seeschlacht von Trafalgar am gleichnamigen Kap in der Provinz Cádiz erreicht.

19. Jh. – wirre Zeiten: 1808 installiert Napoleon mit Waffengewalt seinen Bruder Joseph Bonaparte als Herrscher Spaniens. Das Volk reagiert mit einem Aufstand, der sich zum Spanischen Unabhängigkeitskrieg ausweitet und nach sechs Jahren gewonnen wird.

Erste Gehversuche der Demokratie

Cádiz, die kosmopolitische Handelsstadt auf der kaum einnehmbaren Halbinsel, bildete damals das einzige von den Franzosen nicht eroberte spanische Territorium. Während die französischen Kriegsschiffe Cádiz beschossen, wurde hier von der Ständeversammlung, der Cortes, nach zweijähriger Beratungszeit unter permanentem Kanonendonner, 1812 die erste spanische Verfassung überhaupt verabschiedet. Für die damalige Zeit erwies sie sich als geradezu revolutionär, auch wenn sie kaum zur praktischen Anwendung gelangte – immerhin wurde damals von der freiheitlichen Seite der politische Begriff „liberal“ geprägt.

Die Folgezeit bringt jedoch nur weitere Kriege und innenpolitisches Chaos. Zwischen 1840 und 1873 wechseln sich über dreißig Regierungen ab. Die Erste Republik 1873/74 scheitert binnen kurzer Zeit an innerer Zerrissenheit, im Amerikanisch-Spanischen Krieg von 1898 verliert Spanien nicht nur seine Flotte, sondern auch die Philippinen, Kuba und Puerto Rico und büßt damit endgültig den Traum vom Weltreich ein.

1900 bis 1936 – auf dem Weg in den Bürgerkrieg: In Spanien geht es nun drunter und drüber, auch wenn die Neutralität im Ersten Weltkrieg einen gewissen wirtschaftlichen Aufschwung ermöglicht. 1923 putscht General Primo de Rivera und errichtet eine Militärdiktatur. Doch auch er stolpert über innenpolitische Schwierigkeiten und tritt 1930 freiwillig ab. Die Zweite Republik, im April 1931 ausgerufen, ist nicht erfolgreicher. Zwischen 1934 und 1936 schlittert Spanien von einer politischen Krise in die nächste. Streiks überfluten das Land, die Rechte antwortet mit Mord, die Linke gibt mit gleicher Münze zurück – Spanien im Chaos.

1936 bis 1939 – Bürgerkrieg: 1936 mündet ein Militärputsch in den Spanischen Bürgerkrieg, dem über eine halbe Million Menschen zum Opfer fallen. „Bürgerkrieg“ ist eigentlich das falsche Wort: Auf der einen, der letztlich siegreichen Seite der „Nationalen“, steht eine Clique von gut ausgerüsteten, antidemokratischen Militärs, auf der anderen, der der „Republikaner“, der Großteil der Bevölkerung. Andalusien hat im Bürgerkrieg noch relatives Glück im Unglück und gerät gleich zu Beginn fast völlig in die Hände der Franco-Truppen, bleibt deshalb von schwereren Verwüstungen verschont.

1939 bis 1975 – Franco-Diktatur: Der „Caudillo“ und „Generalísimo“ Francisco Franco Bahamonde wird zum spanischen Alptraum. Grundprinzipien seines diktatorischen Regimes, unterstützt durch Militär, Kirche und die rechtsextreme Falange-Partei, sind die absolute Autorität des Staates und die Unterdrückung aller abweichenden Auffassungen. Während des Zweiten Weltkriegs bleibt Spanien neutral und wird wenige Jahre danach im diplomatischen Verkehr wieder halbwegs salonfähig; 1959 befürwortet Adenauer vergeblich die Aufnahme in die NATO. Innenpolitisch hält die harte Linie über Jahrzehnte hinweg an. Am 20. November 1975 stirbt Franco – und in Spanien knallen die Sektkorken.

Ab 1975 – endlich die Demokratie: Francos Nachfolger wird der vom „Caudillo" selbst erwählte und heute noch amtierende König Juan Carlos I., ein Bourbone. Zunächst zaghaft, dann aber tatkräftig mit Hilfe des von ihm ernannten Ministerpräsidenten Adolfo Suárez González, bereitet Juan Carlos die Demokratie vor. 1977 finden die ersten freien Wahlen statt, 1978 erhält das Land eine demokratische Verfassung mit der Regierungsform der parlamentarischen Demokratie. 1981 bleibt der Putschversuch eines gewissen Colonel Tejero erfolglos, auch dank der mustergültigen Reaktion des Königs. Im selben Jahr erhält Andalusien als Comunidad Autónoma teilautonome Rechte. 1982 wird Spanien Mitglied der NATO. Damals übernimmt auch erstmals die sozialistische Partido Socialista del Obrero Español (PSOE) das parlamentarische Ruder, geführt von dem Andalusier Felipe González, unter dessen Führung die PSOE einen Sozialstaat moderner Prägung einrichtet. Anfang 1986 tritt Spanien der EG bei.

1992 – Spaniens großes Jahr: Die 500-Jahr-Feier der Entdeckung Amerikas, die Olympischen Spiele in Barcelona, die Weltausstellung Expo in Sevilla, Madrid als Kulturhauptstadt Europas – Spanien im Festrausch. Die Preise steigen in schwindelnde Höhen, die Staatsschulden auch. Der großen Feier folgen Ernüchterung, wirtschaftliche Stagnation und horrende Arbeitslosigkeit.

1993 bis 1996 – Skandale, Skandale: Bei den Wahlen von 1993 wird die PSOE noch einmal stärkste Macht, doch ist ihr mit der konservativen Volkspartei Partido Popular (PP) ein starker Konkurrent erwachsen. Zudem kommt allmählich eine ganze Kette von Skandalen ans Licht. Vorgezogene Neuwahlen sind überfällig.

1996 bis 2004 – die Ära Aznar: Im März 1996 gewinnt die PP unter José María Aznar die vorgezogenen Parlamentswahlen. In einer Koalitionsregierung mit Basken und Katalanen gelingt es ihr, die Wirtschaft zu stabilisieren. Die Hürden zur Teilnahme am Euro werden ohne größere Probleme gemeistert, die Neuverschuldung deutlich gesenkt, die Inflation erheblich gebremst. Insgesamt gesehen kann Aznar durchaus zu Recht seinen Lieblingssatz verkünden: „España va bien". Und er hat Recht: Spanien geht es wirklich gut. Bei den Parlamentswahlen 2000 erringt die PP, gestützt durch die erfreulichen Wirtschaftsdaten, überraschend deutliche 44,5 Prozent der Stimmen, ist auf keinerlei Unterstützung durch andere Parteien mehr angewiesen.

Die politische Situation heute: Bei den Parlamentswahlen am 14. März 2004 geschieht, was noch eine Woche vorher kaum ein politischer Beobachter vermutet hätte – die PP wird abgewählt. Ursächlich dafür ist sicher auch der Versuch Aznars, das verheerende Al-Quaida-Attentat von Madrid (11. März 2004, für Spanier nur noch „11 M") in den Tagen vor der Wahl wider besseres Wissen der ETA anzulasten. Der Premier hatte offensichtlich befürchtet, das Volk würde einen Zusammenhang zwischen dem Massaker und der von Aznar durchgesetzten Teilnahme am Irak-Krieg sehen, die ja von einer breiten Mehrheit im Land abgelehnt worden war, und die PP dafür verantwortlich machen. Der Schuss geht jedoch nach hinten los: Viele Spanier fühlen sich von ihrer Regierung aus taktischen Gründen belogen und wählen erst recht die Opposition. Mit fast 43 Prozent der Stimmen gewinnt die PSOE unter José Luis Rodríguez Zapatero die Parlamentswahl, die PP erreicht nicht einmal 38 Prozent. In Andalusien, seit jeher eine Hochburg der Sozialisten, fällt die Wahl noch deutlicher aus, hier erringt die PSOE mehr als 52 Prozent. Spaniens Umwelt kann der Regierungswechsel nur nützen, ebenso der Gleichstellung der Geschlechter – auf beiden Gebieten setzt der sympathische neue Regierungschef schon bald deutliche Akzente.

Der Weg ist das Ziel: Dünenpark „Parque Dunar“ in Matalascañas

Reiseziel Costa de la Luz

Es gibt viele Möglichkeiten, die Küste des Lichts zu entdecken. Vorab stellt sich die Frage, ob es ein Pauschalurlaub oder eine Individualreise sein soll.

Pauschalurlaub oder Individualreise?

- **Pauschalurlaub**, die vorgebuchte Kombination von Anreise, Unterkunft, Reiseleitung und meistens auch Verpflegung, ist in den wenigen echten Touristenzentren der Costa de la Luz die absolut vorherrschende Form des Fremdenverkehrs. In anderen Orten, wie z. B. in Conil oder Tarifa, dominiert eher der Individualtourismus. Natürlich hat eine Pauschalreise ihre handfesten Vorteile. So werden Reiseveranstaltern oft erhebliche Nachlässe auf den Zimmerpreis eingeräumt – so manches noble Strandhotel, das bei privater Buchung ein sehr hohes Preisniveau aufweist, kann für Pauschalgäste durchaus bezahlbar bleiben. Außerdem hat man bei dieser Urlaubsform auch die Gewähr, wirklich ein Zimmer im gewünschten Quartier zu erhalten: In der Hochsaison, besonders in der Zeit ab Mitte Juli bis Ende August, gestaltet sich für Individualreisende die Suche nach einem freien Bett häufig sehr mühsam.
- **Individualreisen** besitzen ebenfalls ihre Vorteile: Flexibilität bei der Wahl des Zeitraums, jederzeit möglicher Standortwechsel bei Nichtgefallen des Quartiers oder des gewählten Urlaubsorts, Unabhängigkeit von eventuellen Essenszeiten etc. Die Auswahl an Hotels und Pensionen ist üppig, die öffentlichen Verkehrsverbindungen sind überwiegend gut, Mietwagen relativ preiswert. Verbunden ist diese Reiseform allerdings mit einem höheren Aufwand bei der Planung, vor allem bei einer individuell durchgeführten Rundreise, der wohl schönsten Art, die Costa de la Luz zu erkunden. Wichtig ist dann auch die richtige Wahl des Zeitraums. Zur absoluten

Hochsaison kann es sehr schwierig sein, ein freies Zimmer zu finden, doch sind auch schon im Juni und oft noch im September manche Urlaubsorte so gut gebucht, dass zumindest eine telefonische Reservierung am Vortag viel Ärger erspart. Wer ganz sicher gehen will, das gewünschte Quartier zu erhalten oder längere Zeit am selben Ort verbringen möchte, sollte ab der Heimat vorbuchen: Telefon- und Faxnummern sowie Internet-Adressen sind bei der Beschreibung der in diesem Handbuch vorgestellten Quartiere jeweils angegeben. Billiger als eine Pauschalreise ist eine individuell geplante Tour meist nur dann, wenn eher einfache Unterkünfte gewählt werden.

Anreise

Von allen spanischen Festlandsregionen liegt die Costa de la Luz am weitesten von Mitteleuropa entfernt. Immerhin sind von Hamburg bis Huelva gut 2600 Kilometer zurückzulegen, von Berlin bis Cádiz sogar mehr als 2800 Kilometer. Klar deshalb, dass der Flug die mit Abstand beliebteste Anreiseform darstellt.

Anreise mit dem Flugzeug

An Bequemlichkeit und Schnelligkeit nicht zu überbieten, oft sogar preisgünstiger als die übrigen Anreisevarianten.

Die reine Flugzeit nach Jerez de la Frontera beträgt z. B. ab München gerade mal drei Stunden: ein kurzer Imbiss, etwas Bordlektüre, schon ist man da. Die preisgünstigen Charter- und Lowcostflüge und die Spar-Tarife der Liniengesellschaften sind allerdings aufgrund von hoher Nachfrage und von Kapazitätsbeschränkungen für die Hauptsaison schnell ausgebucht. Man sollte sich also rechtzeitig um das Ticket bemühen.

- *Flughäfen* Wichtigster Airport für Charter- und Lowcost-Airlines ist Jerez de la Frontera. Sevilla wird vorwiegend von den Jets der Liniengesellschaften Lufthansa und Iberia angeflogen, die (von manchen Sondertarifen abgesehen) in der Regel etwas teurer sind. Für Ziele im Westen der Provinz Huelva liegt der Flughafen im portugiesischen Faro am günstigsten. Falls sonst partout kein Flug mehr zu bekommen ist, bleibt als Alternative zumindest für die Provinz Cádiz noch der sehr häufig bediente Airport von Málaga.
- *Fahrradtransport und Mitnahme von Sportgepäck* Der Transport von Fahrrädern und Sportartikeln ist im Charterflugzeug relativ preisgünstig. Für ein Fahrrad sind meist 15–30 € zu rechnen, ein Surfbrett kostet in der Regel 30–50 €. Bei Liniengesellschaften sind die Regelungen unterschiedlich. In jedem Fall ist es ratsam, entsprechende Wünsche gleich bei der Buchung anzugeben.

Anreise mit Auto und Motorrad

Der Vorteil der Mobilität wird mit einer sehr langen Anreise sowie ziemlich hohen Fahrtkosten erkauft. Und, selten einkalkuliert: Parkplätze sind in spanischen Städten eine Rarität, Tiefgaragen teuer.

Rechnet man die Kosten genau durch, kommt die Anreise per Pkw teurer, als vielleicht zu erwarten wäre. Allein die Benzinkosten und Autobahngebühren schlagen für Hin- und Rückfahrt leicht mit 500 € zu Buche. Der bei solchen Rechnungen gern vergessene Verschleiß am Fahrzeug ist dabei noch nicht einmal mit einbezogen. Hinzu kommt die lange Dauer der Anreise – drei Tage sind schon einzukalkulieren, soll die Fahrt nicht zur Tortur werden. Vor Ort bringt das Auto in Großstädten nur Nachteile. Wer Cádiz oder Sevilla noch nie besucht hat, kann sich kaum vorstellen, wie schwer es ist, dem Vehikel einen Platz für die Nacht zu sichern. Im Freien, so man tatsächlich einen Parkplatz gefunden hat, ist der Wagen extrem einbruchgefährdet. Parkgaragen nehmen abschreckende Gebühren von teilweise mehr als 20 € pro Tag. Fazit: Die Anreise mit dem eigenen Fahrzeug lohnt sich, wenn überhaupt, wohl nur bei einem Aufenthalt von deutlich über drei Wochen.

• *Vor dem Start* An **Dokumenten** werden Pass/Personalausweis sowie der nationale Führerschein und der Fahrzeugschein benötigt. Die Grüne Versicherungskarte ist nicht mehr Pflicht, wird bei Verkehrskontrollen aber dennoch häufig verlangt und ist deshalb dringend empfohlen. Eine nützliche Sprachhilfe im Fall des Falles bietet der „Europäische Unfallbericht", gratis erhältlich bei den Autoversicherern oder, meist gegen kleine Gebühr, den Automobilclubs.

• *Routenplanung* Für die Anreise nach Spanien via Autobahn reicht praktisch jeder gebräuchliche Kartenmaßstab aus. Mitglieder mancher Automobilclubs können sich ein kostenloses Paket mit Übersichtskarten, Gebühreninformationen etc. zusammenstellen lassen. Routenplanung ist jedoch auch über das Internet möglich, z.B. www.viamichelin.de.

• *Hauptrouten* Prinzipiell stehen zwei Hauptrouten zur Wahl: über die Rhônetalautobahn und entlang der Mittelmeerküste oder über Paris und Bordeaux zur nordspanischen Atlantikküste und weiter über Madrid. Die Kombination beider Routen kann vor allem für Süddeutsche interessant sein – bis Barcelona folgt man der Mittelmeerroute, dann geht es über Zaragoza und Madrid nach Sevilla. Welche Route im Einzelfall vorzuziehen ist, ist nicht nur eine Frage des Abfahrts- und Zielortes, sondern gewissermaßen auch des persönlichen Geschmacks.

Entlang der Mittelmeerküste: Ein Argument für diese Variante ist die bis weit nach Spanien hinein durchgehende Autobahn: Von den deutschen Grenzübergängen bis zum südspanischen Murcia braucht man die Autobahnen nicht zu verlassen und kann die Fahrt ab dort über autobahnähnlich ausgebaute Nationalstraßen bis hinter Málaga fortsetzen. In der Schweiz, in Frankreich und Spanien sind Autobahnen jedoch mautpflichtig.

Gleichgültig, ob von Hamburg, Berlin oder München: Die kürzeste Anreise zum Mittelmeer erfolgt auf der Rhônetalautobahn zur spanischen Grenze. Bis Lyon, eventuell auch Valence, scheiden sich jedoch die Geister. Bayern und Österreicher fahren am kürzesten über die Schweiz (Vignettenpflicht!), der Westen der Republik am besten via Luxemburg beziehungsweise Saarbrücken und Metz. Für die meisten anderen Abfahrtsorte ist die Strecke über die Rheintalautobahn zum Grenzübergang Mulhouse (Mühlhausen) die günstigste Wahl. Ab Lyon verläuft die Route über Orange und Narbonne zur französisch-spanischen Grenze bei Le Perthus/La Jonquera, etwa 460 Kilometer hinter Lyon gelegen. Barcelona wird auf der A7 umfahren, dann geht es weiter über Valencia und Alicante nach Murcia (ab Lyon gut 1200 km) und über die autobahnähnliche N 340 nach Puerto Lumbreras, ab dort auf der ebenfalls vierspurigen A 92 N Richtung Granada. Je nach Ziel jetzt weiter via Málaga oder via Sevilla an die Costa de la Luz.

Über Madrid: Auf dieser Route bewegt man sich innerhalb Spaniens überwiegend auf Nationalstraßen, die als „Autovías" autobahnähnlich ausgebaut wurden, jedoch nicht mautpflichtig sind – für manchen vielleicht ein Grund, diese Variante zu wählen, die zudem in vielen Fällen auch etwas kürzer ist als die Mittelmeerroute.

Bis Paris sind je nach Abfahrtsort zwei Hauptstrecken möglich. Vom Raum Düsseldorf und damit auch vom Norden und Osten Deutschlands aus ist vor allem die Route über Aachen und Belgien zu empfehlen. Ab Südwestdeutschland ist dagegen die Strecke über Metz und Reims vorzuziehen. Von Paris geht es über Tours nach Bordeaux und zum französisch-spanischen Grenzübergang Hendaye/Irún, der etwa 790 Kilometer hinter Paris liegt. Weiter auf der A 8 zum Autobahnkreuz bei Bilbao (Bilbo), dann über die A 68 zum Kreuz bei Miranda de Ebro, nun auf der A 1 bis Burgos, wo die Autobahn nach Umgehung der Stadt in die gebührenfreie, schnellstraßenähnlich ausgebaute Nationalstraße N 1 übergeht, die schließlich vor Madrid in eine Ringautobahn (mautfrei) mündet. Von der Hauptstadt nimmt man die gebührenfreie A 4/N IV nach Süden und erreicht via Córdoba und Sevilla die Costa de la Luz.

Anreise mit der Bahn

Mindestens 26 Stunden im Zug sind keine Kleinigkeit. Ein Preisvorteil gegenüber dem Flugzeug besteht zudem in der Regel nicht, von Sondertarifen für Gruppen etc. einmal abgesehen.

Neben der großen Distanz sind auch die nötigen Zwischenaufenthalte für die lange Dauer der Anreise verantwortlich – dreimal Umsteigen ist das Minimum. Je nach Abfahrts- und Zielort kann die Bahnreise an die Costa de la Luz deshalb durchaus auch 40 Stunden und mehr dauern. Ein Vorteil gegenüber dem Bus sind die möglichen Zwischenstopps auf der Strecke.

• *Information* An Bahnhöfen oder in den Büros des DER, hier gibt es auch Fahrkarten. Manche Reisebüros verlangen eine Auskunfts- und Buchungsgebühr.

Gebührenpflichtiges Info-Telefon der DB: ✆ 11861

Internet: www.bahn.de

• *Fahrradtransport* Das Rad per Bahn nach Spanien als Reisegepäck aufzugeben oder direkt mitzunehmen, ist nicht mehr möglich. Einzige Ausnahme ist die wenig praktikable „häppchenweise" Fahrt durch Frankreich, gefolgt vom Grenzübertritt per Rad, eine Alternative die Versendung per Post auf dem Land- oder Luftweg. Informationen, auch zu möglichen aktuellen Änderungen, bei der Radfahrer-Hotline der DB oder auf den Internet-Serviceseiten des Allgemeinen Deutschen Fahrradclubs ADFC.

Radfahrer-Hotline der Deutschen Bahn: ✆ 01805/151415. www.bahn.de/bahnundbike.

ADFC: Hauptgeschäftsstelle Bremen, ✆ 0421 346290, Fax 0421 3462950, www.adfc.de.

• *Hauptrouten* Je nach Termin, Abfahrts- und Zielort sind verschiedene Streckenführungen möglich, z. B. via Straßbourg, Genf oder Paris. Die Einreise nach Spanien kann deshalb entweder in Port Bou am Mittelmeer oder in Irún am Atlantik erfolgen. Ab Port Bou geht es weiter nach Barcelona. Von dort je nach Anschluss und Ziel entweder über Madrid oder entlang der Mittelmeerküste bis Valencia, dann mit einem Schwenk ins Landesinnere bis zum andalusischen Knotenpunkt Linares-Baeza, wo die Züge auf die verschiedenen andalusischen Linien verteilt werden. Ab Irún führt die Andalusienfahrt grundsätzlich über Madrid.

Anreise mit dem Bus

Rund ums Jahr ist die Costa de la Luz auch per Linienbus zu erreichen. Zwar sind die Busse komfortabel ausgestattet, eine Erholung ist die Fahrt von weit mehr als 30 Stunden jedoch nicht.

Die Busse der „Europäischen Fernlinienverkehre" (Eurolines, Europabus) verbinden Spanien mit vielen Städten Deutschlands. An der Costa de la Luz direkt zu erreichen sind so Cádiz, Chiclana de la Frontera, Conil de la Frontera, Huelva und Jerez de la Frontera; selbstverständlich fahren die Busse auch Sevilla an. Ansprechpartner in der Heimat ist meist die *Deutsche Touring*.

• *Information, Buchungen* **Frankfurt**, DTG Ticketcenter, Mannheimer Str. 4, ✆ 069 46092780, Fax 069 234443.

Köln, DTG-Ticketcenter, Johannisstr. 43–45, ✆ 0221 5798660, Fax 0221 12071789.

München, DTG Ticketcenter, Starnberger Bhf., Arnulfstr. 3, ✆ 089 88989513, Fax 089 54587021.

Spanien: Hier ist die Buchung in praktisch jeder größeren Stadt möglich, Büros meist im dortigen Busbahnhof.

• *Internet* www.deutsche-touring.com

• *Beispiel für Fahrzeiten und Preise* Von Frankfurt/Main nach Cádiz, Fahrzeit knapp 34 Stunden, Preis einfach je nach Saison ab etwa 145 €, hin und zurück 235 €.

• *Fahrradtransport* In den Linienbussen nicht möglich. Über mögliche Spezialveranstalter für Fahrradreisen informiert der ADFC, siehe „Anreise mit der Bahn".

Unterwegs an der Costa de la Luz

Das gute Verkehrsnetz der Costa de la Luz macht es leicht, die Küste und ihr Hinterland zu entdecken. Die Straßen sind überwiegend in ordentlichem Zustand. Das wichtigste öffentliche Verkehrsmittel ist der Bus, weit vor der Bahn.

Mit Auto oder Motorrad

Die Fahrweise der Spanier ist gelassener, als mancher vielleicht vermutet. Man fährt zwar flott, aber in aller Regel fair.

In den Städten stellt der Pkw allerdings nur eine Last dar. Die Orientierung dort ist oft schwierig, der Verkehr zu den Stoßzeiten erheblich, das Fahrzeug aufbruchgefährdet und ohne realistische Chance auf einen legalen und kostenlosen Parkplatz. Tiefgaragen sind teuer.

▸ **Straßennetz**: Überwiegend in gutem Zustand und weiter im Ausbau. Neue Autobahnen entstehen, Ortsumgehungen werden angelegt. In abgelegeneren Gebieten und auf kleinen Straßen ist manchmal mit Schlaglöchern zu rechnen.

Autopistas: Autobahnen, die überwiegend gebührenpflichtig und mit die teuersten Europas sind. Die Costa de la Luz selbst besitzt nur wenige Autobahnen, nämlich die gebührenfreie A 49 Sevilla-Huelva und die AP 4 von Sevilla nach Cádiz, für deren etwa 95 Kilometer rund 6 € zu berappen sind. Die Bezahlung mit Kreditkarte ist möglich.

Autovías: Im Gegensatz zu den Autobahnen sind die Schnellstraßen Autovías gebührenfrei befahrbar. Besonders in der Provinz Cádiz sind derzeit eine ganze Reihe von Autovías in Bau oder projektiert. Bei Redaktionsschluss fast schon beendet waren die Arbeiten an der A 381 Algeciras-Jerez via Alcalá de los Gazules. Der Ausbau der N 340 zur A 48 dürfte zwischen Chiclana und Vejer de la Frontera vielleicht schon kurz nach Erscheinen dieser Auflage fertig sein, die Fortsetzung bis Tarifa ist geplant. Auch die A 382 von Jerez nach Arcos de la Frontera und weiter bis Antequera (Provinz Málaga) soll zur vierspurigen Autovía erweitert werden.

▸ **Parken**: In Großstädten ist das Parken grundsätzlich ein heikles Kapitel. Auch aus Sicherheitsgründen ist es empfehlenswert, ein Parkhaus oder einen bewachten Parkplatz (aparcamiento vigilado) anzusteuern, beide durch ein weißes „P“ auf blauem Grund gekennzeichnet.

Gelb markierte Bordsteine: Parkverbot, alternativ (oder gleichzeitig) auch durch die bei uns üblichen Schilder angezeigt.

Blau markierte Bordsteine: gebührenpflichtige Parkzone. An der nächsten Ecke steht ein Automat, den man je nach vorgesehener Parkdauer mit Münzen füttert; die Quittung gehört für den Parkwächter gut sichtbar unter die Windschutzscheibe. Auf dem Automaten stehen auch die Zeiten, in denen bezahlt werden muss; gebührenfrei parken darf man in der Regel sonntags, nachts und zur Siesta-Zeit.

La Grúa, der spanienweit gefürchtete Abschleppwagen, kommt schnell im Parkverbot und, bei längerer Überschreitung der Parkzeit, auch in den blauen Zonen. Alternative zur Grúa ist die an einem Rad befestigte Parkkralle, die das Fahrzeug lahmlegt; befreit wird es gegen saftige Strafgebühr von der nächsten Polizeistelle. Wer einen Strafzettel an der Scheibe findet, kann die Bezahlung dafür nicht mehr „vergessen“, wie das bislang gängige Praxis war: Ein EU-Abkommen zur europaweiten Eintreibung von Geldstrafen und -bußen ab 70 € ist beschlossen. Und die spanischen Tarife sind hoch: Verbotenes Parken kann bis zu 90 € kosten.

„Parkwächter“: Vor allem in Großstädten trifft man auf selbsternannte Parkwächter (darunter manchmal recht wilde Gesellen), die mit großen Gesten Autofahrer auf freie Parklücken aufmerksam machen, sie dort

Deutlich: Warnung vor Autoaufbruch

einweisen und auf ein Trinkgeld hoffen. Natürlich ist man zur Zahlung nicht verpflichtet. Die Arbeitslosigkeit in Spanien ist jedoch hoch, und auch Einheimische geben in einem solchen Fall meist einen kleinen Obulus (zumal dieser die Chance deutlich erhöht, das Fahrzeug unversehrt wiederzufinden ...). In manchen Gemeinden, in denen besonders viele Autos aufgebrochen werden, sind auch uniformierte Parkwächter unterwegs, die sich ebenfalls über eine kleine Spende freuen.

- **Diebstahl**: Der Pkw selbst ist nicht gefährdeter als bei uns; Vorsichtige sichern ihn durch eine Zusatzsperre am Lenkrad. Autoaufbrüche dagegen sind in Andalusien immer noch eine Plage. Ausländische Wagen sind besonders beliebt, aber auch Mietwagen werden meist sofort erkannt. Gefährlich sind vor allem Großstädte wie Sevilla, Cádiz und Jerez sowie alle Touristenregionen. Also Vorsicht: Nichts, aber auch gar nichts im Auto lassen; Handschuhfach und auch die Heckablage offen – die Chancen auf eine eingeschlagene Fensterscheibe stehen sonst gut. Vorsicht auch an Ampeln, Spezialisten greifen bei offenem Fenster blitzschnell Wertsachen aus dem Wageninneren. Bei Verlassen des Fahrzeugs immer den Zündschlüssel abziehen!
- **Unfall** (*Accidente*): Bei kleineren Schäden einigt man sich in Spanien gern ohne Polizei und in bar, denn das Recht geht hier verschlungene Wege. Bei ernsthaften Beschädigungen Polizei holen, Namen und Anschrift, auch die Versicherungsnummer des Unfallgegners notieren sowie die Adressen etwaiger Zeugen; Fotos der Unfallstelle machen. Der „Europäische Unfallbericht" (siehe Anreisekapitel) ist nützlich, Mitglieder von Automobilclubs sollten unbedingt ihre Notrufstationen konsultieren. Wieder in der Heimat, geht es an die Abwicklung des Schadens. Dabei hilft der Kontakt mit dem von der eigenen Haftpflicht benannten Schadensregulierer in Spanien, der sich mit der Versicherung des Unfallgegners in Verbindung setzen muss; den jeweils zuständigen Beauftragten nennt der *Zentralruf der Autoversicherer* unter der Telefonnummer 0180 25026.

- *Notrufnummer*: ✆ **112**, eine einheitliche Rufnummer für Feuerwehr, Ambulanz und Polizei.
- *ADAC-Notrufstationen*
Deutschland (rund um die Uhr): ✆ 0049 89 767676.
Spanien: Barcelona, ✆ 935 082828.
- *Abschleppwagen/Werkstatt* **La Grúa** heißt der Abschleppwagen, die Werkstatt nennt sich **Taller de reparaciones**.
- *Pannenhilfe* **(Auxilio en carretera)**: ✆ 915 933333. Auf Fernstraßen und in Städten sind blau-gelbe Fahrzeuge des spanischen Automobilclubs RACE unterwegs.

Besonderheiten und abweichende Verkehrsbestimmungen in Spanien

- *Besonderheiten* **Kreisverkehre** sind in Spanien viel häufiger als bei uns. Der Kreisverkehr hat immer Vorfahrt.

Linksabbiegen von Fernstraßen: Auf Überlandstraßen muss zum Linksabbiegen oft erst nach rechts abgebogen und die gerade verlassene Straße dann hinter einem Stoppschild auf direktem Weg überquert werden.

Linkseinbiegen in Fernstraßen: Ebenso ungewohnt – vielfach gibt es nach dem Linkseinbiegen zunächst eine Beschleunigungsspur, die links (!) von der eigentlichen Fahrspur verläuft. Durchgezogene Linien nicht überfahren!

- *Tanken* Diesel nennt sich „gasóleo", Bleifrei mit 95 Oktan „gasolina sin plomo" und ist flächendeckend verfügbar.
- *Verkehrsverstöße/Strafen* Wichtig zu wissen – die Strafen für Verkehrsvergehen liegen in Spanien weit höher als bei uns. So kostet Halten auf der Fahrbahn außerorts rund 200–400 €, eine Geschwindigkeitsüberschreitung um 20 km/h 90–300 € usw. Die Strafen sind sofort zu zahlen, andernfalls wird der Wagen sichergestellt. Jeder Unfallbeteiligte ist verpflichtet, sich einem Alkohol- und Drogentest zu unterziehen. Das Fahren mit Kopfhörern (Walkman etc.) ist verboten, ebenso die Benutzung von Handys während der Fahrt; Ausnahme: Freisprechanlagen, die keine elektromagnetischen Störungen verursachen. Beim Tanken müssen Radio und Handy ausgeschaltet sein. Eine Warnweste (anzulegen beim Aussteigen wegen Unfall/Panne außerorts) für den Fahrer ist ebenso Pflicht wie die Sicherung überstehender Ladung durch eine rot-weiß-schraffierte Warntafel. Die Mitnahme einer Box mit Reserve-Glühlampen wird empfohlen.
- *Promillegrenze* 0,5. Die Kontrollen sind strikt, die Strafen (auch Freiheitsstrafe möglich!) hoch.
- *Höchstgeschwindigkeiten* Innerorts 50 km/h, außerorts 90 km/h (Wohnmobile 70 km/h), auf autobahnähnlichen Straßen 100 km/h (WoMos 80 km/h), Autobahnen 120 km/h (WoMos 90 km/h). Mit Anhänger auf Landstraßen 70 km/h, auf autobahnähnlichen Straßen und Autobahnen 80 km/h. Eine spanische Spezialität sind Ampeln in Ortsdurchfahrten, die bei zu hoher Geschwindigkeit automatisch auf Rot springen.
- *Überholverbot* 100 m vor Kuppen und auf Straßen, die nicht mindestens auf 200 m zu überblicken sind.
- *Abschleppen* durch Privatfahrzeuge ist verboten!
- *Gurtpflicht/Helmpflicht* besteht sowohl inner- wie außerorts.
- *Reservekanister* im Auto sind verboten.
- *Warndreiecke* Ausländische Fahrzeuge benötigen nur ein Warndreieck, Autos mit einheimischen Kennzeichen jedoch zwei – das gilt auch für Mietwagen!

Mietfahrzeuge

In Verbindung mit der Anreise per Flugzeug ist der Mietwagen sicher die komfortabelste Art, die Costa de la Luz zu entdecken. Im europaweiten Vergleich liegen die Preise für Mietwagen günstig.

Es muss ja auch nicht immer für den gesamten Urlaub ein Fahrzeug gemietet werden, denn in den großen Städten hat ein Mietauto dieselben Nachteile wie der eigene Wagen. Autovermietungen (*Alquiler de automóviles, Alquiler de coches*) finden sich an den Flughäfen, in zahlreichen Küstenorten und Großstädten. Meist lohnt es sich, mehrere Agenturen abzuklappern und die Preise und Konditionen zu vergleichen.

Kleines Verkehrsschild-Glossar für Auto- und Motorradfahrer

Spanisch	Deutsch	Spanisch	Deutsch
Atención/ Cuidado	Achtung/ Vorsicht	*Peaje*	Mautgebühr
Bandas sonoras	Holperschwellen	*Peatones*	Fußgänger
Cambio de sentido	Wende-möglichkeit	*Peligro*	Gefahr
Carga y descarga	Be- und Entladen	*Prohibido aparcar (avisamos grúa)*	Parken verboten (wir rufen den Abschleppwagen)
Carretera cortada	Straße gesperrt	*Prohibido estacionar*	Parken verboten
Ceda el paso	Vorfahrt gewähren	*Prohibido el paso*	Durchfahrt verboten
Centro Ciudad	Stadtzentrum	*Respete las señales*	Beschilderungen befolgen
Circunvalación	Ortsumgehung	*Semáforo*	Ampel
Curvas	Kurven	*Salida*	Ausfahrt
Desvío	Umleitung	*Solo turismos*	Nur für Pkw
Garaje	Garage	*Velocidad*	Geschwindigkeit
Obras	Straßenbauarbeiten	*Vientos laterales*	Seitenwinde
		Zona peatonal	Fußgängerzone

Wer schon zuhause weiß, wann genau er den Wagen benötigt, sollte sich überlegen, ab der Heimat zu buchen. Das ist meist sogar preisgünstiger, zudem hat man die Garantie, dass auch wirklich das Auto der Wahl verfügbar ist – in der Hochsaison kann es sonst schon mal eng werden.

• *Konditionen* Mindestalter in der Regel 21 Jahre, Führerschein mindestens 1 Jahr alt; Mindestmietdauer 3 Tage. Die Angebote internationaler Vermieter und der Internet-Vermittler beinhalten meist unbegrenzte Kilometer und (oft ein wichtiger Unterschied zur Anmietung in einer Agentur vor Ort!) auch alle Steuern. Vollkaskoversicherung, Insassenversicherung und die Deckungssummen der Haftpflicht werden unterschiedlich gehandhabt: beim Preisvergleich auch darauf achten.

• *Günstige Vermittler* **Holiday Autos** vermittelt vorab Mietverträge, die dann mit einem lokalen Vermieter abgeschlossen werden; Steuern und Vollversicherung des Fahrzeugs sind im Preis inklusive. Telefonische Anfragen in Deutschland unter 01805 179191; www.holidayautos.de.

Zum Vergleich einige weitere Internet-Vermittler: www.spanien-mietwagen.com www.doyouspain.de, www.carjet.com.

Öffentliche Verkehrsmittel

▸ **Bahn**: Entlang der Costa de la Luz spielt der Zug keine wichtige Rolle. Bahnlinien, beide abseits der Küste, gibt es nur zwischen Cádiz und Sevilla und zwischen Sevilla und Huelva.

▸ **Bus**: An der Costa de la Luz das öffentliche Verkehrsmittel Nummer eins, zuverlässig und preisgünstig. Hundert Buskilometer kosten im Schnitt nur etwa 6–7 €. Größere Ortschaften besitzen meist einen Busbahnhof, in kleineren Siedlungen gibt es dagegen meist nur eine Haltestelle, die nicht immer deutlich gekennzeichnet ist. Gekauft wird das Ticket dann im Bus, über die Abfahrtszeiten weiß in der Regel die nächstgelegene Bar Bescheid. Das Angebot verteilt sich auf verschiedene

Gesellschaften; zu den wichtigsten gehören „Comes", „Los Amarillos" und „Linesur" in der Provinz Cádiz und „Damas" in der Provinz Huelva.

• *Achtung* **An Sonn- und Feiertagen**, teilweise auch an Samstagen, verkehren die Busse deutlich seltener, auf manchen Strecken überhaupt nicht. Das gilt ebenso während des Winterfahrplans. Unsere Angaben beziehen sich auf Werktage im Sommerhalbjahr, zur Hochsaison von etwa Mitte Juli bis Ende August sind oft noch zusätzliche Busse unterwegs.

Fahrpläne sind an den Busbahnhöfen und in den Infostellen erhältlich, z.T. auch im Internet (leider meist nur auf auf Spanisch): www.tgcomes.es, zuletzt noch Baustelle www.linesur.com, ebenfalls noch in Bau www.touristbus.es (Los Amarillos) www.damas-sa.es, hier „Zona de búsqueda" aufrufen

▸ **Taxi**: Taxistände gibt es vor allem in größeren Orten oder wichtigen Touristenzentren, in letzteren oft nur zur Saison. In kleineren Dörfern kann man sich in der nächsten Bar ein Taxi rufen lassen. Innerorts sind Taxis günstiger als bei uns, außerorts jedoch recht teuer; ratsam, in diesem Fall den Fahrpreis vorab zu klären.

Mit dem Fahrrad an der Costa de la Luz

Radtouren an der Costa de la Luz können viel Spaß machen, der oft heftige Wind allerdings stellt ein Problem dar. Günstige Reisezeiten sind das Frühjahr und der Herbst, im Hochsommer wird es heiß.

Entlang der Küste ist die Landschaft ganz überwiegend flach, und auch das teilweise hügelige Hinterland sollte trainierte Radler vor keine unüberwindlichen Probleme stellen. Das Verkehrsaufkommen hält sich, von den Großräumen um die Städte abgesehen, meist in Grenzen. Generell empfiehlt es sich, die Tour möglichst nicht gerade in die Hauptreisezeit zu legen, da dann die Verkehrsbelastung stark ansteigt. Auf manchen Strecken kann man auch auf Nebenstraßen ausweichen. Zwischen den Provinzen Cádiz und Huelva bleibt allerdings auch dem Radler der Weg landeinwärts über Sevilla nicht erspart.

Fahrradwege sind bislang eine Seltenheit und nur gelegentlich in größeren Städten sowie im Umkreis von Ferienorten anzutreffen. Spaniens Autofahrer zeigen sich jedoch meist von der rücksichtsvollen Seite. Der Asphalt ist mit normaler Reisebereifung gut zu befahren, für schmale Rennradreifen ist er teilweise etwas grob. Achtung: Vor dem Start neue Mäntel aufziehen, Ersatzschläuche einpacken – nicht alle Größen sind in Spanien erhältlich.

• *Verkehrsvorschriften* Ob die Polizei diese überall durchsetzt, mag fraglich sein, darauf einstellen sollte man sich jedoch.

Helm und **reflektierende Kleidung** sind außerhalb von Ortschaften Pflicht.

Geschwindigkeitslimit bergab: 40 km/h.

Promillegrenze: 0,5 Promille

Verboten sind Fahrradanhänger, auch für den Transport von Kindern. Gestattet ist die Mitnahme von Kindern nur auf einem Kindersitz am Lenker. Ebenfalls verboten ist es, zu zweit nebeneinander herzufahren sowie an stehenden Kolonnen (z. B. vor Ampeln) rechts vorbeizufahren.

• *Fahrradverleih* Die Zahl der Verleihstationen ist insgesamt gering. Am besten stehen die Chancen noch in den international ausgerichteten Fremdenverkehrsorten der Küste. Besonderer Beliebtheit erfreut sich auch in Spanien das Mountainbike, „Bicicleta todo terreno" (BTT; All-Gelände-Rad) genannt.

• *Fahrradtransport im Regionalbus* Dies klappt in Spanien oft erstaunlich gut und dann meist sogar umsonst, rechtzeitige Anfrage bei den Agenturen vorausgesetzt. In der Regel muss nur das Vorderrad ausgebaut und die Kette abgedeckt, eventuell auch der Lenker verdreht werden. Ratsam allerdings, an den Ausgangspunkten einer Linie einzusteigen, bei Zwischenhaltestellen kann es eventuell problematisch werden.

Kleine Pensionen: oft familiär und freundlich

Übernachten

Die Angebotsskala reicht von der einfachen Pension bis zum Luxushotel im umgebauten Stadtpalast. Je nach Budget und Ansprüchen finden sich Doppelzimmer zu 30 € ebenso wie solche zu 300 €.

Schwierigkeiten bei der Quartiersuche können sich in den Monaten *Juli* und *August* ergeben. Vor allem im August, wenn ganz Spanien in Urlaub ist, sind viele der Hotels in den Feriengebieten und den touristisch interessanten Städten bis aufs letzte Bett belegt. Wer dann Probleme hat, eine Unterkunft zu finden, wendet sich am besten an die örtliche Touristeninformation, die noch am ehesten weiß, wie und wo sich noch freie Zimmer finden. Solche Misslichkeiten können auch bei den sogenannten *Puentes* („Brücken") auftreten: Lange Wochenenden, an denen der Feiertag auf einen Donnerstag/Freitag oder Montag/Dienstag fällt, werden gerne zu Kurzreisen genutzt. Ähnliches gilt für berühmte *Fiestas* und *Großveranstaltungen*. Während des Rennens zur Motorradweltmeisterschaft, das Anfang Mai in Jerez stattfindet, ist z. B. die gesamte Provinz Cádiz samt ihrer Nachbarregionen regelmäßig fast ausgebucht.

Preisangaben: Die in diesem Handbuch genannten Preise beziehen sich auf die Übernachtung für zwei Personen im Doppelzimmer (DZ) und auf die reguläre Hochsaison (HS) und Nebensaison (NS). Sie beinhalten die Mehrwertsteuer IVA und orientieren sich an den offiziellen Angaben, was nicht ausschließt, dass mancher Pensionswirt in der Nebensaison mit sich handeln lässt oder sogar von sich aus weniger fordert. Bei besonderen Ereignissen und bekannten Festen ist dagegen oft mit weit höheren Preisen zu rechnen!

Außerhalb der Sommersaison ist mit anderen Schwierigkeiten zu rechnen, denn dann haben manche Küstenhotels geschlossen. Wir geben bei den Hotelbeschreibungen nach Möglichkeit die Öffnungszeiten mit an. Dort, wo diesbezüglich nichts vermerkt ist, etwa in Städten, hat die Herberge in der Regel ganzjährig geöffnet.

- **Hotel-Klassifizierung**: Die Einstufung der spanischen Unterkünfte wird von den örtlichen Behörden vorgenommen. Doch ist die Zahl der Sterne nicht unbedingt aussagekräftig, da sie sich vor allem an bestimmten Ausstattungsdetails orientiert. Ein Einsternhotel kann ohne weiteres besser möbliert und moderner sein als der Nachbar in der Dreisternklasse. Auch eine besonders schöne Architektur oder Lage oder eine freundliche Atmosphäre werden von diesem System natürlich nicht erfasst.

• *Hotel/Hotel-Residencia (H/HR)* Diese Kategorie entspricht in etwa unseren Hotels, die Spanne liegt zwischen einem und fünf Sternen. Das Angebot reicht vom sterilen 300-Betten-Klotz bis zum familiären Traditionshotel. Hotel-Residencias sind Garni-Hotels, bieten also mangels Restaurant nur Frühstück an, doch ist diese Zusatzbezeichnung im Aussterben begriffen.

• *Pensión (P)* Etwa mit unseren Gasthöfen oder Pensionen vergleichbar und manchmal inoffiziell auch als „Hostal" benannt, Kategorie zwischen einem und (selten) drei Sternen. Vom Komfort, aber auch von den Preisen her rangieren Pensionen in der Regel unter den Einsternhotels, wobei es sich dennoch um sehr freundliche und angenehme Quartiere handeln kann.

• *Fonda (F)* Einfachstunterkünfte auf dem Land oder in Großstädten. Eine aussterbende Kategorie.

• *Übernachtungs-Tipps für Individualreisende* **Unterkunftsverzeichnisse** informieren über Adressen, Preise, Standard und Öffnungszeiten. Die jährlich neu aufgelegte Broschüre „Guía de Hoteles de Andalucía" verzeichnet nahezu alle Hotels, Pensionen und Campingplätze; erhältlich ist sie für etwa 5 € in den Informationsstellen der Junta de Andalucía. Kostenlose Unterkunftsverzeichnisse („Hoteles, Campings, Apartamentos") für die jeweilige Stadt, manchmal auch Provinz, sind bei den Infostellen in Deutschland und vor Ort erhältlich; teilweise sind sie allerdings in den unteren Kategorien nicht vollständig.

Preise müssen an gut sichtbarer Stelle ausgehängt sein. Die Mehrwertsteuer IVA (7 %, bei fünf Sternen 16 %) ist nicht immer inklusive („incluido"), sondern wird manchmal erst bei Erstellen der Rechnung aufgeschlagen.

Beschwerden: Jeder Beherbergungsbetrieb muss Beschwerdeformulare („Hojas de Reclamación") zur Verfügung stellen; meist verhilft schon die Frage danach zur gütlichen Einigung. Falls nicht: Die Beschwerdeformulare dürfen auch auf Deutsch ausgefüllt werden. Die Drohung mit dem Gang zum Fremdenverkehrsamt zieht auch fast immer.

Singles haben es oft schwer in Spanien: Nicht jeder Beherbergungsbetrieb verfügt über Einzelzimmer. Besonders in Pensionen sind sie relativ selten; eine preislich akzeptable Alternative bilden die Einsternhotels. Wo vorhanden, muss man in etwa mit 70 Prozent des Doppelzimmerpreises rechnen. Ob Doppelzimmer verbilligt als Einzelzimmer abgegeben werden, steht allerdings im Ermessen des Hoteliers.

Außen- und Innenzimmer: Vor allem in Städten eine bedeutsame Unterscheidung. Außenzimmer (habitación exterior) besitzen Fenster zur Straße, was sie heller, luftiger und oft leider auch lauter macht. Innenzimmer (habitación interior) gehen auf einen Lichtschacht oder im günstigeren und selteneren Fall auf einen Innenhof; sie sind in aller Regel dunkler, gleichzeitig oft auch ruhiger.

- **Ferienhäuser und Apartments**: In vielen Küstengebieten flächendeckend vertreten, finden sich Ferienhäuser und Apartments seit einigen Jahren verstärkt auch im Inland. Die Miete ist allerdings meist nur wochenweise, im Sommer z. T. sogar nur monatlich möglich. Bei der Vermittlung helfen die Touristenämter und manche Reisebüros; im Juli und besonders im August wird man vor Ort jedoch nur mehr ein bedauerndes Lächeln ernten. Ab der Heimat vorbuchen kann man bei manchen Spanien-Spezialisten unter den Reisebüros oder bei Privat. Potenzielle „Jagdgründe" sind die Kleinanzeigen in den Reisebeilagen überregionaler Zeitungen. Je nach Lage, Saison und Ausstattung muss man für ein Apartment ab etwa 20 € aufwärts pro Person und Tag rechnen. Ganze Häuser kommen meist teurer, in der Nebensaison lassen sich dagegen teilweise echte „Schnäppchen" erzielen. Generell gilt: Je mehr Personen sich zur Miete einer Einheit zusammentun, desto billiger wird es pro Kopf.

• *Einige Veranstalter und Vermittler* **Terraviva** bietet neben Hotels auch Ferienhäuser und Wohnungen. Scheffelstraße 4A, 76275 Ettlingen, ☎ 07243 30650, 📠 07243 537677, www.terraviva.com.

www.fewo-direkt.de vermittelt online ebenfalls zahlreiche Objekte in Andalusien, daneben gibt es noch eine ganze Reihe weiterer ähnlicher Anbieter, wie z. B. **www.costaholidays.de**.

RAAR (Red Andaluza de Alojamientes Rurales): Diese Vereinigung von Privatvermietern offeriert Ferienwohnungen und ganze Häuser in ländlichen Regionen. Broschüre und zentrale Buchung bei RAAR, Apartado Correos 2035, 04080 Almería. Telefon ab Deutschland 0034 902 442233 oder 950 265018, 📠 0034 950 270431. Im Internet: www.raar.es. Anfragen, außer am Telefon, auch in deutscher Sprache.

Lokal tätige Agenturen haben sich auf bestimmte Gebiete spezialisiert und kennen sich dort natürlich besonders gut aus. Empfehlenswerte Adressen z. B. für Conil und Umgebung sind „Casa Andaluza“ und „Conil Reisen“, Näheres im Text zu Conil de la Frontera.

Lauschig: Apartmentanlage in Conil

Camping

Das Angebot an Plätzen ist ordentlich, ihre Ausstattung in der Regel auch. Die Preise liegen nicht niedrig. Im Sommer wird es voll.

Klassifiziert sind alle spanischen Plätze in folgenden Kategorien: Luxus (an der Costa de la Luz bislang nicht vorhanden); 1. Kategorie (meist auch sehr gut ausgestattet); 2. Kat. (Durchschnitt), 3. Kat. (eher selten, magere Ausstattung). Alle Plätze müssen ein Depot zur Abgabe von Wertsachen unterhalten. Eine Karte der Campingplätze in Andalusien (Guía de Camping), die auch Preise und Öffnungszeiten angibt, ist gegen geringe Gebühr bei den Fremdenverkehrsämtern der Junta de Andalucía erhältlich.

Öffnungszeiten: Dank des milden Klimas sind relativ viele Plätze rund ums Jahr in Betrieb. Die Öffnungszeiten der nur saisonal geöffneten Plätze schwanken zwar, zwischen Anfang Juni und Mitte, Ende September hält aber praktisch jeder geöffnet. Offizielle Betriebszeiten sind im Text angegeben, doch nicht immer verlässlich: Bei Mangel an Kundschaft wird auch mal früher geschlossen oder später geöffnet. Am engsten wird es auf den Campingplätzen ab etwa Mitte Juli bis Ende August, doch riskiert man nur selten, abgewiesen zu werden.

Preise: Den gebotenen Luxus lassen sich die besseren Plätze auch gut bezahlen – 15 € ist man zu zweit und mit Auto zur Hochsaison ganz schnell los, auf sehr guten Plätzen können es auch noch leicht ein paar Euro mehr werden. Die Preise vieler Plätze splitten sich nach Hochsaison und Nebensaison auf, die von Camping zu Camping unterschiedliche Zeiten haben können. Die meisten Plätze berechnen die Preise separat nach Personen, Auto und Zelt – unsere Preise beziehen sich auf die Hochsaison und auf kleine Zelte.

Restaurant in Conil: Mit den Füßen im Sand schmeckt's doppelt gut

Küche und Keller

Andalusiens Küche steht nicht gerade im Ruf, die raffinierteste Spaniens zu sein, hat aber doch einige echte Leckereien vorzuweisen. Weltberühmt und viel gepriesen sind die Weine aus Jerez.

Spanien als Billigland, das ist lange vorbei. Dennoch isst man hier immer noch vergleichsweise preisgünstig und dabei erstaunlich gut. Wer rechnen will oder muss, kann zum *Menú del día* greifen: Dieses „Tagesmenü" wird in einfachen bis leicht gehobenen Gaststätten angeboten und liefert zu Preisen zwischen durchschnittlich etwa sechs bis zehn Euro keine kulinarischen Höhenflüge, im Normalfall aber solide Kost inklusive mindestens einem Viertel Wein oder einer Flasche Wasser.

- **Frühstück** (*Desayuno*): Überall in Spanien ist man da mit wenig zufrieden – ein Milchkaffee und ein Croissant oder auch ein Stück Süßgebäck reichen den meisten Spaniern völlig aus. Eine spanische Frühstücksspezialität sind *Tostadas*, geröstetes und gebuttertes oder mit Öl beträufeltes Weißbrot vom Vortag. Besonders sonntags beliebt sind auch *Churros con chocolate*, Fettgebäck mit süßer flüssiger Schokolade.
- **Mittagessen** (*Comida, Almuerzo*): Zumindest an Werktagen ist das Mittagessen für Spanier die wichtigste Mahlzeit des Tages. Es beginnt keinesfalls vor 13 Uhr, meist sogar erst um 14 Uhr oder noch später. Traditionell besteht das Mittagessen aus Vorspeise, Hauptgericht und Nachspeise.
- **Abendessen** (*Cena*): Zum Abendessen braucht man nicht vor 21 Uhr anzutreten. Spanier fangen kaum vor 22 Uhr an und retten sich deshalb am späten Nachmittag gern noch mit einem Imbiss (*Merienda*, oft Kaffee und Kuchen) oder am frühen Abend mit diversen Tapas über die Runden.

• *Platz nehmen* In gehobenen Restaurants wird man vom Kellner platziert. In Spanien ist es absolut nicht üblich, sich zu einem Fremden an den Tisch zu setzen. Auch wenn das Restaurant knallvoll und ein großer Tisch nur von einer einzelnen Person belegt ist – zu fragen, ob man Platz nehmen kann oder sehnsüchtig auf die freien Stühle zu starren, gilt als ausgesprochen unhöflich.

• *Zahlen* Die Rechnung verlangt man mit „La cuenta, por favor", noch höflicher ist „La cuenta, quando pueda". Der Umgang mit der spanischen Mehrwertsteuer IVA wird unterschiedlich gehandhabt: Meist sind die auf der Karte angegebenen Preise inklusive; vor allem in teureren Restaurants werden die sieben Prozent jedoch manchmal auch erst beim Zahlen auf den Gesamtbetrag aufgeschlagen. In Spanien ist getrenntes Zahlen die Ausnahme. Üblicherweise begleicht einer am Tisch die Rechnung und die anderen geben ihm ihren Anteil oder übernehmen die nächste Runde.

• *Trinkgeld* Beim Bezahlen lässt man sich zunächst genau herausgeben und dann, je nach Zufriedenheit mit der Bedienung, einen angemessenen Betrag auf dem Tellerchen liegen. Die übliche Zehn-Prozent-Regelung wird in einfacheren Lokalitäten nicht so eng gesehen.

Lokale

Bars: Schlicht die Kneipe ums Eck. In Spanien ist sie kein Platz, an dem man ganze Abende verbringt. Hinein, etwas getrunken, vielleicht eine Kleinigkeit gegessen, und weiter in die nächste. Chromblitzende Bars mit neuzeitlicher Ausstattung sind die Regel, mit etwas Suchen findet sich auch Gemütlicheres. *Bodegas* sind urige Weinschänken auf der untersten Stufe der Preisskala, *Cervecerías* ihr etwas teureres Pendant, in dem vornehmlich Bier getrunken wird.

• *Tapas* sind herzhafte, leckere Kleinigkeiten aller Art. Verbreitet sind sie in ganz Spanien, doch ist Andalusien ihre Hochburg. Oliven in tausendundeiner Variation, ein Scheibchen Schinken, frittierte Fischchen, ein Stück Tortilla – die Auswahl ist bestechend. Ein Rundgang durch mehrere Bars mit zwei Tapas hier, einer Tapa dort, ist im heißen Klima Andalusiens eine sehr beliebte und wirklich amüsante Alternative zum kompletten Essen. Oft sind Tapas in Vitrinen angeordnet, so dass man durch Deuten auch mal unbekanntere Varianten ordern kann. Am besten fragt man vorab schon mal, worum es sich handelt: *Pescado* (Fisch), *Mariscos* (Meeresfrüchte) oder *Carne* (Fleisch)?

• *Bocadillos* sind belegte Weißbrote ohne Butter, etwa in der Art von Baguettes, ideal für den sättigenden Imbiss zwischendurch und nur in den einfacheren Bars zu haben. Die Auswahl ist ähnlich breit wie bei Tapas, reicht von Wurst und Schinken über Käse bis hin zu Sardellen und Tortilla.

• *Platos combinados* gibt es vor allem in Cafeterías, die besonders in Großstädten zu finden sind. Es handelt sich um meist willkürliche und fettreiche Zusammenstellungen, z. B. Wurst mit Spiegelei, Tomate und Pommes.

Spanisch	Deutsch	Spanisch	Deutsch
Tapas	**„Häppchen"**	Patatas („Papas") bravas	Kartoffeln scharf
Aceitunas	Oliven		
Albóndigas	„Fleischbällchen"	**Bocadillos**	**Sandwichs**
Anchoas	Sardellen	Atún	Thunfisch (meist Dose)
Boquerones	„Fischchen"	Butifarra	Schweinswurst
Callos	Kutteln	Chorizo	Dauerwurst
Caracoles	Schnecken	Jamón serrano	Schinken (roh)
Champiñones	Champignons	Jamón *York*	Schinken (gekocht)
Ensaladilla rusa	Russischer Salat	Lomo	warmer Kochschinken
Empanadas	gefüllte Teigtasche	Queso	Käse
Habas	Bohnen	Salchichón	Art Salami

▸ **Restaurantes**: Ein komplettes Essen im Restaurant besteht mindestens aus Vorspeise (*primero*), Hauptgericht (*segundo*) und Nachspeise (*postre*). Anders als in Italien ist der Wirt jedoch nicht böse, wenn man es bei Salat und Hauptgericht belässt. Im Inneren von Restaurantes weist oft ein Schild auf den *Comedor* hin: Es zeigt den Weg zum Speisesaal.

Bar-Restaurantes sind ein meist recht preiswertes Mittelding zwischen beiden, als Restaurant oft nicht zu erkennen. Bar-Restaurantes sind auch der richtige Ort für *Raciones*, eine Art „Über-Tapa", nämlich eine ganze Portion vom Gleichen wie z. B. eine Schinkenplatte. Falls man am Tresen essen kann, so fällt das immer etwas preisgünstiger aus als am Tisch.

Chiringuitos nennen sich die Lokale am Strand, ursprünglich rustikale Kneipen mit einfachem Speiseangebot, heute manchmal aber auch veritable und trotz des schlichten Erscheinungsbilds nicht immer preisgünstige Restaurants.

Marisquerías servieren vorwiegend Fisch und Meeresfrüchte. In Andalusien sind sie, anders als die gehobenen Lokalitäten gleichen Namens in Katalonien oder auf den Balearen, meist gar nicht teuer.

Spanische und andalusische Spezialitäten

Für den mitteleuropäischen Magen vielleicht etwas ungewohnt (aber gesund) ist die reichliche Verwendung von Olivenöl. Spanien ist der weltgrößte Olivenproduzent und Andalusien wiederum die spanische Hauptregion des Anbaus.

Vorspeisen (Entremeses), Salate (Ensaladas) und Suppen (Sopas)

Zu den beliebtesten Vorspeisen zählen in Spanien die *Entremeses variados*, eine Art gemischter Teller, auf dem sich unter anderem mehrere Wurstsorten finden – aber Achtung, einen Vergleich mit der Vielfalt z. B. italienischer oder griechischer Vorspeisenplatten halten die Entremeses nicht aus. Salate sind ebenfalls beliebt, Suppen eher eine Domäne des Nordens. Eine Ausnahme bildet der *Gazpacho*, die berühmte pürierte Suppe Andalusiens, die erfrischend kühl serviert wird. Grundzutaten jedes Gazpacho sind Öl, Knoblauch, Salz und Essig; Tomaten sind so gut wie immer dabei, meist auch Gurken, Paprikaschoten und Weißbrotkrumen. Es existieren jedoch unzählige Variationen, vermutlich etwa so viele, wie Andalusien Köche zählt.

Spanisch	Deutsch
Entremeses	**Vorspeisen**
siehe unter „Tapas"	
Ensalada	**Salat**
de arroz	Reissalat
de marisco	Meeresfrüchtesalat
del tiempo	nach Saison
Verde	grüner Salat
Remojón	Orangensalat mit Stockfisch

Eier-(Huevos) und Reisgerichte

Die *Tortilla*, eine Art Eieromelett, gegessen als Vorspeise wie als Hauptmahlzeit, kann man getrost als das spanische Nationalgericht bezeichnen: Sie ist wirklich im ganzen Land zu bekommen. Die Variationen sind vielfältig: Tortilla mit Garnelen, mit Schinken, Käse, Gemüse... Am häufigsten angeboten wird die *Tortilla de patatas*, auch „Tortilla española" genannt und nur aus Kartoffeln, Zwiebeln und eben

Eiern hergestellt. Reisgerichte haben an der Costa de la Luz wenig Tradition, obwohl die weltbekannte *Paella*, eigentlich in Valencia beheimatet, natürlich auch hier angeboten wird. Wenn sie gut sein soll, muss sie frisch zubereitet werden und benötigt dafür etwa eine halbe Stunde aufwärts.

Andalusiens Reichtum: Oliven

Gemüse (Verdura) und Eintöpfe (Potajes, Guisos)

Reine Gemüsegerichte sind äußerst selten. Fleisch, Schinken, Wurst oder Fisch gehören nach spanischem Verständnis einfach zu einer kompletten Mahlzeit. Vegetarier haben es deshalb in Andalusien nicht gerade leicht. Auch der andalusische Gemüseeintopf *Potaje andaluz*, ein Potpourri aus Kichererbsen und verschiedenen Gemüsen, enthält meistens Speck oder Wurst und basiert auf einer Fleisch- oder Geflügelbrühe. Das gilt auch für die „Guisos", die immer eine Art Ragout bedeuten.

Spanisch	Deutsch	Spanisch	Deutsch
Verdura	**Gemüse**	Garbanzos	Kichererbsen
Aguacate	Avocado	Guisantes	Erbsen
Alcachofas	Artischocken	Habas	Saubohnen
Alubias	Weiße Bohnen	Lentejas	Linsen
Berenjenas	Auberginen	Patatas	Kartoffeln
Cebollas	Zwiebeln	Pimiento	Paprika
Coliflor	Blumenkohl	Tomates	Tomaten
Endibias	Endivien	Zanahorias	Möhren
Espinacas	Spinat		

Fleischgerichte (Carnes)

An ihren Fleischgerichten sollte man die andalusische Küche vielleicht besser nicht messen, vom Schinken und den Wurstwaren abgesehen. Hervorragend sind die andalusischen Bergschinken *Jamón serrano*, die besten kommen aus Jabugo in der Provinz Huelva. Eine Köstlichkeit sind auch die Wurstwaren wie *Caña de lomo*, gebeizte und luftgetrocknete Schweinelende, oder *Morcón*, eine mit Paprika marinierte und ebenfalls luftgetrocknete Wurst. Aber Vorsicht, die guten iberischen Qualitäten haben ihren Preis.

Spanisch	Deutsch	Spanisch	Deutsch
Carnes	**Fleisch**	Cordoniz	Wachtel
Bistec	Beefsteak	Faisán	Fasan
Chuleta	Kotelett	Hígado	Leber
Escalope	Schnitzel	Perdiz	Rebhuhn
Solomillo	Filet	Pollo	Huhn
Cabrito	Zicklein	Riñones	Nieren
Cerdo	Schwein	Ternera	Kalb
Conejo	Kaninchen	Vaca	Rind
Cordero	Lamm		

Fisch und Meeresfrüchte (Pescados y Mariscos)

Anders als Fleischspeisen sind Fischgerichte die eigentliche Domäne der andalusischen Küche und hier noch relativ preiswert geblieben. Sie kommen vor allem frittiert auf den Tisch, als *Pescaítos fritos* bzw. als gemischte Platte *Fritura mixta* oder *Frito variado*. Besonders günstig kauft man sie in den Frittierstuben *Freidurías*, abgepackt in der Papiertüte.

Spanisch	Deutsch	Spanisch	Deutsch
Pescados	**Fisch**	Trucha	Forelle
Anguilas	Jungaal	Urta	Zahnbrasse
Atún	Thunfisch	Mariscos	Meeresfrüchte
Bacalao	Stockfisch	Almejas	Venusmuscheln
Besugo	Seebrasse	Berberechos	Herzmuscheln
Bonito	kl. Thunfisch	Bogavante	Hummer
Cazón (en adobo)	Dornhai (mariniert)	Calamares	Tintenfisch (klein)
		Chipirones	Tintenfisch (sehr klein)
Dentón	Zahnbrasse	Gambas	Garnelen
Dorada	Goldbrasse	Langosta	Languste
Lenguado	Seezunge	Langostino	Hummerkrabben
Merluza	„Seehecht"	Mejillones	Miesmuscheln
Mero	Zackenbarsch	Navajas	„Taschenmesser", lange Muscheln
Rape	Seeteufel		
Salmón	Lachs	Pulpo	Krake
Sardinas	Sardinen	Sepia	Tintenfisch (groß)
Zubereitungsarten für Fleisch und Fisch			
a la brasa	vom Grill	a la marinera	nach „Seemannsart"
a la plancha	vom heißen Blech	al horno	aus dem Backofen
al ast	vom Drehspieß	cocido	gekocht
a la cazuela	aus der Kasserolle		

Hartes Geschäft: Muschelsucher bei Isla Cristina (Provinz Huelva)

Desserts (Postres)

Hier hat die andalusische Küche einiges von den Mauren geerbt, die ja jahrhundertelang die Herrschaft über die Region innehatten. Überliefert wurden viele der Rezepte von den Nonnen der Klöster. Die Liste der Süßwaren ist schier endlos, wie der Blick in eine „Pastelería" genannte Konditorei schnell zeigt. Da gibt es das Eierkonfekt *Tocino de cielo* (Himmelsspeck), das Mandelgebäck *Alfajores* aus Medina Sidonia, die „Ölkuchen" *Tortas de aceite* und viele mehr. Spanien ist, wenig bekannt, aber auch ein Land der hervorragenden Käse. An erster Stelle zu nennen wäre der Schafskäse *Queso manchego* aus der Mancha, doch produziert auch Andalusien viele hervorragende regionale Käsesorten, meist aus Schafs- oder Ziegenmilch.

Spanisch	Deutsch	Spanisch	Deutsch
Postre	Nachtisch	Manzana	Apfel
Arroz con leche	Milchreis	Melocotón	Pfirsich
Flan	Karamelpudding	Melón	Melone
Pastel	Gebäck	Naranja	Orange
Helado	Eis	Pera	Birne
Tarta	Torte	Piña	Ananas
Queso	Käse	Pomelo	Grapefruit
Fruta	Obst	Sandía	Wassermelone
Fresas	Erdbeeren	Uva	Trauben

In Reih und Glied

Getränke

- **Wein**: Sherry aus Jerez de la Frontera muss längst nicht immer so kopfschmerzsüß sein wie die bei uns meist angebotenen Sorten. Mit dem Begriff „Sherry" kann man allerdings nur im Ausland etwas anfangen: In Spanien bestellt man einen *Jerez*, oder besser gleich einen *Fino* oder eine der anderen Sorten. Weniger bekannt, doch qualitativ ebenso hochwertig sind die sherryähnlichen Weine *Manzanilla* aus Sanlúcar de Barrameda (Cádiz); will man letztere in einem Lokal bestellen, so achte man darauf, dass man nicht den gleichnamigen Kamillentee serviert bekommt ... Alle werden sie aus schlanken kleinen Gläsern und meist als Aperitif getrunken, die süßeren Sorten als Dessertwein.

Weitere andalusische Weine: Spanienweit sind rund 40 Weinbaugebiete durch die Herkunftsbezeichnung D.O. (Denominación de Origen) geschützt. In der Provinz Huelva produziert die D.O. *Condado de Huelva* ganz unterschiedliche Weine, darunter in letzter Zeit verstärkt leichte, frische Weißweine, die jung getrunken werden. Als Begleitung zum Essen empfiehlt sich auch einer der exquisiten Weine aus dem bekannten nordostspanischen Anbaugebiet *La Rioja*. Aber auch die einfacheren „Hausweine" ohne Qualitätsbezeichnung („Vino de Mesa, „Vino de la Casa", „Vino del País") sind in aller Regel durchaus trinkbar. Spanier verstehen etwas vom Wein, und nur wenige Wirte sind so grausam, ihren Gästen miserable Qualität vorzusetzen.

Das Geheimnis des Sherry

Herstellung: Zwei Eigentümlichkeiten sind ursächlich für den besonderen Geschmack der Sherry-Weine. Zum einen die Methode der Gärung, bei der das Fass nur zu drei Vierteln gefüllt und leicht offen belassen wird. Durch die Luft bildet sich eine Hefedecke (*Flor*) auf dem Wein und schützt ihn vor Oxydation. Das zweite Charakteristikum ist das *Solera-Verfahren*, das stets gleichbleibende Qualität garantiert. Sherry lagert in den „Andanas", langen Reihen aus Fässertreppen mit drei bis fünf Stufen – je tiefer das Fass liegt, desto älter der Wein. Vom ältesten, dem so genannten „Grundwein" im untersten Fass, wird nun eine gewisse Menge für den Verbrauch abgezapft und durch Sherry des vorherigen, eine Stufe höher lagernden Jahrgangs ersetzt, die Fehlmenge dieses Fasses wieder durch einen Vorjahrgang und so fort. Sherry ist also kein Jahrgangswein.

Artistisch: Sherry-Spezialist beim Einschenken

• *Sorten* **Fino** ist der trockenste und leichteste Sherry, von heller, fast blasser Farbe und einem Alkoholgehalt um 15 Prozent, beliebt als Aperitif und zu Fisch, Meeresfrüchten und mildem Käse. Er sollte gut gekühlt serviert werden, Trinktemperatur um die sieben Grad.

Amontillado wurde noch eine Weile ohne die Hefedecke gereift. Er ist ein wenig dunkler, einen Hauch süßer und mit 16–18 Prozent auch kräftiger als der Fino. Er wird ebenfalls als Aperitif getrunken, passt aber auch zu weißem Fleisch, Sardinen und gut gereiftem Käse. Beste Trinktemperatur um die 14 Grad.

Palo Cortado liegt von seinen Merkmalen her zwischen Amontillado und Oloroso, ein eher selten anzutreffender Wein. Trinktemperatur: 15 Grad.

Oloroso stammt aus schwereren Weinen, deren Hefedecke durch Zugabe von fast reinem Alkohol abgetötet wurde. Längere Lagerung macht ihn noch dunkler und schwerer: 18–20 Prozent. Ein kräftiger Wein, der gut zu Rind und Wildgerichten passt. Beste Trinktemperatur 16 Grad.

Cream (auch: Dulce) ist meist ein Oloroso, der mit speziellen Süßweinen wie „Moscatel" und „Pedro Ximenéz" verschnitten wird. Sehr süß und mit etwa 20 Prozent auch sehr kräftig, ein klassischer Dessertwein. Trinktemperatur um die 13 Grad.

Pedro Ximénez wird aus der gleichnamigen, vorher angetrockneten Traube gekeltert. Ein weiterer Dessertwein, am besten um die 17 Grad warm serviert.

• *Produzenten* Bekannte Namen, die gute Qualität versprechen, sind Domecq, Sandeman, Harvey, González Byass, Osborne und Terry, um nur einige zu nennen. Doch haben neben diesen großen Produzenten auch kleinere Betriebe überlebt, die vielfach ebenso exquisite Sherrys produzieren. Viele der Kellereien in Jerez de la Frontera sowie in Sanlúcar de Barrameda und El Puerto de Santa María, den beiden anderen Städten des „Sherry-Dreiecks", können besichtigt werden, nähere Informationen hierzu in den jeweiligen Ortskapiteln.

Andere Alkoholika

- **Bier**: *Cerveza* hat, gemessen am Verbrauch, in Spanien dem Wein schon seit längerer Zeit den Rang abgelaufen. Mit dem Reinheitsgebot ist es zwar nicht weit her, am Geschmack gibt´s aber kaum was zu mäkeln. Ein Glas vom Fass bestellt man mit *„una caña"*, eine Flasche (Botella) schlicht mit *„una cerveza"*.
- **Brandy**: Weinbrand, fälschlicherweise, aber geschmacklich und qualitativ relativ treffend auch als „Coñac" bezeichnet. Andalusien, besonders Jerez de la Frontera, produziert die hochwertigsten Sorten Spaniens: Sie reifen wie Sherry nach der *Solera*-Methode und in alten Sherry-Fässern, was ihnen den speziellen Geschmack und die besondere Färbung verleiht. Die meisten Sherryproduzenten stellen auch Brandy her. Brandy de Jerez gibt es in drei Güteklassen: Ein „Solera" wurde rund eineinhalb Jahre im Fass gereift, ein „Solera Reserva" drei Jahre. Wer das Beste vom Besten möchte und auch bereit ist, entsprechende Preise zu zahlen, achte auf die Bezeichnung „Solera Gran Reserva", eine Spitzenqualität mit Lagerzeiten zwischen acht und 15 Jahren.

Aguardientes: „Feuerwässer", Sammelbezeichnung für alle Arten von Schnaps.

Licores: Liköre, die aus den verschiedensten Früchten hergestellt sind, gibt es in großer Vielfalt, allerdings meist von sehr süßem Geschmack.

Cava/Champaña: Spanischer Sekt, in der Region Katalonien schon seit dem Mittelalter produziert. Die Cavas („Keller") reifen nach der Méthode Champenoise in der Flasche und stehen auch sonst dem berühmten Champagner kaum nach, sind aber preisgünstiger.

Sangría: Die angeblich so „typisch spanische" Mischung aus Rotwein, Brandy, Orangen- oder Pfirsichsaft und Zucker wird von Spaniern selbst eher selten getrunken. Sie wissen warum, der Kopfschmerz am nächsten Tag kann fürchterlich sein.

Tinto de Verano („Sommer-Rotwein") ist da schon gebräuchlicher: eine Mischung aus Rotwein und Zitronenlimonade, dem Namen gemäß besonders an heißen Tagen beliebt.

Alkoholfreies

- **Kaffee**: Meint in Spanien immer etwas in der Art von „Espresso". *Café solo* ist schwarz, *café cortado* enthält nur wenig Milch, während ein *café con leche* aus einem Tässchen Espresso mit sehr viel Milch besteht, optimal fürs Frühstück. Wer noch mehr Milch möchte, bestellt sich *leche manchado*. Ein *carajillo* ist ein Café solo mit „Schuss", z. B. mit Brandy.
- **Tee** wird in Spanien normalerweise nicht besonders oft getrunken, meist ist er nur als Beuteltee zu erhalten. In den großen Städten sind allerdings Teestuben (*Teterías*) in orientalischem Stil seit einigen Jahren in Mode.

Chocolate ist eine schier unglaublich dicke flüssige Schokolade. Zum Frühstück allein schon fast sättigend, wird sie meist mit dem Fettgebäck Churros serviert.

Horchata de chufa: Die süße Erdmandelmilch kommt aus der Region Valencia, ist aber in ganz Spanien erhältlich. Sie muss frisch hergestellt sein, industriell produzierte Horchata schmeckt mäßig.

Erfrischungsgetränke sind im üblichen internationalen Angebot erhältlich. Etwas besonderes sind die **Granizados**, eine Art halbflüssiges Wassereis, meist in den Geschmacksrichtungen „Limón" (Zitrone) oder „Café".

Zumos, Fruchtsäfte, sind in Cafeterías etc. frisch gepresst zu haben, kommen im Restaurant aber meist aus kleinen Dosen oder aus Tetrapaks.

Cerveza sin alcohol, alkoholfreies Bier, ist auf dem Vormarsch und fast überall in kleinen Flaschen zu erstehen. Da es eiskalt serviert wird, ist es ganz gut trinkbar.

Wissenswertes von A bis Z

Ärztliche Versorgung

Prinzipiell übernehmen die privaten und gesetzlichen Krankenkassen die Kosten ambulanter Behandlungen im EU-Ausland. Erkundigen Sie sich jedoch vorab unbedingt bei Ihrer Kasse über die aktuelle Verfahrens- und Abrechnungsweise. Um vor unangenehmen Überraschungen sicher zu sein, ist die *Urlaubs-Krankenversicherung*, die z. B. im Gegensatz zu fast allen anderen Versicherungen auch medizinisch notwendige Krankenrückflüge einschließt, in jedem Fall eine sinnvolle Ergänzung. Zu erhalten ist sie zu sehr günstigen Tarifen bei manchen Automobilclubs und bei fast allen privaten Krankenversicherern, natürlich auch für Mitglieder gesetzlicher Kassen. Vor Ort geht man dann einfach zum Arzt, bezahlt bar, lässt sich unbedingt eine genaue Rechnung mit Diagnose und Aufstellung der ärztlichen Leistungen geben und reicht diese beim heimischen Versicherer zur Rückerstattung ein.

Apotheken, Farmacias, können bei kleineren Problemen oftmals den Arzt ersetzen. Nacht- und Sonntagsdienste sind an jeder Apotheke angeschlagen.

Notruf: ✆ 112, **Polizei**: ✆ 091, **Ambulanz**: ✆ 061

Baden

Mit ihren vielen Stränden ist die Costa de la Luz natürlich ein Badeparadies. An den meisten größeren Stränden besonders der Ortschaften darf der Badegast zur Saison mit Duschen, Vermietern von Sonnenschirmen, Liegen, Paddelbooten etc. rechnen, an vielen (aber immer noch zu wenigen) auch mit Rotkreuz-Stationen. Andalusiens Atlantik erwärmt sich im Sommer zwar nicht ganz so stark wie das Mittelmeer, doch zeigen sich die Temperaturen von Juni bis in den Oktober hinein gut badetauglich. Störend kann allerdings der oft starke Wind werden, gegen den die meist langen und offenen Strände wenig Schutz bieten.

Wasserqualität: Auch Spanien ist von der Verschmutzung der Meere betroffen. Die Küsten des Atlantik sind generell zwar weniger belastet als das Mittelmeer, doch gibt es besonders um Cádiz und Huelva auch einige üble Schmutzecken, die von industriellen Abwässern verursacht werden. Vor allem Flussmündungen und ihre Umgebung sollte man unbedingt meiden!

Weitläufig: Strand bei Zahara de los Atunes

FKK: An den langen Stränden der Costa de la Luz gibt es auch einige mehr oder weniger offizielle „Playas Nudistas", an denen Nacktbaden zumindest geduldet wird; Näheres in den Ortskapiteln, ein Verzeichnis findet sich auch unter www.esplaya.com. „Oben ohne" gebadet wird häufig; es gibt jedoch Familienstrände, wo auch barbusiges Baden nicht unbedingt gern gesehen ist. Im Zweifelsfall sollte man sich an der einheimischen Damenwelt orientieren, schließlich ist man Gast.

Durchschnittliche Wassertemperaturen

am Beispiel der Provinz Cádiz (Durchschnittswerte in Grad Celsius)

Januar	15	Juli	20
Februar	15	August	21
März	15	September	21
April	16	Oktober	19
Mai	17	November	17
Juni	19	Dezember	16

Achtung: Falls an einem Strand farbige Flaggen wehen, signalisieren sie mögliche Gefahren beim Baden: Rot – Gefahr, Gelb – Vorsicht, Grün – alles in Ordnung. Bitte beachten Sie diese Flaggen unbedingt, der Atlantik ist nicht zu unterschätzen!

Drogen

Spanien zählt zu den europäischen Ländern mit relativ liberalen Drogengesetzen. Der Besitz kleiner Mengen zum Eigenverbrauch ist nicht strafbar, Drogenkonsum in der Öffentlichkeit hingegen sehr wohl, der Handel ohnehin. Bei der weit verbreiteten weichen Droge „Chocolate" (Haschisch) mag sich das polizeiliche Interesse je nach Sachlage in Grenzen halten. Verlassen sollte man sich darauf besser nicht. Wer als Ausländer mit harten Drogen erwischt wird oder gar handelt, bekommt in jedem Fall gewaltigen Ärger.

Einkaufen

- **Märkte**: Markthallen und Marktplätze sind die beste Adresse für Selbstverpfleger. Fleisch, Fisch, Brot, Käse, Wurst und Schinken gibt es hier in reicher Auswahl und zu niedrigen Preisen, ebenso saisonales Obst und Gemüse. Geöffnet sind die meisten Märkte von Montag bis Samstag, im Gegensatz zu anderen Geschäften aber in der Regel nur bis etwa 13.30 oder 14 Uhr. Ausnahmen finden sich in manchen Großstädten, in denen auch schon mal nach der Siesta eine erneute Verkaufsrunde beginnt.
- **Kaufhäuser/Einkaufszentren**: Spaniens dominierende, fast konkurrenzlose Kaufhauskette ist *El Corte Inglés*. Sie bietet gehobene Preise, große Auswahl und meist gute Qualität, verfügt in fast allen Filialen auch über eine Lebensmittelabteilung. Im Umfeld der Städte finden sich, meist an den Ausfallstraßen, zudem gigantische Einkaufszentren, die so genannten „Hipermercados".
- **Souvenirs**: Andalusisches Kunsthandwerk hat eine lange und reiche Tradition, sich aber vielerorts dem angepasst, was die Händler der Ferienorte unter dem allgemeinen Touristengeschmack zu verstehen scheinen. Dennoch findet man mit etwas Suchen oft schöne Stücke. Außer Kunsthandwerk empfehlen sich natürlich auch kulinarische Souvenirs: Wie wär's zum Beispiel mit einem ganzen Schinken oder ein paar Flaschen Sherry? Und noch ein Tipp: Zigarren gehobener Kategorie, insbesondere Havannas, sind in Spanien immer noch viel preisgünstiger als bei uns; vor allem in größeren Städten bieten die Tabakgeschäfte „Estancos" eine oft hervorragende Auswahl.

Keramik wird hauptsächlich in Conil und in Arcos de la Frontera gefertigt. Breite Auswahl bietet Sevillas Töpferviertel Triana.

Wolldecken, handgewebt aus Schafswolle, kommen aus Grazalema.

Lederarbeiten in breiter Auswahl gibt es in Ubrique, südwestlich von Grazalema.

Weiden- und Schilfartikel sind eine Spezialität von Medina Sidonia.

Reiterzubehör ist ein Fall für die Pferdestadt Jerez, aber auch für Sevilla.

Stiefel für Reitsport, Landarbeit und Jagd kommen vor allem aus Valverde del Camino in der Provinz Huelva.

Feiertage

Zu den Höhepunkten des andalusischen Festkalenders siehe vorne im Kapitel „Feiern Sie mit!", hier nur die gesetzlichen Feiertage. Manche Feiertage (z.B. 15. August), die auf einen Sonntag fallen, werden am Montag nachgeholt.

1. Januar, Año Nuevo, Neujahr, wie bei uns.

6. Januar, Reyes Magos, Heilige Drei Könige. In Spanien Tag der Weihnachtsbescherung für die Kinder.

28. Februar, Día de Andalucía, der „Tag Andalusiens", regionaler Feiertag.

Jueves Santo, **Viernes Santo**, Gründonnerstag und Karfreitag. Ostermontag ist Arbeitstag.

1. Mai, Día del Trabajo, Tag der Arbeit.

15. August, Asunción, Mariä Himmelfahrt.

12. Oktober, Día de la Hispanidad, Tag der Entdeckung Amerikas. Spanischer Nationalfeiertag.

1. November, Todos los Santos, unser Allerheiligen.

6. Dezember, Día de la Constitución Española, Tag der Verfassung.

8. Dezember, Inmaculada Concepción, Mariä unbefleckte Empfängnis.

25. Dezember, Navidad, Weihnachten.

Geld

Auf der Rückseite der spanischen Ein- und Zwei-Euro-Münzen ist König Juan Carlos abgebildet, die Münzen im Wert von 50, 20 und 10 Cent („Céntimo") ziert Miguel de Cervantes, der Schöpfer von Don Quijote. Die Fünf-, Zwei- und Ein-Cent-Münzen zeigen die Kathedrale von Santiago de Compostela, die die Reliquien des spanischen Nationalheiligen Santiago birgt.

Geldautomaten („Bancomat"): Die bequemste Lösung, Bedienungsanleitung auch auf Deutsch. Gebühren im Schnitt 3–4 € pro Vorgang, zumindest sofern man nicht eine Filiale seiner heimischen Bank findet. Bei *Verlust* der Karte sofort das Konto sperren lassen: Telefonnummer zuletzt noch (0049) 1805/021021, siehe aber unten.

Kreditkarten: Die gängigen Karten (Mastercard und Visa sind verbreiteter als American Express) werden von fast allen größeren Hotels, teureren Restaurants, Tankstellen etc. akzeptiert.

Notrufnummer: Zur Sperrung von Kredit- und Automatenkarten soll künftig folgende einheitliche Nummer gelten: (0049) 116116; bei Redaktionsschluss zwar geplant, aber noch nicht in Betrieb.

Reiseschecks: Beim Kauf von Reiseschecks wird eine Gebühr fällig, in der auch eine Versicherungsprämie enthalten ist. Ärgerlich, dass in Spanien auch von der einwechselnden Bank noch Gebühren einbehalten werden – vor dem Einwechseln nach der Höhe der „comisión" fragen!

Postsparbuch: Für Geldabhebung im Ausland muss das Sparbuch bei der heimischen Post in die „Postbank Sparcard" umgetauscht werden. Mit dieser kann dann auch am Automaten Geld abgehoben werden. Details in den Filialen der Postbank.

Schnelles Geld: Bei finanziellen Nöten ist die Geldüberweisung mit Western Union die flotteste Methode. Der Betrag wird auf dem heimischen Postamt eingezahlt und trifft maximal wenige Stunden später auf der spanischen Post ein. Wegen der saftigen Gebühren ist dieses Verfahren nur für den Notfall geeignet.

Haustiere

Ein ernst gemeinter Rat: Lassen Sie Ihren Hund oder Ihre Katze nach Möglichkeit zuhause bei Freunden oder einem Tiersitter. Zum einen ist die Anreise per Flugzeug vor allem für größere Hunde traumatisch, da sie in einer Transportbox im lauten und dunklen Frachtraum untergebracht werden müssen. Zum anderen ist das Reisen mit den vierbeinigen Freunden immer noch großen Beschränkungen unterworfen, und dies, obwohl sich immer mehr Spanier selber „Gesellschaftstiere" (animales de compañía) zulegen. Die Mehrzahl der Hotels und auch manche der Campingplätze akzeptieren keine Hunde. An vielen Türen von Restaurants ist ebenfalls das Schild „Perros No!" zu lesen. Fast alle Strände sind für Hunde gesperrt, ebenso die öffentlichen Verkehrsmittel.

• *Einreisevorschriften für Haustiere* **EU-Pass**, ein für Hunde, Katzen und Frettchen (Tatsache) obligatorischer „Reisepass" samt implantiertem Mikrochip (alternativ eine spezielle Tätowierung), durch den die Identität des Tiers nachgewiesen und attestiert wird, dass es gegen Tollwut geimpft ist. Über Details informiert der Tierarzt, der auch die Prozedur durchführt.

• *Tierschutz* **Animales Viento de Europa**, Anne Funke in Tarifa, ✆ 699 505661, im Netz unter www.tarifa.de, Stichwort „Tierschutz". Eine Organisation, die Flugpaten sucht, aber z.B. auch helfen kann, falls Ihnen ein Hund oder eine Katze zuläuft und Sie das Tier vielleicht mitnehmen wollen.

Information

Oficinas de Turismo: Von den Fremdenverkehrsämter vor Ort kann man allgemeine Tipps erwarten, Hinweise zu Bussen und Bahnen, aktuelle Öffnungszeiten der Sehenswürdigkeiten, Stadtpläne und Unterkunftsverzeichnisse. Es gibt städti-

Nicht zu übersehen: Infostelle in Novo Sancti Petri

sche (*Oficina municipal*) und regionale (*Oficina de la Junta de Andalucía*) Büros. Erstere sind nur für die jeweilige Stadt zuständig, letztere auch für den Rest Andalusiens und vor allem in den Großstädten vertreten. Während die städtischen Informationsstellen ihr Material in der Regel kostenlos verteilen, finanzieren sich die Büros der Junta de Andalucía selbst, weshalb dort für manche Publikationen eine meist recht niedrige Gebühr bezahlt werden muss.

Spanische Fremdenverkehrsämter: Die Auslandsbüros des spanischen Fremdenverkehrsamts Turespaña sind Ansprechpartner für die Reiseplanung vorab. Es gibt sie in mehreren Städten Deutschlands, in Österreich und der Schweiz. Für die Bestellung von Prospekten wurde eine separate, deutschlandweite Serviceleitung geschaffen.

- *Deutschland* **Serviceleitung**: ✆ 06123 99134, ✆ 06123 9915134. Die richtige Telefonnummer für die Anforderung von Broschüren, Hotelverzeichnissen Festkalendern etc. **Fremdenverkehrsämter**: 10707 **Berlin**, Kurfürstendamm 63, ✆ 030 8826543, ✆ 8826661. 40237 **Düsseldorf**, Grafenberger Allee 100, im „Kutscherhaus"; ✆ 0211 6803980/81, ✆ 6803985/86. 60323 **Frankfurt/Main**, Myliusstraße 14; ✆ 069 725038, ✆ 725313. 80051 **München**, Postfach 151940, 80336 München; ✆ 089 53074620, ✆ 5328680.
- *Österreich* 1010 **Wien**, Walfischgasse 8; ✆ 01 5129580, ✆ 5129581.
- *Schweiz* 8008 **Zürich**, Seefeldstraße 19; ✆ 01 2527930/31, ✆ 01 2526204.

Internet

Auch das Internet bietet gute Möglichkeiten, sich vorab zu informieren und sogar Quartiere zu buchen, aktuelle Bahnverbindungen abzurufen etc. Im Folgenden einige interessante Sites, weitere Adressen sind im Text unter den jeweiligen Themenbereichen aufgeführt. Und dann gibt es – für aktuelle Infos nach Redaktionsschluss, aber auch für das schnelle Senden stets gern gesehener Lesertipps – natürlich noch die Seite unseres Verlags ...

• *Allgemeine touristische Sites*

www.spain.info, die offizielle Site von Turespaña, dem Spanischen Fremdenverkehrsamt. Breites Infoangebot.

www.andalucia.org: die Site des Andalusischen Fremdenverkehrsamts Turismo Andaluz. Auch hier reichlich Infos.

www.andalucia.com, sehr breit angelegte Site mit viel Service; Naturparks, Sportangebote und vieles mehr. Englisch.

www.cadizturismo.com, die touristische Site der Provinz Cádiz. Auch auf Deutsch.

www.playasdehuelva.com, eine Site zur Provinz Huleva, derzeit nur auf Spanisch.

• *Spezialisierte Sites*

www.festivales.com, Suchmaschine für Feste, Kulturereignisse, Flamencoaufführungen etc. Super, aber leider nur auf Spanisch.

www.ecologistasenaccion.org, Site einer sehr bissigen spanischen Umweltorganisation. Direkter Link zur Andalusien-Gruppe, alles nur auf Spanisch.

www.sol.com, ursprünglich eine Seite zu Sevilla, jetzt auch auf andere Provinzhauptstädte erweitert. Englisch.

www.cybercafes.com, weltweite Suchmaschine für Internetcafés; nützlich, da sich die Adressen oft recht schnell ändern. Funktioniert für Andalusien recht gut.

www.renfe.es: Site der spanischen Eisenbahn. Unter anderem mit effektiver Suchmaschine für Verbindungen und Preise.

www.andaluz.ch, auch optisch sehr ansprechende private Homepage aus der Schweiz – sogar Gedichte maurischer Poeten sind hier zu finden.

www.realescuela.org: „Tanz der Andalusischen Pferde", die Site der Königlichen Reitschule in Jerez de la Frontera.

www.sherry.org, die offizielle Seite zum berühmtesten Wein Andalusiens. Englisch.

www.sherry-info.de, ähnliches, sehr informatives Angebot auf Deutsch.

www.esplaya.com, eine Seite zu allen spanischen Stränden. Unter „Playas Nudistas" kann man z. B. auf der Karte nach Nacktbadestränden suchen. Spanisch.

www.michael-mueller-verlag.de: Unsere Site, auch mit Links sowie aktuellen Informationen („News & Updates"), die sich erst nach Redaktionsschluss ergeben haben – schauen Sie doch mal rein!

Klima und Reisezeit

3200 Sonnenstunden und mehr als 300 Sonnentage im Jahr sprechen für sich. Die jährliche Durchschnittstemperatur z. B. in Cádiz liegt bei wohltemperierten 18,1 Grad Celsius. Verantwortlich für das Klima zeichnen im Sommer die beliebten Azorenhochs im Zusammenspiel mit Tiefdruckgebieten über der Sahara, während im Winter atlantische Schlechtwetterfronten für Regenfälle sorgen. Die Sierra de Grazalema im Nordosten der Provinz Cádiz ist sogar die an Niederschlägen reichste Region ganz Spaniens. Auf das ganze Jahr bezogen, stimmt das Bild vom sonnigen Süden allerdings durchaus. Auch der Ruf des Tieflands als Hitzeloch Spaniens ist berechtigt. In Sevilla sind sommerliche Tagestemperaturen um die 40 Grad keine Seltenheit. Im Juli 1995 wurden gar 46,6 Grad gemessen, der höchste Wert seit Beginn der Wetteraufzeichnungen, die bis 1922 zurückreichen.

Ein wesentlicher Klimafaktor an der Costa de la Luz ist der hier oft kräftige Wind, der meist als kühler Westwind („Poniente") oder als heftiger Ostwind („Levante") weht. Faustregel: je weiter südöstlich, desto stürmischer. Besonders deftig bläst es im Bereich der Straße von Gibraltar, an der an durchschnittlich mehr als 300 Tagen im Jahr Windgeschwindigkeiten von über 30 Stundenkilometern erreicht werden – kein Wunder, dass das Städtchen Tarifa einer der beliebtesten Windsurfspots der Welt ist.

Günstige Reisezeiten sind vom Klima her das Frühjahr, in dem alles blüht und auch die größten Fiestas stattfinden, und der Herbst. Kenner, die aufs Baden verzichten können oder sehr abgehärtet sind, kommen auch gern im Winter. Im Sommer bleibt es an den Küsten dank der dort meist wehenden Winde noch erträglich, das Tiefland allerdings gleicht einem Backofen. Die Sommermonate sind auch der Zeitraum mit dem stärksten Run auf Hotelbetten, Restaurants und Strände. „Kulturziele" wie Sevilla allerdings werden das ganze Jahr über mehr als gut besucht.

Klimadaten am Beispiel Cádiz
(Durchschnittswerte in Grad Celsius bzw. Tagen)

Monat	Lufttemperatur max.	Lufttemperatur min.	Wasser	Regentage
Januar	15.3	9.3	14	9
Februar	16.0	10.2	14	10
März	17.7	12.2	15	11
April	19.6	13.0	16	6
Mai	22.4	15.4	17	5
Juni	25.2	18.3	19	1
Juli	27.4	20.1	20	0
August	27.7	21.2	21	1
September	26.7	19.9	21	1
Oktober	23.1	16.5	19	7
November	18.7	12.7	17	8
Dezember	16.0	9.9	16	10
Jahresmittel	21.3	14.9	17,4	69

(Regentage: Tage mit mindestens 0,1 mm Niederschlag)

Kleidung

In Kirchen sind Shorts und blanke Schultern traditionell verpönt, eine Regel, die für beide Geschlechter gilt, aber allmählich im Aufweichen begriffen ist – als Gast im Land sollte man dennoch Rücksicht nehmen. Wer von Herbst bis Frühjahr unterwegs ist, sollte unbedingt an warme Kleidung denken: Längst nicht alle Räume sind geheizt, und der kräftige Wind lässt die Temperaturen kühler erscheinen, als sie sind.

Konsulate

Sie sind Ansprechpartner im akuten Notfall, allzuviel praktische Hilfestellung sollte man allerdings nicht erwarten. Konsulate sind meist nur Mo–Fr bis jeweils 12/12.30 Uhr geöffnet.

Deutsche Konsulate: Generalkonsulat Sevilla, Calle Fenández y Gonzáles 2/2; ✆ 954 230204, 📠 954 239552.

Honorarkonsulat Jerez de la Frontera, Avenida Duque de Abrantes 44, ✆ 956 306917, 📠 956 314054.

Österreichisches Konsulat: Sevilla, Calle Alcalde Isacio Contreras 1, Portal 4/2; ✆ 954 987476, 📠 954 225365.

Schweizer Botschaft: Madrid, Calle Nuñez de Balboa 35/7, Edificio Goya; ✆ 914 363960, 📠 914 363980.

Kriminalität

Spanien genießt in Sachen Kleinkriminalität keinen besonders guten Ruf. Tatsächlich sind Autoaufbrüche und andere Eigentumsdelikte in Großstädten und den Touristenzentren keine Seltenheit. Misstrauen gegen jedermann ist dennoch nicht angebracht, stattdessen die üblichen Vorsichtsregeln: Geparktes Auto immer offensichtlich leer lassen (Handschuhfach offen!), Geld und Pass am Körper tragen, Fotoapparate lieber im abgewetzten Rucksack als in der protzigen Fototasche transportieren. Ein einfacher Trick gegen motorisierte Räuber ist es, die Handtasche in den Straßen immer zur Hausseite hin zu tragen. Die finsteren Ecken der Großstädte sind während der Siesta, also etwa von 14 bis 17 Uhr, wenn kaum ein Mensch auf der Straße ist, genauso ungemütlich wie in tiefer Nacht!

Landkarten

Hundertprozentig genau ist keine Karte; insbesondere im küstennahen Gebiet zwischen Conil de la Frontera und Novo Sancti Petri wird das Straßennetz oft nur sehr dürftig wiedergegeben. Angesichts der anhaltenden Straßenbautätigkeit gilt aber vor allem: Nur eine aktuelle Karte ist eine gute Karte.

Michelin 1: 400.000, Blatt 446 Südspanien, eine zuverlässige und jährlich aktualisierte Regionalkarte des bekannten Verlags.

RV Reise- und Verkehrsverlag, 1: 300.000 (Costa de la Luz, Costa del Sol), ebenfalls eine Karte für ganz Andalusien. Angenehmes Kartenbild.

Generalkarte 1:200.000, Andalusien. Sehr detaillierter Maßstab, allerdings wird keineswegs ganz Andalusien abgedeckt – die Provinz Huelva fehlt fast völlig.

Öffnungszeiten

Vorgegeben sind sie von der Hitze: Die Nachmittagsruhe *siesta*, die etwa von zwei bis fünf Uhr dauert, ist heilig. Abends bleibt dafür länger geöffnet, als in unseren Breiten üblich. Wenn Öffnungszeiten saisonal verschieden sind, wird nur in Sommer und Winter getrennt – Spanien kennt da nur zwei Jahreszeiten. Was sie genau bedeuten, kann im Einzelfall höchst unterschiedlich sein; lokale Busfahrpläne meinen mit „Sommer" oft die Badesaison, die für Spanier frühestens Mitte Juni beginnt und spätestens Mitte September endet.

- **Läden**: Im allgemeinen sind die Geschäfte Mo–Sa ab 9 Uhr bis 13.30 Uhr geöffnet, am Nachmittag wieder von 17 bis 19.30 Uhr, mit jeweils einer halben Stunde Spielraum. Supermärkte und Kaufhäuser sind teilweise am Samstagnachmittag geschlossen. Kleine Lebensmittelgeschäfte hingegen können in Ferienorten auch bis in die Nacht hinein geöffnet sein.
- **Museen**: Hier gibt es unterschiedliche Regelungen. Die einzelnen Öffnungszeiten sind im Text jeweils angegeben, können sich aber schnell ändern. Zwei Faustregeln: Fast überall ist montags geschlossen und dienstags bis freitags vormittags geöffnet. Übrigens ist in den meisten staatlichen Museen der Eintritt für Besucher aus den Mitgliedsländern der EU (span.: CEE) mittlerweile kostenlos.
- **Kirchen**: Offen sind sie theoretisch meist von etwa 7 bis 12 Uhr, nachmittags von 17 bis 20 Uhr. Die Öffnungszeiten liegen allerdings völlig im Ermessen des Zuständigen. Die besten Chancen bestehen vormittags.

Papiere

Trotz des Schengener Abkommens braucht man weiterhin Personalausweis oder Reisepass, und sei es nur zum Einchecken im Hotel. Autofahrer benötigen zusätzlich Führer- und Fahrzeugschein; die Grüne Versicherungskarte wird dringend empfohlen. In jedem Fall ist es günstig, Pass *und* Personalausweis mitzuführen, da ein Ausweis an der Hotel- oder Campingrezeption abgegeben werden muss. Anzuraten ist auch, von allen wichtigen Papieren Fotokopien anzufertigen. Dies beschleunigt bei Verlust die Ausstellung von Ersatz erheblich, Ansprechpartner ist dann die örtliche Polizei oder das heimische Konsulat.

Auch für Reiter ein Paradies: die Strände der Lichtküste

Post

Die einzelnen Schalter des Postamtes (*correos*) halten je nach den angebotenen Diensten unterschiedlich geöffnet. Um Briefmarken (*sellos*) zu kaufen, muss man sich ohnehin nicht auf die Post bemühen, zu erhalten sind sie auch im Tabakladen (*estanco*). Die Gebühren für Briefe und Postkarten ändern sich fast jährlich. Lang sind die Laufzeiten bis in die Heimat. Briefe werden schneller befördert als Postkarten – steckt man letztere in einen Umschlag, erreichen sie die Lieben daheim früher.

Sport

Das breiteste Angebot findet sich natürlich in den Ferienzentren an der Küste, wo man vom Surfbrett bis zur Segelyacht alles ausleihen kann. Viele Sportanbieter wechseln jedoch von Saison zu Saison, aktuelle Listen sind bei den touristischen Informationsstellen vor Ort erhältlich.

Abenteuersportarten wie Parasailing, Drachenfliegen, Bungee-Jumping, Rafting etc. sind auch in Spanien stark im Kommen, zusammengefasst unter dem Stichwort *Turismo activo*. Naturgemäß konzentriert sich das Angebot auf die vom Fremdenverkehr schon recht gut erschlossenen Bereiche der Sierras, und scheinbar ebenso naturgemäß wechseln auch hier die Anbieter recht schnell.

- *Angeln* im Meer bringt nicht viel ein, eine Erlaubnis der Behörden ist dennoch nötig; Informationen über die lokale Lage in den Tourismus-Büros.
- *Golf* Andalusien ist die europäische Hochburg des Golfsports, die Zahl der Plätze wächst jährlich. Bei deutschen Golfern beliebt ist vor allem der Platz von Novo Sancti Petri. Die Fremdenverkehrsämter halten einen entsprechenden Prospekt bereit.
- *Reiten* Für Reiter ist Andalusien innerhalb Spaniens die bevorzugte Region, die Zahl der Reitställe dementsprechend hoch. Pferdefreunde sollten sich auch die Königliche Reitschule in Jerez nicht entgehen lassen.

Tarifas Trendsportart – Kite Surfing

• *Tennis* Plätze, in der Regel auch für Nicht-Gäste zu mieten, finden sich reichlich bei vielen Hotels und manchen höherklassigen Campingplätzen.

• *Wandern* Ein sehr reizvolles Wandergebiet sind die Sierras von Grazalema und Aracena. In Küstennähe jedoch bieten nur die wenigen Hügelregionen wie der Naturpark La Breña zwischen Barbate und Caños de Meca gute Wanderreviere; im küstennahen Hinterland bremsen oft eingezäunte Felder und Kampfstierweiden den Vorwärtsdrang. Traumhaft allerdings sind vielerorts die Möglichkeiten für Strandwanderer, die reichlich Auslauf finden.

• *Windsurfen/Wellenreiten* Weltbekannt, aber nichts für Anfänger ist das Starkwindrevier Tarifa, das auch bei Kite-Surfern immer beliebter wird. Wellenreiter zieht es eher nach El Palmar und Caños de Meca.

Telefonieren

Telefonnummern von Festanschlüssen sind in Spanien neunstellig, Orts-Vorwahlen gibt es nicht mehr. Aus dem Ausland wird nach der Landesvorwahl 0034 die komplette neunstellige Teilnehmernummer gewählt.

Länder-Vorwahlen

Nach Deutschland (00)49, nach **Österreich** (00)43, in die **Schweiz** (00)41. Immer gilt: die Null der Orts-Vorwahl weglassen.

Nach Spanien ab Deutschland, Österreich und der Schweiz: Ländervorwahl 0034, dann die komplette Teilnehmernummer.

Telefongesellschaften: Der Telekommunikationsmarkt ist viel zu schnelllebig, um hier verlässliche Informationen über die günstigsten Anbieter für Gespräche Richtung Spanien zu geben. Das gilt auch in der Gegenrichtung.

Telefonzellen: Neuere Versionen akzeptieren nicht nur Münzen, sondern meist auch Telefon- und sogar Kreditkarten (Visa, Amex, Diners).

Telefonkarten: Die „Tarjetas telefónicas" bedeuten bei Ferngesprächen großen Komfortgewinn. Es gibt sie im Tabakgeschäft (Estanco) oder bei der Post. Auch die Telekom und andere Gesellschaften (z.B. Europa), deren Minutenpreise meist günstiger sind, machen mit diversen Telefonkarten den bargeldlosen Anruf aus Spanien möglich.

Calling Cards: Erhältlich von vielen Telefongesellschaften, sind Calling Cards eigentlich nur eine Merkhilfe für eine Netzzugangsnummer, mit der man sich zu einem meist günstigen Tarif bei der jeweiligen Telefongesellschaft einwählt. Abgerechnet wird über das Girokonto oder per Vorauszahlung (prepaid).

Gebühren: Von Calling Cards etc. abgesehen, ist es im Normalfall billiger, sich von der Heimat aus anrufen zu lassen, was in den meisten Hotels und Campingplätzen möglich ist – die spanischen Normaltarife für Auslandsgespräche sind höher als bei uns.

Handys: Nach der Reise gibt es oft böse Überraschungen bei der Tarifabrechnung. So zahlt ein Anrufer aus der Heimat nur die Inlandsgebühren, während der Mobilfunker selbst – auch wenn er angerufen wurde – kräftig zur Kasse gebeten wird. Ein Blick in die Bedienungsanleitung und eine Nachfrage beim Service-Provider können sich lohnen.

Telefonieren ohne Geld: Der „Deutschland Direkt-Dienst" ist ein Service der Telekom, nützlich z. B., um nach Verlust der Barschaft von zuhause Nachschub (siehe „Geld") anzufordern. Die Gebühr zahlt der Angerufene.
Telefonnummer ab Spanien, ohne jede Vorwahl: **900 99 0049**
Eine Zentrale verbindet weiter. Tarife pro Verbindung 2,50 €, zusätzlich pro Minute 0,50 €. Der Service funktioniert nur zu Festnetzanschlüssen der Telekom, Details im Internet: www.ddirekt.de.

Toiletten

Bezeichnet sind Toiletten meistens mit „Servicios“ oder „Lavabos“, nur selten noch mit dem altertümlichen „Aseos“. Um nicht ins falsche Abteil zu geraten, folgen Herren der Aufschrift „Señores“ oder „Caballeros“ (oft schlicht „C“), Damen suchen „Señoras“ (oder „S“).

Zeit

Auch in Spanien gilt die Mitteleuropäische Zeit (MEZ), wie bei uns werden die Uhren auf Sommer- und Winterzeit umgestellt. Da jedoch die Costa de la Luz innerhalb unserer Zeitzone sehr weit westlich liegt, geht die Sonne dort, abhängig von der Jahreszeit, etwa eine Stunde später auf und unter.

Zoll

Waren zum eigenen Verbrauch dürfen im privaten Reiseverkehr der EU, also auch zwischen Deutschland, Frankreich und Spanien, unbegrenzt mitgeführt werden.

• *Richtmengen zur Unterscheidung zwischen privater und gewerblicher Verwendung* 800 Zigaretten, 400 Zigarillos, 200 Zigarren, 1 kg Rauchtabak. 10 Liter Spirituosen, 20 Liter sogenannte Zwischenerzeugnisse, 90 Liter Wein, davon maximal 60 Liter Sekt, und 110 Liter Bier. Auch die Mitnahme höherer Mengen ist möglich, sofern sie dem eigenen Verbrauch dienen, was bei eventuellen Kontrollen dem Zoll allerdings glaubhaft zu machen wäre.

Anders ist die Regelung weiterhin beim Transit durch die Schweiz. Hier wurde Folgendes vereinbart: Sofern die vierfache Freimenge der jeweiligen Ware nicht überschritten wird, gibt es keine Probleme; Nicht-EU-Freimengen sind unter anderem 200 Zigaretten, 2 Liter Wein, 1 Liter Spirituosen. Bei Mitnahme höherer Mengen muss der Zöllner ungefragt (!) darüber in Kenntnis gesetzt werden. Er entscheidet dann, ob für die Waren eine Transitkaution zu stellen ist, die bei der Ausfuhr wieder erstattet wird. Besonders für Freunde des spanischen Schinkens ist es darüber hinaus wichtig zu wissen, dass beim Transit durch die Schweiz schon kleinere Mengen von Fleisch- und Wurstwaren Ärger bescheren können.

Tarifa: Afrika zum Greifen nah

Provinz Cádiz

Ein Reiseziel par excellence: Die Provinz Cádiz vereint kilometerlange, feinsandige Strände, reizvolle Badeorte und eine bildhübsche Hauptstadt mit einem abwechslungsreichen Hinterland, dessen Dörfer und Landschaften zu den schönsten Spaniens zählen.

Natürlich sind die fantastischen Strände der Hauptanziehungspunkt für Reisende aus dem In- und Ausland, doch hat die Provinz Cádiz eben noch ganz andere Vorzüge. Viele ihrer Küstenstädtchen, insbesondere das Surfermekka Tarifa und Conil, die Hochburg deutscher Sprachschüler, glänzen mit intaktem Ortsbild und einer lebendigen Atmosphäre. Wenige Kilometer landeinwärts warten die berühmten „Weißen Dörfer" wie Vejer de la Frontera, Arcos de la Frontera und Medina Sidonia. Ein Kontrastprogramm zu den sanft gerundeten, sonnenverbrannten Hügelrücken des Hinterlands der Küste bildet die üppig grüne, felsige Gebirgslandschaft der Sierra de Grazalema ganz im Nordosten der Provinz, einem wunderbaren Gebiet für Wanderungen. Freunde des Reitsports wiederum zieht es nach Jerez de la Frontera, dem Sitz der Königlichen Reitschule, der zusammen mit den Nachbarstädten El Puerto de Santa María und Sanlúcar de Barrameda auch das Dorado für Weinliebhaber bildet: Hier liegt das „Sherry-Dreieck", die Heimat des berühmtesten Weins Spaniens. Und dann ist da noch die Provinzhauptstadt Cádiz selbst, die älteste Stadt ganz Westeuropas – und eine bildschöne dazu.

Gleich an zwei Meeren liegt die Provinz, doch konzentriert sich das Interesse eindeutig auf die Atlantikküste Costa de la Luz. Dies nicht nur deshalb, weil sie schließlich das Thema dieses Reisehandbuchs ist: Am Mittelmeer ist schlicht nur wenig geboten. Die mäßig attraktive und von einer hohen Kriminalitätsrate geplagte Industrie- und Hafenstadt Algeciras belastet das Wasser ihrer Bucht beträchtlich, und weiter nordöstlich gibt es entlang der Küste bis zur Provinzgrenze von Málaga zwar viele Feriensiedlungen, aber kaum noch nennenswerte Ortschaften.

Unter den Gästen der Provinz Cádiz bilden die spanischen Urlauber bislang die überwiegende Mehrheit. Dennoch ist der Anteil ausländischer Besucher hier vergleichsweise höher als in der Nachbarprovinz Huelva. Dies gilt besonders für den Abschnitt zwischen Tarifa und der Provinzhauptstadt, während die Küstenregion zwischen El Puerto de Santa María und Sanlúcar de Barrameda mit den Ferienstädtchen Rota und Chipiona bis heute eher eine Domäne der Einheimischen geblieben ist. Dementsprechend kurz und praktisch ausschließlich auf die Monate Juli und August beschränkt ist dort die Saison. Geschmackssache: So leer die Strände außerhalb dieser Zeit sind, so wenig Betrieb herrscht dann in der Regel auch abends in den Ortschaften – wer es in Vor- und Nachsaison etwas lebendiger liebt, ist mit Tarifa oder Conil besser bedient.

Tarifa

Die südlichste Stadt des europäischen Festlands: Nicht mehr als 14 Kilometer sind es von hier bis Afrika, dessen sonnenverbrannte Hügel jenseits der Meerenge oft deutlich zu sehen sind.

Tarifa, jeder zweite Autoaufkleber im Städtchen verkündet es, ist „High Wind Area“ und deshalb seit Jahren eines der Topziele für Surfcracks. Die Betonung liegt auf „Cracks“: Anfänger werden an den hiesigen Windstärken, die an mehr als 300 Tagen im Jahr durchschnittlich 4,5 Beaufort erreichen, wohl keine Freude haben. Ähnlich geht es oft auch denjenigen, die baden oder sich an den langen Stränden im Nordwesten Tarifas aalen wollen: Wenn die Sandkörnchen so vehement durch die Gegend fliegen, dass der geplagte Strandgast Schutz hinter dem Handtuch suchen muss, dann drängt sich der Vergleich mit einem Sandstrahler schon auf.

So man Glück mit dem Wind hat oder mal aufs Baden verzichtet, lässt es sich jedoch auch als Nichtsurfer in Tarifa wohl sein: Das Städtchen ist durchaus ansehnlich. Sein alter Ortskern, überwiegend noch von dicken Festungsmauern umgeben, erinnert schon ein wenig an das nahe Marokko. Die engen Gässchen laden zu Streifzügen ein, und auch der Fischerhafen bietet Abwechslung. Vielleicht das beste an Tarifa ist jedoch die lebendige und originelle Atmosphäre, die das bunte internationale Publikum dem Städtchen verleiht.

In den letzten Jahren hat sich Tarifa nach Kräften herausgeputzt und bemüht sich, auch den weniger sportlichen Badegast anzulocken. Mit einigem Erfolg, wie es scheint, denn das Städtchen ist „de moda“ in Spanien, in Mode. An Besuchern herrscht wahrlich kein Mangel: Zählt der Ort im Winter etwa 15.000 Einwohner, so halten sich im Sommer gut zehnmal soviele Menschen in und um Tarifa auf.

Für die Zukunft hegt die Stadtverwaltung weiterhin große Pläne: So wird die N 340 nordwestlich der Stadt durch eine landeinwärts via Facinas verlaufende Autobahn entlastet werden, entlang der Nationalstraße N 340 selbst sollen in Richtung Cádiz Urbanisationen und Golfplätze entstehen; auch ein Sporthafen ist geplant.

Orientierung: Den Hauptzugang zur Altstadt bildet das Stadttor *Puerta de Jerez*. Es liegt genau am Knick der Durchgangsstraße, die Richtung Algeciras Calle *Amador de los Ríos* heißt, in Richtung Cádiz *Calle Batalla Salado*. Letztere bildet die Haupt-

Karte siehe Umschlagklappe hinten

straße der neueren Viertel, und hier hat sich auch ein guter Teil der teilweise recht farbenprächtigen Infrastruktur aus Surfershops, Boutiquen und Cafés angesiedelt.

Geschichte: Tarifas Name stammt von dem maurischen Feldherrn *Tarif Ben Malik*, der 710 hier landete, um durch eine Art Testüberfall den großen Eroberungszug durch Spanien vorzubereiten. 1292 gelang den Christen die Rückeroberung der Stadt, doch mussten sie sich zwei Jahre später einer erneuten maurischen Offensive erwehren. Während der Belagerung ereignete sich ein Drama, das man exemplarisch für den spanischen Nationalstolz nennen könnte: Der Sohn des Stadtkommandanten Alonso Pérez de Guzmán war in den Händen der Mauren, die damit drohten, den Jungen umzubringen, falls sein Vater nicht die Festung übergeben würde. Guzmán zögerte keine Sekunde – und warf von seiner Burg aus den Mauren ein Schwert zu... Tarifa blieb in christlicher Hand, Guzmán erhielt von der Krone ausgedehnte Ländereien und den angesichts der Geschehnisse ziemlich makabren Beinamen „El Bueno", Der Gute.

Information/Verbindungen/Diverses

• *Information* **Oficina Municipal de Turismo**, Paseo Alameda s/n, am nördlichen Ende der Promenade im Westen der Altstadt; ✆ und 📠 956 680993. Öffnungszeiten von Juni bis September tgl. 10–14, 18–20 Uhr, sonst Mo–Fr 10–14, 17–19 Uhr, Sa/So 10–14 Uhr.

• *Internet-Info* **www.tarifaweb.com**, unter anderem mit aktuellen Meldungen aus der Stadt, leider nur auf Spanisch. Ein Wetterbericht fehlt natürlich nicht.

www.tarifainfo.com, auch in Englisch und teilweise etwas kuriosem Deutsch, viel Service, ebenfalls mit Wetterbericht.

www.tarifa.de, eine private, ebenfalls sehr informative Site, deutschsprachig. Hier auch Infos zum örtlichen Tierschutz.

• *Verbindungen* **Zug**: Bei Punta Paloma, am Ende der langen Sandstrände von Tarifa, ist ein 38 km langer Eisenbahntunnel geplant, der Spanien und Marokko verbinden soll. Bis zur Fertigstellung dürfte es allerdings noch viele Jahre dauern.

Busse der Gesellschaft COMES hielten bislang zentrumsnah an der Calle Batalla del Salado, doch soll die Haltestelle an der selben Straße ein Stück stadtauswärts in den Bereich hinter der Tankstelle verlegt werden. Nach Algeciras 10-mal, weiter nach Málaga 2-mal; nach Conil 8-mal, Cádiz 7-mal, Zahara/Barbate und Caños de Meca 1-mal, Jerez 3-mal, Sevilla 5-mal und Huelva 1-mal täglich. TARIFABUS bedient mit Stadtbussen das Gebiet nach Nordwesten entlang der N 340 Richtung Cádiz bis zu den Campingplätzen Paloma und Las Dunas und damit auch die meisten anderen Campings; Abfahrten u.a. am Ende der Alameda und an der Calle Batalla del Salado. Die selbe Gesellschaft fährt auch bis nach Bolonia.

Auto: Das Gewirr engster Einbahngassen in Tarifas Altstadt ist nur etwas für extrem starke Nerven, Parkplätze gibt es dort zudem kaum. Am besten stehen die Chancen auf freie Stellplätze noch im Gebiet westlich der Alameda. Nichts im Fahrzeug lassen!

• *Schiffsausflüge/"Whale watching"* **Firmm** ist einer unter mehreren Anbietern von Fahrten in die Straße von Gibraltar, bei denen Delfine und Wale beobachtet werden können. Die Tiere werden dabei nicht bedrängt – „Firmm" (Foundation for Information and Research on Marine Mammals) ist eine ernsthafte Schweizer Organisation, die so ihre Erforschung der Meeressäuger finanziert. Preis p.P. knapp 30 €, zur Saison Reservierung ratsam. Für kleine Gruppen werden auch 7- und 14-tägige Beobachtungskurse angeboten. C. Pedro Cortés 3, nahe dem Café Central; ✆ 956 627008, www.firmm.org.

• *Sprachschule* **Escuela Hispalense**, Avda. Fuerzas Armadas 1, ✆ und 📠 956 680927, www.hispalense.com.

• *Internet-Zugang* **Ciber-Papelería Pandor@'s**, Papierwarengeschäft mit Internet-Anschluss. C. Sancho IV. El Bravo 5, nahe Café Central, ✆ 956 681645.

• *Post* C. Coronel Moscardó s/n, unten in der Altstadt. Öffnungszeiten: Mo–Fr 9–14.30 Uhr, Sa 9.30–13 Uhr.

• *Telefon* Mehrere private Telefonzentralen an der C. Batalla del Salado und der Av. Andalucía.

Marokko-Ausflüge

• *Tanger* Zauber des Orients, Moscheen, Paläste und bunte, lebendige Märkte – der Ausflug nach Nordafrika kann viel Spaß bereiten. Die Altstadt **Medina** ist das Herz Tangers. Das Gewirr kleiner Gässchen erstreckt sich gleich westlich hinter dem Hafenkomplex, zu erreichen durch das Stadttor Bab el Bahr. Zentrum der Medina ist der **Petit Socco**, ein Souk (Markt) mit großem Angebot. Nördlich oberhalb des Petit Socco liegt die **Kasbah** mit Palast, Moschee und Museum, südwestlich am Rand der Medina der Hauptplatz **Grand Socco**, auf dem donnerstags und sonntags große Bermärkte stattfinden.

• *Marokko-Stress* So reizvoll der Kontakt mit dem fremden Kulturkreis ist, er hat auch seine Schattenseiten. Marokko ist berüchtigt als Land der Nepper und Schlepper. Vorsicht vor scheinbar freundlichen Kontakten: Fast immer steckt der Wunsch dahinter, an die ausländische Barschaft zu gelangen, mit Tricks, Drohungen, selten auch Gewalt. Seien Sie grundsätzlich sehr skeptisch, wenn Sie angesprochen werden, sei es von wem auch immer. An sich schade, dass so generelles Misstrauen nötig ist, sicher fällt auch manche gegenteilige Erfahrung dadurch aus, dennoch ist es für Neulinge das beste Rezept. In der Gruppe fällt diese Problematik aber ohnehin flach.

• *Schiffsverbindung* Schnellboote („Jets") der FRS nach Tanger je nach Saison 4–8x tgl., Autotransport möglich. Fahrtdauer 35–40 Minuten, Hin- und Rückfahrt p.P. etwa 45 €. Reisepasspflicht! Tickets direkt im Hafengebäude, ✆ 956 681830, oder in Reiseagenturen; www.frs.es. Lesertipp von Rainer Koch: „Wichtig für Individualreisende: Vor der Rückfahrt muss man sich den Stempel für den Pass im Hafenbüro (großer Rundbau) holen, sonst wird man am Boot zurückgeschickt und muss einen 1-km-Dauerlauf machen, um das Schiff nicht zu verpassen."

Tour nach Tanger: Ein Besuch bei Kamelen gehört dazu

• *Organisierte Touren nach Marokko* Mit Besichtigungen, Mittagessen und obligatorischem und ausgedehntem Aufenthalt in mindestens einem Souvenirladen und einer „Kräuterapotheke" sind sie für etwa 50 € (ein Tag) bis 90 € (zwei Tage) fast überall zu buchen, auch direkt im Hafengebäude und selbst von den Campingplätzen aus. Personalausweis reicht. Abfahrten normalerweise 2-mal tgl., die spätere Abfahrt (zuletzt 11.30 Uhr) ist wegen des Zeitunterschieds zu Marokko ausreichend.

Provinz Cádiz
Karte siehe Umschlagklappe hinten

Übernachten (siehe Karte S. 70/71)

Generell sind die Preise recht hoch. Die meisten gehobenen Hotels, viele auf Surfer eingestellt, liegen wie das „Dos Mares" in Strandnähe Richtung Cádiz, einige Kilometer außerhalb von Tarifa, und sind über die N 340 zu erreichen.

• *Außerhalb* *** **Hotel Dos Mares**, am Strand gut 5 km in Richtung Cádiz. Hübsche, angenehme Anlage, Swimmingpool, Tennis, gutes Restaurant und, natürlich, Surf-Center mit Schule und Verleih. DZ/F nach Saison etwa 90–140 €; Carretera de Cádiz km 79,5; ✆ 956 684035, 📠 956 681078, www.dosmareshotel.com.

** **Hurricane Hotel**, ebenfalls in dieser Richtung, knapp 8 km von Tarifa entfernt. Ausgangspunkt einer kleinen Hotelkette, ein architektonisch reizvoller Bau am Meer. Schöner Garten, zwei Pools, sehr gutes und nicht nur bei Hotelgästen beliebtes Restaurant mit vielfältiger Küche. Auch hier ist man bestens auf Surfer eingestellt. DZ nach Saison und Lage etwa 90–150 €. Carretera de Cádiz km 77, ✆ 956 684919, ✆ 956 680329, www.hurricanehotel.com.

** **Hotel Cien por Cien Fun**, noch gut einen Kilometer weiter außerhalb. Wie das „Hurricane“ mit hübschem Garten, tropisch angehauchtem Design und einem guten mexikanischen Restaurant. Auch ein Pool und eine Surfbasis sorgen für „100 % Fun“. Zwar liegt das Haus landeinwärts der N 340, dafür ist es auch preisgünstiger als die Konkurrenz: DZ/F etwa 55–95 €. Von November bis Februar geschlossen. Ctra. de Cádiz km 76, ✆/℻ 956 680013, www.tarifa.net/100fun.

• *In Tarifa-Stadt* * **Hotel Misiana (11)**, direkt an der Hauptgasse im Herzen der Altstadt, leider kein eigener Parkplatz. Das ehemalige Hotel Sancho IV., erst vor kurzem umgebaut und sehr hübsch gestylt, das angeschlossene und sehr beliebte Lounge-Restaurant ist ebenfalls ein Designerstück. DZ/F je nach Saison etwa 65–115 €. C. San Joaquin 2, bei der C. Sancho IV. el Bravo, ✆ 956 627083, ℻ 956 627055, www.misiana.com.

Apartamentos El Beaterio (10), in der Altstadt nahe der Markthalle. Das ehemalige Frauenkloster des 16. Jh., vom Deutschen Endo und seiner kroatischen Frau Karmen zum Apartmenthaus umgebaut, ist eine prima Adresse. Großer, mit Glas überdachter Patio, zwölf Apartments, alle unterschiedlich geschnitten, generell jedoch geräumig und bestens ausgestattet mit kompletter Küche, deutschem Sat-TV etc. und bieten Platz für bis zu sechs Personen. Die schönsten drei liegen auf dem Dach. Einstellmöglichkeit für Fahrräder und Boards an der Alameda. Zwei Personen zahlen etwa 55–80 €, vier Personen etwa 85–110 €, sechs Personen110–120 €. Ganzjährig geöffnet. Pl. del Ángel 2, neben der Kirche, der Eingang ist von außen kaum zu erkennen. Unbedingt vorher anrufen: ✆ 956 680924 oder (mobil) 629 592716, www.tarifa.net/beaterio.

Aparthotel Casa Amarilla (12), im Herzen der Altstadt gegenüber dem Café Central. Das „Gelbe Haus“, kenntlich am entsprechenden Kachelschmuck, offeriert elf individuell und komplett eingerichtete Studios und Apartments für zwei bis vier Personen. Hübsches Design, manche Zimmer jedoch nicht ganz leise. Angeschlossen ist eine schicke Bodega-Bar, in der man auch essen kann. Studio für zwei Personen nach Saison etwa 45–65 €, Apartment für vier Personen knapp 70–110 €. C. Sancho IV el Bravo 9, Eingang im Seitengässchen; falls

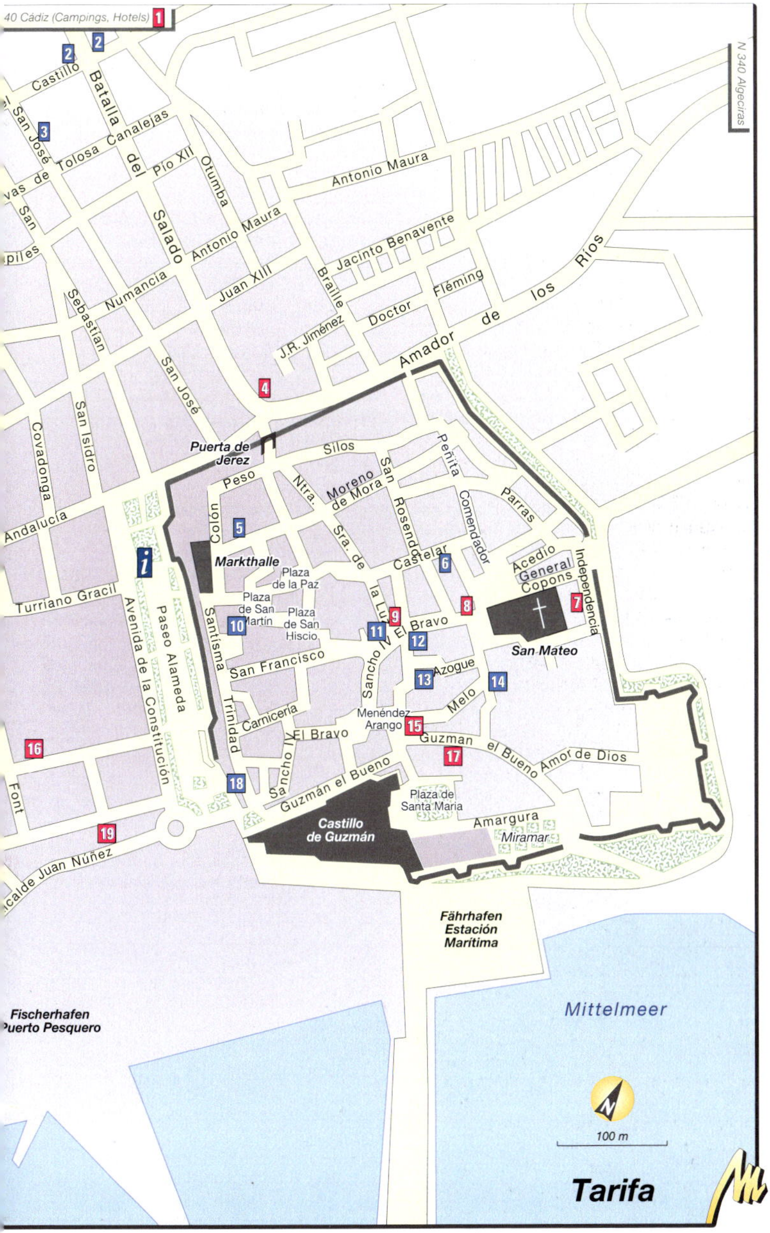
40 Cádiz (Campings, Hotels)
N 340 Algeciras
Castillo
Batalla del Salado
San José
Tolosa
Canalejas
Pío XII
Otumba
Antonio Maura
Jacinto Benavente
Braille
Numancia
Juan XIII
J.R. Jiménez
Doctor Fléming
Amador de los Ríos
Sebastian
San José
San Isidro
Covadonga
Andalucía
Turriano Gracil
Puerta de Jerez
Silos
Peso
Colón
Ntra. Sra. de la Luz
Moreno de Mora
San Rosendo
Peñita
Comendador
Parras
Markthalle
Plaza de la Paz
Plaza de San Martín
Plaza de San Hiscio
Castelar
Acedio General Copons
Independencia
Sancho IV El Bravo
San Mateo
Avenida de la Constitución
Paseo Alameda
Santísima Trinidad
San Francisco
Azogue
Melo
Carnicería
Menéndez Arango
Guzman el Bueno
Amor de Dios
Plaza de Santa María
Castillo de Guzmán
Amargura
Miramar
Font
Alcalde Juan Núñez
Fährhafen Estación Marítima
Fischerhafen Puerto Pesquero
Mittelmeer
100 m
Tarifa
1
2
3
4
5
6
7
8
9
10
11
12
13
14
15
16
17
18
19

geschlossen, im Café Central nachfragen. ✆ 956 681993, ✆ 956 627130, www.lacasaamarilla.net.

** **Pensión Posada la Sacristía (13)**, gleich hinter der Casa Amarilla, 2002 eröffnet. Von der Einstufung her eine klare Untertreibung, beherbergt das Gebäude des 17. Jh. – einst tatsächlich ein Gasthaus (Posada), aber keine Sakristei – heute doch eines der feinsten und teuersten Hotels in und um Tarifa. Die Zimmer fallen alle unterschiedlich aus und kosten pro DZ/F etwa 120–140 €. Ein Café-Restaurant ist angeschlossen. Ganzjährig. C. San Donato 8, ✆ 956 681759, ✆ 956 685182, www.lasacristia.net.

** **Pensión La Calzada (6)**, ebenfalls in der Altstadt, nämlich in einer Seitengasse um die Ecke vom Bar-Restaurante Morilla. Acht teilweise nicht sonderlich geräumige, sonst aber ordentlich ausgestattete Zimmer mit TV. Nur von Ostern bis Oktober geöffnet, DZ/Bad um die 50 €. C. Justino Pertíñez 3, ✆ 956 680366.

** **Pensión Hostal Alameda (18)**, am Rand der Altstadt. Elf Zimmer mit hotelähnlichem Komfort, auf den Balkonen der Räume im zweiten Stock versperrt leider eine hohe Mauer die Aussicht, und in den Zimmern zur Altstadtseite sind teilweise die Music-Bars der Umgebung zu hören. Sonst eine solide Adresse, DZ/Bad nach Saison etwa 50–60 €. C. Santísima Trinidad 7, ✆ 956 681181. www.hostalalameda.com.

** **Pensión Alborada (3)**, in einem Neustadtviertel westlich der Batalla del Salado, für Fahrzeugbesitzer wesentlich leichter anzufahren als die Altstadtquartiere. Gepflegte Zimmer, TV und Telefon, im 1. Stock ein hübscher Patio mit Glasdach. Abschließbare Parkgaragen für Boards. Saisonal stark abgestufte Preise: DZ/Bad 35–60 €. C. San José 52, ✆ 956 681140, ✆ 956 681935.

* **Pension Hostal Facundo I & II (2)**, ebenfalls in diesem Gebiet, praktisch direkt an der Hauptstraße Richtung Cádiz. Große Auswahl an Zimmern in den Pensionen selbst (nicht immer ganz ruhig) und in anderen Gebäuden der Nachbarschaft, damit auch zur Hauptsaison gute Chancen. Garage und Lager für Boards. DZ nach Ausstattung und Saison etwa 40–65 €. C. Callao 2 bzw. Batalla del Salado 47, Richtung Cádiz beschildert; ✆ 956 684298.

* **Pensión Correo (14)**, mitten in der Altstadt. Historisches Haus, sehr unterschiedlich ausfallende Zimmer (vorher ansehen), die allesamt unkonventionell und individuell eingerichtet sind, von manchen Direktzugang auf die Sonnenterrasse. Italienischer Besitzer. Ganzjährig geöffnet; DZ nach Saison, Ausstattung (mit/ohne Bad) und Größe 30–60 €, auch 3er- und 5er-Zimmer. C. Coronel Moscardó 8, gegenüber der Post und nahe der Kirche San Mateo, ✆ 956 680206.

* **Pensión África (5)**, herzige Altstadtpension mit kleinem Patio und Dachterrasse. Relativ ruhige Lage, die freundlichen Zimmer sind einfach ausgestattet, aber nett möbliert und bunt gestrichen. Abstellmöglichkeit für Fahrräder und Boards. DZ/Bad nach Saison 30–45 €, ohne Bad günstiger. C. María Antonia Toledo 12, ✆ 956 680220, hostal_afrika@hotmail.com.

Camping

Sieben Plätze um Tarifa, jeweils einige Kilometer außerhalb Richtung Cádiz. Achtung, wir hörten von Fällen, in denen sich örtliche Campings bei der Abrechnung sowohl eine Parzelle als zusätzlich noch Auto und Zelt bezahlen ließen. Besser, man klärt diese Frage vorab.

La Paloma (2. Kat.), mit am weitesten von Tarifa entfernt, nämlich 12 km. Zum Meer 500 Meter, dort jedoch ein echter Traumstrand mit einer hohen Düne. Gut ausgestattet, ganzjährig geöffnet. Preise p.P. 5 €, Auto 3,50 €, kleines Zelt 4 €. Carretera de Cádiz km 74, ✆ 956 684203, ✆ 956681880. www.campingpaloma.com.

Torre de la Peña I (2. Kat.), nicht mit Nr. II zu verwechseln, der 2 km weiter außerhalb liegt. Beiderseits der N 340, 8 km von Tarifa. Beliebt bei Surfern; viel Schatten, teilweise sehr schöner Blick auf Afrika; Felsstrand mit kleinen Sandbuchten. Gut ausgestattet, vor einiegn Jahren modernisiert und ganzjährig geöffnet, Preise etwa wie La Paloma. Carretera de Cádiz km 78, ✆ 956 684903, ✆ 956 956 681463.

Río Jara (2. Kat.), stadtnächster Camping, etwa 5 km von Tarifa entfernt und laut Werbung „der südlichste Platz Europas". Gepflegtes Gelände, durch Hecken unterteilt. Sanitäres prinzipiell in Ordnung, zur Hochsaison manchmal überlastet, Schatten mittel. Vom langen und breiten Sandstrand durch einen Flussarm getrennt. Ganzjährig geöffnet, Preise etwa wie oben. Carretera de Cádiz km 80, ✆ 956 643570.

Essen (siehe Karte S. 70/71)

Die lokale Fischspezialität Tarifas ist **La Urta**, eine in der Straße von Gibraltar gefangene, sehr wohlschmeckende Zahnbrassenart.

• *Restaurants* Besten Ruf genießen auch die Restaurants der außerhalb Tarifas gelegenen Hotels „Dos Mares", „Hurricane" und „Cien por Cien Fun", siehe jeweils oben.

Rest. Mandrágora (7), in der östlichen Altstadt. Marokkanisch inspirierte Küche; optisch eher schlicht, aber angenehm. Menü ab etwa 20–25 €, nur abends geöffnet. C. Independencia 3.

Bar-Rest. La Rueda (19), westlich der Alameda. Rustikales Lokal mit spanischer Küche, das neben Raciones (ab 6 €) auch komplette Fleisch- und Fischgerichte anbietet. Menü um die 20 €. C. Mariano Vinuesa s/n, eine Neustadtstraße, die zusammen mit der parallel verlaufenden C. Huerta del Rey eine Art Restaurantzone bildet. Zwei weitere gute Adressen in der C. Mariano Vinuesa sind **Rest. Italia No. 1 (20)** für italienische Küche und **Mesón El Picoteo (21)** für Tapas.

Pizzeria La Tabla (16), in der nahen Calle Huerta del Rey, einer Fußgängerzone. Meist proppevoll mit Einheimischen, die hier riesige Pizzas zu ausgesprochen günstigen Preisen verdrücken. Spaßig: Als „Besteck" dient eine Schere, gegessen wird mit der Hand.

Bar-Rest. Morilla (8), im Zentrum der Altstadt. Freundlicher Familienbetrieb, dessen Straßenterrasse oft dicht belagert ist. Ordentliche Hausmannskost und Fischgerichte, Hauptspeisen kosten im Dreh etwa 9–10 €. C. Sancho IV. el Bravo 2, bei der Kirche.

Pizzeria La Fuente (17), ebenfalls in der Altstadt. Tische auch im Freien an der Gasse, die sich hier zu einem kleinen Platz erweitert, ordentliche Pizza und Pasta für je etwa 5–6 €. C. Guzmán el Bueno 9.

Bar-Rest. El Juncal (1), außerhalb der Stadt Nähe Camping Río Jara. Bodenständiges Lokal mit guten, reichlich bemessenen Speisen, Spezialität Huhn und Fisch. Nicht teuer. Cruce de la Luz, von Tarifa kommend kurz vor dem Camping rechts in die Piste, dann gleich rechter Hand. Im Oktober Betriebsferien.

• *Bars & Cafés* **Café Central (9)**, mit einer Tradition, die bis 1894 zurückreicht. Einer der beliebtesten Treffpunkte Tarifas; kein Wunder, kommt man doch fast automatisch hier vorbei. Pl. Oviedo, der Mittelpunkt der Altstadt.

Café Azul (4), knapp außerhalb der Stadtmauern. „Das" Frühstückscafé Tarifas schlechthin, hübsch dekoriert und gemütlich in mehrere kleine Räume unterteilt. Müsli und viele andere Frühstücksangebote, Vollkornbrot etc. C. Batalla del Salado 8.

Café-Bar Los Mellis (15), Szenetreff in der Altstadt, bei Tapagängern beliebt besonders am späteren Abend. Ausgesprochen preisgünstig. C. Guzmán el Bueno 16. Gleich nebenan auf Nr. 18 und ähnlich im Charakter: **Bar El Pasillo**.

Ein Platz an der Sonne

Nachtleben/Sport

• *Nachtleben* Im Sommer öffnen viele Kneipen am Strand, in denen dann in Permanenz Surfvideos laufen. Treffpunkt in der Altstadt ist das Gebiet der C. Santísima Trinidad, entlang der westlichen Mauer, und ihrer Seitenstraßen.

Pub La Ruina, ebenda, praktisch im Zentrum des Nachtlebens der Altstadt. Seit vielen Jahren aktuelle Open-Air-Bar direkt auf der alten Stadtmauer, im Sommer jeden Abend knüppelvoll. C. Santísima Trinidad 3.

Soul Café, eine Etage tiefer und, anders als der Pub La Ruina, auch im Winter geöffnet.

Tetería, eine der in den letzten Jahren immer beliebter gewordenen „Teestuben". Calle Carnicería (die Gasse gegenüber des Soul Café), Ecke Calle San Casiano.

Tejota, gleich hinter dem Stadttor. Treffpunkt ausländischer Tarifa-Residenten, darunter viele Deutsche. Gute Caipirinhas und andere Cocktails.

Zoo House/Tanakas, einzige echte Disco in der Altstadt. Schauderhaftes Gebäude, die Techno-Kids scheint das aber nicht weiter zu stören. Erst ab weit nach Mitternacht aktuell. Pl. San Hiscio.

La Jaima, beliebte Stranddisco im Gebiet hinter dem Stadion. Auch hier geht es erst rund, nachdem die Bars der Altstadt geschlossen haben, also ab etwa drei Uhr morgens. Nur zur Saison geöffnet, ebenso wie die benachbarte und ähnliche Disco **Jungle Playa**.

Ambigur, ebenfalls in diesem Gebiet und auch nur im Sommer geöffnet. Hier trifft sich (nicht nur) die schwule und lesbische Szene Tarifas.

Rif, bei der Calle Batalla del Salado unweit der Tankstelle, ganzjährig geöffnet, gefragter jedoch im Winter.

Far Out, einige Kilometer außerhalb an der Straße Richtung Cádiz. Oft sehr gute internationale DJs. Im Sommer jede Nacht ab zwei Uhr geöffnet, im Winter nur Fr/Sa. Carretera de Cádiz km 82.

• *Sport* Nicht nur für Windsurfer, sondern für Sportler fast aller Couleur ist Tarifa eine Topdestination.

Windsurfen: Alle Windsurfcenter außerhalb in Richtung Cádiz, z. B. bei den Hotels Dos Mares (Eric Lubbe, ✆ 956 684035) und Hurricane (Club Mistral, ✆ 956 684919) und am Strand von Valdevaqueros (Spinout, ✆ 956 236352, www.tarifaspinout.com).

Kiting: Tarifaxtrem, C. Batalla del Salado 46, ✆ 956 681814, veranstaltet Kurse. www.tarifaxtrem.com.

„Turismo activo": Die Agentur Aky Oaky bietet diverse Sportarten wie Mountainbiketouren, Höhlenexkursionen, Reitausflüge etc. an. An der Hauptstraße Richtung Cádiz, C. Batalla del Salado 37, ✆ 956 685356, ✆ 956 627187.

Mountainbike: Tarifa Bike, knapp 10 km außerhalb des Ortes in Richtung Cádiz, verleiht gute Bikes, repariert und hat Tourenvorschläge parat. Deutsche Leitung. Carretera de Cádiz, km 77.1 (Apartments Las Flores), Handy 696 973656.

Tauchen: Centro de Buceo Tarifa, eines von mehreren Tauchzentren der Stadt; C. Alcalde Juan Nuñez 8, ✆ 956 681925.

Reiten: Hurricane Hípica, in der Nähe des Hotels Hurricane. Auch Mehrtagestouren und komplette Reiterferien. Schweizer Führung. Carretera de Cádiz, km 77, ✆ 956 689092, www.tarifahip.com.

Einkaufen/Feste & Veranstaltungen

• *Einkaufen* Surfshops und trendige Boutiquen an der Calle Batalla del Salado.

Markthalle, sehr schön und mit richtig maurischem Charakter, am oberen Ende der Calle Santísima Trinidad, an der westlichen Stadtmauer.

Deutsche Zeitschriften: Al Sur, C. Batalla del Salado, beim Café Azul.

• *Feste & Veranstaltungen* **Virgen del Carmen**, am 16. Juli, das mit einer Meeresprozession begangene Fest der Schutzheiligen der Fischer und Seeleute.

Folk-Festival in der ersten Augusthälfte; als Bühne dient das Guzmán-Kastell.

La Gesta de Guzmán, sommerliche Theaterspiele im Kastell, deren Kernpunkt natürlich die bekannte „Geste des Guzmán" ist. Leider nicht in allen Jahren, Infos beim Fremdenverkehrsamt.

Feria y fiestas en honor a la Patrona Nuestra Señora de la Luz, das Hauptfest der Stadt, in der ersten Septemberwoche. Breites Programm, am ersten Sonntag des Monats Prozession der Heiligen, die von ihrem 8 km entfernten Santuario zur Hauptkirche nach Tarifa gebracht wird, begleitet von zahlreichen Reitern.

Windig: Surfspot Tarifa

▸ **Baden**: Tarifas Strände erstrecken sich von der Stadt über mehr als zehn Kilometer nach Nordwesten, bieten also reichlich Platz. Es gibt eine Reihe von Restaurants und Chiringuitos, das kaum bebaute Hinterland bildet eine wichtige Raststation für Zugvögel auf dem Weg nach Afrika und ist deshalb teilweise unter Naturschutz gestellt. Wenn nur der Wind nicht wäre...

Playa Chica: Der winzige Sandstrand im Stadtbereich unweit der Hafeneinfahrt ist den Winden oft weniger stark ausgesetzt als die anderen Strände von Tarifa, außerdem eine Kuriosität: Da die Landverbindung zur Isla Paloma (Militärgebiet) als Grenze zwischen den beiden Meeren gilt und die Playa Chica östlich davon liegt, bildet sie den letzten Strand des Mittelmeers.

Playa de los Lances: Mit diesem Strand beginnen die Atlantikstrände Andalusiens. Die feinsandige, im Schnitt 120 Meter breite Playa de los Lances, beliebt auch beim surfenden Publikum, reicht vom Stadtbereich über rund 7 km nach Nordwesten bis zur Punta de la Peña und ist mit Toiletten, Duschen, Warnflaggen etc. gut ausgestattet, bietet auch reichlich Restaurants und Strandkneipen. Ein großer Parkplatz liegt wenige hundert Meter vor dem Hotel Dos Mares.

Playa de Valdevaqueros: Die Fortsetzung der Playa de los Lances ist der zweite große Strand Tarifas. Der „Strand des Cowboy-Tals“ erstreckt sich über rund 5,5 km und ist mit einer durchschnittlichen Breite von knapp 60 m zwar schmaler als die Playa de los Lances, bietet aber immer noch reichlich Platz und läuft zudem in eine fantastische Riesendüne aus. Mehrere Chiringuitos, beliebt bei Surfern. Zu erreichen ist er über mehrere Zufahrten von der N 340 und der abzweigenden CA 222, die zum Camping La Paloma führt; Parkplätze sind jedoch relativ rar.

Sehenwertes

Abgesehen von seinem Kastell und den Stadtmauern, die aus mehreren unterschiedlichen Bauphasen des 10.–16. Jh. stammen, kann Tarifa nicht mit besonderen, herausragenden Monumenten glänzen. Reizvoll ist in erster Linie das teilweise noch mittelalterlich geprägte Stadtbild an sich.

Plaza Santa María heißt der kurz vor dem Meer gelegene Hauptplatz der Altstadt, an dem neben dem Rathaus und einem eher bescheidenen Park auch ein drolliger kleiner Brunnen steht. Linker Hand der Plaza in Richtung Meer trifft man auf den Aussichtspunkt *Miramar*. Er könnte auch „Mira-Africa" heißen, reicht der Blick doch oft über die Straße von Gibraltar bis weit hinüber nach Marokko. Bei sehr klarem Wetter sind dort sogar ohne weiteres einzelne Gebäude zu erkennen.

El Castillo del Guzmán: Die Burg des einstigen Stadtkommandanten Guzmán erhebt sich rechter Hand der Plaza Santa María. Nach langer Renovierung erstrahlt das Kastell, in seinen Grundzügen eine bereits im 10. Jh. an Stelle einer römischen Festung erbaute Maurenburg, in neuem Glanz. Viele Hinweistafeln informieren auf Englisch und Spanisch über die einzelnen Bauteile. Von den Türmen und Wällen bietet sich ein weiter Blick, im Inneren des Komplexes steht eine gotisch-mudéjare Kirche, ehemals eine Moschee. Das Fenster, aus dem Guzmán das Schwert zur Ermordung seines Sohns warf, ist heute allerdings zugemauert.

Öffnungszeiten Di–Sa 11–14, 18–20 bzw. im Winter 17–19 Uhr, So 11–14 Uhr; 1,80 €.

Paseo Alameda: Die „Ramblas von Tarifa" sind eine schattige Promenieranlage westlich außerhalb der Altstadtmauern. Die hiesigen Freiluftcáfes bilden an lauen Sommerabenden einen beliebten Treffpunkt.

Bolonia

Eine schöne Kombination aus traumhaftem Strand, einer riesigen Düne und den Ausgrabungen einer Römersiedlung.

Etwa 15 Kilometer hinter Tarifa in Richtung Cádiz zweigt von der N 340 ein Sträßchen ab, das nach sieben Kilometern in dem winzigen Weiler endet. Das Hinterland von Bolonia besteht aus einer wenig besiedelten, wildromantischen Berglandschaft, in der kaum etwas anderes als Zwergpalmen wächst. Bolonia selbst ist wiederum nicht viel mehr als eine von Hügelketten geschützte, verstreute Ansammlung von Häusern, zwischen denen Kühe umherziehen und Pferde weiden. Ganz in der Nähe liegen die Ruinen der römischen Siedlung Baelo Claudia, die ihren Wohlstand einer Art Fischfabrik verdankte. Wahrhaft begeisternd zeigt sich der herrliche, geschwungene Sandstrand von Bolonia, dessen mittlerweile als Naturmonument geschützte Düne sich am Ende der Bucht einen Hügel hochzieht. Einige wenige Bars und Fischrestaurants haben sich an ihm etabliert, sonst ist meist erfreulich wenig los – zur Nebensaison zumindest, denn im Juli und August herrscht einiger Betrieb in Bolonia. Freies Camping ist verboten, weshalb man für einen längeren Aufenthalt auf eine der wenigen Pensionen oder Apartments angewiesen bleibt. Für einige Strandtage in ruhiger Atmosphäre liegt man mit Bolonia sicher nicht falsch.

• *Verbindungen* **Busse** der Gesellschaft TARIFABUS ab Tarifa, Frequenzen aber stark saisonabhängig.

• *Übernachten* Im Hochsommer dürfte sich die Unterkunftsfrage problematisch bis unlösbar gestalten. In der Nebensaison werden auch für relativ wenig Geld Apartments komplett mit Küche und Kühlschrank angeboten.

* **Hotel Res. El Aguilón**, nicht im Ort selbst, sondern unweit der N 340, von der Kreuzung nach Bolonia noch etwa ein Kilometer Richtung Cádiz rechter Hand. Dieser umgebaute ehemalige Bauernhof, im Besitz der Eigentümer von Tarifas Hotel Hurricane, ist eine sehr edle Adresse. Nur sechs schön eingerichtete Zimmer und Suiten, Atmosphäre fast wie in einem privaten, herrschaftlichen Wohnsitz. Schöner Garten, Pool und Reitmöglichkeit. DZ/F etwa 200 €, Suiten 300 €; keine Kinder unter zehn Jahren. Im Januar geschlossen. Ctra. N 340, km 68,3, Zufahrt bei den weißen Steinen; ✆ (Handy) 637 424251, ℻ 956 687215, www.elaguilon.com.

Spaziergang vor der Riesendüne: am Strand von Bolonia

* **Pensión Bellavista**, in Bolonia gleich an der Kreuzung der Hauptstraße, sozusagen das Ortszentrum des kleinen Dorfes. Ganzjährig geöffnet, DZ/Bad nach Saison und Ausstattung etwa 40–60 €. Bolonia – El Lentiscal 21, ✆ 956 684718.

* **Pensión Hostal Lola**, in dieser Klasse ein Tipp. Sympathische Leitung; Zimmer einfach, aber charmant eingerichtet und in freundlichen Farben gestrichen. DZ/Bad nach Saison etwa 45 bis knapp 60 €, ohne Bad etwas günstiger. Hinter dem beliebten Restaurant Rincón de Lali, von der ostwärts führenden Straße beim bunt bemalten Surfboard abbiegen. Ganzjährig, „aber im Winter kommt ja keiner", so die Besitzerin. Bolonia-El Lentiscal 26, ✆ 956 688536, www.hostallola.com.

Apartamentos Miramar, mit neun Studios und Apartments für hiesige Verhältnisse recht große Anlage meerwärts der Pension Bellavista. Zwei Personen zahlen etwa 50–65 €. Bolonia-El Lentiscal, ✆/℻ 956 688561.

• *Essen* **Restaurante Rejas**, an der Straße nach Osten. Betrieben von zwei Brüdern, der eine Wirt, der andere Fischer – frischer als hier kommt das Meeresgetier selten auf den Tisch. Von mehreren Lesern gelobt, ein Brief bemängelte etwas kleine Portionen. Nicht teuer.

Bar-Rest. Bahía, strandnah bei den Ruinen von Baelo Claudia. Eine von mehreren gemütlichen Kneipen hier, ein verglaster Bau mit schönem Blick aufs Meer.

La Cabaña, ganz entgegengesetzt am südöstlichen Siedlungsrand, am Ende der Staubstraße. Hübsches Holzhaus, eher Bar als Restaurant, beliebter Surfertreff und vor allem in wirklich fantastischer Aussichtslage über dem Meer.

Bar-Rest. San José del Valle, an der N 340, also nicht beim Ort selbst, ein Lesertipp von Silke & Ralf-Jürgen Hofmann: „Direkt bei der Abzweigung nach Bolonia. Parkplatz vor dem Haus, ein paar Tische im Freien, von dem Lärm der Hauptstraße bekommt man nichts mit. Kurze Speisekarte (Spanisch, Englisch) mit Nudel- und Fischgerichten, der Schwertfisch war sehr lecker."

• *Baden* Die **Playa de Bolonia** erstreckt sich über fast 4 km Länge; der feine Sand schimmert hell, das Wasser ist von bester Qualität. Außerhalb der Hochsaison hat man den Strand dafür fast für sich. Bei der großen Düne am nordwestlichen Ende und im Bereich von El Chorrito östlich des Dorfes wird Nacktbaden toleriert, richtig legal ist es auch dort freilich nicht.

Provinz Cádiz
Karte siehe Umschlagklappe hinten

▶ **Baelo Claudia**: Die Ruinen der römischen Siedlung erstrecken sich gleich westlich des Dörfchens Bolonia. Baelo Claudia wurde im 2. Jh. v. Chr. gegründet und erlebte seine Glanzzeit im ersten nachchristlichen Jahrhundert, wurde unter Kaiser Claudius (41–54 n. Chr.), dem es seinen Beinamen verdankt, in den Status einer eigenständigen Gemeinde erhoben. Der Wohlstand von Baelo Claudia gründete sich auf die Verarbeitung von Thunfisch, der entweder eingesalzen oder zu einer Art Paste verarbeitet wurde. Besonders letztere, lange haltbar und *garum* genannt, war im gesamten Römischen Reich heiß begehrt. Auf einer Führung durch die mauerumgürtete Ausgrabungsstätte gelangt man zunächst zum Hauptplatz *Forum*, unweit der Kreuzung der beiden Hauptstraßen *Decumanus* und *Cardo* gelegen. Im Umfeld erstrecken sich die Reste der wichtigsten Gebäude: das Kapitol mit den Tempeln der Juno, des Jupiter und der Minerva sowie eines weiteren, der ägyptischen Göttin Isis gewidmeten Tempels; direkt gegenüber stand das „Basilica“ genannte Ratsgebäude, daneben der Markt. Die Längsseiten des Forums nahmen Geschäfts- und Versammlungsgebäude ein. Etwas abseits des Hauptplatzes liegen die Thermen und das gut erhaltene Amphitheater der römischen Siedlung. Wohl um die von ihr ausgehende Geruchsbelästigung möglichst gering zu halten, war die Anlage zur Verarbeitung der Thunfische in Strandnähe angesiedelt, ein ganzes Stück vom Ort selbst.

Römersiedlung Baelo Claudia

Öffnungszeiten Di–Sa je nach Saison von 10–18,19 oder 20 Uhr, So 10–14 Uhr; Mo geschlossen. Eintritt für EU-Bürger frei.

Zahara de los Atunes

Eigentlich ein Fischerdörfchen, das dank seines riesigen Strands seit einigen Jahren auch am Fremdenverkehr partizipiert. Vier Kilometer außerhalb allerdings ist eine große Urbanisation gewachsen.

Auch Zahara ist über eine Seitenstraße der N 340 zu erreichen, die einige Kilometer nordwestlich der Kreuzung nach Bolonia abzweigt. In dem familiär wirkenden, etwa tausend Einwohner zählenden Ort, dessen Kern noch vorwiegend aus schlichten, flachen Häusern besteht, mischen sich touristisch genutzte mit gewerblich orientierten Gebieten, dazwischen liegt noch viel Brachland. Ein bodenständiges, trotz der im Sommer schon recht zahlreichen Besucher bislang nicht groß für den Fremdenverkehr herausgeputztes Dorf, so der Eindruck. Selbst das riesige, von den Her-

Umstritten: Urbanisation Atlanterra

Provinz Cádiz
Karte siehe Umschlagklappe hinten

zögen von Medina Sidonia errichtete „Castillo de las Almadrabas“ aus dem 16. Jh., das anderswo längst hergerichtet worden wäre, ist eine leer stehende Ruine. Außerhalb der Hochsaison ist in Zahara von Rummel denn auch kaum etwas zu spüren, die Atmosphäre für manchen vielleicht schon zu entspannt – wer seinen gesamten Urlaub hier verbringen will, sollte schon einen Mietwagen ins Budget einplanen. Die ausgedehnten Strände der Siedlung werden selbst im Sommer nie wirklich voll.

Anders sieht es südöstlich von Zahara aus. Etwa vier Kilometer vom Ort selbst entstand hier in einem bis dahin nahezu jungfräulichen Küstenabschnitt die architektonisch wenig erfreuliche Urbanisation Atlanterra. Verantwortlich für Genehmigung und Baukontrolle war der Bürgermeister von Tarifa, zu dessen Gemeinde dieses Gebiet gerade noch gehört – Zahara selbst zählt bereits zur Gemeinde Barbate. Die hochfliegenden Pläne, die teilweise ohnehin hart am Rande der Legalität errichtete Feriensiedlung weiter auszubauen, sind immer wieder mal Anlass zum Zwist zwischen den beiden Gemeinden und bis heute noch nicht völlig vom Tisch. Was bereits begonnen wurde, durfte ohnehin fertig gestellt werden, darunter zwei Apartmentkomplexe, die 15 Hektar Fläche bedecken, das entspricht fünfzehn Fußballplätzen. „Ein Entwicklungsmodell, das an die Costa del Sol der 70er-Jahre erinnert“, schrieb dazu die Tageszeitung „Diario de Cádiz“.

• *Information* **Punto de Información**, eine Außenstelle des Büros von Barbate, strandnah unweit der Ruinen des Kastells, ✆ 956 449525. Geöffnet April bis Mitte September, dann Mo–Fr 12–18 Uhr, Sa 12–17 Uhr.

• *Verbindungen* **Busse** nach Barbate und Vejer 3-mal, nach Cádiz 4-mal, nach Tarifa und Algeciras 1-mal täglich.

• *Übernachten* **** **Hotel Meliá Atlanterra**, in der gleichnamigen Urbanisation. Ein großer, strandnaher Bau mit 285 komfortabel ausgestatteten Zimmern, zahlreichen Sportmöglichkeiten, Hallenbad, riesigem Pool etc. Geöffnet März bis Mitte November, DZ etwa 120–210 €; ganz überwiegend jedoch (preiswerter) pauschal gebucht. Bahía de la Plata s/n, ✆ 956 439000, ℻ 956 439051, www.solmelia.com.

*** **Hotel Doña Lola**, kleineres Hotel gleich bei der Brücke an der Zufahrt zum Ortskern. Angenehme Bauweise, geräumige, komfortabel ausgestattete Zimmer, Pool. Ganzjährig geöffnet, DZ nach Saison etwa 60–115 €. Pl. Thompson 1, ✆ 956 439009, ℻ 956 439008.

*** **Hotel Pozo del Duque**, am südöstlichen Ortsrand von Zahara, Richtung Atlanterra. 1994 errichtetes Haus in angepasster Architektur, kleiner Pool, ein Teil der Zimmer mit Balkon zum Meer. DZ nach Lage und Saison etwa 60–100 €; im Sommer Reservierung ratsam. Carretera Atlanterra 32, ✆ 956 439400, ✆ 956 439097.

*** **Hotel Porfirio**, ebenfalls in diesem Gebiet. 1999 erbautes, ordentliches Quartier mit Pool. Die Zimmer im hinteren, erst 2003 fertig gestellten Anbau sind größer als die restlichen, doch sind auch die vergleichsweise älteren Zimmer prima in Schuss. DZ nach Saison 55–110 €. Carretera Atlaterra 33, ✆ 956 449515, ✆ 956 439080, www.hotelporfirio.com.

** **Hotel Gran Sol**, im Ortszentrum am Ende einer Palmenallee gelegen, nur ein paar Schritte vom Strand. Großes, hübsches Haus mit mehreren Trakten, viele Zimmer mit Meerblick; Pool. Ganzjährig geöffnet, DZ knapp 80–110 €, von Juli bis September bis zu 125 €. C. Sánchez Rodriguez s/n, ✆ 956 439301, ✆ 956 439197, www.gransolhotel.com.

** **Hotel Cortijo de la Plata**, in der Urbanisation Atlanterra, aber weit älter als diese, nämlich bereits 1883 als Militärstützpunkt zur Bewachung der Küste errichtet. Im Stil ähnelt das Hotel allerdings tatsächlich eher einem „Cortijo", einem Gutshof. Eine feine Adresse, nur 14 geräumige und angenehm eingerichtete Zimmer, Pool, gutes Restaurant. DZ/F nach Saison und Ausstattung (Dusche oder Bad) 75–115 €. Carretera Atlanterra, km 4; ✆/✆ 956 439001, www.cortijodelaplata.com.

• *Camping* **Bahía de la Plata** (2. Kat.), südöstlich außerhalb des Ortes in Richtung der Urbanisation Atlanterra. Lang gestreckter, fast direkt am Strand gelegener Platz, der ältere Abschnitt hübsch eingegrünt. Parzelle etwa 6,50 €, p.P. 4 €, Zelt 3,50 €, Auto 3 €, es gibt auch Bungalows für vier Personen zu mieten. Ganzjährig geöffnet, ✆ 956 439040, ✆ 956 439087.

• *Essen* **Restaurante Marisquería Porfirio**, am Hauptplatz von Zahara. Eine der ersten Adressen vor Ort, spezialisiert auf Fisch und Meeresfrüchte. Nicht ganz billig, schon das feste Tagesmenü kommt auf fast 20 €, à la carte kann man auch deutlich mehr ausgeben. Pl. Tamarón 5, nur Ostern bis Mitte Oktober geöffnet.

Restaurant Patio La Plazoletta, nur ein paar Schritte weiter, deutlich preisgünstiger. Hübscher Innenhof mit Grill, auf dem unter anderem gigantische Spieße gebraten werden. Pl. Tamarón, Ecke General Franco.

Rest-Pizzeria Cristobal, an der Pl. Thompson beim Hotel Doña Lola. Kleine Terrasse, viel von Einheimischen besucht. Zu Recht – hier gibt es ordentliche Qualität zu vernünftigen Preisen, neben Pizzas auch gute Fischgerichte. C. Thompson 2.

• *Nachtleben* Zahara ist nicht gerade für sein ausuferndes Nightlife berüchtigt.

Bar El Sur, in einem kleinen Häuschen, auch gern von Einheimischen besucht. Bis etwa gegen ein Uhr geöffnet. C. General Prim 1, in der Westhälfte des Ortes, vom Hauptplatz über die C. General Franco, dann rechts.

Café Las Mieses, im Gebiet östlich vom Hauptplatz, schließt etwas später und lockt mit DVD-Leinwand. C. Alcalde Varo Valdés, vom Hauptplatz über die C. María Luisa.

Pub Dublin, in der Urbanisation Atlanterra, Nähe Hotel Meliá Atlanterra, hat bis in die Morgenstunden geöffnet. Ab und zu lässt sich hier auch mal der eine oder andere spanische Promi blicken.

• *Feste* **Fiesta y Feria de Verano**, in der Regel Anfang August, ein großes, mehrtägiges Fest mit viel Betrieb.

▸ **Baden**: Zahara glänzt mit einem guten Dutzend Kilometer Küste, die ganz überwiegend aus feinen, breiten Sandstränden besteht.

Playa Arroyo del Cañuelo: Im äußersten Südosten der Region. Der hintere der beiden Strände, die jenseits des Cabo de Plata von Atlanterra liegen, wird nur durch die Halbinsel von Punta Camarinal von Bolonia getrennt. Ein abgeschiedener kleiner Strand in unverbauter Umgebung, vom Ende der Straße über einen Fußweg zu erreichen, der das Cabo de Gracia quert.

Playa del Cabo de Plata: Nur das Kap Cabo de Plata trennt Atlanterra von diesem mittelgroßen Strand aus feinem Sand, der bis zum Cabo de Gracia reicht. Größere Bausünden sind hier nicht zu beklagen, im Hinterland stehen nur einige Villen.

Playa de Zahara de los Atunes: Der Hauptstrand des Ortes erstreckt sich über mehr als 6 km von Atlanterra bis über Zahara hinaus. Im Schnitt gut 30 m breit, bietet er auch zur Hochsaison noch viel Platz. Das Serviceangebot ist ordentlich, es gibt Restaurants und mehrere Chiringuitos, die zur Saison sogar bis weit in die Nacht öffnen.

La Almadraba – die Schlacht um den Thun

Seinen Beinamen „de los Atunes“ trägt Zahara zu Recht. Im Frühjahr, wenn von März bis Juni die Thunfisch-Schwärme auf ihrer Wanderschaft zum Laichen im Mittelmeer die Straße von Gibraltar passieren, und im Herbst, wenn sie in den Atlantik zurückkehren, findet hier wie auch in anderen Küstenorten (Chiclana, Conil, Barbate, Tarifa und La Línea) das blutige Schauspiel der Almadraba statt. Obwohl der Name „Thunfischfalle“ auf die Mauren zurückgeht, ist diese Fangmethode noch weit älter, wurde vielleicht schon von den Phöniziern eingeführt. Dabei werden die Fische etwa drei Kilometer vor der Küste in einem Labyrinth aus Netzen eingekesselt, die eine bis zu mehr als 30 Meter tiefe Barriere bilden und die Tiere in eine bestimmte Richtung leiten. Im „Copo“, der letzten Kammer der Netzkonstruktion, beginnt dann unter Aufsicht des Anführers der Fischer („Arraez“, abgeleitet vom arabischen „Rais“: Kapitän) das Schlachten. Den bedrängten Fischen wird der Raum knapp, das Meer schäumt von ihren verzweifelten Schwanzschlägen. Mit Harpunen stechen die Fischer die Tiere ab, das Wasser im Netz färbt sich blutrot. An Eisenhaken („Ganchos“ oder „Cloques“), die auf langen Schäften befestigt sind, wird die halbtote Beute schließlich an Bord gehievt – eine Knochenarbeit, denn so mancher große Atún bringt es auf acht Zentner und mehr. Beste Kunden der Fischer sind übrigens die Japaner, deren Kühlschiffe oft schon Wochen vorher in Wartestellung liegen und an die ein guter Teil des Fangs geht: Bekannt als Feinschmecker in Sachen Fisch, zahlen sie für den roten Thun der Costa de la Luz höchste Preise, akzeptieren aber nur den schwereren und wesentlich fetteren so genannten „Atún de Derecho“ der Frühjahrs-Almadraba; den vom Laichen erschöpften und abgemagerten „Atún de Revès“ der Herbstfänge verschmähen sie. Sobald die Ernte eingefahren ist, übernehmen die Japaner die Fische gleich im Ganzen und lassen sie an Bord von eigens mitgebrachten Spezialisten dieser Kunst zerteilen.

Karte siehe Umschlagklappe hinten

Barbate

Trotz langer Strände ist Barbate kein Ferienort im eigentlichen Sinn, lebt in erster Linie vom Fischfang und der Verarbeitung der Beute.

Viele Jahrzehnte hieß das Städtchen offiziell Barbate de Franco, doch hört diesen Beinamen heute kaum noch jemand gern, weshalb er auch von den Karten und aus den Unterkunftsverzeichnissen getilgt wurde – die Hauptstraße von Barbate trägt allerdings weiterhin den Namen „Avenida del Generalísimo", und auch ein kleiner Zentrumsplatz ist immer noch nach dem Diktator benannt.

Der Ort an der Mündung des gleichnamigen Flusses, der östlich der Siedlung ausgedehnte Marismas (Gezeitensümpfe) bildet, war zwar schon zu römischer und maurischer Zeit besiedelt, lange Zeit jedoch nur ein kleiner Hafenweiler. Der weitaus größte Teil des gut 20.000 Einwohner zählenden Städtchens entstand erst im letzten Jahrhundert, was man Barbate auch ansieht: Eine Schönheit ist der Ort nicht gerade, das modern geprägte Zentrum um den Rathausplatz *Plaza de la Inmaculada* wenig aufregend. Touristen machen sich eher rar, einzig im Hochsommer finden relativ viele, vorwiegend spanische Urlauber den Weg hierher. Wie oft bei solchen Städten kann man Barbate deshalb immerhin eine gewisse Ursprünglichkeit attestieren.

Die seit jeher wichtigste Einkommensquelle der Stadt ist die Fischerei, für die sich Barbate mit seinem großen Hafen eigentlich auch bestens gerüstet zeigt. Seit einigen Jahren ist das Gewerbe jedoch in einer Krise, da der nahe Nachbar Marokko seine Fanggründe für spanische Fischer gesperrt hat. Trotz dieser Einschränkung geht aber natürlich weiterhin so mancher Fisch ins Netz, neben den Thunfischen der berühmten Almadraba vor allem Sardinen, Sardellen, Makrelen und die „Urta" genannte Zahnbrassenart. Verwertet wird die Beute gleich vor Ort: Barbate ist Standort einer bedeutenden Fisch verarbeitenden Industrie. Die entweder als Konserven oder als luftgetrocknete und gesalzene „Salazones", gelegentlich auch als geräucherte „Ahumados" haltbar gemachten Produkte genießen guten Ruf und können bei den Verkaufsstellen der hiesigen Fabriken erstanden werden. Klar, dass die vielen Fischrestaurants von Barbate mit erstklassiger Ware aufwarten. Und auch im Volkskundemuseum *Museo de Artes y Costumbres Populares* (Mo–Fr 10–13.30, 18.30–20.30, Sa 10–13.30 Uhr; gratis) spielt natürlich die Fischerei ihre Rolle ...

• *Information* **Oficina Municipal de Turismo**, C. Vázquez Mella s/n, etwas versteckt im östlichen Zentrumsbereich, geöffnet Mo–Fr 8–14.30 Uhr. ✆ und 📠 956 433962, turismo@aytobarbate.org.

• *Verbindungen* **Busse** der Gesellschaft COMES starten am Busbahnhof ganz im Norden der Avenida del Generalísimo. Anschlüsse nach Tarifa und Algeciras 1-mal, Zahara 2-mal, Vejer 9-mal, Cádiz 12-mal täglich.

• *Übernachten* ** **Hotel Playa del Carmen**, drei Blocks hinter dem gleichnamigen Strand. Erst 2001 eröffnetes, solides Mittelklassehotel mit 18 komfortablen, geräumigen Zimmern und schön gestalteten Bädern. Geöffnet Februar bis November, DZ/F etwa 50–75 €. Av. Ruiz de Alda 46, ungefähr auf halbem Weg zwischen der Plaza del Faro und der Infostelle; ✆ 956 434311, 📠 956 434771.

** **Hotel El Chili**, früher als Hotel „Madreselva" im Besitz der Eigentümer des Hotels Hurricane von Tarifa. Burgähnliches Gebäude, innen recht geschmackvoll. Die Zimmer, ausgestattet mit Klimaanlage und TV, kosten seit dem Besitzerwechsel allerdings deutlich mehr: DZ etwa 75–95 €, vielleicht etwas viel für einen Ort wie Barbate. C. Real 1, am Rand des kleinen Ortskerns und etwas nördlich der Infostelle, ✆ 956 454033, 📠 956 433770, www.madreselvahotel.com.

* **Pensión Avenida**, an der Hauptstraße des Städtchens. Zuletzt in Komplettrenovierung, die neuen Preise standen noch nicht fest. Av. Generalísimo 91, ✆ 956 433816.

Hauptplatz der Fischerstadt Barbate: Plaza de la Inmaculada

Apartments: Das spanisch-deutsche Paar María und Bernhard vermietet mehrere komplett ausgestattete Apartments direkt an der Strandpromenade sowie ein Apartment im Ort („Piso pueblo"). Wochenpreise pro Apartment für bis zu vier Personen etwa 280–410 €, Piso pueblo für bis zu fünf Personen 230–290 €. Ab Mitte Juli bis Ende August nur zweiwöchige Anmietung zu festen Terminen möglich, sonst je nach Kapazität auch tageweise. Infos über Sportangebote, Tipps zu Barbate und Umgebung etc. gibt es natürlich auch. Kontaktadresse: María José Mera Mera, C. Federico Garcia Lorca 21, ✆ 956 430140, mobil 696 281760. Ausführliche Internet-Infos unter www.andalusien-online.de.

• *Essen* Am Hauptstrand zahlreiche Fischrestaurants, die vielfach jedoch nur während der Saison öffnen. Weitere, ganzjährig geöffnete Restaurants konzentrieren sich am südwestlichen Ende der Av. Generalísimo um den „Leuchtturmplatz" Plaza del Faro.

Restaurante Torres, ebenda. Gehobenes Restaurant, dessen Spezialität naturgemäß Fischgerichte sind und das seine eigenen „Salazones" fertigt. Menü à la carte ab etwa 25 € aufwärts. Schöne gekachelte Bar angeschlossen. C. Ruiz de Alda 1, im Winter Mo geschlossen, im Oktober Betriebsferien.

Café-Bar La Parada, ebenfalls in diesem Gebiet. Bodenständiges Lokal mit luftigem, hübsch mit Azulejo-Kacheln geschmücktem Speisesaal. „Especialidad en Atún": Auch hier gibt es selbst hergestellte „Salazones" wie Mojama und Huevas secas (siehe unten), außerdem diverse Fisch-Raciones, jeweils um etwa 7 €, gute Fritos variados für zwei 11 €. Die zugehörige Bar bietet Ähnliches als leckere Tapa. Av. Generalísimo 104.

Bar-Rest. Estrella Polar, direkt benachbart und im Charakter ähnlich. Daneben offeriert der „Polarstern" auch ein relativ preiswertes festes Tagesmenü, wie üblich jedoch nur an Werktagen.

• *Einkaufen* Mehrere Fischfabriken besitzen einen Direktverkauf für Konserven und „Salazones". Unter letzteren besonders lecker sind **mojama**, die luftgetrockneten Lendenstücke vom Thun, und **huevas secas**, ebenfalls getrockneter und gepresster Thunfischrogen, köstlich mit Mandeln oder einfach mit Butter.

La Barbateña, Verkaufsstelle für „Conservas" und „Salazones". Av. Generalísimo 10, an der Hauptstraße in der Nähe des Busbahnhofs; eine originelle Filiale (siehe unten) gibt es beim Fischer- und Sporthafen.

Salpesca, ganz in der Nähe. Mit breitem Angebot, darunter auch „Ahumados", also geräucherter Fisch verschiedener Provenienz, natürlich auch Thun. Pl. Reyes Católicos s/n, am oberen Ende der Av. Generalísimo, nahe Busbahnhof.

El Rey de Oros, etwas zentraler gelegen, bekannt für seine guten „Conservas". An der C. Once de Marzo s/n, zwei Blocks östlich des Hotels Playa del Carmen.

Tienda Museo Barbateña, eine neue Verkaufsstelle der Firma La Barbateña, in Richtung Erlebniseinkauf getrimmt. Das Innere mit Restaurant und Tapas-Bar ähnelt in seinem nautischen Dekor einem Schiff. Besonderer Gag: Bezahlung bzw. Wechselgeld in Form von „Gades"-Münzen (Umtauschkurs: 2 €), originalgetreuen Kopien einer Münze aus dem Cádiz des 3. Jh. v. Chr. An der Hafenstraße, geöffnet tgl. 10–24 Uhr, Eintritt frei.

Imposant: Steilküste im Naturpark

• *Feste und Veranstaltungen* **Verbena de San Juan**, die Nacht des 23. auf den 24. Juni, mit dem traditionellen Verbrennen der „Juanillos", der „kleinen Juans" – keine Sorge, es sind nur Puppen...

Nuestra Señora la Virgen del Carmen, 16. Juli. Die Schutzheilige der Fischer und Seeleute wird in Barbate natürlich hoch verehrt und mit einer großen Meeresprozession gefeiert.

Gran Sardinada, an einem Wochenende Mitte August, in der Regel um den zweiten Sonntag im Monat. Das lustigste Fest der Stadt – schon zwei, drei Tage vorher stehen zahlreiche Zelte am Strand westlich des Hafens (wildes Zelten ist dann ausnahmsweise erlaubt), am Sonntagmorgen ab etwa zehn Uhr folgt das große Gratis-Sardinenessen und Biertrinken im Fischerhafen selbst. Schon gegen Mittag ist dann alles vorbei – bis zum nächsten Jahr.

• *Baden* Zwar kommt kaum jemand ausschließlich zum Baden nach Barbate, die Strände des Städtchens sind jedoch zumindest optisch gar nicht übel.

Playa del Carmen: Der breite Stadtstrand erstreckt sich, von einer Promenade begleitet, über fast zwei Kilometer und macht einen durchaus gepflegten Eindruck. Seine Wasserqualität gilt allerdings nicht gerade als die beste, was angesichts der nahen Hafeneinfahrt und vor allem der Mündung des Río Barbate durchaus nachzuvollziehen ist.

Playa de Hierbabuena: Am Strand westlich des Hafens dürfte es diesbezüglich besser aussehen. Knapp einen Kilometer Länge und durchschnittlich 30 Meter Breite misst diese Playa, die bereits am Rand des Breña-Naturparks liegt und deren Hinterland völlig unverbaut ist.

Parque Natural de la Breña y Marismas de Barbate

Der Naturpark mit dem ellenlangen Namen erstreckt sich beiderseits von Barbate auf einer Fläche von knapp 3000 Hektar, ist also für andalusische Verhältnisse ausgesprochen klein. Der geschützte Bereich verteilt sich auf zwei Zonen, die Marismas des Río Barbate im Osten und den ausgedehnten Pinienwald Pinar de la Breña bzw. Pinar de Barbate im Westen, der das größte küstennahe Waldgebiet der Provinz Cádiz bildet. Man merkt es dem schönen Wald nicht an, dass er Anfang des

20. Jh. von Menschenhand gepflanzt wurde, um ein System von Wanderdünen zum Stillstand zu bringen. Unter dem schattigen Dach der Pinien wachsen Zwergpalmen, Weißdorn und Rosmarinsträucher, auch Orchideen sind mit etwas Glück zu entdecken. Die Steilküsten des Gebiets stürzen in spektakulären Felsformationen zum hier ebenfalls naturgeschützten Meer hinab. Besonders exponiert steht der alte Wachtturm *Torre del Tajo*, hinter dem das Kliff rund hundert Meter tief abfällt.

Fußwege ins Innere des Pinienwalds beginnen an der Playa de Hierbabuena und an zwei Parkplätzen entlang der Verbindungsstraße, die am Hafen von Barbate vorbei nach Caños de Meca führt. Das Gebiet lässt sich jedoch auch auf einer etwas ausgedehnteren, sehr schönen Wanderung erkunden, die von Caños de Meca hoch über dem Meer nach Barbate führt, siehe unten.

• *Übernachten* **Hotel Rural El Palomar de la Breña**, ein schönes Quartier in absolut ruhiger ländlicher Lage, untergebracht in einem geschichtsträchtigen, mexikanisch anmutenden Gutshof des 18. Jh. Zwölf geräumige und ansprechend eingerichtete Zimmer (Ausbau geplant), alle mit eigener Terrasse, DZ/F nach Saison etwa 50–80 €. Die Küche wurde von Lesern sehr gelobt. Die Besonderheit des Anwesens ist jedoch der Jahrhunderte alte, namensstiftende „Palomar", der größte Taubenschlag Europas, der in seinen mehr als 7000 Nischen über 5000 Taubenpaare beherbergen konnte: ein imposantes landwirtschaftliches und architektonisches Denkmal, das die Besitzer gerne auch Nicht-Gästen zeigen. Geöffnet ist ganzjährig mit Ausnahme eines Monats Betriebsferien im Winter. Beschilderte Abzweigung landeinwärts etwa 5 km hinter Barbate in Richtung Caños, dem Taubensymbol vorbei an der Área Recreativa El Jarillo folgen; ab der Hauptstraße sind es noch knapp 3 km gut befahrbare Piste. Pago de la Porquera, San Antonio; ✆ 956 435003, www.palomardelabrena.com.

Los Caños de Meca

Einst ein Hippie-Hangout, hat sich die kleine Siedlung, schön gelegen und mit feinen Stränden gesegnet, bis heute eine gewisse alternative Atmosphäre bewahrt.

Zwar ging der lang gestreckte Ort, der noch im Gemeindegebiet von Barbate und unterhalb der bewaldeten Hügel des Breña-Naturparks liegt, inzwischen den Weg vieler ehemaliger Geheimtipps: Zuerst kamen Hippies und Individualreisende, dann entstanden Villen, später kleine Urbanisationen. Bislang hält sich die Bebauung jedoch in erträglichem Rahmen, und auch das Publikum gibt sich hier immer noch einen Tick bunter und individualistischer als üblich. Die herrlichen Strände werden ohnehin so schnell nicht überfüllt sein. Zur spanischen Urlaubssaison von Mitte Juli bis Ende August ist Caños de Meca für einen so kleinen Ort ausgesprochen belebt. Dann öffnen mehrere hübsche Bars und sogar Discos, an den Stränden herrscht nachts rege Partystimmung. Im Frühjahr oder Herbst macht Caños dagegen einen eher ruhigen Eindruck, im Winter wird es still hier. Ganz hinten im Ort, am östlichen Ende der Straße, kann man, nur bei Ebbe und mit etwas Vorsicht, über den Nacktbadestrand und vorbei an kleinen Buchten in etwa einer halben Stunde Fußweg zu den kleinen Wasserfällen *caños* (etwa: „Wasserröhre, Wasserhahn") gelangen, die der Siedlung den Namen gaben. Ratsam allerdings, sich vorher über die Gezeiten zu erkundigen, um auch den Rückweg trocken und vor allem unbeschadet zu überstehen.

• *Internet-Info* **www.playasdetrafalgar.com**, auch in englischer Sprache.

• *Verbindungen* **Busse** der Gesellschaft COMES ganzjährig von/nach Conil und Cádiz mindestens 2-mal, Vejer 1-mal, Barbate 2-mal tgl., zur Saison oft wesentlich häufiger. Haltestelle im westlichen Ortsbereich, Nähe Zufahrt Apartamentos Trafalgar, bei der Telefonzelle.

• *Übernachten* ** **Pensión Hostal Mar de Frente**, am östlichen Ortsrand. Neueres Quartier in schöner Lage über dem Meer, die Terrassenzimmer dorthin (besonders hübsch unter dem Dach) sind in jedem Fall vorzuziehen. Ganzjährig geöffnet, DZ/Bad nach Lage und Saison 55–100 €. Av. Trafalgar 3, ✆ 956 437025, ℻ 956 437291, www.hotelmardefrente.com.

* **Pensión Madreselva**, ein Mitglied der kleinen Kette, die sich vom Hurricane-Hotel in Tarifa ausbreitet. Rustikal-hübsche Zimmer, jedes mit einer kleinen, durch Mauern abgegrenzten Terrasse. Pool und Cafeteria. Surfschule angeschlossen, MTB-Verleih in der Nähe. Geöffnet von Ostern bis Oktober, DZ/F nach Saison etwa 70–80 €, An der Hauptstraße Av. Trafalgar 102, ✆ 956 437255, www.hotelmadreselva.com/canos.

* **Pensión Miramar**, ebenfalls an der Hauptstraße, mit Parkplatz, einem nach hinten liegenden Garten und einem kleinen Pool. DZ/Bad nach Saison und Ausstattung (ohne/mit Terrasse) etwa 40–70 €. Av. Trafalgar 112, ✆ und ℻ 956 437024.

Casas Karen – Fuente del Madroño, vor allem für längeren Aufenthalt. Fünf Studios und Apartments in zwei verwinkelten Häusern auf einem großen Grundstück, reizvoll konzipiert mit gemauerten Sofas, kleinen Innenhöfen und Terrassen. Geleitet von der freundlichen, deutsch- und englischsprachigen Belgierin Karen Abrahams; internationale Atmosphäre mit leicht alternativem Einschlag. Studios und Apartments mit Platz für 2–7 Personen, Wochenpreis für zwei Personen je nach Ausstattung etwa 250–370 €, zur HS (1.7.–15.9.) etwa 480–520 €. Höhere Belegung und Langzeitaufenthalt Verhandlungssache; sofern Platz ist, auch Vermietung einzelner Zimmer möglich. Mindestaufenthalt zwei Nächte. Karen hat auch ein Apartment am Strand. Anfahrt zur Anlage: Aus Richtung Barbate kommend durch den Ort, am Ende bei der Aufschrift „Apartamentos y Bungalows Trafalgar" rechts in die Sandstraße, nach 400 m erneut rechts, den Schildern „Fuente del Madroño" folgen, noch 200 m. Die Rezeption ist in der hinteren der beiden traditionellen Strohhütten untergebacht, ✆ und ℻ 956 437067, www.casaskaren.com.

Apartamentos Casa Meca, ebenfalls ein Tipp für einen längeren Aufenthalt. In einem locker bebauten Gebiet am westlichen Ortsrand, strandnah kurz vor der Abzweigung zum Cabo Trafalgar. Kleine, schön begrünte Anlage aus drei hellen, ansprechend möblierten und modern ausgestatteten Studios bzw. Apartments für zwei bis fünf Personen, die auch Zentralheizung besitzen. Freundliche und hilfreiche deutsche Leitung durch Simone. Zweipersonenstudio je nach Saison 250–450 € pro Woche, das besonders schöne „Turmapartment" mit weitem Blick aufs Meer für zwei bis vier Personen 380–640 € pro Woche. San Ambrosio s/n, ✆ 956 431450, Mobil-✆ 639 613402, www.casameca.com.

• *Camping* **El Faro de Trafalgar** (2. Kat.), nahe der Abzweigung zum Cabo de Trafalgar, nicht weit vom Strand. Mittlere Ausstattung, mit Bar-Restaurant und Einkauf. Geöffnet Anfang April bis Mitte September, p.P., Auto, Zelt je etwa 5,50 €. ✆ 956 437017.

2. Kat. Camaleón, am westlichen Ortsrand, Strand in kurzer Fußentfernung. In Terrassen angelegt und ganz gut schattig; zur Saison Bar/Rest. und Supermarkt. Einfache Ausstattung, ein Platz vor allem für junge Leute, im Sommer Partyatmosphäre und viel Trubel bis in den Morgen. Zur NS wirkt die Anlage dagegen manchmal etwas vernachlässigt. Geöffnet April–September, Preise ähnlich wie oben.

• *Essen/Kneipen* Viele Restaurants und Bars sind nur zur Saison in Betrieb.

Bar La Pequeña Lulu, am östlichen Ortsrand. Hübsche Music-Bar mit netter Atmosphäre, von der Terrasse Blick aufs Meer. Zu essen vorwiegend Snacks, an Sommerwochenenden befeuern abends manchmal DJs die Stimmung. Ganzjährig.

Bar El Pirata, eigentlich ein Bar-Restaurante, direkt oberhalb der zentralen Playa auf den Felsen gebaut. Ebenfalls eine angenehme Adresse mit fantastischem Ausblick aufs Meer.

Ketama, eine kleine Kneipe gegenüber der Pirata Bar. Fast rund ums Jahr geöffnet; oft geht es hier bis in den Morgen rund.

Bar Las Dunas, an der Straße zum Kap. Rustikale Kneipe mit Strohdach; ganzjährig geöffnet und deshalb auch im Winter ein beliebter Treffpunkt nicht nur zum Billardspielen.

• *Baden* Die schönen Strände sind ein großer Vorzug von Caños de Meca.

Playa Nudista: Ganz im Osten des Dorfes und unterhalb der Klippenausläufer des Breña-Parks liegt dieser schöne Naturstrand, an dem Nacktbaden zumindest toleriert wird. Im Sommer wird hier und in der Umgebung trotz offiziellen Verbots und ge-

Blick auf Trafalgar: Strand von Caños de Meca

legentlicher Polizeikontrollen wild gecampt, was angesichts der herumliegenden Abfälle nicht zu übersehen ist. Leider gibt es wegen Einleitungen der oberhalb liegenden Häuser gelegentliche Schwierigkeiten mit der Wasserqualität, es mussten sogar schon Badeverbote ausgesprochen werden. Achtung beim Parken an der Sackgasse der Zufahrt, es wird häufig eingebrochen!

Playa de Caños de Meca: Der Hauptstrand des Ortes erstreckt sich kilometerweit bis zur Playa Marisucia am Kap Trafalgar. In seinem zentralen Abschnitt, auch „Playa Pirata" genannt, präsentiert er sich feinsandig und mit recht gutem Serviceangebot inklusive diverser Bars. Weiter westlich stören streckenweise Felsen das Badevergnügen.

Playa de Marisucia: Dieser Strand, auch „Playa de la Curva" genannt, verläuft an der Südostseite des Kaps von Trafalgar; ein wunderschön geschwungener Strand, an dem bei starkem Levante Anschwemmungen aller Art allerdings keine Seltenheit sind.

Playa de los Bancos: Der Strand auf der anderen, der westlichen Seite des Kaps von Trafalgar geht praktisch nahtlos in die kilometerlangen Strände von Zahora und Palmar über. Hier, im Gebiet nahe des Kaps selbst, drohen allerdings gefährliche Strömungen – wer auf Nummer Sicher gehen will, sollte vom Baden deshalb besser Abstand nehmen.

Cabo de Trafalgar: Aus dem Schulunterricht bekannt ist das Kap von Trafalgar als Schauplatz der berühmten *Seeschlacht* am 21. Oktober 1805, bei der England der spanisch-französischen Flotte eine verheerende Niederlage beibrachte. England verlor kein einziges Schiff, Frankreich und Spanien gleich zwanzig; neun davon konnten erst vor wenigen Jahren geortet werden. Bekannt auch, dass Britanniens Flottenlenker Lord Nelson bei eben dieser Schlacht sein Leben ließ. Was die Lehrer nicht so gern erzählen, ist die Geschichte, wie Nelsons Leichnam zur Beerdigung nach Gibraltar zurückgebracht worden sein soll, nämlich zum Zwecke der Konservierung in einem gefüllten Rumfass verstaut ... Von Caños de Meca liegt das flache, kaum über 20 Meter hohe Kap nur einen reizvollen Strandspaziergang entfernt, und trotz seiner geringen Höhe bietet es im Umfeld des 1860 errichteten Leuchtturms eine schöne Aussicht.

Provinz Cádiz
Karte siehe Umschlagklappe hinten

Alter Wachtturm hoch über der Küste: Torre del Tajo

Wanderung von Caños de Meca nach Barbate

Route: Caños de Meca – Torre del Tajo – Barbate und zurück. **Reine Wanderzeit**: etwa 3,5–4 Stunden. **Einkehr**: nur in Caños und Barbate; Trinkwasser und Sonnenschutz nicht vergessen.

Charakteristik: Eine leichte Wanderung durch den schönen Pinienwald des Parque Natural de la Breña y Marismas del Barbate. Beim alten Wachtturm Torre del Tajo öffnet sich ein fantastischer Blick auf die Steilküste und bei gutem Wetter bis Marokko. Am Ortsrand von Barbate trifft man auf die Playa de Hierbabuena, die sich zu einer Badepause anbietet. Wer sein Quartier in Conil hat, kann die Tour im Sommer auch als One-Way-Wanderung angehen, indem er einen der dann recht häufigen Busse nach Caños nimmt, den Park durchquert und ab Barbate mit dem Bus zurückfährt, sollte sich aber vorher über die Abfahrtszeiten informieren.

Route: Die Wanderung beginnt am Ende der Straße ganz im Osten von Caños; Achtung, beim Parken nichts im Wagen lassen! Hier geht es hinauf Richtung Bar Pequeña Lulu und durch das Tor auf das Gelände des Naturparks. Hinter dem Tor nimmt man den mittleren der drei Wege, läuft also nicht di-

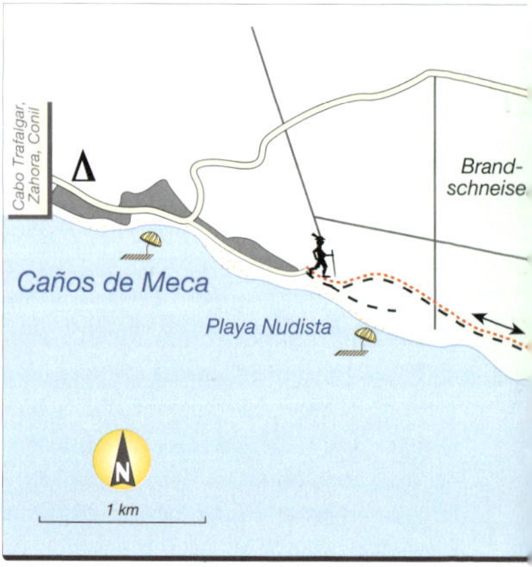

rekt hinab zum Meer, sondern schräg links und relativ küstennah parallel zum Strand durch ein locker bewachsenes Sandgebiet. Nach etwa fünf Minuten muss man sich an einer Gabelung schräg links halten und steil in den bald dichteren Pinienwald hinein aufsteigen. Diese Gabelung ist im Gewirr der vielen kleinen Sandwege nicht leicht zu erkennen; wichtig ist es auf jeden Fall, deutlich an Höhe zu gewinnen. Hat man den richtigen Weg erwischt, trifft man wenige Minuten später auf eine steinige Stelle, an der der Weg von Wurzeln durchzogen ist, kurz danach auf eine felsig ansteigende Stufe; vereinzelt sind in diesem Gebiet auch alte blaue Markierungen zu erkennen. Der Weg steigt nun wieder flacher an und überquert etwa eine Viertelstunde nach Beginn der Wanderung eine erste schnurgerade *Brandschneise*, die rechts nach etwa 20 Metern an einer Art Steilabbruch oberhalb der Küste endet und eine gute Orientierungsmöglichkeit bietet.

Jenseits der Brandschneise setzt sich der Sandweg klar erkennbar fort, vorbei an einzelnen, aus dem Inland kommenden Seitenpfaden. Etwa eine Viertelstunde hinter der ersten trifft man auf eine zweite Brandschneise, die küstenwärts ebenfalls bald endet, kaum zehn Minuten weiter auf eine dritte. Hier kommt schon der alte Wachtturm in Sicht, und knapp eine Dreiviertelstunde nach Beginn der Wanderung ist die *Torre del Tajo* auch erreicht.

Errichtet wurde der Wachtturm im 16. Jh. als Ausguck nach Piratenschiffen, doch nutzten ihn auch die Fischer von Barbate, um nach nahenden Thunfischschwärmen zu spähen. Das Panorama von oben gilt als „der schönste Blick der Provinz Cádiz", so ein Auskunftsschild hier, doch ist das Innere des 1993 restaurierten Turms leider nicht zugänglich. Ganz in der Nähe jedoch bietet sich eine ebenfalls prachtvolle Aussicht auf die Steilküste (Vorsicht!), die hier rund hundert Meter tief abfällt.

Nun folgt man weiter dem bisherigen Weg, vorbei an einer Abzweigung landeinwärts, die kurz hinter dem Turm passiert wird. Bald beginnt der Weg sich aus dem Wald heraus zu senken; immer deutlicher kommt Barbate in Sicht. Etwa 25 Minuten hinter der Torre de Tajo geht es vorbei an einer zweiten Abzweigung, die nach schräg links aufwärts zur Straße Barbate – Caños führt; wir halten uns jedoch weiter abwärts. Wenige Minuten weiter könnte man

Provinz Cádiz
Karte siehe Umschlagklappe hinten

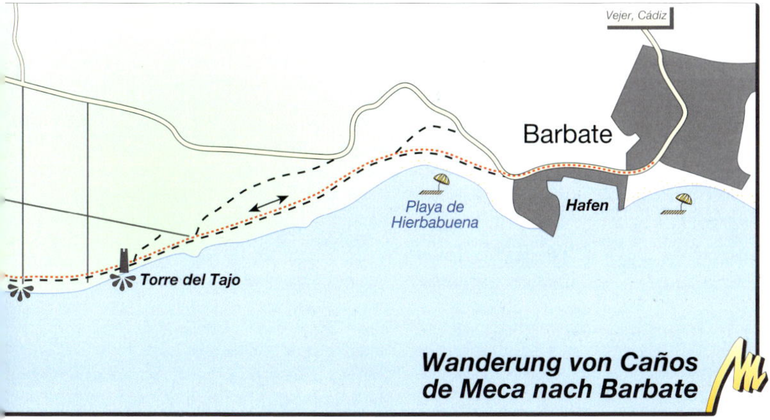

schon nach rechts zum Ende des Strands Playa de Hierbabuena absteigen, weiter nach Barbate selbst geht es links, immer auf einer Art Sockel etwa ein Dutzend Meter über dem Strand, jedoch schneller. Rund eine Dreiviertelstunde hinter der Torre de Tajo trifft man, kurz vor dem großen *Hafen*, schließlich auf die Straße Barbate – Caños. Der Weiterweg in den Ort wird etwas öde und dauert bis zum „Leuchtturmplatz" *Plaza del Faro*, der mit mehreren guten Bars und Restaurants den Beginn des Zentrums markiert, noch etwa eine Viertelstunde. Zurück geht es auf derselben Route.

Einstieg in die Gegenrichtung: Der Beginn des Wegs ab Barbate ist nicht ganz leicht zu finden. Vom Zentrum kommend, geht man auf der Straße am Hafen vorbei, ebenso an der 50 Meter hinter dessen Einzäunung zum Meer abzweigenden Piste. Zehn Meter weiter, nämlich dort, wo die Straße bei einem Überholverbotsschild in einer Rechtskurve ansteigt, biegt man auf eine weitere, diesmal etwa parallel zum Strand verlaufende Piste ab. Nach etwa 30 Metern geht es bei einer unscheinbaren kleinen Vermessungssäule rechts ab auf einen Sandweg; zuletzt war dieser Einstieg mit Steinen markiert. Wenn man dann bald an einem kleinen Wassertunnel vorbeikommt, der rechter Hand die Straße unterquert, ist man auf der richtigen Spur – nun immer diesem Weg folgen.

Zahora

Die westliche Nachbarsiedlung von Caños ist keine echte Ortschaft, sondern besteht nur aus einer Reihe weit verstreuter Häuser und Höfe, umgeben von fruchtbaren Feldern. Das ländliche Gebiet durchzieht ein unübersichtliches Netz aus Sandpisten; die Hauptzufahrt liegt beim Camping Caños de Meca, dessen Umgebung sozusagen das Zentrum von Zahara bildet. Wirklich Klasse hat der kilometerlange Strand, der nach Osten bis zum Cabo de Trafalgar reicht und im Westen in den Strand von El Palmar übergeht.

Die schönen Strände wecken aber auch Begehrlichkeiten. So plant ein deutscher Tourismusriese, mit Unterstützung der Gemeinde Barbate unweit des Cabo Trafalgar einen Ferienclub in die Landschaft zu setzen. Der Bau an sich ist praktisch schon beschlossene Sache, nur der Beginn der Arbeiten stand bis zuletzt noch nicht fest. Für die fernere Zukunft ist sogar von insgesamt drei Hotels die Rede, doch dürfte es bis dahin noch eine Weile dauern.

• *Übernachten* **Apartments Hacienda Sajorami**, hübsche, kinderfreundliche und strandnah gelegene Anlage mit Apartments und Bungalows („Casas"), diverse Sportmöglichkeiten (Mountainbikes, Reiten, Kajak). DZ/F etwa 50–80 €, Apartment-Preis etwa 55–100 € pro Tag, zur HS nur wochenweise. Playa de Zahora 171, ✆ und 📠 956 437359, ✆ 670 991126 (mobil), www.haciendasajorami.com.

* **Hostal Sajorami**, direkt benachbart und vom Bruder des Hacienda-Besitzers betrieben, mit schön gelegenem Strandrestaurant. Deutschsprachige Rezeption. Neben DZ zu 50–80 € gibt es auch Apartments sowie ein komplettes Haus. Playa de Zahora 175, Mobil-✆ 650 766889, ✆ 956 437424, 📠 956 437298, www.sajoramibeach.com.

• *Camping* **Caños de Meca** (1. Kat.), an der Straße nach Caños de Meca, zum Meer gut 500 m. Solide Ausstattung, Pool, Einkauf und Bar-Restaurant. Geöffnet von April bis Mitte Oktober. Preis pro Person 5,50 €, Auto 4 €, Zelt 4,50 €. Carretera Vejer-Caños, km 10; ✆ 956 437120, www.camping-canos-de-meca.com.

• *Essen/Kneipen* **Venta Curro**, im Gebiet hinter dem Campingplatz, hier in die Piste, dann gleich wieder rechts. Mit großem Parkplatz, das Lokal selbst klein und eher unscheinbar, aber bekannt für gute, wenn auch nicht billige Fischgerichte: Raciones ab etwa 7–8 €, sonst nach Gewicht.

Saboy, beliebter Treffpunkt im Hinterland, auch im Winter geöffnet. Hier spielen, sofern nicht wieder einmal die Polizei einschreitet,

oft lokale Bands. Carril de Mangueta, Konzertinfos unter Mobil-✆ 699 717858

• *Baden* Die **Playa de Zahora** fällt zwar etwas schmaler aus als ihre direkte Verlängerung bei El Palmar, bietet aber doch reichlich Platz. Vorsicht jedoch bei starkem Levante-Wind, der oft hohe Wellen aufwirft und das Baden gefährlich macht.

Provinz Cádiz
Karte siehe Umschlagklappe hinten

El Palmar de Vejer

Der kleine Weiler bildet gewissermaßen die Strandsiedlung des Inlandsdorfs Vejer de la Frontera und besteht nur aus einer Handvoll Häuser, die sich entlang der Küste und im bäuerlich strukturierten Hinterland verteilen. An der Küstenstraße gibt es eine Reihe kleiner Pensionen und Restaurants, große Hotels existieren bislang nicht; im Sommer herrscht in den Chiringuitos am Strand oft tolle Party-Stimmung. Wie Zahora glänzt auch El Palmar mit einem kilometerlangen, hier sogar etwas breiteren Strand, und wie dort sollte man bei hohem Wellengang mit dem Baden sehr vorsichtig sein.

• *Übernachten/Essen/Kneipen* ** **Hostal Francisco**, an der Strandstraße. 14 Zimmer mit großem Balkon zum Meer. Das angeschlossene Restaurant ist auf Fischgerichte spezialisiert. DZ/Bad nach Saison etwa 60–85 €. El Palmar s/n, ✆ 956 232786.

Pension-Rest. El Acebuche, etwas zurückversetzt der Strandstraße Nähe Wachtturm. Geführt von der Deutschen Claudia und ihrem Mann, einem Fischer. Als Restaurant (Mittagsmenü etwa 8–10 €) nur zur Saison geöffnet. Die beiden Zimmer, schlicht, aber recht geräumig und mit Gartenterrasse und TV, sind ganzjährig zu mieten, familiäre Betreuung inbegriffen. DZ etwa 30–50 €, im August nur wochenweise bei einem Tagespreis von 70 €. Paseo Marítimo s/n, ✆ 956 232023.

Bar-Rest. La Chanca, strandnah ganz im Südosten des Gebiets. Ungewöhnliches und reizvolles Ambiente: Das Lokal ist in einer ehemaligen Fischkonservenfabrik untergebracht, die Fläche davor aufwändig mit Rasen (!) begrünt. Gute, freilich nicht ganz billige Küche. Carretera de la Playa s/n, Reservierung unter Mobil-✆ 659 977420.

Rest. Asador, ein auch gern von Einheimischen besuchtes Lokal mit Gartenterrasse und baskischer Küche, darunter Vorspeisenplatten und Fischspezialitäten. Vom alten

Wachtturm aus gesehen liegt es ein paar hundert Meter in Richtung Conil, dann rechts in eine Piste und gleich rechter Hand. Nur im Sommer geöffnet.

Cortijo El Cartero, nicht weit vom zentralen Wachtturm. Eine ganzjährig geöffnete Kneipe, in der vor allem Soul, Jazz und Reggae laufen; Essen gibt es auch.

• *Camping* **El Palmar** (2. Kat.), im Farmland etwa einen Kilometer vom Strand, Vor einigen Jahren renovierter Platz, Schatten durch Bäume, absolut ruhig gelegen, Pool. Geöffnet zu Ostern sowie Mitte Juni bis Mitte September; Preise p.P. 5 €, Auto und kleines Zelt jeweils etwa 3,50 €. ✆ 956 232161, ✆ 956 232884.

Vejer de la Frontera

Ein bildschönes „Weißes Dorf" par excellence, in beherrschender Höhe und mit weiter Aussicht auf einer Hügelkuppe gelegen, die durch einen Taleinschnitt geteilt wird.

Trotz der Nähe zur N 340 bzw. A 48 ist Vejer von den Auswüchsen des Tourismus verschont geblieben. Die Pflastergassen des ruhigen Ortes schlängeln sich auf- und abwärts, verleihen Vejer ein maurisches Flair. Palmen und blumenübersäte Hinterhöfe bilden einen reizvollen Kontrast zu den weiß gekalkten Hauswänden. Vejer, komplett unter Denkmalschutz gestellt, ist ein Städtchen zum genussreichen, planlosen Bummel ...

Schon immer gern als Ausflugsziel besucht, bietet sich das große Dorf, mit mehr als 12.000 Einwohnern fast schon ein Städtchen, für mobile Reisende auch als Standquartier an: Vejer liegt günstig für Touren in der Region *La Janda*, die den Küstenbereich zwischen den Gemeinden Barbate und Conil umfasst und weit ins Hinterland reicht. Mehrere schöne Strände finden sich in einigen Kilometern Entfernung. In den letzten Jahren eröffneten zudem einige reizvolle neue Quartiere in Vejer.

Vejer in Feststimmung: Beim „Toro Embolao" wird kräftig gefeiert

Information/Verbindungen/Diverses

• *Information* **Oficina Municipal de Turismo**, Av. los Remedios 2, bei der Bushaltestelle an der Hauptzufahrt aus Richtung Conil; ✆ 956 451736. Öffnungszeiten im Sommer Mo–Sa 9–14, 18–21 Uhr, So 11–14 Uhr; im Winter Mo–Sa 10–14, 16–20 Uhr. Hier auch Infos zu geführten Rundgängen durch Vejer.

Internet-Info: www.vejer.com, auch in englischer Sprache.

• *Verbindungen* **Bus**: Vejer besitzt zwei Busstationen bzw. Bushaltestellen: „Barca de Vejer" unten im Tal, „Los Remedios" auf dem Hügel am Rand des Ortes selbst; vorher klären, wo der Bus hält, die 2 km vom Tal bergauf können zu Fuß kräftig schweißtreibend sein. Verbindung zwischen beiden Haltestellen 10-mal täglich. COMES-Busse von und nach Tarifa und Algeciras nur ab Barca de Vejer, 10-mal tgl.; nach Conil und Cádiz auch von oben, 9-mal täglich.

Auto: Mehrere Zufahrtsmöglichkeiten, am günstigsten ab der N 340/A 48. Besser, nicht in den Altort hinein zu fahren, sondern an den Zufahrtsstraßen zu parken: Das labyrinthische Innere von Vejer wurde nicht für Autos erbaut. Achtung, auf dem Parkplatz bei der Infostelle wird oft eingebrochen!

Fahrradverleih: Discover Andalucía, an der Hauptzufahrtsstraße Av. los Remedios 45, Nähe Infostelle; ✆ 956 447575. Man bedenke allerdings die Hügellage...

• *Internet-Zugang* **Cyber Sancho IV**, C. Sancho IV, im Nordosten der Altstadt, direkt beim Stadttor Arco Sancho IV.

• *Sprachschule* **La Janda**, C. José Castrillón Shelly 22. Auch Flamenco-Kurse. ✆ 956 447060, ℻ 956 447378, www.lajanda.org.

• *Reiten* **Picadero Camargo**, ein Lesertipp von Chantal Weidenmüller und Andreas Schaum: „Hier kann man sehr gut reiten. Liegt im Tal und sieht aus wie eine kleine Arena." Carretera Vejer-Medina km 98,5, nahe Venta El Rayo; Mobil-✆ 636 041457, www.picadero-camargo.com.

Übernachten (siehe Karte S. 94/95)

• *Übernachten* *** **Hotel Hospedería del Convento de San Francisco (9)**, nostalgischer Charme in einem ehemaligen Franziskanerkloster aus dem 17. Jh., direkt am „Hauptplätzchen" der Stadt. Sehr gut geführtes Haus, engagiertes Personal, DZ nach Saison etwa 70–80 €. Das angeschlossene Restaurant „El Refectorio" genießt guten Ruf. Plazuela s/n, ✆ 956 451001, ℻ 956 451004, www.tugasa.com

** **Hotel La Casa del Califa (5)**, vor wenigen Jahren eröffnetes Hotel mit sehr angenehmem Charakter. Jahrhundertealtes Haus schlicht-schöne Zimmer im Landhausstil, alle etwas unterschiedlich eingerichtet. Die Terrasse bietet eine weite Aussicht. DZ/F etwa 60–80 €, als etwas kleineres „Matrimonio" mit Ehebett etwa 55–70 €. Pl. de España 16, ✆ 956 447730, ℻ 956 447577, www.vejer.com/califa.

Hotel Casa Cinco (3), als „Casa Rural" eingestuftes Altstadtquartier in einem schön restaurierten und reizvoll dekorierten Haus. Nur wenige individuell eingerichtete Zimmer mit prima Betten, Dachterrasse mit weitem Panorama; persönliche Atmosphäre. DZ mit gutem Frühstück nach Ausstattung und Saison etwa 80–105 €. Mindestaufenthalt zwei Nächte, keine Kinder unter 16 Jahren. C. Sancho IV el Bravo 5, ✆ 956 455029, ℻ 956 45125;
www. www.hotelcasacinco.com.

Hotel Escondrijo (8), ebenfalls ein kleines, aber höchst feines Hotel im Gassengewirr der Altstadt, frisch eröffnet und sehr persönlich geführt. Gerade mal vier raffiniert eingerichtete Zimmer bzw. Suiten, die sich auf einen alten Stadtpalast verteilen, zwei besitzen jeweils eine eigene Terrasse mit Fernblick, die anderen beiden teilen sich eine Dachterrasse. Im Keller liegt eine private Bar für Gäste, umgeben von Mauern, deren Alter die Besitzer kaum zu schätzen wagen. DZ/F nach Saison und Zimmer 80–125 €. Callejon Oscuro 3, außen kein Schild; ✆ 956 447438, www.escondrijo.com.

Casa Rural El Cobijo de Vejer (12), am Rand der Altstadt, ein hübsches Haus, das um einen zentralen Patio aufgebaut ist. Die insgesamt sieben Zimmer fallen im Charakter recht unterschiedlich aus, sind aber alle mit Geschmack dekoriert und besitzen entweder Kühlschrank oder gleich eine komplette Küche, zum Teil auch eine eigene Terrasse. DZ mit üppigem Frühstück nach

Provinz Cádiz
Karte siehe Umschlagklappe hinten

Zimmer und Saison etwa 55–85 €. San Filmo 7, nicht ganz leicht zu finden, ✆ 956 455023, 📠 956 451720, www.elcobijo.com.

Casa Rural Leonor (14), mitten in der Altstadt und in seiner Preiskategorie ein Tipp. 2002 eröffnetes, familiäres Quartier mit gewissem ländlichem Charme. Sechs rustikal eingerichtete, ansprechende Zimmern unterschiedlicher Größe; weiter Blick von der Dachterrasse. DZ/Bad etwa 40–50 €. C. Rosario 25, ✆ 956 451085, www.casaleonor.com.

** **Pensión La Janda (17)**, westlich etwas oberhalb der Altstadt; an der Zufahrtsstraße beschildert. Freundliche Besitzer, Zimmer unterschiedlicher Größe, alle gut und geschmackvoll eingerichtet. Preiswert: DZ/Bad nach Saison knapp 40–45 €. Restaurant angeschlossen. C. Hermanos Machado 16, Ecke Av. Andalucía, ✆ 956 450142.

** **Pensión Buenavista (16)**, ganz in der Nähe, ebenfalls sehr gepflegt und mit freundlicher Leitung. Von den meisten Zimmern und der Dachterrasse herrlicher Blick auf die Stadt. Parken im Umfeld geht (wie auch bei La Janda) relativ problemlos. DZ/Bad kosten offiziell 40 € (August 50 €), zur NS geht es oft noch günstiger. C. Manuel Machado 4, ✆ 956 450969.

** **Pensión La Posada (10),** zentrumsnah an der Hauptzufahrtsstraße gelegen. Nur sechs Zimmer, oft belegt. Das angeschlossene Restaurant serviert gutes, preiswertes Essen in großer Auswahl und üppigen Portionen. DZ/Bad 40 €, im Winter deutlich günstiger. C. Los Remedios 21, ✆ 956 450258.

• *Übernachten außerhalb* **Casa Montecote**, auf dem Land bei La Muela, etwa fünf Kilometer nordwestlich von Vejer. Hübsch eingegrünte, locker bebaute Anlage aus sieben Studios und Apartments und einem Häuschen, alle mit Küche und Terrasse. Deutsche Leitung durch Gisela Merz und Rainer Wiessmann. Kleiner Pool. Zwei Personen zahlen je nach Objekt und Saison 40–60 €, vier Personen 60–85 €. Ganzjährig geöffnet (Heizung), im August Mindestaufenthalt eine Woche (Sa-Sa). La Muela, Anfahrt über die CA 215, hinter dem Gasthaus Venta Rufino links auf den Schotterweg, noch 600 Meter. ✆/📠 956 448489, www.casamontecote.com.

• *Camping* **Vejer** (1. Kat.), an der Fernstraße Richtung Tarifa, in den Ort etwa vier Kilometer. Gut ausgestattet, Pinien spenden Schatten, Swimmingpool. Nur über Ostern und von Mitte/Ende Juni bis Mitte September geöffnet. Pro Person zahlt man etwa 10 €, der Rest ist inklusive; ✆ 956 450098.

Los Molinos (2. Kat.), zu erreichen über ein schmales Seitensträßchen der Fernstraße im Tal, das beim (je nach Fortgang der Ausbauarbeiten vielleicht ehemaligen) km 35,8 zwischen den beiden Zufahrten nach Vejer abzweigt, etwa drei Kilometer von der Hauptstraße entfernt; Achtung, Abbiegen ist nur aus Richtung Tarifa möglich. Wegen der schlechten Zufahrt nicht für Wohnwagen und größere Wohnmobile geeignet. Pool. Preise p.P., Auto, Zelt jeweils rund 3,50–4 €. Wer Schatten will, muss allerdings eine der etwas teureren Parzellen nehmen. Ganzjährig, ✆ 956 450988.

Übernachten
- 3 Hotel Casa Cinco
- 4 Casa Montecote
- 5 Hotel La Casa del Califa
- 8 Hotel Escondrijo
- 9 Hotel Hospedería del Conv. de S. Francisco
- 10 Pensión La Posada
- 12 Casa Rural El Cobijo de Vejer
- 14 Casa Rural Leonor
- 16 Pensión Buenavista
- 17 Pensión La Janda

Essen & Trinken
- 1 Rest. Asador Castillería
- 2 Venta Pinto
- 5 Rest. Jardín del Califa
- 6 Restaurante Trafalgar
- 7 Bar Arriate
- 11 Mesón-Bar El Palenque
- 13 Mesón Pepe Julián
- 15 Rest. Mesón Judería

Essen/Kneipen/Feste

• *Essen* Eine Empfehlung sind auch die Restaurants des Hotels Hospedería del Convento de San Francisco und der Pensión La Posada.

Restaurante Trafalgar (6), an der Pl. España, eines der renommiertesten Restaurants von Vejer. Moderne andalusische Küche, ordentliches Preis-Leistungs-Verhältnis: Menü à la carte ab etwa 25 € aufwärts. Pl. de España 31.

Rest. Jardín del Califa (5), ein paar Schritte weiter, dem Hotel Casa del Califa angeschlossen. Zuletzt sehr beliebtes, hübsch dekoriertes Lokal, die Küche mischt andalusische und arabische Einflüsse. Menü ab etwa 18 € aufwärts. Pl. de España 16.

Restaurante Mesón Judería (15), in einem hübschen Gässchen zwischen der Kirche Divino Salvador und dem Kastell. Angenehme Atmosphäre, Terrasse mit Blick, gute Küche. Menü à la carte ab etwa 20 €; Mi geschlossen. C. Judería 5.

Mesón-Bar El Palenque (11) um die Ecke vom kleinen Hauptplatz, Nähe Markt. Tische auch im Freien auf einem kleinen Platz; Spezialitäten sind Fleisch vom Grill und frittierter Fisch, Raciones überwiegend etwa 7–8 €. C. San Francisco 1.

Mesón Pepe Julián (13), ganz in der Nähe des Palenque. Breite Auswahl an Tapas und Raciones, sowohl Fisch als auch Fleisch. Nicht ganz billig, besonders der exzellente Schinken hat seinen Preis. C. Juan Relinque 7.

Bar Arriate (7), an der Zufahrtsstraße direkt beim Eingang zur Stadt. Eine der beliebtesten Bars von Vejer, allgemeiner Treffpunkt. Mit Terrasse, von der man einen weiten Blick genießt. Einfache Gerichte, gute Tapas und lokale Weine. Nicht teuer.

• *Essen außerhalb* **Rest. Asador Castillería (1)**, im üppig grünen Ortsteil Santa Lucía. Lauschiges Gartenrestaurant mit drei überwucherten Terrassen und guter, preiswerter Küche, dank seiner Grillspezialitäten ein Fest für Fleischesser. Nur vom Josefstag (19. März) bis Ende September geöffnet. Ab etwa Anfang Juni sehr gut besucht, deshalb früh kommen: Mittags bis 13 Uhr, abends bis etwa 20.30 Uhr stehen die Chancen gut. Anfahrt wie Camping Los Molinos, etwa einen Kilometer hinter der Hauptstraße dann linker Hand. Reservierungen werden nur für sechs Tische angenommen: ☎ 956 451497.

Venta Pinto (2), traditionsreiches Straßenrestaurant im Ortsteil Barca de Vejer, an der N 340 Richtung Algeciras. Mehrere Bereiche, von der rustikalen Bar mit Tapas und berühmten Lomo-Bocadillos bis zum noblen Restaurant, das gute Fleisch- und Fischgerichte und zur Saison auch Wildspezialitäten anbietet. Tagesmenü etwa 16 €, à la carte wird es deutlich mehr. Carretera Vejer-Barbate, nahe Bushaltestelle.

• *Kneipen* **Café-Bar Janis Joplin**, Kuriosität für Fans, eine der nettesten Kneipen von Vejer. 1980 eröffnet, der Name ist Programm für Einrichtung, Musikstil und Publikum. In der alten Stadtmauer, gegenüber der Kirche Iglesia Divino Salvador.

Café-Bar La Bodeguita, fast genau gegenüber. Ebenfalls sehr hübsch in einem alten Gewölbe untergebracht, gibt es hier neben guter Musik auch eine Auswahl feiner Tapas.

• *Feste und Veranstaltungen* **Toro Embolao**, am Ostersonntag. Sowohl um 12 Uhr als auch um 16 Uhr wird jeweils ein Stier in den Gassen der Stadt freigelassen und von den mutigeren Vertretern der Dorfjugend zum Angriff gereizt. Obwohl die Hörner mit an den Spitzen befestigten Kugeln entschärft sind, zieht es die Mehrzahl vor, das Spektakel aus sicherer Entfernung zu beobachten. Anschließend Party bis in die Nacht.

Fiesta de Primavera, Beginn in der Regel eine Woche nach Ostern. Mehrtägiges Frühlingsfest mit großem Festgelände bei den Mühlen im südlichen Ortsteil San Miguel, dort dann auch ein bedeutender Viehmarkt.

Romería al Santuario de Nuestra Señora de la Oliva, am 5. Mai, eine Wallfahrt zur Kapelle der Stadtpatronin „Jungfrau der Olive", die etwa fünf Kilometer außerhalb in Richtung Barbate liegt.

Candelá de San Juan, 23./24. Juni. Große Freudenfeuer in der Johannisnacht, bei denen die lebensgroßen, oft Politikern oder anderen Personen nachgebildeten Puppen „Juanas" verbrannt werden. Um Mitternacht Feuerwerk an der Pl. España.

Velada de Agosto, 14-tägiges Fest zu Ehren der Stadtpatronin Virgen de la Oliva, mit breitem Kulturprogramm aus täglichen Konzertaufführungen, Flamenco etc.

Sehenswertes

Seinen Reiz verdankt das Städtchen nicht den einzelnen Monumenten, sondern dem wunderschönen, in vielen Ecken noch maurisch anmutenden Ortsbild an sich.

Las Murallas: Die etwa einen Kilometer langen Stadtmauern, die den alten Ortskern Vejers umgeben, stammen aus dem 15. Jh. und umschließen eine Fläche von etwa vier Hektar. Bewacht werden sie von zwei Türmen und insgesamt vier Stadttoren, dem Arco de la Segur, Arco de Sancho IV, Arco de la Vila und Arco Puerta Cerrada.

Iglesia del Divino Salvador: Besonders romantisch zeigt sich Vejer in der Umgebung der ehemaligen Pfarrkirche, die im 13. Jh. auf den Resten einer Moschee errichtet wurde. In buntem Stilgemisch, irgendwo zwischen Romanik und Mudéjar, liegt sie auf dem östlichen Hügel der Stadt und am Rand der alten Stadtmauern, die dessen Kuppe umfrieden.

Convento de las Monjas Conceptionistas: Das ehemalige „Nonnenkloster der Unbefleckten Empfängnis" stammt aus dem 16. Jh. und soll nach einer umfassenden Renovierung kulturellen und sozialen Aktivitäten dienen. Gleich nebenan liegt eines der Wahrzeichen Vejers, früher der Zugang zum Judenviertel und wegen seiner herrlichen Durchsicht auf die Stadt heute viel fotografiert: der „Nonnenbogen“ **Arco de las Monjas**.

Castillo: Die kleine Festung auf der höchsten Erhebung innerhalb des Mauerrings geht in ihren Grundzügen auf die maurische Zeit zurück, wurde jedoch im 15. Jh. erweitert. Einst war das Kastell die Burg der Guzmán-Dynastie, später Residenz der Medinacelis. Den Zugang bildet ein aus Naturstein und Ziegeln errichtetes Tor des 11. Jh., der Innenhof ist hübsch begrünt und von einem großen Jasminstrauch beduftet. Durch den Torbogen bietet sich ein schöner Blick auf Vejer.

Plaza de España: Der eigentliche Hauptplatz von Vejer liegt östlich unterhalb der Kirche Iglesia del Divino Salvador und schon knapp außerhalb des mauerumwehrten Bereichs. Er wird wegen der Figuren auf seinem schmucken, mit Azulejos aus Sevilla verzierten Brunnen auch Plaza de los Pescaítos genannt, „Platz der Fischchen“.

Molinos de Viento: Am südlichen Ortsrand besetzen einige uralte Windmühlen das Gelände neben der Zufahrt zum Fußballstadion. Ein kurioser Anblick, den man eher in der Mancha, der Heimat Don Quijotes, vermuten würde.

Sehenswertes in der Umgebung

Montenmedio Arte Contemporáneo (Fundación NMAC): Eine ungewöhnliche Fusion aus reizvoller Landschaft und moderner Kunst bildet dieses 2001 eröffnete Freiluftmuseum einige Kilometer außerhalb von Vejer. Geleitet von der jungen Direktorin Jimena Blázquez, stellt es eine echte Bereicherung der Region dar. Rezeption und einige Installationen sind in ehemaligen Militärbaracken untergebracht, die eigentliche Attraktion der Privatstiftung ist jedoch der Skulpturenpark, der sich über rund 30 Hektar Pinienwald erstreckt und Arbeiten internationaler Künstler beherbergt, unter ihnen Marina Abramović, Sol LeWitt und Susana Solana. Alle

Provokativ: „Fuente“ von Fernando Sánchez Castillo

Werke wurden vor Ort angefertigt – die Künstler reisten extra nach Montenmedio, um sich von der Umgebung inspirieren zu lassen und engagierten lokale Arbeitskräfte für die Ausführung. So schuf Gunilla Bandolin, in Anlehnung an die Wasserspeicher der Region, eine „Impresión del Cielo“ (Eindruck des Himmels) in Form einer gestuften Elipse. Fernando Sánchez Castillo versenkte den provokanten Polizei-Wasserwerfer seiner „Fuente“ (Quelle) in einem Teich, und inmitten der grünen Pinien des Waldes ragt Roxy Paines stählernes Baumskelett „Transplantado“ (Transplantat) in den Himmel; ein Schwesterwerk wurde übrigens – ebenfalls von andalusischen Handwerkern – für den New Yorker Central Park angefertigt. Derzeit sind es 19 Kunstwerke, weitere Arbeiten kommen im Turnus von zwei Jahren hinzu. Insgesamt eine wirklich erlebenswerte Ausstellung, deren Reiz durch den schönen Waldspaziergang (gutes Schuhwerk!) noch gesteigert wird.

• *Lage und Öffnungszeiten* Die Fundación NMAC liegt etwa 8 km von Vejer entfernt rechter Hand der N 340 Richtung Tarifa bei km 42,5. Angeschlossen ist sie dem (ökologisch sehr umstrittenen) Golf- und Freizeitgelände „Dehesa Montenmedio Golf & Country Club“. Geöffnet ist Di–So, im Sommer 10.30–14.30, 17–20 Uhr, im Winter 10.30–14.30, 16–18.30 Uhr. Eintrittsgebühr 3 €. Ein Info-Blatt gibt es am Eingang. Das Gelände ist auf eigene Faust begehbar, unter ✆ 956 455134 lassen sich auch Führungen reservieren. www.fundacionnmac.com.

Conil de la Frontera

Dem hübschen 18.000-Einwohner-Städtchen wird schon seit einer ganzen Reihe von Jahren immer wieder der Sprung vom sympathischen Badeort für Individualisten zum Touristenziel größeren Ausmaßes prophezeit.

Die Voraussetzungen hat Conil, das neben dem Fremdenverkehr auch von der Landwirtschaft und vom Thunfischfang lebt, sicher: kilometerlange Sandstrände und eine romantische, gewachsene kleine Altstadt mit netten Bars und Cáfes. Bislang ist die Katastrophe der weiträumigen Urbanisierung jedoch ausgeblieben. Zwar sind, meist etwas außerhalb des Ortes, schon diverse Apartmentanlagen und größere Hotels entstanden oder werden gerade errichtet, doch sind Verhältnisse, wie sie selbst in kleinen Orten der Costa del Sol herrschen, noch längst nicht erreicht. „Turismo sensible“ schreibt das Fremdenverkehrsamt auf seine Broschüren und hat damit zumindest teilweise durchaus Recht – bleibt zu hoffen, dass die Gerüchte, jenseits des Río Salado würden bald mehrere Hotelanlagen errichtet, so schnell nicht Wirklichkeit werden.

Conil macht Laune. Zur spanischen Urlaubszeit im Juli und vor allem im August mag es manchem zwar schon mal etwas zu viel Betrieb sein im reizvollen Ortskern, doch ist die Atmosphäre dann eigentlich durchaus amüsant, das Publikum bunt gemischt. Der Strand, der nach Südosten praktisch durchgehend bis zum Cabo Trafalgar reicht, hat ohnehin zu jeder Jahreszeit genug Platz für alle und ist auch für Spaziergänger ein Paradies: Von Nordwest nach Südost bietet er Raum für 16 Kilometer Strandwandern. In der Nebensaison lohnt sich ein Besuch in dem dann sehr entspannten Städtchen noch mehr. Im Frühjahr und Herbst fällt auch erst die ungewöhnlich hohe Zahl von (vor allem jungen) Urlaubern aus Deutschland so richtig auf: Des Rätsels Lösung sind zum einen zwei Sprachschulen, die hier ihre Kurse abhalten, zum anderen aber auch der durchaus beträchtliche Anteil treuer Conil-Fans, die den Ort irgendwann ins Herz geschlossen haben und Jahr für Jahr wiederkommen.

Geschichte: Das Gebiet um Conil war schon in der Vorgeschichte von Nomadenvölkern besiedelt, die von der Jagd und der Schafzucht lebten. Über die Gründung

Reizvolles Städtchen: Conil de la Frontera

Provinz Cádiz
Karte siehe Umschlagklappe hinten

der Siedlung selbst gehen die Meinungen auseinander. Vermutlich um 1200 bis 1050 vor Christus von Phöniziern als Stützpunkt zum Fang und zur Verarbeitung von Thunfisch angelegt, blieb Conil auch unter den Römern und Westgoten ein bedeutender Hafen. Später wurde Conil als eine der ersten spanischen Siedlungen von den Mauren erobert und unter deren Herrschaft von Vejer aus regiert. Nach der Rückeroberung, und um seine Verdienste bei der Verteidigung von Tarifa zu belohnen, erhielt Don Alfonso Pérez Guzmán den Ort als Lehen. Später gelangte Conil in den Herrschaftsbereich der Herzöge von Medinaceli, in deren Besitz die Siedlung bis in die Anfänge des 19. Jh. blieb.

Orientierung: Die Abzweigung von der N 340/A 48 nach Conil liegt etwa zwölf Kilometer nordwestlich von Vejer de la Frontera. Die Zufahrtsstraße *Carretera* führt durch neuere Viertel, in denen sich entlang der Straße die Mehrzahl der wichtigen Einrichtungen befindet, und erreicht dann beim Stadttor *Puerto de la Vila* das historische Zentrum von Conil. Direkt dahinter liegt die *Plaza España,* der kleine Hauptplatz der Altstadt, ein Stück unterhalb die besonders in der Dämmerung entzückende *Plaza Santa Catalina* mit ihrer kuriosen, heute leer stehenden Kirche, die im 16. Jh. erbaut und Ende des 19. Jh. in seltsamer Weise restauriert wurde. Der nahe gotische Wachtturm *Torre de Guzmán* (15./16. Jh.) ist das Wahrzeichen von Conil und – neben einem Thunfisch – auch Bestandteil des Stadtwappens. Von hier sind es nur noch ein paar Schritte zur Strandzeile.

Information/Verbindungen

• *Information* **Oficina Municipal de Turismo**, Carretera 1, beim Kreisverkehr an der Zufahrtsstraße zum Zentrum, etwa 300 Meter vor der Altstadt. Öffnungszeiten zur HS Mo–Fr 9–13.30, 18–21 Uhr, Sa 10–13.30 Uhr, z. T. sogar Samstagnachmittag und Sonntag; zur NS Mo–Sa 9.30–14 Uhr. ✆ 956 440501, ℻ 956 440500, www.conil.org.

• *Verbindungen* **Bus**: Zwei Busbahnhöfe bzw. Haltestellen der Gesellschaft COMES, Busse stoppen jeweils nur an einem von beiden. Besser, man achtet vorher darauf, in der Estación Central anzukommen.
Terminal Casa de Postas (Cruce Conil), etwa drei Kilometer vom Zentrum entfernt, nahe der Kreuzung der Hauptstraße von Tarifa nach Cádiz mit der Zufahrtsstraße zum Ort: Busse nach Málaga 2-mal, Tarifa 6-mal, Algeciras 8-mal, Vejer/Barbate 2-mal, Sevilla 4-mal tgl., zur HS jeweils häufiger.
Estación Central, im Ort an der Carretera 17, nahe der Infostelle: Nach Cádiz alle ein bis zwei Stunden, Sevilla und Tarifa je 1-mal, Barbate 12-mal tgl., zur HS teilweise häufiger. Nach Vejer 10-mal, El Palmar und Caños de Meca mindestens 2-mal tgl., im Sommer zusätzliche Abfahrten ab der strandnahen Av. del Río.
Stadtbusse verkehren ab dem „El Punto" genannten Kreisverkehr bei der Infostelle, unter anderem zur Urbanisation Fuente del Gallo, zu den Campingplätzen und zum Hafen Puerto Pesquero.

Taxi: Standplätze an der Puerta de la Vila, ✆ 956 440975, und an der Carretera, ✆ 956 440787.

Auto, Fahrrad-& Rollerverleih: Conil-Rent, – C. Gonzalo Sánchez Fuentes, nordwestlich der Infostelle an der Straße Richtung Fuente del Gallo und Hafen; schräg gegenüber der Tankstelle; ✆ 956 441536, ℻ 956 441553. Autos, vor allem aber Fahrräder (ab 10 € pro Tag) und Roller (ab etwa 35 €), Mehrtagesmiete jeweils günstiger. Deutsche Leitung. Autos auch beim Büro von „Conil-Reisen" (Che), in einer Passage der - Pl. España, ✆ 956 441299.

Auto: Achtung, beim Freitagsmarkt an der Strandstraße herrscht dort Parkverbot. Beachten Sie bitte unbedingt die Schilder, es wird sofort abgeschleppt.

Diverses

• *Internet-Zugang* **Café de la Habana**, Pl. Santa Catalina 2, 956 443484.

• *Post* Calle La Vid, im neueren Ortsteil westlich der Infostelle, Öffungszeiten: Mo–Fr 8.30–14.30 Uhr, Sa 8–13.30 Uhr.

• *Sprachschulen* Beides renommierte, schon seit Jahren bestehende Institute, die auch Unterkünfte zur Verfügung stellen.

Academia Andaluza de Idiomas, familiär und freundlich. Leiterin Isabel Tomé hat lange in Deutschland gelebt und kennt Conil und Umgebung wie ihre Westentasche. Kleine Klassen, viele Aktivitäten, angenehme Atmosphäre. Zweiwöchige Intensivkurse mit täglich vier Stunden Unterricht und Unterkunft kosten je nach Saison ab etwa 320–400 €. Isabels Schulgebäude liegt unweit der Infostelle in einem Wohngebiet östlich der Carretera: C. Confederación s/n, Ecke C. Jerez; ✆ und ℻ 956 440552. Infoadresse in Deutschland: Academia Andaluza de Idiomas, Weidkamp 180, 45356 Essen; ✆ 0201 8619149, ℻ 0201 8619124. www.academia.andaluza.net.

Academia Atlántika (kein Schreibfehler), C. Bodegueros 5; ✆ 956 441296, ℻ 956 443172. Adresse in Deutschland: Academia Atlantika, Heegbarg 13, 22391 Hamburg; ✆ 040 477587, ℻ 040 465885; www.atlantika.net.

Übernachten

Zur Sommersaison herrschen hohes Preisniveau und starke Nachfrage, dann rechtzeitig reservieren. Während des restlichen Jahres deutlich niedrigere Preise und kaum Probleme bei der Quartiersuche.

**** **Hotel Fuerte Conil (13)**, eine ausgedehnte, relativ zentrumsnah oberhalb der Playa Fontanilla gelegene Anlage. Bei der Planung wurde (anders als im jüngeren Schwesterhotel Fuerte Costaluz, das Einheimische aufgrund seiner Architektur schon mal als „Hochsicherheitstrakt" titulieren) auf ortsüblichen Stil und weitgehende Anpassung an die Umgebung Wert gelegt, ebenso auf Umweltfreundlichkeit. Vielleicht etwas überstylte, aber doch recht hübsche Architektur, Schönheitsfarm, Sportmöglichkeiten etc. Mit 250 Zimmern ist das Hotel für einen kleineren Ort wie Conil vielleicht jedoch etwas überproportioniert. DZ/F nach Lage, Ausstattung und Saison etwa 95–200 €, es gibt auch Suiten. Von November bis Anfang Februar geschlossen. Playa de la Fontanilla s/n, ✆ 956 443344, ℻ 956 442300, www.hotelfuerteconil.com.

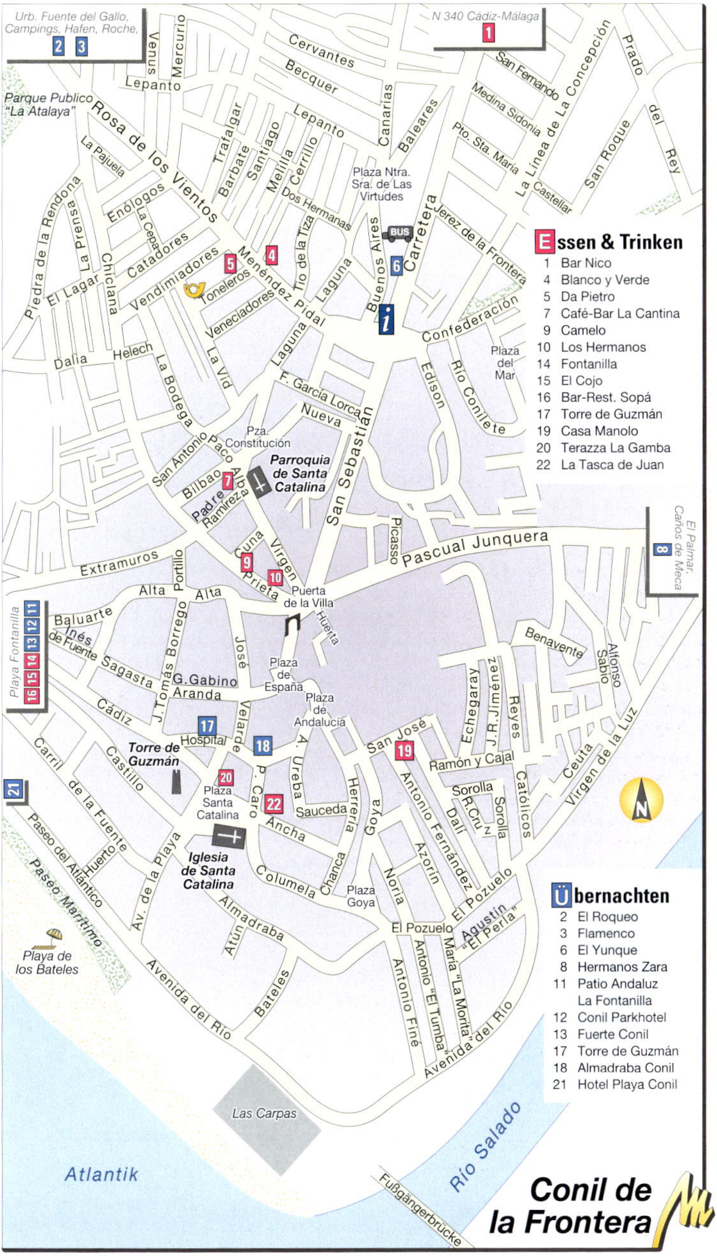

Provinz Cádiz
Karte siehe Umschlagklappe hinten

**** **Conil Parkhotel (12)**, etwas näher Richtung Zentrum. Erst im Sommer 2001 eröffnet, mit gut 150 Zimmern gleichfalls nicht eben klein. In Stufen errichtete Anlage, deren Zimmer, Bungalows und Apartments ein kleines Dorf nachbilden sollen, die aber dennoch etwas steril wirkt. Hübsch gelegener Pool, Fitnessraum, Sauna etc. Geöffnet April bis Oktober, DZ/F nach Lage und Saison 80–180 €, im August nur mit Halbpension. Es gibt auch Superior-Zimmer. Camino de la Fontanilla, ✆ und ℻ 956 043000.

*** **Hotel Apartamentos Flamenco (3)**, in einer Urbanisation etwa drei Kilometer nordwestlich des Ortes. Schöne Strandlage, für die Größe (über 120 Zimmer) architektonisch erstaunlich angenehm. Swimmingpool, Golf, Tennis, Fahrradverleih etc. Deutschsprachig, gutes Restaurant. DZ etwa 80–145 €. Fuente del Gallo s/n, ✆ 956 440711, ℻ 956 440542.

*** **Hotel Almadraba Conil (18)**, 2003 eröffnetes, zentral gelegenes Hotel in gefälliger andalusischer Architektur. Obwohl das Haus nur 17 Zimmer umfasst, wirkt es größer. Funktional-komfortable DZ/F etwa 60–110 €, auch Familienzimmer mit Salon. Parkmöglichkeit (wie üblich gegen Gebühr) vorhanden. Von November bis Januar geschlossen. C. Señores Curas 4, ✆ 956 456037, ℻ 956 444519, www.hotelalmadrabaconil.com.

** **Hotel Playa Conil (21)**, am Ende der Strandpromenade. Kürzlich komplett renoviert, geräumige Zimmer und Bäder, sehr gepflegt, aufmerksamer Service. Leider dient die Strandzeile der Dorfjugend vor allem am Wochenende auch schon mal als Rennstrecke für Motorroller-Wettbewerbe. DZ/F 50–75 €, zur NS gelegentlich auch Spezialangebote. Paseo Marítimo s/n, ✆ 956 442665, ℻ 956 043043. Eine Reihe dahinter liegt das zugehörige „Apartahotel Playa Conil" (✆ 956 443583) mit Apartments. www.hotelplayaconil.com.

* **Pensión Hostal El Yunque (6)**, nahe Busstation und Infostelle. Neuere Pension, gute Zimmer mit TV, dunklen Holzmöbeln und Lärmschutzfenstern, die angesichts der Lage auch dringend nötig sind; Klimaanlage. Ein gutes Grillrestaurant ist angeschlossen. DZ/Bad nach Größe (die „großen" sind wirklich groß) und Saison etwa 30–65 €. Carretera 5, ✆ 956 442855, www.hostalelyunque.com.

* **Pensión Torre de Guzmán (17)**, mitten in der Altstadt, auch bekannt als Heladería Pedro, da einer Eisdiele angeschlossen. Prima Adresse, Patio voller Grün und Blumen, sehr freundliche Besitzer. Kürzlich renoviert und erweitert, gut möblierte und saubere Zimmer mit Klimaanlage, anständige Bäder, zentrale und ruhige Lage. DZ/Bad nach Saison etwa 35–45 €, im Juli/August 70 €, gegen geringen Aufpreis gibt es im gleichen Haus sowie in einem strandnahen Ableger auch Apartments. Ein recht ordentliches Frühstück ist inbegriffen. C. Hospital 5, ✆ 956 443061.

* **Pensión Hermanos Zara (8)**, östlich knapp außerhalb der Altstadt, Parkplätze vor der Tür. Die etwas engen, gelegentlich hellhörigen Zimmer und die Bäder sind gut gepflegt. Ganzjährig geöffnet, DZ/Bad nach Saison knapp 20–40 €. In derselben Straße noch einige weitere Pensionen. C. Pascual Junquera 65, ✆ 956 440466.

• *Apartments, Ferienhäuser* **Casa Andaluza**, eine engagiert und deutschsprachig geführte Agentur für Kurz- und Langzeitmiete von Apartments und Häusern in Conil und der Umgebung wie El Palmar, Zahora, Caños und Roche. Persönliche Beratung und freundlicher, kompetenter Service vor Ort; Vermittlung günstiger Mietwagen und Zweiräder. Karin Joanidopoulos, Conil, Av. Gonzalo Sánchez Fuentes 6 (vom Kreisel Richtung Campingplätze), ✆ 956 456053, ℻ 956 456167. Detaillierte Website: www.casa-andaluza.com.

Conil Reisen GmbH, Vermittlung von Häusern und Stadtwohnungen in Conil und den umliegenden Siedlungen, außerdem Flüge, Mietwagen, Rundreisen etc. Das örtliche Büro in einer Passage der Plaza España heißt aus rechtlichen Gründen „Che", ✆ 956 441299. Hauptbüro: Schanzenstraße 75, 20357 Hamburg; ✆ 040 433772, ℻ 040 438345, www.conil.de.

Apartamentos El Roqueo (2), dem gleichnamigen Restaurant (siehe unten) angeschlossen. Zwar etwas außerhalb gelegen, doch glänzen die Apartments durch besonders schöne Aussicht. Zwei Personen zahlen je nach Ausstattung und Saison etwa 50–75 €. Urbanización Las Palmeras s/n, ✆ 956 440205.

Patio Andaluz La Fontanilla (11), in der Gasse neben den Restaurants Fontanilla. Antonia Ramos vermietet absolut strandnah gelegene Apartments, die je nach Größe, Lage und Saison rund 50–85 € kosten. La Fontanilla s/n, ✆ 956 440578.

Auch nachts sehr romantisch: Plaza Santa Catalina

Camping

Insgesamt sieben Plätze liegen im Gemeindegebiet, die Mehrzahl davon nordwestlich außerhalb des Ortes. Die Beschilderung „Campings" an der Hauptzufahrt nach Conil leitet über enge Nebenstraßen um den Ort herum.

La Rosaleda (1. Kat.), etwa 2,5 km nordwestlich des Zentrums und nach dem nur saisonal geöffneten „Los Eucaliptos" der dem Ort am nächsten gelegene Platz. Gepflegtes Wiesengelände mit sehr guter Ausstattung und großem Pool; Schatten ist allerdings Mangelware. Ganzjährig geöffnet, Parzellen je nach Größe ab 10 €, p.P. (Minimum: zwei Erwachsene) 6 €. Anfahrt vom Kreisel bei der Infostelle Richtung Hafen; ✆ /℻ 956 443327, www.campinglarosaleda.com.

Los Eucaliptos (2. Kat.), ortsnächster Platz, etwa 1,5 km vom Zentrum (nicht am Meer) und damit noch in gestreckter Fußentfernung gelegen. Schatten und Sanitärs gut. Geöffnet Ostern bis September/Anfang Oktober; p.P. 4,50 €, Zelt 4 €, Auto 3,50 €. Anfahrt wie oben; ✆ 956 441272.

Fuente del Gallo (2. Kat.), gut ausgestatteter Platz bei der gleichnamigen Urbanisation, etwa 4 km nordwestlich. Wenig Schatten, zum reizvollen Sand- und Felsstrand etwa 500 m. Anfahrt wie Los Eucaliptos, beschilderte Abzweigung etwa 2 km weiter. Geöffnet Mitte März bis Anfang Oktober; Preise etwa wie Los Eucaliptos, ✆ 956 440137.

Faro (2. Kat.), noch eine ganze Ecke weiter, vorbei am Abzweig zum Camping Fuente del Gallo, nicht am Meer. Gut ausgestattet, unter anderem mit Swimmingpool. Ganzjährig geöffnet, Preise etwa wie Los Eucaliptos. Ctra. Puerto Pesquero, km 2; ✆ 956 232090.

Cala del Aceite, etwa 7 km vom Ortszentrum, vorbei an der Zufahrt zum Camping Fuente del Gallo. Ausgedehntes Gelände in einem schattigen Waldgebiet, großer Pool, zur schönen Strandbucht Cala del Aceite ein paar hundert Meter. Auch Conils moderner Fischerhafen Puerto Pesquero liegt in Fußentfernung. Deutsche Leitung, freundlicher Chef. Geöffnet Ostern bis Oktober. Preise etwa wie oben, im Juli/August müssen allerdings auch Einzelreisende den Minimalpreis von gut 20 € (Parzelle) berappen. ✆ 956 440972.

Essen (siehe Karte S. 101)

Die Küche Conils kann aus der Landwirtschaft und der Fischerei schöpfen. Etwa Mitte Juni findet die „Thunfischwoche“ (Semana del Atún) statt, an der sich viele Restaurants mit thunfischbezogenen Menüs beteiligen.

• *Restaurants & Bars* **Restaurantes Fontanilla (14)**, am gleichnamigen Strand westlich des Ortskerns. Einander direkt benachbarte Restaurants, die den beiden verfeindeten Schwagern Pedro und Francisco gehören und in erster Linie von ihrer Lage leben. Beide besitzen schöne Terrassen zum Meer und sind spezialisiert auf Fisch und Meeresfrüchte.

Rest. Blanco y Verde (4), in der Neustadt Nähe Infostelle. Mit zwei Patios und prima Küche, gut besonders Fleisch vom Grill. Das Tagesmenü kommt auf rund 9 €, daneben gibt es auch Raciones und Hauptgerichte. C. Rosa de los Vientes, Ecke C. Cerrillo.

Pizzeria Da Pietro (5), schräg gegenüber und ebenfalls viel von Einheimischen besucht. Der Besitzer ist Italiener, die Küche deshalb authentisch. Breite Auswahl an Nudelgerichten, sehr große und gute Pizzas für etwa 6 €. C. Rosa de los Vientos, Ecke - C. Toneleros.

Rest. Mesón Torre del Guzmán (17), das Restaurant der gleichnamigen Pension. Nur wenige Tische, oft dicht belagert. Kein Wunder, das Essen ist preiswert und gut – der Herr des Hauses, einst Küchenchef eines großen Hotels, kocht selbst und mit Vergnügen. Große Salate, üppige Paella für zwei Personen 16 €. C. Hospital 5.

Bar-Rest. Terraza La Gamba (20), meist schlicht „Terraza“ genannt, einer der Treffpunkte der deutschen Kolonie. Prominente Lage, überdachte und verglaste Terrasse, meist sehr gut besucht. Preislich und kulinarisch in der mittleren Liga. Pl. Santa Catalina 4, nahe Kirche und altem Turm.

Bar La Tasca de Juan (22), in der Nähe, gegenüber dem Café de la Habana. Im Sommer werden an den (wenigen) Tischen im Freien ganze und halbe Raciones serviert; zur Nebensaison gibt es auch prima Tapas an der Theke. Spezialität sind iberische Schinken. Nicht ganz billig. C. Padre Caro 10, Ecke Calle Ancha.

Bar-Rest. Casa Manolo (19), im östlichen Altstadtbereich, geführt vom freundlichen, flinken Juan. Viele einheimische Gäste; die Tische und Bänke sind nicht allzu gemütlich, das Essen jedoch ist gut und alles andere als teuer – vom Preis-Leistungs-Verhältnis her wohl das empfehlenswerteste Restaurant in Conil. C. San José 4, hinter dem Stadttor links.

Bar-Rest. Sopá (16), eines von mehreren ehemals urigen Lokalen in der „Einflugschneise“ der Großhotels. Hier hat sich (im Gegensatz zu manch anderer Kneipe der Nachbarschaft) durch die zahlungskräftigen Hotelgäste noch am wenigsten geändert. C. Cádiz, in der nordwestlichen Altstadt.

Bar El Cojo (15), ganz in der Nähe, von den neuen Zeiten bislang völlig unbeeindruckt. Terrasse und Dachterrasse mit tollem Blick beim Sonnenuntergang. Prima Tapas (15 Sorten). Je nach Laune des Besitzers bleibt der „Hinkende“ allerdings schon mal wochenlang zu. Puerta Caí.

Bar Los Hermanos (10), knapp außerhalb des Stadttors. Optisch zwar schlicht, aber Conils traditionell erste Adresse für Fischtapas: Täglich frisches Öl, bestes Mehl – gut frittieren ist teuer. Die Preise sind dennoch ausgesprochen günstig, es gibt Tapas sowie halbe und ganze Raciones. C. Virgen 2.

Bar Camelo (9), fast um die Ecke. Winzige Bar mit Tresen nach außen, baskische Besitzer: Spezialität ist deshalb Bacalao (Stockfisch) in vielen Varianten, köstlich z. B. als „Bacalao Camelo“ mit Kartoffeln und Sahne. Tapas und Raciones. C. Prieta 5.

Bar Nico (1), in der Neustadt. Kleine, laute Nachbarschaftskneipe, berühmt für nur eine Tapa: „La Bomba“, eine Art mit Fleisch gefüllter Kartoffelkloß. C. Ingeniero La Cierva, eine westliche Seitenstraße der Carretera.

Café-Bar La Cantina (7), außerhalb der Altstadt, Nähe Rathaus und Pfarrkirche. Groß und bei Einheimischen beliebt fürs schnelle Frühstück auf spanische Art. Nicht teuer. Pl. Constitución.

• *Restaurants außerhalb* **Rest. Mirador El Roqueo**, nordwestlich des Ortes in Richtung der Urbanisation Fuente del Gallo. Sehr reizvolle Lage über der Steilküste, schöne Aussicht. Der Service scheint jedoch, auch beim Ausstellen der Rechnung, gelegentlich etwas nachlässig. Abwechslungsreiche Küche, Hauptgerichte etwa 10–15 €. Urb. Las Palmeras s/n.

Treffpunkt (nicht nur) der Sprachschüler: Strandbar La Ola

Bar-Rest. Venta Cabo Roche, ebenfalls außerhalb, mit einer komplett überdachten großen Terrasse. Die Bar hat die Form eines Schiffes. Fischgerichte im Schnitt um die 10–12 €, nach Gewicht und Mariscos teurer. Carretera del Puerto Pesquero, etwa 2 km vor dem Hafen von Conil, Mi Ruhetag.

Rest. Timón de Roche, in der Urbanisation Roche, noch einige Kilometer hinter dem Hafen. Große Terrasse direkt am Meer, innen maritim eingerichtet. Am Wochenende als Ausflugslokal in fester Hand der Einheimischen. Gute Küche mit Schwerpunkt auf Fisch, preislich etwa wie oben. Ganzjährig geöffnet. Urbanización Roche, C. Inglaterra s/n.

• *Strandbars* **Bar La Ola**, an der Playa Fontanilla, noch vor dem gleichnamigen Restaurant und im Gebiet unterhalb des Hotels Fuerte Conil. Die „Welle" ist eine von mehreren angenehm luftigen Strandbars hier; ein beliebter Treffpunkt der Sprachschüler. Daneben, abends als Restaurant geöffnet und dann mit sehr hübscher Atmosphäre und einer Auswahl guter Weine, liegt **El Huerto**.

Nachtleben/Sport/Feste/Einkaufen

• *Nachtleben* Im Sommer ist eine ganze Menge los in der Altstadt von Conil. Außerhalb der Saison geht es, von Wochenenden abgesehen, ruhiger zu.

Calle Ancha/Plaza Goya: Diese Kneipenzone liegt südöstlich der Plaza Santa Catalina. Hier ist außerhalb der Saison vieles geschlossen.

La Jacaranda, in besagter Calle Ancha, ein gemütliches Szenelokal mit langem Tresen und winzigem Patio, in dem trotz der räumlichen Enge schon mal Livemusik aufgeführt wird.

Las Carpas, offiziell „Recinto de Ocio los Bateles" geheißen: Kneipenzelte, die nur im Sommer auf dem ehemaligen Fußballplatz in Strandnähe öffnen, kenntlich am großen Pyramidenzelt „Keops". Publikum je nach musikalischen Vorlieben gemischt.

Calles Tomás Borrego und **Gabino Aranda**: Hier treffen sich besonders die etwas älteren Conil-Besucher. Vor allem in der Calle Tomás Borrego reiht sich eine Music-Bar an die nächste.

El Adán, die älteste und traditionsreichste Musikkneipe Conils, in den Siebzigern von bekannten Flamencokünstlern gegründet und auch heute noch ein beliebter Treffpunkt. Gute Musik unterschiedlicher Stilrichtungen. C. Tomás Borrego 14/16.

Provinz Cádiz
Karte siehe Umschlagklappe hinten

La Luna, etwas oberhalb. Groß und nur im Sommer geöffnet. Dann allerdings geht hier ab zwei, drei Uhr morgens die Post ab. C. Tomás Borrego 10.

Al Peñón, winzige, sympathische Rockkneipe gegenüber des „Adán", an den Wänden noch Poster von Hendrix & Co. Auch spanischer Rock, Flamenco etc. C. Tomás Borrego 17.

La Tertulia, etwa mit „Gesprächszirkel" zu übersetzen. Junges, edel gewandetes Publikum. Um die Ecke vom „Al Peñón" in der Calle Gabino Aranda (Tiefgeschoss), vom Stadttor über die Pl. España, dann rechts.

Palo Palo, an der kleinen Pl. España gleich hinter dem Stadttor, an der nachts sonst nicht viel Betrieb ist – hier aber brummt´s seit einigen Jahren.

• *Feste* **Feria de Primavera El Colorado**, meist in der ersten Juniwoche. Das große, urige Fest im kleinen Weiler El Colorado, an der N 340 etwa 10 km Richtung Cádiz, zieht mit Reiterumzügen, Stierkämpfen etc. auch sehr viele Einwohner von Conil an.

Fiesta de la Virgen del Carmen, um den 16. Juli, mit einer großen Meeresprozession zu Ehren der Schutzheiligen der Fischer und Seeleute das Hauptfest des Städtchens.

Feria en Honor de Nuestra Señora de las Virtudes, an etwa vier bis fünf Tagen um den 8. September. Ebenfalls ein Fest, bei dem sich Religion und weltliches Vergnügen mischen, gleichzeitig das inoffizielle Ende der spanischen Touristensaison in Conil.

• *Sport* **Reitpferde, Ausritte**: Einen kompletten Reiturlaub buchen kann man bei Monika Ostermann, Carril Ladrillera Reyes 21, ✆ 956 445253, www.reiterferien-mit-moni.com. Picadero Fuente del Gallo, Carretera Fuente del Gallo s/n, ✆ 956 442550.

Tauchen: Centro de Buceo (PADI), im Hotel Fuerte Conil, Handy 630 234425. Getaucht wird bei Tarifa.

Strandwandern: Ausgiebige Möglichkeiten. Richtung Südosten überspannt jetzt eine Brücke die Mündung des Río Salado, dahinter folgt bis zum Cabo Trafalgar und Caños de Meca durchgehend Strand – echte Langstreckenwanderer könnten also immer am Meer entlang bis Caños laufen, den Breña-Naturpark durchqueren (siehe die dortige Wanderung) und ab Barbate mit dem Bus zurückfahren. Nordwestlich von Conil beginnt hinter der Urbanisation Fuente del Gallo ein weit verzweigtes Wegenetz, das entlang der Steilküste bis zum Hafen Puerto Pesquero und weiter, vorbei am Leuchtturm, bis zur Urbanisation Roche reicht; unterwegs liegen immer wieder schöne Badebuchten.

• *Einkaufen* **Straßenmarkt** jeden Freitag in Strandnähe.

Deutsche Zeitungen im Zeitschriftengeschäft an der Calle José Velarde, gleich ums Eck vom Hostal Torre de Guzmán.

Soweit das Auge reicht: Strand satt

Von Felsküste eingerahmt: Sandbucht bei Roche

Deutsche Bäckerei: PANaiso, C. Pascual Junquera 36, östlich Puerta de la Vila. Die meisten Kunden sind übrigens Spanier ...

Mariscos, Salazones: Marisquería La Pepa, C. Cádiz 29. Gambas, Langostinos etc., aber auch diverse Fischkonserven. Auch ein ein paar Tische auf der Straße.

Baden: Conil besitzt insgesamt 16 Kilometer Sandstrand. Im Südosten reicht der Strand, nur von der Mündung des Río Salado unterbrochen, bis zum Kap Trafalgar, im Nordwesten findet sich auch Steilküste aus rotem Fels mit eingelagerten Sandbuchten. Die Wasserqualität hat sich seit dem Bau einer Kläranlage deutlich verbessert, dokumentiert auch dadurch, dass im Flüsschen Río Salado wieder Fische und Schalentiere leben.

Playa Castilnovo: Der breite Strand jenseits der Mündung des Río Salado erstreckt sich über fast 3 km nach Süden bis zu seiner Fortsetzung, der Playa El Palmar. Wenig besucht, kaum Einrichtungen; das Hinterland ist bäuerlich geprägt. Autoanfahrt über Seitensträßchen der Straße nach El Palmar und Caños de Meca.

Playas de los Bateles y Fontanilla: Die beiden Hausstrände von Conil gehen direkt ineinander über. Zusammen sind sie gut 2,5 -km lang, breit und feinsandig. Das Serviceangebot ist gut, es gibt hübsche Strandbars und trotz der Stadtnähe reichlich Platz. In Richtung der Urbanisation Fuente del Gallo wird die Playa Fontanilla allmählich schmaler, die Steilküste imposanter.

Cala Camacho: Eine 400 Meter lange, von Felsen flankierte Sandbucht gleich nordwestlich der Urbanisation Fuente del Gallo. Nur zu Fuß zu erreichen, Nacktbaden ist üblich. Wermutstropfen: Nach Regenfällen entwässert sich das hier mündende Trockental in die Bucht, was nicht gerade zur Wasserqualität beiträgt.

Nordwestlich der Cala de Camacho: Nun folgt wieder Steilküste, ein schönes Gebiet für Spaziergänge, aber Vorsicht am Rand – es geht ganz schön tief hinunter! Die vereinzelten Buchten in diesem Gebiet sind nur sehr schwer zugänglich.

Cala del Aceite: Kurz vor dem Hafen Puerto Pesquero und von diesem durch ein bewaldetes Felskap getrennt, liegt diese sehr schöne Bucht, an die man relativ nahe mit dem Fahrzeug herankommt; Zufahrt Richtung Camping Cala del Aceite, dann meerwärts weiter; zuletzt Abstieg über eine Treppe. Auch in dieser geschützt gelegenen Bucht ist Nacktbaden möglich. Seit der Anlage des Fischerhafens soll dieser Strand nach den Beobachtungen Einheimischer übrigens Jahr für Jahr etwas kleiner werden – noch ist aber genug Platz.

Buchten Richtung Roche: Vom Hafen führt ein Nebensträßchen, vorbei am Leuchtturm und dann parallel zur Küste, zur schachbrettartig aufgebauten Urbanisation Roche, dem nördlichsten Außenposten von Conil. Das wunderschöne Gebiet wird von Wäldern und Steilküste geprägt; unterhalb liegen mehrere kleine bis mittelgroße Buchten, die z. T. über Treppen zu erreichen sind.

Playa del Puerco: Hinter der Klippenküste beginnt im Gebiet von Roche ein weiterer langer Sandstrand. Die Playa del Puerco erstreckt sich über rund 1,5 km und geht dann auf Höhe von Novo Sancti Petri in die Playa de la Barrosa über. Ihr Hinterland ist weitgehend unbebaut – fraglich, ob das angesichts der immer weiteren Ausdehnung von Novo Sancti Petri auch so bleibt. Parallel zum Strand und wenige hundert Meter landeinwärts verläuft ein Sträßchen, das Roche mit Novo Sancti Petri verbindet und auf kaum einer Karte verzeichnet ist.

Novo Sancti Petri

Eine gehobene Feriensiedlung für Sportler, in erster Linie für Golfer, umgeben von viel Grün – so die Pläne, als Anfang der Neunzigerjahre Novo Sancti Petri konzipiert wurde. Die Vorgaben wurden erfüllt.

Erst 1991 eröffnete an der kilometerlangen Playa de la Barrosa das erste Hotel. Den großen Schub brachte die Erweiterung des Provinzflughafens von Jerez anlässlich der Expo in Sevilla. Heute zählt Novo Sancti Petri weit über 6000 Hotelbetten, allesamt in großen Anlagen der oberen Kategorie. Unter vier Sternen geht hier schon aufgrund der Zulassungsvorschriften gar nichts, gleich zwei Hotels gehören zur Fünfsterneklasse. Besucht werden sie vornehmlich von deutschen Urlaubern, die 80 Prozent der ausländischen Gäste von Novo Sancti Petri stellen. Vorwiegend in spanischer Hand sind hingegen die privaten Ferienhäuser der Urbanisation, die meist wohlhabenden Madrileños und Sevillanos gehören. So schnell, wie sie verkauft waren, konnten die Häuser gar nicht gebaut werden, und so dehnt sich Novo Sancti Petri weiter aus: La Loma, „der Hügel“, heißt der neue Bauabschnitt im Südosten der Siedlung. Auch weitere Hotels sind in Planung.

Ihren künstlichen Charakter kann die Siedlung natürlich nicht verleugnen, die Tatsache, dass Novo Sancti Petri auf dem Reißbrett konzipiert wurde, springt sofort ins Auge. Die Planer haben sich jedoch redlich Mühe gegeben, die an der Costa del Sol gemachten Fehler hier nicht zu wiederholen. Kein Haus in „NSP“, wie Insider den Namen gerne abkürzen, durfte höher als drei Stockwerke gebaut werden. Gedeckte Farben dominieren, ein großer Teil des Geländes wurde für Grünflächen freigehalten. Dazu zählt natürlich auch der große, von Meisterspieler Severiano Ballesteros entworfene und mittlerweile auf 36 Löcher erweiterte Golfplatz, der gewissermaßen das Zentrum der Siedlung bildet und, neben dem langen Strand und den zahlreichen anderen Sportmöglichkeiten, auch ihren Hauptanziehungspunkt. Die Kehrseite der aufgelockerten Bebauung: Novo Sancti Petri ist ein Ferienort der langen Wege. Schon der Spaziergang zum Einkaufszentrum „Centro Comercial“, das mit vielen Geschäften, Bank, Autoverleih, Bars, Restaurants etc. die wichtigste Versorgungsmöglichkeit bietet, gerät von manchen Hotels aus zur kleinen Wanderung. Zur sehr lang gestreckten Nachbarsiedlung La Barrosa, die direkt an Novo Sancti Petri angrenzt, ist es in den meisten Fällen noch weiter, zum alten Fischerhafen Sancti Petri sind es gar rund acht Kilometer. Urlauber sollten deshalb, und sei es nur für ein paar Tage, einen Mietwagen ins Budget einplanen; nicht zuletzt auch deshalb, um Novo Sancti Petri zwischendurch einmal entfliehen zu können – gleich vor der Tür liegt Andalusien.

Paradies für Golfer: Novo Sancti Petri

• *Information* **Oficina Municipal de Turismo**, eine Außenstelle des Fremdenverkehrsamts Chiclana. An der Nahtstelle zwischen der Urbanisation und La Barrosa, ✆/✆ 956 497234. Geöffnet ist über Ostern sowie von Juni bis September/Oktober, dann Mo–Fr 10–20 Uhr, Sa 11–18 Uhr, So 11–16 Uhr; die Zeiten wechseln jedoch relativ häufig.

• *Verbindungen* **Busse** nach Chiclana halten an allen Hotels, Abfahrten je nach Saison und Tageszeit halbstündlich bis stündlich.

• *Ärztliche Versorgung* **Clínica Novo Sancti Petri**, im Gebiet landeinwärts der Golfanlage; ✆ 956 495000, www.clinicanovo.com.

• *Übernachten (siehe Karte S. 110/111)* Preisangaben erübrigen sich, da die hiesigen Hotels praktisch ausschließlich pauschal (und damit günstiger) gebucht werden. Hier nur ein Anhaltspunkt: DZ in den Fünfsternehäusern kosten je nach Saison rund 150–300 €, in den Viersternern etwa 90–240 €. Swimmingpools sind in allen Anlagen Standard, Hallenbäder die Regel.

***** **Hotel Meliá Sancti Petri (24)**, in der ersten Reihe am Strand. 226 Zimmer, auch drei „Präsidentensuiten", die übliche üppige Ausstattung dieser Klasse, „Royal Service" mit privater Rezeption für die besonders anspruchsvolle Klientel. ✆ 956 491200, ✆ 956 497053, www.solmelia.com.

***** **Hotel Barrosa Palace (16)**, das hiesige Flaggschiff der Hipotel-Kette, das zusammen mit den drei unten genannten Viersterne-Brüdern einen direkt am Strand gelegenen Komplex bildet, der fast tausend Zimmer umfasst. Ein Zentrum für Thalassotherapie und eine große Sportanlage sind angeschlossen.

**** **Hotels Barrosa Park (18), Playa La Barrosa (20)** gehören dazu und liegen beide in der ersten Reihe am Strand.

**** **Hotel Barrosa Garden (13)**, das jüngste „Barrosa"-Hotel hier, im Sommer 2001 eröffnet. Das All-inclusive-Konzept ist Geschmackssache. Zentrale Telefonnummer aller Barrosa-Hotels: 956 495835, www.hipotels.com.

**** **Hotel Valentin Sancti Petri (11)**, 2002 eröffnet und ein Riesentrumm von einem Hotel: rund 550 Zimmer, über tausend Betten! Das sehr ausgedehnte Gelände des Hotels reicht bis zu den Dünen; schöne Pools. ✆ 956 491000, ✆ 956 491015, www.valentin-hotels.com.

**** **Hotel Club Aldiana Andalusien (23)**, am Strand im Südosten der Siedlung, mit dem üblichen breiten Sport- und Animationsangebot dieser Kette – und einer Besonderheit, nämlich der Flugschule „Flight Academy", in der künftige Hobbypiloten

Übernachten

3 Hotel Hospedería Santiago
4 Hotel Vincci Costa Golf
9 Pensión Hostal El Campanario
10 Aparthotel Sol Sancti Petri
11 Hotel Valentin Sancti Petri
13 Hotel Barrosa Garden
15 Aparthotel Las Dunas
16 Hotel Barrosa Palace
18 Hotel Barrosa Park
19 Hotel Iberostar Royal Andalus
20 Hotel Playa La Barrosa
21 Hotel Riu Chiclana
22 Hotel Iberostar Andalucía Playa
23 Hotel Club Aldiana Andalusien
24 Hotel Meliá Sancti Petri

ihre ersten Startversuche unternehmen können. ✆ 956 494949, ✆ 956 494376. www.aldiana.de.

**** **Hotel Riu Chiclana (21)**, noch ein Stück weiter, 2003 eröffnet. Mit Platz für annähernd 2000 Gäste das größte Haus in Novo Sancti Petri und mit All-Inclusive-Konzept besonders auf Familien mit Kindern abgestimmt. Wahrzeichen ist der eigene Leuchtturm. Nebenan war zuletzt ein weiteres Hotel in Bau. ✆ 956 242100, ✆ 956 242101, www.riu.com.

**** **Hotel Iberostar Royal Andalus (19)**, direkt am Strand, 1991 als erstes Hotel von Novo Sancti Petri errichtet. Großzügige, weitläufige Anlage mit komfortabler Ausstattung und üppig bemessenem Poolbereich. ✆ 956 494209, ✆ 956 494490, www.iberostar.es.

**** **Hotel Iberostar Andalucía Playa (22)**, direkt benachbart, 2001 eröffnet und mit ebenfalls umfangreicher Ausstattung. Wie auch beim Nachbarn darf der Gast hier beim „show-cooking" den Köchen in die Töpfe schauen. ✆ 956 497060, ✆ 956 497116, www.iberostar.es.

**** **Hotel Vincci Costa Golf (4)**, im Nordwesten der Siedlung. Wie der Name schon sagt: Ein Hotel vor allem für Golfer, prima ausgestattet und mittlerweile auch mit großem Spa-Bereich. Tel 956 494535, ✆ 956 494626, www.vinccihoteles.es.

**** **Aparthotel Sol Sancti Petri (10)**, auch „Tryp Sancti Petri" genannt, da im Besitz derselben Kette. Gleich meerwärts des Vincci Costa Golf, aber nicht ganz so gut ausgestattet. Für alle, die sich gerne auch mal selbst versorgen, Minimarket vorhanden, ein Buffet-Restaurant gibt es aber auch. ✆ 956 496040, ✆ 956 496138, www.solmelia.com.

**** **Aparthotel Las Dunas (15)**, wiederum meerwärts des Sol Sancti Petri, in der ersten Reihe am Strand. Auch hier gibt es Apartments mit Kochecke, Einkaufsmöglichkeit vorhanden. ✆ 956 494985, ✆ 956 495056. www.aparthotelasdunas.com.

• *Essen* **Rest. El Caserón (7)**, am Rand eines Wäldchens, das sich am Schnittpunkt von Novo Sancti Petri und La Barrosa erstreckt, gegenüber der Infostelle. Erst we-

nige Jahre altes, jedoch im traditionellen Stil errichtetes Gebäude, auch hübsch zum Draußensitzen; ein Spielplatz liegt in der Nähe. Spezialität sind Fleischgerichte vom Grill, Fisch gibt es aber auch. Weite Preisspanne. Pinar Público La Barrosa s/n.

Bar Esquina Jamón (8), hiesiger Vertreter einer kleinen lokalen Kette von Bars, die auf spanischen Schinken und Käse spezialisiert sind. Topqualitäten haben ihren Preis. Im Einkaufszentrum Centro Comercial, weitere Lokale im Umfeld.

• *Sport* Äußerst breites Angebot, zumal auch die meisten Hotels ihre Gäste mit vielfältigen Sportmöglichkeiten verwöhnen.

Club de Golf Novo Sancti Petri, sowohl auf Cracks als auch auf Anfänger eingestellt. Anfänger-Schnupperkurs vier Stunden 100 €, Trainingskurs zur Platzreife 15 Stunden 450 €. Im Zentrum der Siedlung, ✆ 956 494005, ℻ 956 494350, www.golf-novosancti.es.

Reiten: Club Hípico Novo Sancti Petri, im Gebiet landeinwärts des Golfplatzes. Ausritte am Strand, im Wald, Ponyreiten etc. Parcela ED 2, ✆ und ℻ 956 496352, Handy 608 857399, www.hipica-novo.com.

Cortijo de la Luz, deutsch geführter Reitstall, etwas weiter von Novo Sancti Petri entfernt. Auch Mehrtagestouren und komplette Reiterferien. Brigitte Ruoff, Handy 626 608235, www.andalusienritt.de.

Zweiradvermietung: Mike Motobike Vacaciones, 50er bis 650er, Mindestalter 18 Jahre, ab 125 Kubik 21 Jahre. Im Hotel Club Aldiana, ✆ und ℻ 956 497424.

• *Baden* Die **Playa de la Barrosa**, der von Dünen begleitete, feinsandige Hausstrand von Novo Sancti Petri, verläuft nach Nordwesten über rund 7 km bis ans Ende der Nachbarsiedlung La Barrosa und ist durchschnittlich 60 m breit; im Südosten geht sie in die ebenfalls kilometerlange Playa del Puerco (siehe oben unter Conil) über. Zur Saison wird der mit der „Blauen Flagge" prämierte Strand täglich gereinigt; die Ausstattung lässt ebenfalls kaum Wünsche offen.

La Barrosa

(siehe Karte S. 110/111)

Schmal und lang gestreckt verläuft der Nachbarort von Novo Sancti Petri parallel zur Küste. Das Publikum hier kommt überwiegend aus der Nachbarschaft. Gute Fischrestaurants, Hotels sind selten.

La Barrosa bildet die Strandsiedlung des Inlandsstädtchens Chiclana und ist deutlich älter als Novo Sancti Petri. Der Ort erstreckt sich kilometerweit am Meer entlang. Als grobe Orientierung dienen den Einwohnern die Lageangaben *Primera Pista* (Erste Piste) und *Segunda Pista* (Zweite Piste), die sich auf die parallel zum Strand verlaufende und heute natürlich asphaltierte Hauptstraße beziehen; der Übergang von der „Ersten" zur Richtung Novo Sancti Petri führenden „Zweiten Piste" liegt etwa auf Höhe der Apotheke und des südöstlichen Endes der Strandpromenade. Letztere zeigt sich, wie auch der Strand selbst, ausgesprochen gepflegt. Im Hinterland, das stellenweise durch alten Baumbestand aufgelockert ist, stehen neben jüngeren Siedlungen auch eine Reihe von Villen. Entlang der Hauptstraße, aber auch an der Strandpromenade lockt eine gute Auswahl an Bars und Restaurants, deren Küche sich am Geschmack der spanischen Klientel orientiert. Betrieb herrscht hier jedoch nur im Sommer und an Wochenenden.

• *Übernachten* ** **Hotel Hospedería Santiago (3)**, in einer Villengegend landeinwärts der Hauptstraße. Flacher Ziegelbau; ruhig, aber nur wenige hundert Meter vom Strand gelegen. Garten unter alten Bäumen, rustikal-hübsche Zimmer, kleiner Patio. DZ/Bad nach Saison etwa 55–85 €. Capilla 6, etwa auf Höhe des Übergangs der beiden „Pisten", ✆ 956 494840, 📠 956 410337, www.hospederiasantiago.com.

** **Pensión Hostal El Campanario (9)**, freundliche, moderne Pension direkt an der Strandpromenade. Nur sieben Zimmer, davon drei zum Meer; Parkplatz, Internet-Zugang. Restaurant angeschlossen. Preise ähnlich wie oben. Rompeolas s/n, Primera

Unsichere Zukunft: Ruinendorf Sancti Petri

Pista; ✆ 956 495958, ☏ 956 497294, www.chiclana.com/elcampanario.

• *Essen/Kneipen* **Rest. Popeye (1)**, etwas außerhalb an der westlichen der beiden Straßen, die von La Barrosa nach Chiclana führen. Vom riesigen Schriftzug abgesehen eher unscheinbar, jedoch bei Einheimischen beliebt und mit guter Küche. Spezialität ist Fisch, insbesondere die Zahnbrassenart Urta. Hauptgerichte kosten etwa 10–12 €. Carretera de la Barrosa s/n, ✆ 956 494424.

Rest. El Azor (14), auch „Los Pescadores" genannt, direkt am nordwestlichen Ende der Strandpromenade. Große Terrasse, im Sommer viel Betrieb. Spezialität auch hier natürlich Fisch, Ración etwa 6–8 €, man kann aber auch deutlich mehr ausgeben. Primera Pista, Edificio Giralda.

Rest. La Orilla (12), in der Nähe, ein Lesertipp von Dieter Uetzmann: „Reichhaltige Auswahl an Fischspezialitäten und Meeresfrüchten, Hauptgerichte liegen zwischen 8 und 12 €. Empfehlenswert: Tomates rellenos al estilo pescador." Primera Pista.

Café-Bar Noli (5), aus älteren Zeiten auch noch bekannt als „Venta Noli". Schattige kleine Terrasse, an Sommerwochenenden gesteckt voll mit einheimischen Familien. „Comida Casera" wird versprochen, Hausmannskost also. Hauptgerichte schon ab etwa 5 €, Ración Fisch ab 7 €. An der Hauptstraße, Segunda Pista.

Café del Sur, **Moon** und **Capote** sind die bekanntesten unter der Handvoll Music-Bars, die sich an der Hauptstraße im Gebiet um die Apotheke konzentrieren. Betrieb herrscht nur im Sommer, sonst allenfalls an Wochenenden.

• *Baden* Die **Playa de la Barrosa** ist im Abschnitt vor La Barrosa ebenso gepflegt und gut ausgestattet wie vor Novo Sancti Petri, bietet auch hier viel Platz. Nordwestlich der Strandpromenade weicht sie einem kurzen Abschnitt bewaldeter Steilküste, hinter dem die Playa de Sancti Petri beginnt.

Sancti Petri

(siehe Karte S. 110/111)

Jenseits von La Barrosa liegt auf einer Halbinsel ein wirklich seltsamer Ort. Die verlassene Siedlung besitzt eine ganz eigene Atmosphäre.

Das Dorf Sancti Petri, der Namenspatron der Urbanisation Novo Sancti Petri, wurde zu Beginn der 40er-Jahre des letzten Jahrhunderts planmäßig rund um eine Thunfischfabrik errichtet und diente als Siedlung für rund hundert Arbeiterfamilien. Damals gab es hier sogar ein Kino und einen „reisenden" Lehrer, der zweimal wöchentlich die Kinder unterrichtete. In den 70ern wurde der Ort aufgegeben, vom Militär als Übungsgelände genutzt und erst Ende der 90er wieder der Gemeinde Chiclana überlassen. Die verlassenen Häuser und öffentlichen Gebäude, von einer immer noch prächtigen Palmenallee beschattet, strahlen eine melancholische Stimmung aus. Selbst das Gotteshaus, früher der „Virgen del Carmen Atunera" geweiht und am 16. Juli Ziel einer Schiffsprozession ab Barrosa, liegt halb in Ruinen. Einen denkwürdigen Gegensatz bildet der moderne Sporthafen an der Westseite der Halbinsel.

Im Sommer ist Sancti Petri ein beliebtes Ausflugsziel der Einwohner von Chiclana und Umgebung. Die exponierte Lage und die Nachbarschaft zu langen Stränden und zu Novo Sancti Petri verlocken aber natürlich auch Investoren. „Herr Bürgermeister, Sancti Petri gehört dem Volk, es ist nicht zu verkaufen", steht auf eine Hauswand gesprüht. Bisher gibt sich die Gemeinde Chiclana auch wirklich guten Willens: Das Dorf soll restauriert werden, die ursprüngliche Anlage erhalten bleiben und eines Tages Museen, Restaurants oder Kunstgalerien beherbergen, allesamt „qualitativ hochwertige Objekte", wie man in Chiclana betont– bleibt abzuwarten, ob sich nicht doch der Lockruf des großen Geldes als stärker erweist ...

• *Essen/Kneipen* **Rest. Club Náutico (6)**, im Sporthafen Sancti Petri, jedoch alles andere als hochgestochen. Die Tagesspezialitäten sind selbstverständlich immer maritimer Natur. Raciones kosten etwa 8–10 €. Nur mittags geöffnet, im Hochsommer auch abends; im Winter Mo Ruhetag. ✆ 956 495428.

Bar Flotante (2), auf der gegenüberliegenden Seite der Halbinsel, am dortigen Fischerhafen. Früher eine höchst urige Kneipe, wurde das Lokal inzwischen modernisiert, konnte sich aber einen rustikalen Charakter bewahren. Gute Fischtapas sowie halbe und ganze Raciones, nicht teuer. Di Ruhetag.

Chiringuito El Bongo (17), sozusagen am Ortsanfang von Sancti Petri. Auch hier kann man essen, vor allem aber feiern: Im Sommer jedes Wochenende Livemusik, meist Salsa, Reggae etc., dann bis zum Morgen geöffnet.

• *Schiffsausflüge* **Cruceros Sancti Petri** veranstaltet von etwa Juli bis Mitte September mehrere „Minikreuzfahrten"; Ziel ist u.a. der Naturpark Bahía de Cádiz, dessen Marismas hier münden. Abfahrten 2x tgl., Dauer eine Stunde, p.P. 10 €. Im Sporthafen, ✆ (Handy) 617 378894.

• *Baden* Die **Playa de Sancti Petri**, ein 1200 m langer und im Schnitt 40 m breiter Naturstrand (an dem mit Anschwemmungen gerechnet werden muss), ist auch bei Windsurfern und Anglern sehr beliebt. Sie liegt zwar an der Mündung des Hauptkanals der Marismas um San Fernando, doch sollte sich die Wasserqualität seit der Fertigstellung der dortigen Kläranlage deutlich verbessert haben. Hübsche Sommer-Chiringuitos sind vorhanden.

Castillo de Sancti Petri: Das Kastell auf einer kleinen Insel vor Sancti Petri scheint bei bestimmten Lichtverhältnissen fast auf dem Wasser zu schweben. Errichtet wurde es vom 16.–18. Jh., doch sind die Grundmauern noch viel älter. Sie stammen von einem Heiligtum des phönizisch-karthagischen Gottes Melkart, der Entsprechung des jugendlichen Herkules – tatsächlich wurden hier auch Herkulesstatuen entdeckt. Ein Prospekt der Gemeinde Chiclana vermeldet stolz, dass dieser „berühmteste Tempel der Antike" auch von Hamilkar Barkas (Vater Hannibals) und Julius Cäsar besucht wurde.

Chiclana de la Frontera

Chiclana, Gemeindesitz und Versorgungszentrum von Novo Sancti Petri und La Barrosa, hat seinen nahen Stränden viel zu verdanken.

Der Fremdenverkehr an der sechs Kilometer entfernten Küste brachte zahlreiche Arbeitsplätze und einen kräftigen Wirtschaftsaufschwung nach Chiclana, das bis dahin überwiegend von der Landwirtschaft und insbesondere vom Weinbau lebte. Die Stadt wuchs dadurch erheblich, zählt heute gut 50.000 Einwohner.

Der Río Iro teilt Chiclana in zwei Hälften, *La Banda* im Norden und *El Lugar* im Süden, letztere das eigentliche, teilweise als Fußgängerzone ausgewiesene Zentrum. Vom Ortsbild her ist das Städtchen, wiewohl bereits im 14. Jh. unter dem aus Tarifa bekannten „guten" Guzmán El Bueno besiedelt, nicht allzu spektakulär, besitzt auch kaum hochrangige Sehenswürdigkeiten. Als Abwechslung zur Küste lohnt Chiclana dennoch einen Ausflug – sei es, um eine der hiesigen Bodegas zu besuchen, in denen feine, dem Sherry sehr ähnliche Weine gekeltert werden, oder auch nur, um einmal den lebendigen Alltag einer spanischen Kleinstadt zu erleben. Nur sollte man nicht gerade an einem Sommerwochenende kommen, wenn fast die gesamte Einwohnerschaft wiederum selbst am Meer weilt...

• *Information* **Oficina de Turismo**, C. La Vega 8, in einer der Fußgängerzonen des Zentrums; ✆/℻ 956 535969. Umzug möglich. Freundlich, deutschsprachig und kenntnisreich geführtes Büro, geöffnet Mo–Fr 10–13.30, 18–20.30 Uhr, Sa 10–13.30 Uhr.

• *Verbindungen* **Busse** der Gesellschaft COMES halten an der Pl. Andalucía nördlich des Flusses, gleich bei der Brücke. Nach Conil 12-mal tgl. (im Sommer noch häufiger), Vejer 8-mal, Barbate 13-mal; nach Tarifa und Algeciras 7-mal, weiter nach La Línea gegenüber von Gibraltar 6-mal, nach

Málaga 2-mal tgl.; nach Cádiz halbstündlich bis stündlich, Puerto de Santa María und Jerez 4-mal, Sevilla 6-mal, Medina Sidonia 4-mal täglich. AMARILLOS fährt halbstündlich nach San Fernando. Busse nach La Barrosa und Novo Sancti Petri stoppen an mehreren Haltestellen, Abfahrten je nach Saison und Tageszeit halbstündlich bis stündlich.

• *Übernachten* *** **Hotel Alborán**, solider Dreisterner mit immerhin 70 Zimmern in zentraler, aber nicht ganz leiser Lage direkt bei der Bushaltestelle. Nichtraucheretage. DZ etwa 90–105 €. Pl. Andalucía 1, ✆ und ✆ 956 403906, www.hotelesalboran.com.

** **Pension Villa**, ebenfalls im Stadtteil La Banda, fast um die Ecke vom Hotel Alborán. Mit 30 Zimmern für eine Pension relativ groß, DZ/Bad nach Saison 40–55 €. C. Virgen del Carmen 14, ✆ 956 400512.

• *Essen* **Restaurante El Santuario**, zwei Blocks nördlich des Hotels Alborán. Rustikal-folkloristisches Interieur, Spezialität ist Fleisch vom Grill, Fisch gibt es aber ebenso. Mittleres bis leicht gehobenes Preisniveau. C. San Antonio 7, ✆ 956 404264.

Marisquería Manguita, am südwestlichen Zentrumsrand, im Gebiet zwischen den beiden nach La Barrosa führenden Straßen. Große Marisquería mit ausgedehnter Terrasse zur Straße, Raciones frittierter Fisch ab 7 €, vom Grill nach Gewicht deutlich mehr. Huerta El Retortillo s/n.

Bar Los Pescadores, Filiale des Fischrestaurants von La Barrosa, beim zentralen Kreisverkehr von El Lugar, unweit der Brücke. Schlichtes Interieur, Preisniveau etwa wie oben. Av. Reyes Católicos 4.

Bar-Rest. Cerro del Trigo, im südöstlichen Bereich von El Lugar, Richtung Ermita Santa Ana. Hübsches Lokal, von Einheimischen vor allem der Tapas wegen empfohlen, es gibt jedoch auch komplette Mahlzeiten. C. Hormaza, Ecke Bailén.

Bodega El Carretero, eine von mehreren Bodegas in Chiclana, die eigene Lokale betreiben, prima für ein, zwei Gläschen Fino und ein paar Tapas. C. Sor Angela de la Cruz 26, vom Zentrum über die Brücke, dann schräg rechts.

• *Einkaufen* **Straßenmarkt** jeden Di auf dem Festgelände Recinto Ferial jenseits des Flusses.

Markthalle im Zentrum, Calle de la Plaza. Breites, buntes Angebot an Obst, Gemüse, Schinken, Käse etc.

Bodegas Barberá, gleich hinter dem Markt, nur zu dessen Öffnungszeiten zugänglich. Probeschlückchen und Direktverkauf feiner Finos, Amontillados, Olorosos und Moscateles. C. Ayala 2.

Bodega Sanatorio, eine weitere Bodega mit Direktverkauf, der auch ein nettes Lokal angeschlossen ist. C. Olivo 1, Stadtteil La Banda, vom Zentrum über die Brücke, bei der Bushaltestelle rechts und gleich wieder links. Täglich geöffnet.

• *Feste* **Fiesta de San Antonio**, mehrere Tage um den 13. Juni, das ausgelassen gefeierte Hauptfest der Stadt.

Fiesta de San Juan Bautista, die Nacht des 23. auf den 24. Juni, mit der Verbrennung der Puppen „Juan" und „Juana".

Fiesta de Santa Ana, am 26. Juli, mit einer Prozession zur Wallfahrtskapelle im Süden des Zentrums. Die Tradition will es, dass Mädchen, die einen Bräutigam suchen, dort die Glocken läuten.

Provinz Cádiz
Karte siehe Umschlagklappe hinten

Sehenswertes

Bei einem Stadtbummel lohnt sich ein Blick auf die teilweise recht prunkvollen Fassaden der Bürgerhäuser, die ab dem 17. Jh. errichtet wurden. Nicht alle sind in bestem Zustand, aber immer mehr werden restauriert.

Plaza Mayor: Eine Auffrischung vertragen könnte auch der Hauptplatz von Chiclana. An der Ostseite des Platzes erhebt sich die neoklassizistische Pfarrkirche *San Juan Bautista* aus dem 18./19. Jh., im Norden führt ein Durchgang unter dem Uhrturm *Torre del Reloj*, auch „Arquillo de Reloj" genannt, in Richtung Fluss.

Ermita de Santa Ana: Die Wallfahrtskirche südlich des Zentrums, Ende des 18. Jh. auf achteckigem Grundriss errichtet, wird vor allem an Dienstagen viel besucht. Der Abstecher lohnt sich besonders wegen der weiten Aussicht.

Museo Marín – Fábrica de Muñecas: Vor allem für große und kleine Kinder interessant sein könnte ein Besuch des Puppenmuseums, das nicht weit von der Markthalle entfernt liegt. Es ist im Besitz der Firma Marín, die seit 1928 komplett handgefertigte Puppen produziert und sich deshalb rühmt, die älteste Fabrik dieser Art in Spanien zu sein. Geöffnet ist Mo–Sa, jeweils nur vormittags.

Museo Municipal Taurino Paquiro: Jenseits des Flusses, in der Calle San Agustín 3, hat die Gemeinde ein Stierkampfmuseum eingerichtet. Gewidmet ist das „Romantische Museum der Toreros von Chiclana im 19. Jh." insbesondere dem Stierkämpfer Francico Montes „Paquiro" (1805–1851).

Öffnungszeiten Di–Fr 11–13 Uhr sowie 19–21 Uhr (Sommer) bzw. 18–20 Uhr (Winter), Sa 11–13 Uhr; Eintrittsgebühr 2 €.

Richtung Cádiz

Parque Natural Bahía de Cádiz: Westlich von Chiclana erstreckt sich über eine Fläche von rund 10.000 Hektar das Feuchtgebiet des Naturparks der Bucht von Cádiz. Sein labyrinthisches, dem Wechsel von Ebbe und Flut ausgesetztes System aus Marschland, Kanälen, Inselchen, Dünen und Schilfgürteln ist von hoher ökologischer Bedeutung und eine wichtige Raststation von Zugvögeln. Die seit dem Altertum genutzten Salinen dienen heute häufig als Fischfarmen. Ernsthaften Bedrohungen ausgesetzt ist das Gebiet durch das starke Bevölkerungswachstum und die Industrie der angrenzenden Orte. Am schönsten erlebt man den Park auf einer der Bootstouren, die im Sommer ab Sancti Petri stattfinden.

San Fernando

Mitten im Naturpark sitzt diese 85.000-Einwohner-Stadt, die praktisch rundum von Wasser umgeben ist und früher den Namen „Isla del León" (Löweninsel) trug. Im Spanischen Unabhängigkeitskrieg fungierte der Ort 1810/1811 einige Monate lang als Sitz eines provisorischen Parlaments, bevor dieses nach Cádiz umzog. Quasi als Dank erhielt die „Löweninsel" wenig später das Stadtrecht und den neuen Namen San Fernando. Heute ist die Siedlung ein wichtiger Stützpunkt der spanischen Kriegsmarine.

Im Zentrum, insbesondere entlang der Hauptstraße *Calle Real*, präsentiert sich San Fernando mit breiten Bürgersteigen und grünen Plätzen attraktiver, als es die Gewerbegebiete der Peripherie vermuten lassen. Die ganz großen Sehenswürdigkeiten fehlen zwar (weshalb es auch kaum internationalen Tourismus gibt), doch genießt die Stadt unter Flamenco-Fans geradezu Kultstatus: Hier war die Heimat des populären Flamencosängers *Camarón de la Isla*, eines Ausnahmekönners seiner Zunft.

• *Information* **Oficina Municipal de Turismo**, C. Real 24, in einer Passage der Hauptstraße im Zentrum; ✆ 956 944226. Öffnungszeiten im Sommer Mo–Sa 10–14.30, im Winter Mo–Fr 10–15 Uhr. Hier auch Infos zu den geführten „Rutas Turisticas", die unter anderem auf den Spuren von Camarón de la Isla (im Sommer jeden Do, sonst nur am zweiten und vierten Sa im Monat) stattfinden. www.aytosanfernando.org.

• *Verbindungen* **Zug**: Bahnhof am nordöstlichen Rand der Innenstadt; eine weitere Haltestelle (Bahía Sur) liegt nördlich des Zentrums beim Einkaufszentrum Parque Comercial Bahía Sur. Züge von/nach Cádiz ein- bis zweimal stündlich.

Busse der Gesellschaft COMES ab der Calle Real (Nähe Infostelle) alle 20 Minuten nach Cádiz; AMARILLOS fährt ebenfalls ab der Calle Real (etwas weiter östlich, Nähe Castillo) alle 30 Minuten nach Chiclana.

• *Übernachten* **** **Hotel AC Salymar**, zentral nahe der Infostelle gelegenes und kürzlich renoviertes Stadthotel. Parkmöglichkeit. DZ nach Saison und Ausstattung etwa 70–125 €. Pl. de la Iglesia s/n, ✆ 956 802260, ✆ 956 802261, www.ac-hoteles.com.

** **Pension Hostal La Andaluza**, im westlichen Bereich der Hauptstraße, ebenfalls vor kurzem komplett überholt und in dieser Klasse recht ordentlich. DZ/Bad nach Saison 40–55 €. C. Real 226, ✆ 956 800100, ✆ 956 800099.

• *Essen* **Venta de Vargas**, zentrumsnah am östlichen Ende der Hauptstraße gelegener Klassiker und eine Sehenswürdigkeit für sich. Zweifelsfrei das berühmteste Restaurant der Stadt: Hier wurde das Talent des jungen Camarón entdeckt. Das Innere ist eine einzige Ode an den Sänger; sehenswert auch die mit Kacheln verzierten Tische, die mehr als hundert Jahre alt sind. Zu den Spezialitäten zählen die Tortillitas de Camarones, kleine Küchlein aus Kichererbsen- und Weizenmehl und den winzigen, bleichen Sandgarnelen Camarones, denen der hellhäutige und (für andalusische Verhältnisse) hellhaarige Sänger seinen Künstlernamen verdankte. Menü um die 20 Euro. Pl. Juan Vargas s/n, zu den Essenszeiten täglich geöffnet.

• *Flamenco* **Peña Camarón de la Isla**, unweit nördlich der westlichen Calle Real, nahe Parque Sacramento. Authentische Peña, in der jeden Samstagabend ab 22.30 Uhr gratis Flamenco (mit und ohne Tanz) stattfindet; von September bis Dezember großer Flamenco-Gesangswettbewerb „Concurso Nacional de Cante Flamenco Camarón de la Isla“. C. Manuel de Arriaga s/n, ✆ 956 592395.

• *Feste* **Feria del Carmen y la Sal**, das Hauptfest der Stadt, an mehreren Tagen um den 16. Juli.

Provinz Cádiz
Karte siehe Umschlagklappe hinten

Camarón de la Isla

Der größte Sohn der Stadt, für viele einer der besten Flamencosänger aller Zeiten, wurde am 5. Dezember 1950 unter dem Namen José Monge Cruz als zweites von acht Kindern einer Korbflechterin und eines Schmieds geboren; sein bescheidenes Geburtshaus steht in der Calle Carmen 29. Im Alter von gerade mal acht Jahren debütierte Camarón in der Venta de Vargas vor dem berühmten Flamenco-Sänger Manolo „Caracol“, der nach der Aufführung seltsam nachdenklich und ergriffen gewesen sein soll: „Heute habe ich die Zukunft gehört.“ Mit zwölf Jahren gewann Camarón auf dem Flamenco-Festival von Montilla erstmals einen Preis und war fortan regelmäßig in der Venta de Vargas zu hören. 1969 veröffentlichte Camarón seine erste Platte, begleitet vom damals 21-jährigen Paco de Lucía, den er beim Billardspiel in einer Madrider Kneipe kennengelernt haben soll. Es war die Geburt des wohl innovativsten Duos der Flamencogeschichte und der Beginn einer lebenslangen Freundschaft („Wir lebten außerhalb der Grenzen, die von den Regeln des Flamenco gesetzt wurden“ – Paco de Lucía). 1979 revolutionierte Camarón mit dem Schlüsselalbum „La leyenda del tiempo“ seinen Stil und öffnete, mit Anklängen an Rock und mit bis dahin im Flamenco nie gehörten Instrumenten, dem Flamenco neue Horizonte. Bereits bei diesem Album und auch später arbeitete er mit dem Gitarristen Tomatito zusammen. Doch die Karriere des begnadeten Sängers war zwar strahlend, aber kurz: Camarón starb im Juli 1992 im Alter von erst 41 Jahren. Zu seiner Beerdigung kamen mehr als 100.000 Anhänger. Begraben liegt Camarón in einem denkmalgeschmückten Mausoleum auf dem Friedhof Cementerio Municipal im Nodwesten des Zentrums von San Fernando, ein weiteres Denkmal steht bei der Venta de Vargas. Seine 1989 mit Tomatito und dem Royal Philharmonic Orchestra aufgenommene Platte „Soy Gitano“ gilt bis heute als das meistverkaufte Album in der Geschichte des Flamenco.

Meerverbundenes Cádiz: Der Atlantik umschließt die Altstadt von drei Seiten

Cádiz

(145.000 Einwohner)

Cádiz – ein fast magischer Klang nach Seeschlachten und mit Gold gefüllten Galeonen. Ganz so romantisch zeigt sich die Stadt der Gegenwart nicht mehr, doch hat sich Cádiz eine sehr eigene Stimmung bewahrt.

Die Provinzhauptstadt selbst ist mit ihren knapp 150.000 Einwohnern eher klein zu nennen, doch umgibt sie ein Ballungsraum weiterer Städte und Industriegebiete, in dem insgesamt etwa 400.000 Menschen leben. Wer Cádiz anfährt, muss vorbei an gigantischen, gleichwohl im Niedergang befindlichen Werften, an Konservenfabriken und Raffinerieschlöten, schließlich über mehrere schnurgerade Kilometer durch die Wohnblocks der Neustadt, die sich auf einer schmalen Halbinsel erstreckt. Erst ganz am Ende dieser Landzunge liegen die auf drei Seiten vom Atlantik umgebenen Ursprünge von Cádiz, der ältesten Stadt Westeuropas – besiedelt seit 3000 Jahren.

Die Jahrtausende sieht man der Altstadt nicht an, zu oft und zu gründlich wurde sie zerstört. Doch obwohl nennenswerte Baudenkmäler fehlen, ist *La Tacita de Plata*, das „Silbertässchen", dank seiner besonderen Atmosphäre einen Aufenthalt allemal wert. Wenige Städte sind so dem Meer verhaftet wie das „glänzende Cádiz" (Lord Byron), das sich wehmütig und stolz der Kolonialzeit zu erinnern scheint. Auf den weiten Plätzen, in den üppig grünen Parks, aber auch in den Gassen der Altstadt bleibt das besondere, flirrende Licht des offenen Ozeans überall gegenwärtig, hinterlässt Salzluft ihre Spuren an den abblätternden Fassaden. Kaum etwas gemein mit dem üblichen Andalusienbild haben die zum Schutz vor den Winterstürmen verglasten Balkone, die eher an das Baskenland oder Galicien erinnern.

Ebenso ungewöhnlich ist die hohe Zahl der insgesamt mehr als 120 Aussichtstürme, der im 18. Jh. von reichen Privatleuten errichteten „Miradores", die sich über den Flachdächern der weißen Altstadt erheben und Cádiz einen wehrhaften Anstrich geben. Nicht zuletzt trägt auch der Hafen, an sich nicht sehenswert, aber einer der bedeutendsten Spaniens, seinen Teil zur Atmosphäre bei. Cádiz, übrigens (in Vertretung von Havanna) auch einer der Schauplätze des James-Bond-Films „Stirb an einem anderen Tag“, wirkt weltoffen und nobel, ist aber immer von seltsam fremd erscheinendem Reiz.

„Nur zwei Töne fallen ins Auge: blau und weiß. Aber das Blau ist so lebhaft wie Türkis, wie Saphir, wie Kobalt, wie alles, was man sich als maßloses Blau nur denken kann; und das Weiß ist so rein wie Silber, wie Milch, wie Marmor, wie der feinste Kristallzucker. Das Blau war der Himmel und sein Abglanz vom Spiegel des Meeres; das Weiß war die Stadt. Etwas Strahlenderes und Schimmernderes, ein diffuseres und gleichzeitig doch grelleres Licht ist nicht vorstellbar.“ (Théophile Gautier über Cádiz, 1840).

Orientierung: Das wuchtige Stadttor *Puerta de Tierra* markiert am Ende der kilometerlangen Zufahrtsstraße den Zugang zur fast völlig von Mauern umschlossenen Altstadt. Hält man sich nach dem Tor rechts, gelangt man, vorbei am Bahnhof, zur *Plaza San Juan de Dios*, dem heiteren Hauptplatz von Cádiz.

Geschichte

Glaubt man der Mythologie, so war es kein Geringerer als Herkules selbst, der *Gadir* („Befestigter Ort“) gründete. Nüchterner sehen es die Historiker, die die erste Besiedlung den Phöniziern zuschreiben. Damals, vielleicht schon gegen 1100 v. Chr., lag die Stadt noch auf einer Insel. Schon wenige Jahrhunderte später muss Cádiz für damalige Verhältnisse dicht besiedelt gewesen sein: Erst Ende der Neunziger entdeckten Archäologen auf dem Gelände einer ehemaligen Kaserne mitten im Stadtzentrum eine Nekropole des 6. Jh. v. Chr., in der etwa 10.000 Tote bestattet worden waren. Im *Zweiten Punischen Krieg* taten die Römer sich arg schwer gegen die Karthager, die sich auf der gut zu verteidigenden „schwimmenden Festung“ verschanzt hatten. Doch als sie schließlich erobert war, wurde *Gades* zur ersten spanischen Stadt, die Sprache und Recht Roms adaptierte.

711 nahmen die Mauren Cádiz ein, ohne sich in der Folge sonderlich für die Stadt zu interessieren. 1263 gelang die christliche Rückeroberung. Die Entdeckung Amerikas brachte einen gewaltigen Aufschwung. Hier wie auch in Sevilla landeten die heimkehrenden, mit Gold und Silber bis an den Rand beladenen Galeonen. Cádiz entwickelte sich zum Haupthandelshafen für die überseeischen Kolonien. Doch kaum ein Jahrhundert später, die Seemacht Spanien war im Kampf gegen England geschwächt, brachen stürmische Zeiten an. Immer wieder wurden Hafen und Stadt angegriffen, historische Gebäude und ganze Flottenverbände zerstört: 1587 durch Englands „Hofpiraten“ Sir Francis Drake und 1596 durch Graf Essex. Dennoch blühte Cádiz weiterhin, erhielt 1717 sogar an Stelle von Sevilla das Monopol des Amerikahandels. Die Erträge des Seehandels und die Reichtümer, die die Heimkehrer aus den Kolonien nach Cádiz brachten, wurden in repräsentative Bauten investiert. Auf jene Zeit gehen weite Teile des heutigen Stadtbilds zurück.

1805 richtete Lord Nelson seine Kanonen auf Cádiz. Im *Unabhängigkeitskrieg* gegen Napoleon belagerten die Franzosen 1808–1813 die Stadt und schossen sie in Brand, ohne sie jedoch einnehmen zu können. Während ihnen sozusagen die Kugeln um die Ohren flogen, verabschiedeten die Mitglieder der Ständeversammlung

Karte siehe Umschlagklappe hinten

Cortes die *Constitución de 1812*: Die erste Verfassung Spaniens, inspiriert durch die „afrancesados“, vom Gedankengut der Französischen Revolution beeinflusste liberale Intellektuelle, war für die damalige Zeit geradezu umstürzlerisch und wurde eben deshalb von *Ferdinand VII.* schon zwei Jahre später wieder aufgehoben.

Information/Verbindungen

• *Information* **Oficina de Turismo de la Junta de Andalucía**, Av. Ramón de Carranza s/n, nahe der Plaza San Juan de Dios. Das Büro der Regionalregierung, geöffnet Mo–Fr 9–19 Uhr, Sa/So 10–13.30 Uhr. ✆ 956 258646, ✆ 956 252449, otcadiz@andalucia.org.

Delegación Municipal de Turismo, direkt an der Plaza San Juan de Dios. Städtisches Büro, geöffnet von Mitte Juni bis Mitte September Mo–Fr 10–14, 17–19.30 Uhr, im restlichen Jahr 10–13.30, 16–18 Uhr. Vor dem Gebäude steht ein Infokiosk, der Sa/So von 10–13.30, 17–19 Uhr besetzt ist. ✆ 956 241001, www.cadizayto.es.

• *Verbindungen* **Flug**: Der stadtnächste Flughafen liegt bei Jerez de la Frontera, 32 Kilometer entfernt; bislang keine direkten Busverbindungen.

Zug: Bahnhof (Renfe-Info: ✆ 902 240202) an der Plaza de Sevilla am östlichen Altstadtrand, Nähe Hafen. Kürzlich umgebaut. Anschlüsse nach Jerez etwa stündlich, Sevilla alle ein bis zwei Stunden; Córdoba 4-mal, Madrid 2-mal tgl.; Huelva nur via Sevilla.

Cádiz, Stadt der „Miradores“-Türme

Bus: Zwei Gesellschaften und mehrere Haltestellen. Estación COMES an der Plaza de la Hispanidad (✆ 956 807059), nahe der Westseite des Fährhafens: Busse nach Chiclana halbstündlich bis stündlich, El Puerto de Santa María und Jerez jeweils etwa stündlich, nach Rota 9-mal, Conil de la Frontera 13-mal, Arcos 6-mal, Vejer 8-mal; Algeciras 10-mal, Tarifa 5-mal, Ronda 3-mal täglich. Nach Sevilla 13-mal, Málaga 6-mal, Granada 4-mal, Córdoba 2-mal täglich. Parada AMARILLOS (✆ 956 290800), eine Haltestelle an der Av. Ramón de Carranza 31, unweit der Plaza San Juan de Dios und der Infostelle der Junta. Nach El Puerto de Santa María, Sanlúcar de Barrameda und Chipiona 11-mal tgl., via Arcos bis Ubrique 5x täglich.

Auto: Parkplätze sind in der Altstadt Mangelware, zudem besteht hohe Einbruchsgefahr. Eine zentrale Tiefgarage findet sich an der Av. Ramón de Carranza.

Mietwagen: ATASA, C. Plocia 2, in der Altstadt bei der Pl. San Juan de Dios, ✆ 956 258207; EUROPCAR, im Bahnhof an der Pl. Sevilla s/n, ✆ 956 280507, BAHÍA Rent a Car, Pl. España 8, ✆ 956 271895.

• *Schiffsverkehr* **Motorschiff Adriano III.**, liebevoll „Vapor“ oder „Vaporcito“, das „Dampferchen“ genannt, fährt 5- bis 6-mal täglich nach El Puerto de Santa María. Eine Verbindung, die seit 1929 besteht! Das Schiff selbst, 1957 in Dienst gestellt, erhielt die Auszeichnung, „von hohem kulturellem Interesse“ zu sein. Gemütliche, bei hohem Wellengang auch mal schaukelige Fahrt. Anleger an der Estación Marítima unweit des Comes-Busbahnhofs, Fahrtdauer etwa 45 min., Preis 3 €, hin und zurück 5 €; Mo (außer im Sommer) kein Betrieb. Der „Catamaran Rápido del Puerto“ war zuletzt eingestellt.

Autofähren zu den Kanarischen Inseln je nach Saison 1- bis 3-mal wöchentlich. Tickets bei TRASMEDITERRANEA, in der Estación Marítima, Muelle Alfonso XIIII, Info-Telefon 902 454645, www.trasmediterranea.es.

Adressen

Deutsches Konsulat: Nächstes Büro in Jerez de la Frontera, siehe dort.

Telefon & Internet-Zugang: Teléfonos Públicos Gaditanos, Callejón de los Negros 1, Ecke Calle Lazaro Pou, gleich östlich der Plaza San Juan de Dios. Geöffnet ist täglich 10–24 Uhr.

Post: Plaza Topete, genannt Plaza de las Flores (Altstadt), Öffnungszeiten: Mo–Fr 8.30–20.30 Uhr, Sa 9.30–14 Uhr.

Übernachten (siehe Karte S. 122/123)

Außer zu den Festen sollte es keine Quartierschwierigkeiten geben. Fast alle aufgeführten Adressen liegen in der Altstadt.

**** **Parador Hotel Atlántico (27)**, bereits 1929 eröffneter Bau am Altstadtrand mit schöner Aussicht auf die Bucht; Parkplätze, Garage, Swimmingpool. DZ nach Ausstattung und Saison etwa 110–120 €. Av. Duque de Nájera, beim Parque Genovés ganz im Nordwesten der Altstadt; ☏ 956 226905, 📠 956 214582, www.parador.es.

**** **Hotel Playa Victoria (17)**, in der Neustadt. Modernes, ausgesprochen komfortables Oberklassehotel in unmittelbarer Strandlage; Pool und Garage vorhanden. Zwei Buslinien in die Altstadt. DZ nach Saison etwa 125–170 €, Superior- und Salonzimmer noch mehr. Glorieta Ingeniero La Cierva 4, ☏ 956 275411, 📠 956 263300, www.palafoxhoteles.com.

*** **Hotel Hospedería Las Cortes de Cádiz (12)**, ein charmantes, erst 2004 im Gebäude des ehemaligen Hotels „Imares" eröffnetes Quartier mit einer Halle bis unters Dach. 36 hübsche Zimmer, aber Achtung, ein Drittel sind „Interiores" mit Fenster nur zur Halle; in dieser Kategorie nicht jedermanns Geschmack. Parkmöglichkeit. DZ/F nach Saison etwa 105–130 €. C. San Francisco 9, ☏/📠 956 212668.

*** **Hotel Francia y París (9)**, ordentliche Mittelklasse in zentraler Lage an einem hübschen kleinen Platz im Herzen der Altstadt. Nicht gerade topmodernes, aber gepflegtes Haus, DZ nach Saison knapp 75–80 €. Pl. San Francisco 2, ☏ 956 222348, 📠 956 222431, www.hotelfrancia.com.

** **Pensión Hostal Bahía (7)**, nur einen Sprung von der Plaza San Juan de Dios. Tolle Lage, hotelähnliche Ausstattung. Komfortable Zimmer mit TV, Telefon und Klimaanlage, DZ/Bad 50–70 €. C. Plocia 5, ☏ 956 259061.

** **Pensión Hostal Centro Sol (20)**, sympathisches Altstadtquartier, das um einen zentralen Patio aufgebaut ist. Nicht ganz so komfortabel wie die Pension Bahía, jedoch durchaus gepflegt. DZ/Bad etwa 50 €, im Winter rund 40 €; ohne Bad jeweils etwas günstiger. C. Manzanares 7, ☏ und 📠 956 283103.

* **Pensión Colón (18)**, in der Nähe, nur einen Katzensprung von der Plaza San Juan de Díos entfernt. Vor einigen Jahren renoviert, ordentliche Zimmer, Dachterrasse. DZ ohne Bad je nach Saison etwa 25–35 €, auch Dreibettzimmer. C. Marqués de Cádiz 6, ☏ 956 285351. Weitere preisgünstige Pensionen in der Calle Flamenco, die von der Calle Marqués de Cádiz meerwärts abzweigt.

* **Pensión Marqués (16)**, schräg gegenüber in derselben Straße. Ebenfalls vor wenigen Jahren renovierte, gepflegte Zimmer auf mehreren Stockwerken in einem großen alten Haus, DZ etwas deftige 30–45 €. C. Marqués de Cádiz 1, ☏ 956 285854.

* **Pensión España (14)**, ebenfalls in diesem Gebiet, untergebracht in einem hübschen Altstadthaus. Kürzlich teilrenoviert, auch das Mobiliar wurde teilweise (nicht durchgängig) erneuert. DZ/Bad etwa 40–45 €, ohne Bad 30–35 €. C. Marqués de Cádiz 9.

* **Pensión Quo Quádis (26)**, eher eine Art private Jugendherberge. Hübsches altes Haus mit gekachelten Räumen und Dachterrasse. Jugendlich-internationale Atmosphäre, viele Aktivitäten. Übernachtung im Schlafsack und inklusive Frühstück je nach Saison etwa 6–9 €; auch einfache Einzel-, Doppel- und Dreierzimmer ohne Bad. 10 % Rabatt für Fahrradreisende. Oft voll, besser vorher anrufen oder zumindest früh am Tag kommen. C. Diego Arias 1, im westlichen Bereich der Altstadt, ☏ und 📠 956 221939.

• *Camping* In Cádiz selbst gibt es keinen Platz, der nächste liegt in El Puerto de Santa María, siehe unten.

Essen

Spezialitäten der Stadt sind natürlich Meeresfrüchte wie die Tintenfische *chocos* und Fisch aller Art, z. B. *caballa*, Makrele, besonders gut vom Grill. Maritime Köstlichkeiten gibt es in Cádiz so günstig wie selten sonst in Südspanien, vor allem in den Frittierstuben *freidurías*, für die die Stadt berühmt ist. Die dort gekauften Portionen darf man auch in manche der benachbarten Kneipen (kenntlich an Schildern wie „Se admiten comidas de la calle") mitnehmen und zum Bier oder Wein verzehren.

• *Restaurants* **Restaurante El Faro (28)**, weithin gelobtes Nobellokal von Cádiz, Meeresküche in einfallsreichen Variationen. Unter 30 € fürs Menü geht kaum etwas, mehr kann man dagegen leicht ausgeben. C. San Felíx 15, im äußersten Westen der Altstadt, drei Blocks landeinwärts der Verbindung zum Kastell; ✆ 956 211068.

Restaurante Casa Antonio (22), an der Plaza San Antonio, ein paar Tische auch im Freien. Edles Restaurant mit guter Lokalküche in umfangreicher Auswahl, gleichzeitig der örtliche Spezialist für Reisgerichte (Arroces). Menü etwa 25 €, dafür gibt es aber auch ordentliche Portionen. Pl. San Antonio 9.

Restaurante El Sardinero (8), am Hauptplatz der Altstadt, ein sehr traditionsreiches Terrassenrestaurant. Schwerpunkt Fischspezialitäten. Menü à la carte ab etwa 20 €. Pl. San Juan de Dios 4.

Restaurante Achuri (3), unweit der Plaza San Juan de Dios. Alteingesessenes Lokal mit nostalgischem Ambiente. Gute baskische Küche, Menü mit Fisch etwa 18 €, mit Fleisch günstiger. C. Plocia 15; am Di, Mi und So abends jeweils geschlossen.

Rest. Gotinga (24), ein Lesertipp von Stefan-Kai Obst: „Das Restaurant Gotinga (zu deutsch: Göttingen) bietet exzellente andalusische Küche. Überdurchschnittlich große, vielfältige Tapas, traditionelle Gerichte, Cocktails und Gebäck zu günstigen Preisen. Der deutsche Betreiber Christof ist schon mehrere Jahre vor Ort." Plaza del Mentidero 15, im Umfeld noch weitere Lokale.

• *Tapa-Bars und Kneipen* **Bar-Cervecería El Bogavante (2)**, meerwärts der Plaza de la Mina. Tische im Freien, oft eine angenehm frische Brise vom Meer. Raciones Fisch und Meeresfrüchte kosten um die 8–10 €;

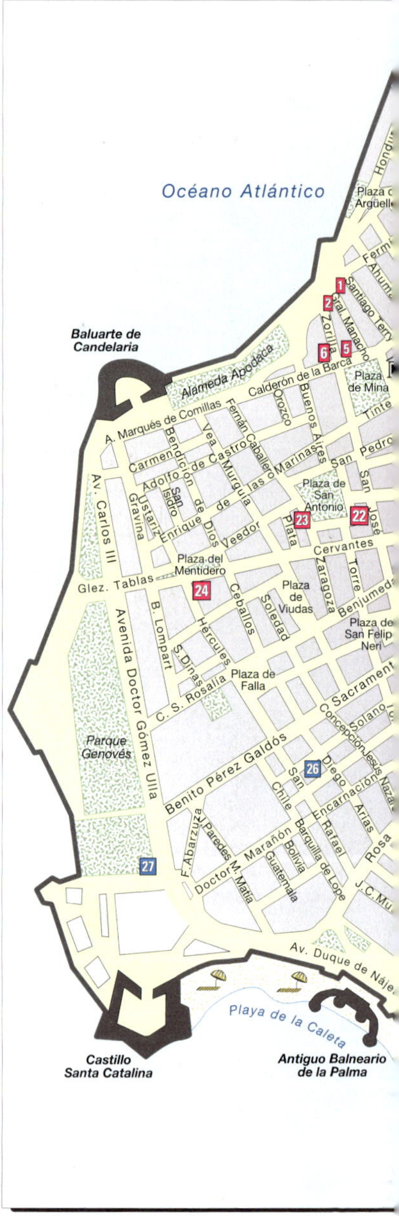

Provinz Cádiz
Karte siehe Umschlagklappe hinten

die namensgebenden Hummer, sofern vorrätig, natürlich mehr. Cazuelitas (kleine Kasserolen) gibt es für 2–3 €. Alameda Apodaca, Ecke Calle Zorrilla.

Bar-Rest. Balandro (1), in der Nähe, ein eher schickes Lokal, erwähnenswert besonders wegen der umfangreichen Tapa-Auswahl (25–30 Sorten). Große Tapas, aber leicht gehobenes Preisniveau. C. General Menacho 24.

Cervecería Aurelio (5), in der Kneipengasse Calle Zorilla. Sehr urig, großer gekachelter Raum, viele Einheimische. Prima Tapas und Raciones, Spezialität sind gekochte Meeresfrüchte. C. Zorilla 1.

Bar Cruz Blanco/Cumbres Mayores (6), gleich gegenüber. Dunkles, hübsch gemachtes Lokal, in dem der Schwerpunkt auf Fleisch-Tapas und Raciones liegt. C. Zorilla 4.

Bar La Terraza (21), am Vorplatz der Kathedrale. Ein hübsches Plätzchen im Freien mit schönem Blick, guten Tapas und Raciones. Die Kellner sind gelegentlich etwas mürrisch. Plaza Catedral.

La Montanera/El Fogón de Mariana (19), unweit der Torre Tavira. Das gemütliche Bar-Restaurant ist Teil einer kleinen Kette, die sich auf Schinken und Fleisch vom Grill spezialisiert hat. Mittleres Preisniveau. C. Sacramento 39.

Bar Lizarrán (10), baskische Ketten-Bar an einer der Hauptgassen der Altstadt. Gern getrunken wird der frische baskische Weißwein „Txakolí", gegessen hauptsächlich die baskische Variante der Tapas („Pintxos"), die man sich im Self-Service-Verfahren an der Theke besorgt. Abgerechnet wird nach Zahl der Zahnstocher, die die Häppchen und das Weißbrot zusammenhalten. C. Marqués de Valdeiñigo 4, Ecke Calle Rosario.

Almacen Diaz Sepúlveda (11), ganz inder Nähe der Bar Lizarrán. Eine kleine Kuriosität: Diese Mischung aus Laden und Bar war einst für Cádiz ganz typisch, heute gibt es nicht mehr viele davon. C. Rosario, Ecke Calle Zapata.

Taberna La Manzanilla (15), in der Nähe. Eine wunderbare Kneipe, die über hundert Jahre auf dem Buckel hat. Aus den riesigen Fässern wird ausschließlich Manzanilla aus Sanlúcar gezapft (auch zum Mitnehmen), das Hinterzimmer ist ein wahres Weinmuseum. C. Feduchy 19.

• *Freidurías* Cádiz wird weithin gerühmt für frittierten Fisch und ebensolche Meeresfrüchte. In der Tüte zum Mitnehmen muss man fürs Viertelkilo Gambas mit 5–7 € rechnen, für Chocos (Tintenfische) mit etwa 4–5 €. Fisch kostet je nach Sorte oft noch weniger. Sehr lecker: Cazón en Adobo, marinierter und mit Kreuzkümmel gewürzter Dornhai.

Freiduría Las Flores I (25), an der Plaza Topete, nicht weit von der Post. Traditionsreiche Freiduría in prominenter Lage, kürzlich renoviert und edel herausgeputzt. Tische innen und außen, Essen gibt es entweder im Self-Service-Verfahren aus der Papiertüte oder à la carte beim Kellner, der in jedem Fall auch die Getränke bringt. Mittags bestens besucht.

Freiduría Veedor (23), C. Veedor 2, nahe der Plaza San Antonio, westlich der Plaza de la Mina. Mit benachbarter Bar, in die man seinen Fang mitbringen darf.

Freiduría Joselito (4), unweit der Plaza San Juan de Dios. Hier auch einige Tische im Freien. Av. Ramón de Carranza s/n, in der Nähe der Infostelle der Junta.

Freiduría Sopranis (13), C. Sopranis 2, fast direkt an der Plaza San Juan de Dios. Seit Jahren geschlossen, wohl wegen der andauernden Restaurierung des Hauses; Wiedereröffnung möglich, aber nicht gesichert.

Calle Zorrilla: In der beliebten Kneipengasse nahe der Plaza de la Mina werden gekochte Meeresfrüchte oft von fliegenden Händlern angeboten.

Nachtleben

Wie fast immer in Spanien sind die einzelnen Bereiche festen zeitlichen Regeln unterworfen. Als besonders wichtiges Zentrum des Nachtlebens gilt Cádiz nicht.

Plaza Glorieta und Umgebung, in der Neustadt, zwar ganz überwiegend nur im Sommer aktuell, dann aber etwa ab Mitternacht der wichtigste Treffpunkt für das sehr junge Publikum. Am Paseo Marítimo, etwa auf Höhe der Plaza, finden sich Bars und Discos in guter Auswahl. In der an den Platz selbst angrenzenden Calle General Muñoz Arenilla, der einzigen auch im Winter beliebten Kneipengasse hier, drängeln sich die Massen geradezu.

Calle Zorilla, am Altstadtplatz Plaza de la Mina: Hier herrscht ab etwa 22 bis 23 Uhr viel Betrieb, insbesondere am Wochenen-

Nostalgie pur: Taberna La Manzanilla

de. Einen Besuch wert sind die herrlich urigen Tapa-Bars und Bierkneipen aber auch schon früher.

Plaza San Francisco/Calle Rosario: Eine weitere, vorwiegend winterliche Kneipenzone, nur wenige Schritte östlich der Plaza de la Mina selbst.

Punta San Felipe, die Halbinsel nördlich der Plaza España, ist eine noch recht junge Nachtzone, in der es besonders in den Morgenstunden am Wochenende hoch hergeht.

Feste/Einkaufen/Baden

• *Feste und Veranstaltungen* Es ist eine ganze Menge los in Cádiz, besonders in punkto Kulturfestivals.

Carnaval, Karneval, Fasching – das wildeste Fest von Cadíz. Näheres im Kasten.

Semana Santa, die Karwoche; Zentren der Prozessionen sind die Plaza de la Mina und die Kathedrale, die alle Pasos durchqueren müssen.

Festival Manuel de Falla, ein Festival klassischer Musik, alljährlich im Mai und Juni.

Corpus Cristi, Fronleichnam. Unter anderem Prozessionen mit den riesigen, vor Edelmetall und Diamanten funkelnden Monstranzen, die sonst im Museum der Kathedrale ausgestellt sind.

San Juan, 23./24. Juni. Am 23. abends die „Quema de los Juanillos", übersetzt etwa „Verbrennen der kleinen Juans" – es handelt sich aber nur um Puppen.

Festival Internacional de Folclore Ciudad de Cádiz, ein großes Folk-Festival in der ersten Julihälfte. Musik unter freiem Himmel im Parque Genovés.

Alcances-Festival, ein bedeutendes Filmfest im Lauf des Monats September.

Fiesta de la Virgen del Rosario, am 7. Oktober; ein Fest zu Ehren der Stadtheiligen.

Festival Iberoamericano de Teatro, Festival südamerikanischer Theater, im Oktober.

Festival Internacional de Títeres, ein großes Puppenfestival, das an wechselnden Terminen im Dezember stattfindet.

• *Einkaufen* **Shoppingzone** ist vor allem das Gebiet zwischen der Plaza de las Flores und der Calle San Francisco, insbesondere die Calle Columela samt ihren Seitenstraßen.

Mercado Central an der Calle Libertad, unweit der Plaza Topete und der Post. Großer Markt mit buntem Angebot.

Provinz Cádiz
Karte siehe Umschlagklappe hinten

• *Baden* **Playa de la Caleta**: Am westlichen Altstadtende liegt dieser kleine, aber hübsche Strand mit Gebäuden im nostalgischen Seebad-Stil. Die Wasserqualität ist bei Stadtstränden natürlich immer etwas kritisch.

Playas de la Victoria y Cortadura: Auf sieben km Länge ist die Südwestseite der Neustadthalbinsel praktisch ein einziger Strand, im Sommer bei den „Gaditanos", wie die Einwohner von Cádiz genannt werden, höchst beliebt. Die Playa de la Victoria und die angrenzende Playa de la Cortadura waren zuletzt sogar mit der „Blauen Flagge" prämiert, das Wasser sollte also zumindest hier sauber sein. Weiter südöstlich erstrecken sich hinter dem Militärgelände Fuerte de Contadura kilometerlange Strände ohne Bebauung.

Sehenswertes

Cádiz ist in erster Linie eine Stadt des 18. Jahrhunderts. Aus früheren Zeiten hat kaum eines der baulichen Monumente die vielen Zerstörungen überlebt, weshalb sich die Altstadt auch mehr zum entspannten Bummel als zum gezielten Besuch von Sehenswürdigkeiten anbietet. Zwei Ausnahmen, die man keinesfalls versäumen sollte, sind der Turm *Torre Tavira* und das *Museo de Cádiz.*

Rundgang um die Altstadt: Sehr schön ist ein Spaziergang entlang der Mauern aus dem 18. Jh., die fast rundum noch Stadt und Meer trennen. Viel Wehrhaftes wird man hier entdecken, außerdem die Barockkirche *Iglesia del Carmen* mit ihren beiden churrigueresk dekorierten Türmen. Reizvolle Abschnitte des Rundgangs sind auch die parkähnlich gestaltete *Alameda Apodaca* auf Höhe der Plaza de Mina und weiter südlich der *Parque Genovés.*

Castillo de Santa Catalina: Die fünfeckige Festung im Westen der Altstadt grenzt an den Stadtstrand Playa de la Caleta und wurde ab 1598 auf Anordnung Philipps II. als Konsequenz aus den Angriffen der Engländer errichtet. Zuletzt war der wuchtige Bau in Restaurierung.

Castillo de San Sebastián: Auch dieses Kastell, ab dem Ende des 16. Jh. auf einer Felsinsel im Süden der Playa de la Caleta errichtet, ist bis auf weiteres nicht zugänglich, da in Militärbesitz. Der Spaziergang über den Kai hinüber bis zum Tor macht jedoch Laune und öffnet einen schönen Blick auf die Stadt. Vorsicht bei hohem Wellengang, wenn das Wasser quer über die gesamte Mole spritzt!

Plaza San Juan de Dios: Der weite, freundliche Hauptplatz der Stadt empfängt Besucher mit Palmen, einer Reihe von beliebten Cáfes und Restaurants und dem im 18. Jh. errichteten, klassizistischen Rathaus.

Barrio del Pópulo: Das „Viertel des Volkes" geht auf das 18. Jh. zurück und ist, ohne besondere Sehenswürdigkeiten aufzuweisen, tatsächlich sehr bescheiden und volkstümlich geblieben. Zu erreichen ist es von der Plaza San Juan de Dios über die gleichnamige Straße in südlicher Richtung.

Catedral Nueva: Einige Straßen westlich des Barrio, in Meeresnähe. 1720 begonnen und erst 1838 fertiggestellt, beeindruckt der Bau mit der großen gelben Kuppel weniger mit seiner Mixtur aus Barock und Klassizismus, eher schon mit seinen Dimensionen: Der Innenraum misst 85 Meter Länge, 60 Meter Breite und stolze 52 Meter Höhe. Im Inneren wird aber leider auch deutlich, dass die Kathedrale in einem verheerenden baulichen Zustand ist, da die Meeresluft das Gestein versalzen ließ. Fachleute brüten nun darüber, wie die Kirche vor dem endgültigen Verfall zu retten ist. In der Krypta, die auch wegen ihrer ungewöhnlichen Akustik berühmt ist, liegt das Grab des Komponisten Manuel de Falla (1876–1946), der zu den größten Söhnen der Stadt zählt. Neben der Kathedrale steht ihr teilweise zerstörter Vor-

Weite Aussicht: Blick von der Torre Tavira

läuferbau, die *Iglesia de Santa Cruz*. Ein Stück weiter östlich wurde vor wenigen Jahren das *Teatro Romano* (Di–So 10–14 Uhr) aus dem ersten nachchristlichen Jahrhundert ausgegraben.

Öffnungszeiten Di–Fr 10–13.30, 16.30–19 Uhr; Sa 10–13 Uhr, ein Besuch schließt die Besichtigung des Kathedralenmuseums (s.u.) mit ein; Eintrittsgebühr 3 €.

Museo de la Catedral: Höhepunkt des nach einer umfasssenden Renovierung im Jahr 2000 vom Königspaar eröffneten Museums sind gleich drei riesige, mit Gold, Silber, Perlen und Edelsteinen opulent geschmückte Monstranzen, von denen eine mit einer Höhe von sechs Metern (!) die größte der Welt sein soll. Weiterhin gibt es einige Gemälde der Sevillaner Schule zu sehen, darunter Arbeiten von Zurbarán und Murillo.

Mirador Torre de Poniente de la Catedral: Erst vor kurzem wurde der Westturm der Kathedrale für Besucher geöffnet. Im Inneren geht es über eine Rampe nach oben zu einer Aussichtsplattform, von der sich ein guter Blick auf die Kathedrale ebenso bietet wie ein weites Panorama der Stadt. „Der höchste Turm von Cádiz" werben die Betreiber übrigens korrekt, doch steht man wegen der Kuppel eben nicht ganz oben und deshalb auf der Dachterrasse der Torre Tavira ähnlich hoch.

Öffnungszeiten Täglich 10–18 Uhr, Eintrittsgebühr 3,50 €. www.torredeponiente.com

Plaza Topete (Plaza de las Flores): Zwar ist die Plaza San Juan de Dios dank des Rathauses gewissermaßen der offizielle Hauptplatz von Cádiz, den tagsüber stets belebten Mittelpunkt der Altstadt bildet jedoch die Plaza Topete. Wegen der vielen Blumenverkäufer wird sie auch „Plaza de las Flores" genannt. Ganz in der Nähe lohnt sich ein Blick in die städtische Markthalle an der Calle Libertad. Hier lag schon immer der Handelsplatz von Cádiz. Die Stadt rühmt sich deshalb, den „ältesten überdachten Markt" Europas zu besitzen, womit aber kaum das Gebäude selbst gemeint sein dürfte.

Torre Tavira: Wohl die ungewöhnlichste Sehenswürdigkeit der Stadt. Der dreistöckige, im Barockstil des 18. Jh. errichtete Turm war ursprünglich Teil eines Palastes und steht auf dem höchsten Punkt der Altstadt, an der Kreuzung der Calle Sacramento mit der schmalen Calle Marqués del Real Tesoro. In zwei Stockwerken sind wechselnde Ausstellungen zu Themen rund um die Stadt Cádiz untergebracht, außerdem ein Computer mit Informationen zu den Weißen Dörfern der Provinz. Wichtigste Attraktion ist jedoch die *Camera Obscura* (lat.: „Dunkle Kammer"), ein altes Projektionsverfahren, das ein seitenverkehrtes, aber sehr scharfes Bild liefert. Mit Hilfe eines Spiegels und einer Linse entstehen in dem abgedunkelten Raum auf einem konkaven Schirm „lebende Bilder" der Umgebung: Wäsche flattert auf den Dächern, man sieht Menschen durch die Straßen laufen, Vögel fliegen und Schiffe vorbeifahren. Die Konstruktion ist drehbar und ermöglicht es so, einen 360-Grad-Blick über die Altstadt zu werfen. Im Anschluss lässt sich das Gesehene auf der Dachterrasse nachvollziehen, die eine fantastische Aussicht über die Turmlandschaften der Stadt bietet.

Öffnungszeiten 15. Juni bis 15. September tägl. 10–20 Uhr, sonst 10–18 Uhr; Eintritt 3,50 €, Studenten etwas ermäßigt. Ein Besuch lohnt sich vor allem bei schönem Wetter. Für Rollstuhlfahrer besteht leider keine Zugangsmöglichkeit. www.torretavira.com.

Museo de las Cortes de Cádiz: Das Museum an der Calle Santa Inés 9 erinnert an die Verfassung, die nebenan (s.u.) von den Cortes verabschiedet wurde. Nach einer Umstruktierung wird hier ein "virtuelles Cádiz des 18. Jh." zu sehen sein, geschaffen vom Centro de Realidad Virtual (Zentrum für Virtuelle Realität) in Barcelona – man darf gespannt sein ... Eine Art Filiale soll an der Grenze zur Neustadt im Turm Puerta de Tierra eingerichtet werden.

(Bisherige) Öffnungszeiten Di–So 9–13, Di–Fr auch 17–20 Uhr (Winter 16–19 Uhr).

Oratorio de San Felipe Neri: Ganz in der Nähe des Museo de las Cortes de Cádiz. Ein Platz, der Geschichte schrieb: Hier verabschiedeten 1812 die Cortes die erste Verfassung Spaniens, der Barockbau aus dem 17./18. Jh. wurde deshalb zum Nationalmonument erklärt. Im Inneren ist am Altar eine *Inmaculada* (Unbefleckte Empfängnis) von Murillo zu sehen.

Öffnungszeiten Mo–Sa 10–13.30 Uhr; Eintrittsgebühr 1,20 €.

Plaza de Mina: Rechter Hand am nordöstlichen Ende der Calle San José. Ein schöner, dank des atlantischen Klimas herrlich dicht begrünter Platz, an dem tagsüber Vögel und abends Kinder und Mopeds lärmen.

Museo de Cádiz: Direkt am Platz. Das frühere Museo de Bellas Artes y Arqueológico gliedert sich in mehrere Sektionen und zählt zu den bedeutendsten Sehenswürdigkeiten der Stadt.

Sección de Arqueológia: Das Archäologische Museum im Untergeschoss präsentiert in vorbildlicher Manier Funde aus der langen Vergangenheit der Stadt und ihrer Umgebung, darunter aus einer großen phönizischen Nekropole. Obwohl auch maurische Exponate zu sehen sind, stammen die hochrangigsten Stücke der Stadtgeschichte entsprechend aus früherer Zeit. Der Höhepunkt der Archäologischen Sektion sind zwei Marmorsarkophage in Menschenform, die wahrscheinlich aus dem 4. Jh. v. Christus stammen. Die Körper sind nur angedeutet, die idealisierten Gesichter des Mannes und der Frau jedoch fein herausgearbeitet, um ihre Unsterblichkeit zu gewährleisten. Geschaffen wurden sie wohl von griechischen Künstlern nach Vorbildern aus Ägypten; Auftraggeber dürften jedoch Phönizier gewesen sein.

Sección de Bellas Artes: Die große und hervorragend bestückte Gemäldesammlung ist nach derjenigen von Sevilla die bedeutendste Andalusiens. Ausgestellt sind unter anderem Werke von Rubens, Morales, Cano und Ribera; der zeitliche Rahmen reicht bis zu Sorolla und Miró. Murillo ist mit seinem letzten, 1682 entstandenen Gemälde vertreten – während der Arbeiten an den „Desposorios de Santa Catalina" war der sevillanische Künstler gestürzt und hatte sich dabei tödlich verletzt. Das Glanzstück der Ausstellung jedoch bildet eine umfangreiche Sammlung von Werken des asketischen Zurbarán.

Sección de Etnografía: Im zweiten Stock zeigt die völkerkundliche Abteilung unter anderem alte Marionettentheater aus dem 19. und 20. Jh., die in früheren Zeiten so beliebt waren wie heute das Kino.

Öffnungszeiten Mi-Sa 9–20 Uhr, Di 14.30–20 Uhr, So 9.30–14.30 Uhr; Mo geschlossen. Eintritt für EU-Bürger gratis, sonst 1,50 €.

Cuartetos, Chiringitos, Comparsas und Coros: Karneval in Cádiz

Der Karneval von Cádiz ist spanienweit berühmt, nur noch mit dem von Teneriffa zu vergleichen. Die farbenprächtigen Umzüge könnten auch in Südamerika stattfinden, und an Aschermittwoch ist noch lange nicht Schluss ... Es waren vor allem Kaufleute aus Genua und Venedig, die schon im 16. Jh. Masken- und Kostümfeste nach Spanien brachten. Seit 1861 wird der Karneval von Cádiz von der Stadtverwaltung organisiert und dauert von Donnerstag vor Aschermittwoch bis zum übernächsten Sonntag. Eine hiesige Spezialität sind die Spottgesänge der je nach Zahl ihrer Mitglieder „Cuartetos" (drei bis fünf Personen), „Chiringitos" (etwa zwölf Personen), „Comparsas" (etwa 14 Personen) und „Coros" (40–50 Personen) genannten Gruppen, die in freundschaftlicher Konkurrenz zueinander stehen. In einem Vorab-Wettbewerb, der fast 20 Tage dauert, tragen sie tagsüber in den Straßen und abends im Teatro de Falla ihre satirischen Gesänge vor; das Finale, das am Donnerstag in der Woche vor Beginn des eigentlichen Karnevals stattfindet, wird vom Fernsehen übertragen. Neben den offiziellen gibt es auch eine ganze Reihe inoffizieller Gruppen und Grüppchen, die oft sehr fantasievoll kostümierten „Charangas". Höhepunkt des Karnevals ist das erste Wochenende bis einschließlich Dienstag; am Sonntag findet ein vierstündiger Umzug statt, der oft von mehr als 100.000 Menschen begleitet wird, gefolgt von einem großen Feuerwerk. Ab Aschermittwoch wird es ruhiger, doch endet der Karneval von Cádiz erst am ersten Fastensonntag mit dem „Umzug des Humors" im alten Stadtkern. – Wichtig zu wissen: Unterkünfte sind während der Karnevalszeit ohne längerfristige Reservierung kaum zu bekommen. Viele Besucher kommen deshalb von außerhalb und machen zumindest eine Nacht einfach durch.

Der Karneval von Cádiz im Internet: **www.carnavaldecadiz.com**

Oratorio de Santa Cueva: In der Calle Rosario, die von der Plaza de Mina etwa in östlicher Richtung abzweigt. Das Oratorium der Barockkirche *Iglesia del Rosario* birgt eine Reihe von Gemälden, darunter drei feine Arbeiten von Meister Goya, der sonst mit religiöser Thematik nicht viel am Hut hatte.

Öffnungszeiten Mo–Fr 10–13, 16.30–19.30 Uhr, Sa/So 10–13 Uhr, Eintrittsgebühr 2 €.

El Puerto de Santa María

Die lebendige Stadt an der Mündung des Río Guadalete ist schon fast ein Vorort von Cádiz, gleichzeitig praktisch der Hafen von Jerez und auch der Beginn einer Reihe von Badeorten, die bislang vorwiegend von Spaniern besucht werden.

El Puerto de Santa María, meist schlicht „El Puerto" genannt, ist ähnlich alt wie Cádiz. Die Stadt war Ausgangspunkt der zweiten Amerikaexpedition von Kolumbus und später ein wichtiger Hafen für den Handel mit den neuen Kolonien. Am Rand des Parks an der flussnahen Plaza de las Galeras Reales steht noch jener Brunnen, aus dem die königlichen Karavellen ihren Wasservorrat gefüllt haben sollen. Aus jener Glanzzeit stammt auch eine ganze Reihe von Palästen, in denen sich der Reichtum der hiesigen Kaufherren manifestierte.

Heute ist der planmäßig im Schachbrettmuster aufgebaute, rund 75.000 Einwohner zählende Ort vor allem für seine Bodegas bekannt, in denen Sherry reift und von denen aus er auch verschifft wird: El Puerto bildet das südliche Ende des „Sherry-Dreiecks", zu dem auch noch Sanlúcar de Barrameda und natürlich Jerez selbst zählen. Zur spanischen Urlaubssaison ist einiges los um El Puerto, bilden doch die Strände zwischen hier und Sanlúcar das Hauptferienziel der Einwohner von Sevilla und Madrid. Auch der ausgedehnte Ort selbst, der übrigens als eine der Geburtsstätten des Flamenco gilt, hat in den letzten Jahren einen kräftigen touristischen Aufschwung erlebt, nicht zuletzt wohl wegen des großen Yachthafens „Puerto Sherry". Eine weitere Attraktion der Stadt ist das Spielcasino, eines der wenigen Andalusiens.

Schlemmen am „Ufer der Meeresfrüchte"

Ein wichtiger Anziehungspunkt, vor allem für die Einwohner von Cádiz und Jerez, in zunehmendem Maße aber auch für ausländische Reisende, sind die Fischlokale von Puerto de Santa María. Parallel zum Fluss und einen Block landeinwärts erstrecken sich Dutzende von Lokalen, in denen Fisch und Meeresfrüchte serviert werden, in manchen nach Gewicht und aus der Papiertüte, andere auf edel und teuer gemacht. Eine der Straßen im Zentrum des Genusses heißt denn auch sinnigerweise *Ribera del Marisco*, „Ufer der Meeresfrüchte". Zwar gibt es auch Frittierstuben im Ort, typischer für El Puerto sind jedoch die *Cocederos*, in denen das Meeresgetier in Salzwasser gekocht wird. Das ist eine Wissenschaft für sich, hat doch jede der zahlreich angebotenen Sorten ihre eigene Kochzeit, die auf den Punkt genau eingehalten werden muss. Um ein Nachgaren zu verhindern, wird die Ware deshalb sofort nach dem Kochen in Eiswasser abgekühlt.

Information/Verbindungen/Diverses

• *Information* **Oficina Municipal de Turismo**, C. Luna 22, im Gebiet zwischen der Flussuferstraße Avenida de la Bajamar und der Plaza España. Öffnungszeiten: Mai bis September tgl. 10–14 Uhr, 18–20 Uhr, im restlichen Jahr tgl. 10–14, 17.30–19.30 Uhr. ✆ 956 542413, ℻ 956 542246, www.elpuertosm.es.

• *Verbindungen* **Zug**: Bahnhof am nordöstlichen Ortsrand. Züge Richtung Cádiz und Jerez etwa stündlich, nach Sevilla alle

„Von hohem kulturellem Interesse": Adriano III. zwischen El Puerto und Cádiz

ein bis zwei Stunden mit einer Pause über Mittag.

Bus: Wichtigste Haltestelle gegenüber der großen Stierkampfarena Plaza de Toros, etwas südlich des Zentrums; manche Busse fahren jedoch am Bahnhof ab. Nach Cádiz ab der Arena etwa halbstündlich, ab Bahnhof 8-mal tgl.; Rota ab Arena 11x, ab Bahnhof 15x, Chipiona und Sanlúcar ab Arena 9-mal tgl., Jerez ab Arena 8-mal, ab Bahnhof 18-mal, Sevilla ab Bahnhof 6-mal täglich.

• *Schiffsverkehr* **Motorschiff Adriano III.** (genannt „Vapor" oder liebevoll „Vaporcito", das „Dampferchen") 4- bis 5-mal tgl. nach Cádiz, siehe auch dort. Abfahrt am Fluss bei der Fuente de las Galeras, Fahrtdauer etwa 45 min., Preis 3 €, hin und zurück 5 €; Mo (außer im Sommer) kein Betrieb. Von Juli bis Anfang September 3x wöchentlich (zuletzt: Di, Do, Sa) auch nächtliche Vergnügungsfahrten, die sog. „Paseos Nocturnos", p.P. 5 €. Der „Catamaran Rápido del Puerto" war zuletzt eingestellt.

• *Post* Plaza del Polvorista s/n, unweit des Hotels Santa María, geöffnet Mo.Fr 8.30–20.30 Uhr, Sa 9.30–14 Uhr.

• *Internet-Zugang* Ciberbahia, Av. Miacela Aramburu 21, nicht weit von der Post.

Übernachten/Essen (siehe Karte S. 132/133)

• *Übernachten* Wegen der guten Verkehrsverbindungen (am schönsten per Schiff!) ist El Puerto auch als Alternative zu Cádiz interessant. Zum Gran Premio de España in Jerez Anfang Mai gelten Sondertarife; El Puerto ist dann komplett ausgebucht.

***** **Hotel Duques de Medinaceli (1)**, im nördlichen Zentrumsbereich. 2002 eröffnetes Luxushotel, untergebracht in einem Stadtpalast des späten 18. Jh. mit Hauskapelle und prachtvollem botanischen Garten. Die 28 Zimmer gruppieren sich auf zwei Etagen um einen zentralen Patio. DZ nach Saison und Ausstattung 170–290 €, auch Suiten. Pl. de los Jazmines 2, ✆ 956 860777, ✆ 956 542687, www.jale.com/dmedinaceli.

**** **Hotel Monasterio San Miguel (2)**, bestens ausgestattetes Hotel im fantastischen Ambiente eines Klosters aus dem 18. Jh., komplett mit Kreuzgang. Man sieht es dem schönen Bau nicht an, dass er 165 Zimmer beherbergt. Hier macht auch schon mal die spanische Königsfamilie Urlaub... DZ nach Saison und Ausstattung etwa 150–230 €, auch Suiten. C. Larga 27, unweit der Ribera del Marisco, ✆ 956 540440, ✆ 956 542604, www.jale.com/monasterio.

Provinz Cádiz
Karte siehe Umschlagklappe hinten

*** **Hotel Santa María (16)**, mit 100 Zimmern auch nicht gerade klein. Gut ausgestattetes, recht ansehnliches Mittelklassehotel an der Flussuferstraße, mit Garage und Pool. DZ nach Saison etwa 65–100 €, auch DZ mit Salon. Av. Bajamar s/n, ✆ 956 873211, ℻ 956 873211, www.hotelsantamaria.es

*** **Hotel Los Cántaros (6)**, kleineres Hotel im Mittelpunkt des nächtlichen Geschehens von El Puerto. Sehr hübsch dekoriert, unter anderem mit den namensgebenden Tonkrügen. Vertragsgarage in der Nähe. DZ etwa 65–110 €. C. Curva 6, nahe der Ribera de Marisco, kenntlich an der dunkelroten Fassade; ✆ 956 540240, ℻ 956 541121, www.hotelloscantaros.com.

** **Pensión Chaikana (4)**, ebenfalls sehr zentral nahe der Ribera del Marisco gelegen. Hotelähnlich in Komfort und Preis, die Zimmer jedoch ziemlich nüchtern. Vertragsparkgarage nicht weit entfernt. DZ/Bad nach Saison etwa 45–65 €. C. Javier de Burgos 17, ✆ 956 542901, ℻ 956 542922.

** **Pensión Casa Número 6 (11)**, in dieser Klasse ein Tipp. Das britisch-spanische Paar Alan und Penny hat einen Stadtpalast des 19. Jh. in eine sehr reizvolle Pension verwandelt. Schöner Patio, Zimmer unterschiedlichen Zuschnitts (zwei gehen allerdings ohne Außenfenster auf den Patio), Kachelböden und hübsches Mobiliar in dunklem Holz. DZ/Bad/F 50–60 €, es gibt auch „Apartments" ohne Küche (Mikrowelle vorhanden), zwei Personen 80 €, vier Personen nach Saison 100–120 €. C. San Bartolomé 14, nahe Pl. España, ✆ 956 877084, www.casano6.com.

* **Pensión Manolo (13)**, vom Fluss kommend ein paar Straßen hinter der Infostelle. Freundliche Pension mit angenehmen, preiswerten Zimmern. Lange Tradition: 1912 gegründet, heute von der vierten Generation geführt. DZ/Bad nach Saison etwa 30–35 €, die Zimmer ohne Bad kosten das gleiche. C. Jesús de los Milagros 18, ✆ 956 857525.

Casa Huespedes Hostal Loreto (5), altmodisch hübsches Quartier im Zentrum von El Puerto. Die 23 Zimmer gruppieren sich um einen begrünten Patio und sind unterschiedlich ausgestattet. Fast alle besitzen ein eigenes Bad, manche einen Balkon, andere liegen ruhiger nach innen. Der Wirt ist ein Anhänger des Stierkampfs. Vielleicht ein bisschen gehobene Preise: DZ/Bad nach Saison etwa 40–50 €, ohne Bad 30–45 €. C. Ganado 17, ✆/℻ 956 542410.

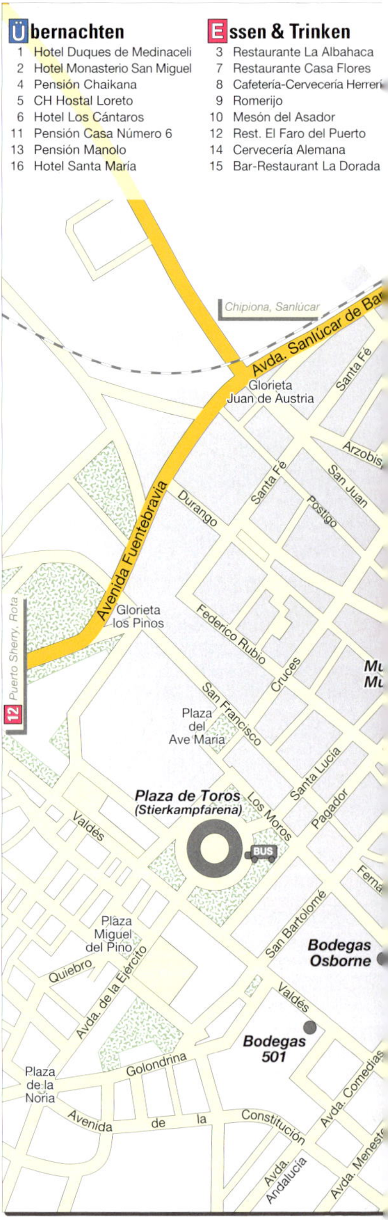

Provinz Cádiz
Karte siehe Umschlagklappe hinten

• *Camping* **Playa las Dunas** (1. Kat.), ein Riesengelände, fast völlig schattig. Naturschutzgebiet! Sogar Chamäleons sollen hier leben. Waschmaschinen, Swimmingpool etc.. Am Strand, zum Ortszentrum wegen der weiträumigen Umzäunung leider ein Fußmarsch von etwa 2 km. Die Bushaltestelle an der Plaza de Toros und der Anleger des Katamarans nach Cádiz liegen jeweils etwa 20 Fußminuten entfernt, der Bahnhof ist weit. Ganzjährig, p.P., Zelt je 4,50 €, Auto 4 €; ✆ und ℻ 956 872210. www.lasdunascamping.com.

• *Essen* Die **Ribera del Marisco** liegt am östlichen Zentrumsrand beim Fluss. Am berühmten „Ufer der Meeresfrüchte" reihen sich spezialisierte Lokale, darunter viele „Cocederos".

Restaurante El Faro del Puerto (12), in einer alten Villa etwas außerhalb des Zentrums Richtung Rota; leider stört die nahe Straße etwas. Das Schwesterrestaurant des exquisiten „El Faro" von Cádiz, unter Leitung des jungen Chefs Fernando Córdoba. Herausragende Fisch- und Fleischgerichte, umfangreiche Weinkarte. Degustationsmenü an die 40 €, à la carte ähnliches Preisniveau. Carretera de Fuentebravía, km 0,5; ✆ 956 870952. So-Abend (außer im August) geschlossen.

Restaurante Casa Flores (7), eines der alteingeführten Toplokale des Ortes, das seinen Ruf besonders der erstklassigen Qualität der Rohprodukte verdankt. Menü à la carte ab etwa 30–35 € weit aufwärts. Calle Ribera del Río 13, eine Parallelstraße zur Ribera del Marisco.

Restaurante La Albahaca (3), in einem hübsch dekorierten alten Stadthaus. Freundlicher Service, gute Küche und breite Auswahl an Fleisch- sowie Fischgerichten und Raciones. Menü ab etwa 25 €. Calle Larga 62.

Romerijo (9), eine der beliebtesten Adressen an der Ribera del Marisco. Verteilt auf zwei unterschiedliche Räumlichkeiten beiderseits einer Querstraße. Auf der einen Seite liegt der „Freidor" mit frittierter Ware (halbes Pfund etwa 3–5 €), auf der anderen Seite der teurere „Cocedero" mit einer immensen Auswahl an unterschiedlichen Sorten von Gambas. In beiden lassen sich die Köstlichkeiten an einer Verkaufstheke für wenig Geld nach Gewicht auswählen, in eine Papiertüte packen und in aller Gemütlichkeit auf den Freiterrassen verzehren, im Cocedero kann man auch à la carte essen. Das Bier dazu wird in jedem Fall von Kellnern serviert. Pl. de la Herreria s/n.

Mesón del Asador (10), Kontrastprogramm zu Romerijo: Hier gibt es Fleisch in vielerlei Varianten; wer Lust hat, kann sich sogar mittels eines kleinen Grills sein Mahl direkt am Tisch selbst zubereiten, z. B. eine „Parillada mixta", für zwei Personen 20 €. Bei den Einheimischen sehr beliebt. Mitten in der Kneipenzone unweit der Ribera del Marisco, Calle Misericordia 2.

Bar-Rest. La Dorada (15), an der Flussuferstraße etwa auf Höhe der Anlegestelle des Katamarans, in einer engen Seitengasse. Schlichte Einrichtung. Nicht ganz billig, die Qualität der Fisch- und Meeresfrüchteraciones ist jedoch exzellent. Fleischgerichte, Tapas und halbe Raciones gibt es auch. Av. de la Bajamar 26.

Cafetería-Cervecería Herrería (8), in der Kneipenzone gleich hinter dem Cocedero von Romerijo. Große Auswahl an Tapas und Raciones, neben Fisch auch Fleisch und Schinken. Nicht teuer. Pl. de la Herrería s/n.

Cervecería Alemana (14), für alle Heimwehkranken. Würste, Wiener Schnitzel, deutsches Bier – die Besucher aber sind vorwiegend Spanier... Mo Ruhetag. In der Kneipenzone, Calle Jesús de los Milagros 33.

Nachtleben/Feste/Baden

• *Nachtleben* Die **Plaza de la Herrería**, einen Block landeinwärts der Ribera del Marisco, ist der Ausgangspunkt des durchaus regen Nachtlebens von El Puerto. Hier und in den angrenzenden Calles Misericordia und Jesús de los Milagros herrscht vor allem im Sommer und an Wochenenden ausgesprochen viel Betrieb.

Bar & Co. – Bar y Discoteca, eines der vielen beliebten Lokale dieses Gebiets, schick hergerichtet und in einem respektablen alten Gemäuer untergebracht. Vor dem Lokal eine Terrasse, innen mehrere Räume in alten Gewölben, nach hinten ein ruhigerer Patio mit Bar. Bei Sonderveranstaltungen wird Eintritt verlangt, sonst gratis. Pl. Herrería.

Puertocio, eine früher „La Pescadería" genannte Ansammlung von Music-Bars im Gebäude der ehemaligen Fischauktionshalle Lonja am Fluss, Publikum in der Regel sehr jung. Nach Besitzer- und Namenswechsel zuletzt noch in Aufbau, mal sehen, was daraus wird.

Einer der vielen alten Paläste: Casa de las Cadenas

El Convento, ebenfalls in diesem Gebiet. Das schicke „Kneipen-Museum des 18. Jh." ist zwar kein altes Kloster, wie der Name suggeriert, das Ambiente jedoch wirklich reizvoll. Im Patio wird getanzt. Gemischtes, in der Tendenz eher älteres Publikum, manchmal wird Eintritt verlangt. Av. Bajamar 30, ab 23 Uhr geöffnet.

El Resbaladero, eine weitere schon aufgrund der besonderen Location interessante Nacht-Adresse, untergebracht in einem ehemaligen Fischmarkt des 18. Jh. Av. Micaela Aramburu 24, Nähe Post.

Peñas Flamencas: El Puerto besitzt eine ganze Reihe davon (z.B. Tomás „El Nitri", Calle Riego Niño 1, nahe Hotel Monasterio). Mit ihren Aufführungen wechseln sie sich ab, so dass im Sommer praktisch an jedem Wochenende Aufführungen stattfinden, aktuelle Details bei der Infostelle.

Casino Bahía de Cádiz, das Spielcasino von El Puerto, liegt etwa zehn Autominuten außerhalb in Richtung Jerez. Täglich ab 20 Uhr geöffnet. Carretera Madrid-Cádiz, km 649; ✆ 956 871042.

• *Feste* **Carnaval**, der Karneval beziehungsweise Fasching, wird auch hier begeistert gefeiert.

Feria de la Primavera, das Frühlingsfest etwa in der dritten Woche im Mai. Der Fino fließt in Strömen ...

Virgen del Carmen, am 16. Juli, das Fest der Schutzheiligen der Fischer und Seeleute, mit großer Schiffsprozession.

Feria Taurina, Stierkampf-Fest im Juli und August, siehe auch Plaza de Toros.

Festividad de la Virgen de los Milagros, am 8. September, das Fest der Stadtpatronin und gleichzeitig eine Art Erntedankfest.

• *Baden* Im Umkreis des Städtchens erstreckt sich eine Abfolge langer Strände mit mehreren Urbanisationen. Die massiven Industrieanlagen der Bucht von Cádiz sind immer im Blick.

Playa de Valdelagrana: Noch östlich der Flussmündung erstreckt sich dieser rund 6 km lange, streckenweise von einer Promenade gesäumte Strand, dessen Hinterland leider teilweise durch Apartmentblocks entstellt wird.

Playa de la Puntilla: Der Stadtstrand von El Puerto de Santa María, auf Höhe des Campingplatzes und vor dem Sporthafen gelegen, ist rund 1,5 km lang und stellenweise ausgesprochen breit. Begleitet wird er von einer hübschen Promenade; Bars etc. sind vorhanden.

Caleta del Agua: Eine kleine, aber geschützte Sandbucht gleich hinter dem Sporthafen. Im Sommer öffnet hier eine Strandkneipe.

Karte siehe Umschlagklappe hinten

Playas de Santa Catalina y Fuentebravia: Von der Caleta del Agua ist es nicht mehr weit zum Anfang der Playa de Santa Catalina, die zusammen mit der sich anschließenden Playa de Fuentebravia über mehr als 4 km verläuft, streckenweise von Urbanisationen begleitet. Es gibt einige wenige Restaurants und Strandkneipen, vor allem an der auch sonst besser ausgestatteten Playa Fuentebravia, die bis zu den Ausläufern des US-Stützpunktes von Rota reicht.

Sehenswertes

Interessant sind die zahlreichen Paläste des 17. und 18. Jh., die sich die durch den Handel mit den Kolonien reich gewordenen Kaufleute errichten ließen. Originell ist der „Fischeraltar“, der im Innenhof der unweit der Post gelegenen *Casa de las Cadenas* (17. Jh.) aufgestellt wurde. Einen Blick lohnt auch so manche ehemalige Bodega, die heute eine Autowerkstatt oder eine Garage beherbergt.

Castillo San Marcos: Die eindrucksvolle Festung, zwei Blocks landeinwärts der Flussuferstraße an der Plaza Alfonso X. El Sabio gelegen, war ursprünglich eine Moschee mit einem maurischen Wachturm. Im 13. Jh. ließ der „weise“ Alfonso X. hier eine befestigte Kirche errichten, die in späterer Zeit mehrfach erweitert wurde. 1943 erfolgte eine umfassende Restaurierung des mit Zinnen bewehrten Monuments.

Öffnungszeiten Di sowie Mi-Sa 10–13.30 Uhr, Eintritt 5 €, Di gratis.

Fundación Rafael Alberti: Der Dichter, Dramatiker und Maler Rafael Alberti, Mitglied der so genannten „Generation von 1927“, wurde 1902 in El Puerto geboren und starb hier 1999. Sein Geburtshaus in der Calle Santo Domingo 25, ein kleines Stück nordwestlich der Festung, beherbergt zahlreiche Erinnerungsstücke an den weit gereisten und hoch verehrten Künstler, der fast vier Jahrzehnte im Exil verbrachte, bevor er nach dem Ende der Franco-Diktatur zurückkehrte. Ende Juli finden hier mehrtägige Poesie-Treffen statt.

Öffnungszeiten Mitte Juni bis Mitte September Mo–Fr, 10.30–14.30 Uhr, sonst Di–So 10.30–14.30 Uhr; Eintrittsgebühr 3 €. Weitere Infos unter www.rafaelalberti.es.

Museo Municipal: Neben einer archäologischen Sektion, deren aus der Umgebung stammende Funde vom Paläolithikum über die Zeit des sagenumwobenen Tartessos bis ins 19. Jh. reichen, besitzt das Stadtmuseum eine umfangreiche Gemäldeausstellung, zu der auch Werke von Rafael Alberti zählen. Eine ethnologische Abteilung ist angeschlossen. Derzeit ist das Museum provisorisch in der Calle Pagador 1 untergebracht, um die Ecke vom Hauptplatz Plaza de España; Informationen über den aktuellen Stand beim Fremdenverkehrsamt.

Öffnungszeiten Di–Fr 10–14 Uhr, Sa/So 10.45–14 Uhr; Eintritt frei.

Iglesia Mayor Prioral: Ebenfalls an der Plaza España erhebt sich die Hauptkirche des Städtchens. Im 13. Jh. begonnen, wurde der dreischiffige Bau erst im 17. Jh. fertiggestellt und bildet so einen in seiner Art durchaus beachtlichen Stilmix, der von der Romanik über Gotik und Renaissance bis hin zum Barock reicht. Leider ist die Fassade, insbesondere die dortigen Figuren, stark von Abgasen zerfressen.

Plaza de Toros: El Puertos Stierkampfarena, meerwärts der Plaza España gelegen, lohnt einen Besuch. 1880 errichtet, ist sie eine der bedeutendsten und mit einem Durchmesser von 60 Metern zugleich größten Arenen des Landes, bietet Platz für 14.000 Zuschauer. Im Eingangsbereich hängen die präparierten Köpfe der tapfersten Stiere, die hier ihr Leben ließen. Etwa in der Zeit zwischen der letzten Juliwoche und der vorletzten Woche im August ist die Arena Schauplatz der *Feria Taurina* und damit einer Reihe von Corridas, zu der die besten Matadore Spaniens antreten.

Öffnungszeiten Di–So 11–13.30, 18–19.30 (Sommer) bzw. 17–19 Uhr (Winter); Gratis-Führungen. Geschlossen an Tagen vor und nach Corridas.

Bodegas: Gleich mehrere der Sherry-Produzenten von El Puerto bieten Führungen durch ihre Bodegas an. Wie in Jerez und Sanlúcar wird auch hier das „Solera"-Verfahren angewandt, das für gleichbleibende Qualität sorgt. Neben Weinen reifen in den Bodegas meist auch Brandys. Zu den bekanntesten Bodegas von El Puerto gehören *Osborne*, zwischen Stierkampfarena und Fluss, und *Terry*, in einem ehemaligen Kloster nördlich nahe des Bahnhofs.

• *Führungen* Telefonische Reservierung wird oft erwartet, meist spricht man Englisch.

Osborne, Calle Los Moros 7, beim Hotel Santa María von der Flussuferstraße einbiegen. Führungen Mo–Fr 10.30–13 Uhr (5 €); Sa 11 und 12 Uhr (8 €). Anmeldung unter ✆ 956 869100; www.osborne.es.

Terry, Calle Toneleros 1, Führungen Mo-Fr 10 und 12 Uhr (4,50 €), Mi/Fr 11 Uhr (10 €), Sa 11 Uhr (12 €). ✆ 956 857700. Die teureren Führungen umfassen auch den Besuch einer Kutschenausstellung.

501, Calle Valdés 9, einen Block küstenwärts von Osborne. Führungen Mo–Fr 10–14 Uhr; keine Anmeldung nötig. Gebühr 4 €. ✆ 956 855511.

Rota

Das Städtchen knapp nördlich der Bucht von Cádiz ist vor allem bei Spaniern als Ferienziel beliebt, taucht seit einiger Zeit aber auch in den Katalogen deutscher Veranstalter auf.

Gemessen an der Zahl von nur rund 25.000 Einwohnern wirkt Rota erstaunlich ausgedehnt, besitzt schon einen eher städtischen Charakter. Hat man erst einmal die neueren Viertel hinter sich gelassen, erweist sich der kleine historische Ortskern rund um die Burg Castillo de la Luna als durchaus ansehnlich. Mit seinen weiß gekalkten Häusern, den mittelalterlichen Mauern, Tordurchgängen und den schmucken kleinen Plätzen besitzt das alte Ortszentrum nämlich durchaus andalusischen Charakter. Es liegt auf einer Landzunge, an die sich ein recht großer, moderner Hafen anschließt, in dem neben Yachten auch Fischerboote schaukeln.

Die Hauptattraktion Rotas und Ursache für einen kräftigen sommerlichen Besucherstrom sind die langen, feinsandigen Strände beiderseits des Hafens, immerhin satte 16 Kilometer im Gemeindegebiet. An ihnen freuen sich auch die Amerikaner der nahen US-Basis, die sich nördlich und östlich von Rota erstreckt. Der Stützpunkt von Navy und Airforce ist eine der größten Basen Europas und natürlich Sperrgebiet, weshalb die A 491 nach El Puerto de Santa María einen weiträumigen Bogen ins Inland schlagen muss. Im Stadtbild fallen die Boys jedoch wenig auf, zumal ihre Zahl in den letzten Jahren zurückgegangen ist.

Information/Verbindungen

• *Information* **Oficina de Turismo**, Calle Cuna 2, im Rathausgebäude, das in einem Anbau des Castillo de la Luna untergebracht ist. Engagiert und deutschsprachig geführt. Täglich geöffnet, im Juli/August 9–14, 18–21 Uhr,sonst 9–14, 18–20 Uhr, Sa/So jeweils erst ab 10 Uhr. ✆ 956 846345, ℻ 956 846346, www.turismorota.com.

Zweigstelle am Ortsstrand Playa de la Costilla, Nähe Pensión Macavi, jedoch nur im Sommer geöffnet.

• *Verbindungen* **Busse** der Gesellschaft COMES ab Busbahnhof, Plaza del Triunfo, eine knappe Viertelstunde nördlich der Altstadt; Stadtbusverbindung. Nach Cádiz 10x, El Puerto de Santa María 14-mal, Jerez 7-mal, Sevilla 4-mal tgl. Nach Chipiona mit AMARILLOS nur 2- bis 3-mal täglich.

• *Post* Postgebäude an der Calle Rabita Ruta 1, knapp westlich der Hauptstraße Av. de San Fernando, geöffnet Mo–Fr 8.30–13.30, Sa 8.30–13 Uhr.

Übernachten/Essen

• *Übernachten* **** **Hotel Duque de Nájera**, Oberklassehotel in strandnaher Spitzenlage, am meerseitigen Rand der Altstadt und nur einen Sprung vom Hafen. Pool, Sauna, Garage etc.; sehr gutes Restaurant. Viele der komfortablen Zimmer mit Meerblick, DZ nach Saison und Lage etwa 125–180 €, auch Superior-Zimmer und Suiten. Calle Gravina 2, ✆ 956 846020, ✆ 956 812472, www.hotelduquedenajera.com.

**** **Hotel Playa de la Luz**, quasi eine Filiale, 3 km nordwestlich des Zentrums am Strand. Großes Ferienhotel, trotz der immerhin 235 Zimmer von recht angenehmer Architektur. Hübscher Pool, Tennisplätze, in der Nähe Reitmöglichkeit. DZ je nach Saison etwa 110–140 €. Av. Diputación s/n, ✆ 956 810500, ✆ 956 810606, www.hotelplayadelaluz.com

** **Pensión Sixto**, 2002 eröffnete Altstadtpension. Hübsches Haus mit hotelähnlichem Standard, neun gemütliche Zimmer, DZ/Bad/F nach Saison etwa 65–90 €. Ein gutes Restaurant ist angeschlossen. Pl. Barroso 6, Nähe Castillo, ✆ 956 846310.

** **Pensión Hostal El Torito**, ebenfalls in der Altstadt. Ein Hauch Barcelona in Rota: 2004 eröffnete „Designer-Pension" mit nur sechs Zimmern bzw. Apartments für bis zu vier Personen, individuell, topmodern in Glas, Metall und Stein und mit viel Liebe zum Detail eingerichtet. Alle besitzen Doppelbetten, Klimaanlage und TV, manche auch eine kleine Küche. Zwei Personen zahlen je nach Saison und Zimmer (Tipp: Nr. 5 mit privater Terrasse) 50–70 €. Rezeption im Design-Geschäft im Erdgeschoss; falls nicht besetzt, in der zugehörigen, nahen Tapa-Bar gleichen Namens in der Calle Italia 2 (Seitengasse der Pl. España) fragen. Calle Constitución 1, ✆ 956 813369, in der Tapa-Bar ✆ 956 816273, www.eltoritoderota.com.

** **Pensión Hostal La Giralda**, solide Pension an einer der Hauptstraßen, nicht weit von Altstadt und Strand. Besser, ein ruhiges Zimmer zu verlangen, die Straße ist viel befahren. DZ/Bad nach Saison etwa 35–55 €. Av. San Fernando 34, ✆ 956 816208.

** **Pensión Macavi**, im Besitz derselben Familie, strandnah gelegen, dafür eine Kleinigkeit weiter vom Ortskern entfernt. Vor einigen Jahren teilrenoviert, Preise wie oben. Calle Ecija 11, ✆ 956 813336.

** **Pensión Hostal Playa**, eine Ausweichmöglichkeit in diesem Gebiet; wer gern strandnah logiert, ist hier also ebenfalls richtig. DZ/Bad kosten je nach Saison allerdings 50–70 €. Calle Córdoba 1, ✆/✆ 956 815409.

• *Camping* **Punta Candor** (1. Kat.), knapp außerhalb der bebauten Zone, vom Zentrum etwa 3 km in Richtung Chipiona. Viele Dauercamper; jenseits der Straße ein schöner Dünenstrand mit Sonnenuntergangsblick. Ganzjährig geöffnet, p.P. und Zelt je knapp 5 €, Auto 4 €; ✆ 956 813303, ✆ 956 813211.

• *Essen* Wichtigste örtliche Spezialität ist „Urta a la Roteña", eine mit Gemüse geschmorte Zahnbrassenart. Besten Ruf genießt das Restaurant „El Embarcadero" des Hotels Duque de Nájera.

Restaurante Mesón La Gitana, am neuzeitlichen Hauptplatz von Rota. Mit schlichter Terrasse (Fisch-Raciones 8–12 €) und dem edleren eigentlichen Restaurant, das prima Fischgerichte serviert. Plaza de la Cantera s/n.

Restaurante Sixto, dem gleichnamigen Hostal angeschlossen. Mehrere Speiseräume in hübschem Dekor, für das Essen gab es Lob von Leserin Annelie Kever-Henseler: „Urta à la Roteña war besonders schmackhaft. Leichte und preisgünstige Hausweine." Menü um die 25 €. Pl. Barroso 6, ganzjährig geöffnet.

Bodega La Mina, Beispiel für die Lokale in der „Fressgasse" Calle Mina unweit des historischen Ortskerns. Neben Fisch und Meeresfrüchten gibt es auch eine gute Auswahl an Vorspeisen und spanische Hausmannskost wie die Eintöpfe „Guisos". Nicht teuer. Calle Mina 27.

Club Nautico Urta, knapp nördlich des Ortskerns, ein paar Meter landeinwärts der Playa del Rompidillo. Treffpunkt der Hafenarbeiter, Yachties und Clubmitglieder. Im ersten Stock mit Blick auf Strand und Meer, an Sommerwochenenden wird die Dachterrasse geöffnet. Gute und üppige Fischraciones kosten rund 7–8 €, Urta a la Roteña 12 €. Auch Tapas. Calle Ruíz de Velarde 11, an der Pl. Pio XII.

Restaurante Bambina, kulinarisches Kontrastprogramm, nämlich solide italienische Küche (keine Pizza). Risotti und Nudelgerichte kosten um die 7–8 €, Fleisch- und Fischgerichte etwa 10–12 €. In der Neustadt, Calle María Auxiliadora Ecke Calle Huelva.

Kachelbild mal anders: Rota weiß, was es der Navy schuldig ist

Feste/Baden

• *Feste* **Feria de la Primavera**, Frühlingsfest, in der ersten Woche im Mai. Auf dem Festgelände stehen Zelte, es gibt Musik und Tanz, herausgeputzte Reiter und Pferdekutschen paradieren.

Fiestas de la Virgen del Carmen, am 16. Juli, auch hier mit einer Prozession geschmückter Boote begangen.

Fiesta de la Urta, Mitte August, bis etwa zum 15. des Monats. Großer, einwöchiger Kochwettbewerb in der Zubereitung dieser Zahnbrassenart.

Fiestas Patronales, Anfang Oktober. Das Fest der Stadtheiligen Virgen del Rosario, mit Prozessionen und Umzügen der „Riesen" und „Gigantenköpfe".

• *Baden* An gepflegten Stränden herrscht wahrlich kein Mangel in und um Rota.

Playa del Rompidillo-Chorillo: Ein Doppelstrand, dessen beide Teile durch einen kleinen Landvorsprung getrennt werden. Er beginnt am Hafen des alten Ortskerns und reicht über 1500 m nach Nordosten. Zuletzt mit der Blauen Flagge prämiert.

Playa de la Costilla: Der eigentliche Hausstrand Rotas erstreckt sich vom Hafen über mehrere Kilometer nach Westen. Der breite, feinsandige Strand ist mit Sonnenschirmen, Duschen etc. bestens ausgestattet und ebenfalls mit der „Blauen Flagge" ausgezeichnet. Anfangs wird er noch von Wohnblocks begleitet, dann von Waldgebieten. Entlang dieses Strands und seiner Verlängerungen sind kilometerweite Strandwanderungen möglich.

Playa de Piedras Gordas: Die direkte westliche Verlängerung der Playa de Costilla reicht bis zum kleinen Kap Punta Gador; Zufahrt am besten über die Urbanisation La Almadraba. Von „fetten Steinen", so die Übersetzung, ist hier nichts zu sehen, vielmehr handelt es sich um einen hübschen, feinsandigen Dünenstrand, in dessen Hinterland (von der Urbanisation selbst abgesehen) Pinien und Eukalyptusbäume wachsen.

Playa Punta Candor: Der schöne Strand jenseits des Kaps ist gut 5 km lang, stellenweise aber recht schmal. Parkplatz beim Camping Punta Candor. Die gute Ausstattung und die Wasserqualität wurden mit der „Blauen Flagge" prämiert. Bis zur Urbanisation Costa Ballena folgen weitere, kilometerlange Sandstrände.

Sehenswertes

Castillo de Luna: Die fünftürmige Festung des 13. Jh. ist das auffälligste Bauwerk des historischen Ortskerns und fast schon ein Wahrzeichen von Rota. Errichtet wurde sie über einer älteren maurischen Burg des 11. Jh. Das gründlich restaurierte Gebäude, in dem einst die „Katholischen Könige" übernachtet haben sollen, ist im Sommer häufig Schauplatz kultureller Veranstaltungen.

Führungen Im Sommer Mi und Fr-So 4x tgl., im Winter nur Sa/So; gratis. Anmeldung bei der Infostelle.

Iglesia Parroquial de Nuestra Señora de la O: Unweit östlich des Castillo erhebt sich diese Kirche, die im 16. Jh. begonnen wurde. Fast so lang wie der Name war wohl auch die Bauzeit, vereint das Gotteshaus in seinem Inneren doch Formen der Gotik, des Isabellinischen Stils, des Plateresco und der Renaissance. Sehenswert ist insbesondere der schön geschnitzte Chor, ein Werk, an dem der Sevillaner Pedro Roldán ab 1733 drei Jahre lang arbeitete.

Von Rota Richtung Chipiona

Zwischen den beiden Orten erstreckt sich flaches, oft windgepeitschtes Land, ein Flickenteppich von Feldern und einzelnen, oft noch mit Stroh gedeckten kleinen Höfen. Einzelne Zufahrten führen zu schönen, außerhalb der Saison fast leeren Sandstränden. Allerdings geriet auch dieses Gebiet schon ins Visier der Planer.

Costa Ballena

Noch im Gemeindegebiet von Rota und etwa auf halbem Weg nach Chipiona gelegen, wuchs hier innerhalb der letzten Jahre auf einer Fläche von rund 400 Hektar, das entspricht etwa ebenso vielen Fußballplätzen, die Urbanización Costa Ballena. Der Name „Wal-Küste" wurde natürlich von Marketingstrategen erfunden. Angeschlossen ist ein 18-Loch-Golfplatz, der von Spaniens Meisterspieler José María Olazábal konzipiert wurde. Costa Ballena besteht zu einem sehr großen Teil aus privaten Bungalow- und Apartmentanlagen, die außerhalb der spanischen Urlaubssaison weitgehend verwaist sind. Noch ist vieles hier in Bau; die Kräne ragen nicht nur an den Rändern, sondern auch mitten in der Siedlung auf. Für Urlauber ohne Fahrzeug, die nicht nur im Hotel bleiben wollen, entpuppt sich Costa Ballena schnell als Ferienort der sehr langen Wege. Eine Entschädigung bieten mag der breite, feinsandige und zuletzt mit der „Blauen Flagge" ausgezeichnete Strand vor der Siedlung.

• *Information* **Oficina de Turismo**, eine Außenstelle von Rota, an der Zufahrt kurz vor dem Einkaufszentrum Centro Comercial und gut einen Kilometer vom Strand entfernt. Geöffnet 11–14, 17–20 Uhr, Di geschlossen. Av. Juan Carlos I s/n, ✆ 956 865000, ✆ 956 379010.

• *Verbindungen* **Stadtbusse** von und zur Avda. María Auxiliadora in Rota 10x täglich.

• *Übernachten* **** **Gran Hotel Colón Costa Ballena**, großes Quartier mit rund 200 Zimmern. Die Gestaltung des blau-weißen Gebäudes erinnert an einen Ozeandampfer. Kleiner Pool. Der Strand liegt allerdings gut einen halben Kilometer entfernt. DZ/F kosten je nach Saison etwa 100–210 €. Avda. Juan Carlos I. s/n, ✆ 956 865000, ✆ 956 847109, www.coloncostaballena.com.

**** **Hotel Playaballena**, die (bislang) einzige Konkurrenz, deutlich strandnäher gelegen und insbesondere von Familien mit Kindern besucht. Ausgedehntes Ferienhotel mit mehr als 300 Zimmern und schöner Pool-Landschaft, an die ein großer, natürlich planmäßig angelegter Palmenhain mit Liegestühlen angrenzt; diverse Sportmöglichkeiten, Wellnessbereich etc. Ganz überwiegend pauschal auf All-Inclusive-Basis gebucht, für Privatkunden kostet AI pro Person je nach Saison etwa 60–150 €. Avda. Juan Carlos I, ✆ 956 849044, ✆ 956 879010, www.hotelesplaya.com.

Renovierung geplant: El Castillo

Chipiona

Wie Rota ist auch Chipiona, ebenfalls mit langen Stränden versehen, ein vorwiegend von Spaniern besuchter Badeort, jedoch kleiner und außerhalb der Saison weniger belebt.

Neben einigen Hotels zählt Chipiona Dutzende von Ein- und Zweisternpensionen, was für den familiären Charakter der Siedlung spricht, auch wenn selbst hier ein Yachthafen nicht fehlt. Während des Hochsommers ist es proppevoll im Ort, dessen Einwohnerzahl von etwa 16.000 Menschen sich dann mehr als verzehnfacht. Den Rest des Jahres wartet man auf die nächste Saison. Der schachbrettartige Altort um die Kirche Iglesia Nuestra Señora de la O und die Fußgängerzone Calle Isaac Peral kann sich mit niedrigen Häusern, Palmen und vielen Blumen durchaus sehen lassen. In den Außenbezirken entlang der beiden Strände wuchern hingegen Apartmenthäuser und Villen wild durcheinander. Eine bemerkenswerte Lage besitzt das Kloster Nuestra Señora de Regla im südlichen Ortsbereich: Die wuchtige neogotische Kirche ist fast ins Meer hinein gebaut.

Information/Verbindungen

- *Information* **Oficina Municipal de Turismo**, zuletzt wieder mal in Umzug, was hier relativ häufig vorkommt. Vorgesehener neuer Standort ist die Plaza Juan Carlos I. s/n, unweit der nördlichen Calle Isaac Peral; die neue Telefonnummer stand noch nicht fest. Öffnungszeiten bis dato: Mo–Fr 8–13, 17–19 Uhr, Sa 11–13.30 Uhr. ✆ 956 377150, 📠 956 372256, www.chipiona.es.
- *Verbindungen* **Bus**: Ein Busbahnhof ist an der Avenida Andalucía geplant. Bis zu seiner Fertigstellung besitzen die verschiedenen Agenturen noch unterschiedliche Haltestellen. AMARILLOS-Busse starten an der Calle Ramón y Cajal, Ecke Calle Nuestra Señora de Regla; Abfahrten nach Rota 3-mal, Cádiz via Sanlúcar de Barrameda und El Puerto de Santa María 9-mal tgl., nach Sevilla via Sanlúcar ebenfalls 9-mal täglich. LINESUR fährt ab dem westlichen Ende der Calle Larga 7x tgl. nach Jerez.

Übernachten/Essen

• *Übernachten* Viele Unterkünfte, die aber meist nur im Sommerhalbjahr geöffnet sind, im Gebiet um den Leuchtturm und die Playa de Regla. Im Juli und vor allem August wird es eng bei der Quartiersuche.

*** **Hotel Cruz del Mar**, am gleichnamigen westlichen Strand. Schöner als der Hauptbau, der allerdings viele Zimmer mit Meerblick besitzt, ist die Dependance „Cruz del Mar El Patio“ gegenüber, mit Innenhof und Swimmingpool. Geöffnet Mitte Februar bis Mitte November, DZ/F nach Saison, Lage und Ausstattung etwa 80–140 €. Av. Sanlúcar 1, ✆ 956 371100, ℻ 956 371364, www.hotelcruzdelmar.com

*** **Hotel Al Sur de Chipiona**, nicht weit vom Regla-Strand und der dortigen Kirche. Das 60-Zimmer-Haus wird gut in Schuss gehalten und verteilt sich auf zwei verschiedene Gebäude, von denen eines denkmalgeschützt ist. Kleiner Garten und Pool, Fahrradverleih, Garage. Freundlicher Service. Ganzjährig geöffnet, DZ/F kosten zur HS etwa 100 €, zur NS gibt es je nach Nachfrage Spezialangebote. Av. de Sevilla 101, ✆ 956 370300, ℻ 956 370859, www.hotelalsur.com.

*** **Hotel Playa de Regla**, direkt an der Uferpromenade des Hauptstrands von Chipiona. Solides, familiär geführtes Quartier, Zimmer z. T. mit Meerblick, große und schön zum Strand hin gelegene Cafeteria-Terrasse. DZ/F nach Saison und Lage etwa 60–100 €. Im Dezember und Januar geschlossen. Paseo Costa de la Luz 29, ✆ 956 372769, ℻ 956 370936, www.hotelplaya.com.

** **Hotel La Española**, zentral und gleichzeitig in Strandnähe gelegen. Hübscher Bau mit Anklängen des spanischen Jugendstils; komfortable Zimmer, Garage, Restaurant mit recht gutem Ruf – empfehlenswert. Ganzjährig geöffnet. DZ/Bad nach Saison etwa 50–60 €. Calle Isaac Peral 3, ✆ 956 373771.

** **Pensión Hostal Las Galias I.**, in einer von Apartmentblocks geprägten Gegend nicht weit vom Regla-Strand. Das Haus selbst ist jedoch hübsch, stilvoll eingerichtet und gepflegt und bietet hotelähnlichen Komfort. DZ/Bad etwa 40–50 €, von Juli bis September allerdings 70 €. Um die Ecke liegt die Dependance Galias II. Av. de Sevilla 65, ✆ und ℻ 956 370910.

** **Pensión Gran Capitán**, hübsches und gepflegtes Häuschen in einer Fußgängerzone im Zentrum, nahe dem Kirchplatz und der Hauptstraße Isaac Peral. Nette Dekoration, freundliche Leitung, reizvoll-rustikal möblierte Zimmer. Von mehreren Lesern gelobt. Geöffnet Mai bis Oktober, DZ/Bad rund 35–55 €. Calle Fray Baldomero González 7, ✆ 956 370929.

Jugendherberge Albergue Juvenil Chipiona Inturjoven, mehrere Kilometer außerhalb des Zentrums, keine Busverbindung. Nur im Sommer geöffnet, dann oft voll: Reservieren! Pinar de la Villa s/n, ✆ 956 371480, ℻ 956 371056.

• *Camping* **Municipal Pinar de Chipiona** (2. Kat.), gemeindeeigener Platz etwa drei km außerhalb des Ortes in Richtung Rota, zum Meer etwa einen km. Offiziell ganzjährig geöffnet, p.P. und Zelt je etwa 4 €, Auto 3,50 €. ✆ 956 372321.

• *Essen* Eine Reihe von Tapabars findet sich in der Calle Isaac Peral, auch eine Gelegenheit, einmal den bekannten örtlichen Süßwein „Moscatel“ zu probieren.

Rest. Paco, am Sporthafen. Die erste Adresse des Städtchens, spezialisiert auf frischen Fisch und Meeresfrüchte. Gehoben auch in Ambiente und Service, deshalb nicht ganz billig, Menü à la carte ab etwa 25 €. Puerto Deportivo s/n, im November Betriebsferien.

Rest. Casa Manolo, in einem Wohnhaus bei der Station der Amarillos-Busse. Solides Restaurant, zu dessen besonderen Stärken die Eintöpfe „Guisos“ zählen, auch als Tapa oder halbe Ración zu haben. Raciones kosten etwa 8–10 €, zum Teil auch darunter. Calle Padre Lerchundi 3.

Rest. El Gato, in einem Wohngebiet nicht weit von der Kirche Nuestra Señora de Regla. Spezialisiert auf Schinken und „alles vom Schwein“, es gibt aber auch Fisch. Tagesmenü schon für etwa 8 €, à la carte deutlich mehr. Calle Pez Espada 9.

Bar-Rest. Peña Bética, in strategischer Lage, nämlich direkt an der Fußgängerzone. Das Heimatlokal der hiesigen Fans des Fußballclubs Betis Sevilla, daher der Name. „Comida casera“ steht hier auf dem Programm, gute und günstige Hausmannskost. Tapas, Frühstück und sogar ein Kindermenü gibt es auch. Calle Larga 46, Ecke Calle Isaac Peral.

Bar La Tasca, ein Lesertipp von Dr. Michael Wiemann: „Kleine Bar mit vielen Außenplätzen an einem entzückenden Kirchplatz. Leckere Tapas, knackige Salate und frische Kartoffelgerichte, preiswert. Herzlicher Service. Pl. Juan Carlos 2.“

Einkaufen/Feste/Baden

• *Einkaufen* **Bodega El Castillito**, ein Lesertipp von Daniel Hoch und Conny Braun: „Authentische Bodega, sehr netter Besitzer. Direkte Flaschenabfüllung in dem Raum, in dem auch die Herstellung stattfindet". Calle Castillo 11, nicht weit vom Castillo selbst.

• *Feste* **Carnaval**, Karneval, Fasching, ebenso ausgelassen gefeiert wie in Cádiz.

Romería del Pinar, am zweiten Junisonntag. Traditionelle Prozession, bei der die Marienstatue der Kirche Nuestra Señora de Regla zu ihrer Waldkirche vor den Toren der Stadt gebracht wird.

Fiesta de Nuestra Señora del Carmen, am 16. Juli, mit einer Bootsprozession. Das eigentliche Fest beginnt bereits am 14. Juli.

Fiesta del Moscatel, etwa um den 11.-15. August. Das Fest des örtlichen Süßweins, gleichzeitig Sommerfest; Stiertreiben zum Strand „Cruz del Mar", dort dann Stierkampf, Flamenco etc.

Feria de Nuestra Señora de Regla, fünftägiges Fest um den 8. September, das auch das Ende der Sommersaison ankündigt. Große Feria mit Tanz etc. bei der Klosterkirche und auf einem separaten Festgelände.

• *Baden* Die **Playa de Regla** im Süden ist der gepflegte Hauptstrand von Chipiona. Breit, feinsandig und von einer Promenade begleitet erstreckt er sich über rund 800 m bis zur gleichnamigen Kirche. Die Wasserqualität (Blaue Flagge) ist gut.

Playa Camarón und **Playa Tres Piedras** heißen die südlichen Verlängerungen der Playa de Regla, von Dünen begleitet und zusammen immerhin fast 4 km lang.

El Faro: der höchste Leuchtturm Spaniens

Playas de las Canteras y Cruz del Mar: Zwei Strände im Westen der Siedlung, von einer Landzunge getrennt und zusammen immerhin rund 1300 Meter lang. Der Doppelstrand beginnt beim Leuchtturm Faro und endet beim Sporthafen. An der Playa de la Cruz del Mar weht schon mal die „Blaue Flagge".

Provinz Cádiz
Karte siehe Umschlagklappe hinten

Sehenswertes

Parroquia de Nuestra Señora de la O: Die Pfarrkirche des Ortes stammt ursprünglich aus dem 16. Jh., wurde aber im 18. Jh. komplett umgebaut. Besonders hübsch zeigt sich der Kirchplatz mit den kräftigen Palmen und dem üppigen Blumenschmuck.

El Castillo: Die Burg von Chipiona steht auf einem felsigen Küstenvorsprung im Norden der Siedlung. Der quadratische, zinnenbewehrte Bau wurde seit 1890 fast ein Jahrhundert lang als Hotel genutzt und dafür erheblich umgebaut. Mittlerweile ist er im Besitz der Gemeinde, die ihn restaurieren lassen will, was jedoch noch einige Jahre dauern dürfte.

El Faro: Der Leuchtturm von Chipiona, 1867 in einem Gebiet errichtet, in dem bereits die Römer ein Leuchtfeuer unterhielten, ist mit seinen 69 Metern der höchste ganz Spaniens und angeblich sogar der dritthöchste Europas und der fünfthöchste der Welt. Sein Licht reicht rund 80 Seemeilen weit und ist in klaren Nächten von der portugiesischen Küste aus zu erkennen. Er fungiert als so genannter See- und Luftleuchtturm, da er zur Orientierung von Flugzeugen auch vertikal strahlt, gleichzeitig auch als Blitzableiter der Stadt. Bei den Führungen sind bis zur Lichtkanzel immerhin 344 Stufen zurückzulegen.

Führungen Mai/Juni und September Di und Do 18, 18.45, 19.30 Uhr, Juli/August Di–Fr 18, 18.45 und 19.30 Uhr, November-März Do 16 und 18 Uhr. Anmeldung in der Infostelle, 3 €.

Santuario Nuestra Señora de Regla: Direkt beim Regla-Strand erhebt sich die große Klosterkirche an einer Stelle, an der einst eine Festung stand. Bereits seit dem Ende des 14. Jh. existiert hier ein Kloster, das zunächst von Augustinern betrieben wurde. Ihre Nachfolger, die Franziskaner, die heute noch hier leben, errichteten zu Anfang des 20. Jh. den gegenwärtigen neogotischen Bau; Teile der Mauern gehen jedoch bis ins 15. Jh. zurück, der Kreuzgang ist im Stil des Mudéjar gehalten. Das Innere der Kirche birgt die hoch verehrte Statue der Virgen de Regla.

Sanlúcar de Barrameda

Das 50.000-Einwohner-Städtchen am Ostufer der Mündung des Guadalquivir hat Vergangenheit: In der Umgebung soll das legendäre Tartessos gelegen haben, Kolumbus startete hier zur dritten Amerikafahrt ebenso wie Magellan zu seiner Weltumsegelung.

Von der langen Geschichte zeugen noch einige Kirchen und Paläste im alten Zentrum, der überwiegende Teil der Ortsfläche jedoch ist modern geprägt. Es sind auch weniger die Monumente, die einen Besuch von Sanlúcar lohnen. Anziehend sind vielmehr der etwas angestaubte Kleinstadtcharme, die wechselnden Stimmungen am Flussufer, die berühmten Hummerkrabben *langostinos* in der Restaurantzone am Flussstrand und der nicht minder berühmte *manzanilla*, eine vor Ort gereifte, trockene Sherrysorte, die sich ideal als Aperitif eignet. Von Sanlúcar starten zudem Ausflugsboote ins Gebiet des Nationalparks *Coto de Doñana*, der sonst nur auf einem weiten Umweg via Sevilla zu besuchen ist; zusätzlich dokumentieren zwei Besucherzentren die Kultur und Natur des Gebiets.

Orientierung: Das etwas erhöht gelegene Viertel *Barrio Alto* bildet den historischen Ortskern von Sanlúcar. Es erstreckt sich südlich der verkehrsberuhigten Calle San Juan, die mit ihrer Verlängerung Calle Ancha einige hundert Meter landeinwärts parallel zum Río Guadalquivir verläuft. Gleich flusswärts der Hauptstraße liegt die hübsche, palmenbestandene *Plaza del Cabildo*, die das heutige Stadtzentrum markiert. Von hier führt die breite Calzada de Ejercito schnurgerade hinab zum Río Guadalquivir. An ihrem Ende rechter Hand noch etwas flussaufwärts liegt das Fischer- und Restaurantviertel *Bajo de Guía*.

Information/Verbindungen

• *Information* **Oficina Municipal de Turismo**, Calzada del Ejercito s/n, ✆ 956 366110. An der breiten Avenida, die vom Zentrum flusswärts verläuft; Öffnungszeiten im Sommer Mo–Fr 10–14, 18–20 Uhr (Winter 17–19 Uhr), Sa/So 10–14 Uhr. www.aytosanlucar.org.

• *Verbindungen* **Busbahnhof** an der Av. de la Estación, einer Seitenstraße der Calzada del Ejercito unweit der Infostelle. LINESUR fährt etwa stündlich nach Jerez, AMARILLOS bedient Chipiona 16x, Cádiz via El Puerto de Sta. María 9-mal und Sevilla 12-mal täglich.

Provinz Cádiz
Karte siehe Umschlagklappe hinten

Übernachten/Essen (siehe Karte S. 145)

• *Übernachten* *** **Hotel Tartaneros (6)**, zentral am oberen Ende der Avenida und in der Nähe der Plaza Cabildo gelegen. Netter Bau im spanischen Jugendstil mit Erkerchen und Säulen. Hübsche Dekoration, Innenhof mit Café. Ganzjährig, DZ nach Saison etwa 70–105 €. Calle Tartaneros 8, ✆ 956 362044, ✆ 956 360045.

*** **Hotel Los Helechos (14)**, am Rand des historischen Viertels. Neuerer, ebenfalls recht reizvoller Bau im andalusischen Stil, mit Patio und Dachterrasse; Parkgarage. Ganzjährig geöffnet, DZ etwa 45–65 €. Pl. Madre de Dios 9, ✆ 956 361349, ✆ 956 38394.

** **Hotel Posada del Palacio (17)**, im herrschaftlichen Herzen der Altstadt. Untergebracht in einem Palast des 18. Jh. samt Nebengebäuden, kein Zimmer wie das andere. Bar, kleines Restaurant in ehemaligen Stallungen, Dachterrasse. Schweizerisch-spanische Leitung, man spricht Deutsch. Zuletzt erweitert, die Preise sind deutlich gestiegen: DZ nach Ausstattung knapp 85 bis 100 €, die aus zwei Zimmern bestehende „Suite" Nr. 7 kostet 130 €. Calle Caballeros 11, ✆ 956 364840, ✆ 956 365060. www.posadadepalacio.com.

Hospedería Duques de Medina Sidonia (15), im Ambiente durchaus eine Konkurrenz: Untergebracht in einem Teil des Palastes der Herzöge von Medina Sidonia, die Einnahmen fließen einer von der Herzogin gegründeten Stiftung zu, die auch das Hotel betreut. Schöne Gartenanlagen, geräumige Zimmer unterschiedlicher Ausstattung, vielfach mit antikem Mobiliar. Cafeteria mit Salon und Gartenterrasse. Bislang nur wenige Zimmer, Ausbau geplant; DZ/F nach Ausstattung 65–75 €, mit Terrasse 100 €. Pl. Condes de Niebla 1, ✆ 956 364840, ✆ 956 360161, www.ruralduquesmedinasidonia.com.

** **Pensión Bohemia (5)**, in einer Seitengasse der Calle Santo Domingo, der nordöstlichen Verlängerung der Hauptstraße Calle Ancha. In seiner Klasse ein sehr ordentliches Quartier, DZ/Bad nach Saison etwa 35–40 €. Calle Don Claudio 5, ✆ 956 369599.

* **Pensión Blanca Paloma (12)**, an einem freundlichen kleinen Platz nahe der zentralen Plaza del Cabildo, einige der Zimmer mit Balkon. Eher einfach, aber recht preisgünstig, DZ ohne Bad um die 30 €. Pl. San Roque 9, ✆ 956 363644.

• *Essen* **Bajo de Guía**, das Fischer- und Restaurantviertel am Fluss, ist für jeden Liebhaber maritimer Genüsse natürlich ein Fest. Das bessere Revier für Tapagänge ist allerdings der Hauptplatz. Ein Gläschen Manzanilla sollte in keinem Fall fehlen...

Rest. Casa Bigote (2), die erste Adresse in Bajo de Guía, geführt von den Brüdern Fernando und Paco Hermoso. Vom ersten Stock genießt man einen schönen Blick über den Fluss. Auf der Karte steht eine erlesene Auswahl an Fisch und Meeresfrüchten – und zwar ausschließlich: Was nicht im Wasser schwimmt, kommt hier auch nicht auf den Tisch. Köstliche Eintöpfe (guisos). Menü à la carte ab etwa 25 € aufwärts, für das Gebotene nicht zuviel. Bajo de Guía s/n.

Rest. Casa Juan (1), ein paar Häuser weiter und deutlich bodenständiger. Neben diversen Fischgerichten stehen auch hier die Eintöpfe „Guisos" auf der Karte. Hauptspeisen liegen im Dreh um die 10–12 €. Bajo de Guía s/n.

Rest. El Veranillo (3), in einem Wohngebiet unweit des Viertels Bajo de Guía. Lauschige überwucherte Terrasse. Kreative Lokalküche, hervorragende Süßspeisen. Sehr gutes Preis-Leistungs-Verhältnis, Hauptgerichte überwiegend etwa 10–12 €. Calle Manuel Barrios Masero, zur NS abends nur Fr und Sa geöffnet. Mo Ruhetag.

Bar-Rest. El Cura (11), im Zentrum unweit der Plaza del Cabildo, Tische auch im Freien in einer schattigen Gasse. Einfach und recht preisgünstig, gute Auswahl an Hauptgerichten für etwa 6–10 €. Calle Amargura, jenseits der Hauptstraße bei der Plaza San Roque.

Peña Cultural Flamenca Puerto Lucero (13), untergebracht in einer ehemaligen Bodega, deren Wände mit alten Flamenco-Fotos dekoriert sind. Am Fr/Sa bekommt man mit etwas Glück hier Flamenco live (Eintritt frei) zu sehen, der Weg lohnt sich aber schon wegen des urigen Lokals und der günstigen Essenspreise: Hauptgerichte um die 5–6 €, natürlich gibt es auch Tapas etc. Calle La Plata 50.

Bar El Colorao (4), unauffällige Eckbar in einem ruhigen Wohn- und Kleingewerbeviertel nordöstlich des Zentrums. Das schlichte Lokal genießt für seinen frittierten Fisch besten Ruf und ist gar nicht teuer. Calle Sargenta, Ecke Calle Pirado.

Bar Casa Balbino (10), in der südwestlichen Ecke des „Tapa-Platzes" Plaza Cabildo. Der Klassiker hier, sehr gute und günstige Tapas in unglaublich breiter Auswahl (über 50 Sorten!), die man sich innen im Self-Service-Verfahren besorgt. Pl. Cabildo 13.

Bar La Giralda (9), wenige Schritte weiter. Die Bar der berühmten Manzanilla-Bodega hat wie alle Lokale am Platz auch Tische im Freien, Tapa-Spezialitäten sind „Guisos" (Eintöpfe) und „Montaditos", in diesem Fall Mini-Baguettes. Self Service.

Bar Cervecería Cabildo (8), die dritte im Bunde, erst vor wenigen Jahren eröffnet. Hier sind diverse „Revueltos" (Rühreigerichte) der Renner, und im Gegensatz zu den beiden anderen Bars wird im Freien bedient.

Bar El Fogón de Mariana (7), um die Ecke vom Hauptplatz. Wie in allen Lokalen dieser kleinen Kette gibt es hier vor allem Schinken- und Fleischportionen von exquisiter, freilich nicht ganz billiger Qualität, außerdem frisch gemachte „Montaditos". Calle Bolsa 10.

Bar La Parada (16), etwas abgelegen in der Oberstadt Barrio Alto. Auch hier gibt es gute Tapas und Raciones. Pl. de la Paz, nicht weit von der Kirche Nuestra Señora de la O.

Fass an Fass, für jeden was: Bodega La Cigarrera

Provinz Cádiz
Karte siehe Umschlagklappe hinten

Feste/Touren/Sport

• *Feste* **Feria del Manzanilla**, das Fest des Manzanilla-Weins, mehrere Tage etwa Mitte bis Ende Mai. Festzelte, Sevilla-Tänze, Reiter in Tracht, großer Umtrunk, Bratfische.... Eines der schönsten unter den großen Frühlingsfesten der Provinz.

Romería del Rocío, Pfingsten: Die geschmückten Karren, die von der Provinz Cádiz zur Wallfahrt unterwegs sind, setzen von Bajo de Guía auf die andere Seite des Guadalquivir über, ein Fest für Fotografen.

Festival de Cante Flamenco, etwa Mitte Juli, in der Peña Cultural Flamenca Puerto Lucero (siehe „Essen") und im Centro Cultural de la Victoria nahe der Plaza del Cabildo.

Festival de Jazz Ciudad de Sanlúcar, Jazzfestival in der zweiten Julihälfte.

Carreras de Caballo, Pferderennen am Strand, ein großes, wild gefeiertes Spektakel, dessen Tradition bis 1845 zurückreicht. Jeweils mehrere Tage in der zweiten und vierten Augustwoche, das genaue Datum wird anhand des niedrigsten Wasserstandes der Ebbe ausgewählt. Beginn der Rennen meist zwischen 17.30 und 18.30 Uhr, Ende bei Sonnenuntergang.

Fiesta de San Lucas, am 18. Oktober, das Fest des Stadtpatrons von Sanlúcar.

• *Touren* Zu den Schiffsausflügen in den Nationalpark Doñana siehe „Sehenswertes".

Viajes Doñana veranstaltet Geländewagentouren im Park. Fahrtstrecke etwa 70 km, Dauer 3,5 Stunden. Abfahrten zuletzt Di und Fr 2-mal tgl., Preis p.P. etwa 35 €. Reservierung dringend geraten: Reisebüro Viajes Doñana, an der Hauptstraße Calle San Juan 8, ✆ 956 362540.

• *Sport* Der **Club Ecuestre La Arbolada** veranstaltet Ausritte am Strand, Ponyreiten etc. Camino La Jara s/n, im Süden der Stadt, ✆ (Handy) 630 867672.

Sehenswertes

Lohnend ist ein Spaziergang durch das Altstadtviertel, dessen Paläste einen Hauch morbider Grandezza verströmen. Leider sind einige Monumente, darunter die ungewöhnlichen gotischen Reliefs *Las Covachas* (15. Jh.) am Zugang zur Oberstadt, in sehr schlechtem Zustand.

Nuestra Señora de la O: Die mächtige Kirche liegt im Kern der Oberstadt und bildet das wichtigste Bauwerk von Sanlúcar. Gleichnamige Gotteshäuser gibt es auch in Rota und Chipiona, die Herkunft und Bedeutung der Bezeichnung (evtl. abgeleitet aus dem lang gezogenen „O" in „Oh María") ist bis heute umstritten. Errichtet wurde die Kirche ab 1360, im 17. Jh. dann umgebaut; an der Fassade ist ein schönes Steinportal mit Mudéjaranklängen zu sehen. Öffnungszeiten: Mo–Fr 10–13 Uhr, So 10–12 Uhr.

Palacio Ducal de Medina-Sidonia: Der Palast der Herzöge von Medina Sidonia, unweit der Kirche gelegen, wurde im 15. Jh. errichtet und in den letzten Jahren restauriert und zum Teil in eine Hospedería verwandelt, ist aber bislang nur selten (So 11 und 12 Uhr nach Anmeldung unter Tel. 956 360161) zu besuchen.

Castillo de Santiago: Überhaupt nur von außen zu besichtigen ist diese gotische, im 15. Jh. errichtete Festung östlich der Kirche. Dies könnte sich jedoch wieder ändern, sobald die aufwendige, schon Jahre andauernde Restaurierung beendet ist.

Palacio de Orleáns y Borbón: Ein Palast im Stil des Neo-Mudéjar, im Gebiet westlich der Kirche glegen und umgeben von einer schönen Grünanlage. Im 19. Jh. als Sommerresidenz des Herzogs von Montpensier errichtet, beherbergt er heute das Rathaus, Besichtigung Mo–Fr 8–14.30 Uhr.

Bodegas: Sanlúcar bildet den westlichen Punkt des „Sherry-Dreiecks", zu dem noch Jerez und El Puerto de Santa María gehören. Der Manzanilla von Sanlúcar, als D.O. herkunftsgeschützt, verdankt seinen charakteristischen Geschmack der feuchten und salzhaltigen Seeluft, der sich die Bodegas mit ihrer Ausrichtung von Nordwest nach Südost öffnen, ohne dabei schädliche Sonnenstrahlen einzulassen.

• *Bodega-Besuche* Hier nur eine Auswahl, komplette Liste bei der Infostelle. Die Führer sprechen meist etwas Englisch.

Bodegas La Cigarrera, Pl. Madre de Dios s/n, in zentraler Lage am Rand des historischen Viertels. 1758 gegründet, jetzt bereits seit neun Generationen in Familienbesitz. Geöffnet ist Mo–Fr 11–15, 19–21 Uhr, Sa 11–15 Uhr; 2,50 €. ✆ 956 381285, www.lacigarrera.com.

Bodegas Barbadillo, Calle Luis Equilaz 11, beim Castillo de Santiago, mit einer Tradition, die ebenfalls immerhin schon fast zwei Jahrhunderte zurückreicht. Führungen p.P. 3 €, angeschlossen ein noch recht neues Besucherzentrum sowie ein „Manzanilla-Museum" (Mo–Sa 11–15 Uhr). ✆ 956 360894, www.barbadillo.com.

Bodegas Pedro Romero, Calle Trasbolsa 84, ein Stück nördlich des Zentrums und „erst" 1860 gegründet. Besuche Mo-Sa nach Anmeldung unter ✆ 956 360736, p.P. 6 €. www.pedroromero.es.

Centro de Visitantes Bajo de Guía: Das ältere und schlichtere der beiden Dokumentationszentren im Viertel Bajo de Guía widmet sich mit Ausstellung, Filmvorführungen etc. nicht dem Nationalpark selbst, sondern der vorgelagerten Zone „Parque Natural Entorno de Doñana".

Lage und Öffnungszeiten Av. Bajo de Guía s/n, im gleichnamigen Viertel, vom Zentrum kommend noch vor dem Restaurantgebiet, ✆ 956 360715. Öffnungszeiten: Di–So 10–14, 18–20 Uhr, Eintritt frei.

Centro de Visitantes Fábrica de Hielo: Etwa 200 Meter hinter dem Dokuzentrum des Vorparks wurde in einer schönen ehemaligen Eisfabrik ein weiteres Besucherzentrum (tägl. 9–20 Uhr; ✆ 956 381635) eingerichtet, dessen Thema der eigentliche Nationalpark ist. Hier sind auch die Tickets für die Schiffsausflüge in den Park erhältlich. Mit stündlichen Filmvorführungen, zahlreichen Bildschirmen und Installationen erschließt die Ausstellung im Erdgeschoss die Flora, Fauna und Geologie des Gebiets, während der erste Stock die Geschichte und Kultur des Parks dokumentiert. Im obersten Geschoss gibt es einen Aussichtspunkt über den Fluss.

Bonanza: Der kleine Hafen Bonanza liegt einige Kilometer nördlich von Sanlúcar am Ufer des Guadalquivir, hart am Rand des Vorparks Parque Natural Coto de Doñana. Von diesem Hafen aus sollen Kolumbus und Magellan einige ihrer abenteuerlichen Fahrten begonnen haben. Heute landen hier die Fischer von Sanlúcar ihre frisch gefangene Ware an.

Schiffsausflüge von Sanlúcar in den Naturpark Coto de Doñana

Die *Real Fernando*, benannt nach dem ersten spanischen Dampfschiff, das 1817 den Guadalquivir befuhr, startet rund ums Jahr zu Ausflügen auf dem Fluss. Am Westufer streifen sie den Rand des Nationalparks Parque Nacional Coto de Doñana, der im Kapitel zur Provinz Huelva näher beschrieben ist. Mehr als eine Schnuppertour können die etwa vierstündigen Fahrten zwar nicht sein, doch vermitteln sie immerhin einen ersten Eindruck von der Landschaft, mit etwas Glück auch von der Tierwelt des Parks. Unterwegs werden an zwei Stellen kurze Landspaziergänge im Gebiet des Vorparks Parque Natural Entorno de Doñana am Ostufer des Guadalquivir eingelegt, der landschaftlich dem eigentlichen Nationalpark sehr ähnlich ist. Man besucht dabei die „Salinas de los Portugueses", ein Salinengebiet, in dem oft auch Flamingos zu sehen sind, und das „Poblado de la Plancha", die Rekonstruktion eines typischen Dorfs der Marisma. Zum Programm zählt auch eine audiovisuelle Vorführung über den Park; wer Vögel beobachten will, kann sich an Bord Ferngläser mieten.

Tägliche Abfahrten im Flussviertel Bajo de Guía, von Juni bis September 10 Uhr und 17 Uhr, im März, April, Mai und Oktober 10 Uhr und 16 Uhr, übrige Monate 10 Uhr. In der Pfingstwoche finden wegen der Wallfahrt nach El Rocío keine Touren statt. Etwa eine Viertelstunde vor Abfahrt sollte man an Bord sein, Tickets im Dokumentationszentrum „Fábrica de Hielo" (s. u.). Fahrpreis etwa 15 €, Reservierung unter ✆ 956 363813 ratsam. www.visitasdonana.com.

▶ **Weiterreise**: Ab Sanlúcar gibt es entlang der Costa de la Luz in westlicher Richtung kein Durchkommen da der Nationalpark *Coto de Doñana* auf der anderen Seite des Guadalquivir eine Sperre bildet. Die Küste der Provinz Huelva ist somit, wie auch der Nationalpark selbst, nur über einen weiten Umweg via Sevilla zu erreichen.

Provinz Cádiz
Karte siehe Umschlagklappe hinten

Zentrum der gleichnamigen Sierra: das „Weiße Dorf" Grazalema

Das Binnenland der Provinz Cádiz

Die wichtigsten Kennzeichen des Inlands der Provinz sind die ausgedehnten Weiden der Kampfstiere und die „Pueblos Blancos".

Nicht zu vergessen natürlich die weitläufigen Weingärten, in denen der zukünftige Sherry wächst ... Zu den Hauptzielen im Binnenland zählen folgerichtig die Sherrystadt Jerez und die „Weißen Dörfer", allen voran Arcos de la Frontera. Kleiner, aber ebenfalls bildschön sind die Dörfer ganz im Nordwesten der Provinz, Richtung Ronda. In einem bergigen und wildromantischen Gebiet erstreckt sich hier die zerklüftete, grüne Karstlandschaft des Naturparks Sierra de Grazalema.

Jerez de la Frontera

Die meisten Besucher kommen vor allem wegen der Bodegas, in denen der berühmte Wein reift. Jerez hat aber noch mehr zu bieten.

Pferdefreunde werden die ebenfalls weithin bekannte Königliche Reitschule besuchen und Motorsportfans zu einer der Rennveranstaltungen auf dem hiesigen Kurs anreisen wollen. Doch auch wer nur in einer sympathischen spanischen Stadt ein wenig bummeln möchte, liegt in Jerez nicht falsch.

Mit einer Einwohnerzahl von gut 180.000 Menschen, deutlich mehr als die Bevölkerung der Provinzhauptstadt Cádiz, ist Jerez de la Frontera nicht die Kleinstadt, die mancher vielleicht erwartet. Ein Ring von Umgehungsstraßen und Industrieanlagen umklammert das Zentrum. Ist man aber erst einmal in den teilweise denkmalgeschützten Ortskern vorgestoßen, präsentiert sich Jerez als eine freundliche und offene Stadt, die viel Lokalkolorit besitzt, ohne für den Tourismus herausgeputzt zu sein. Abends und nachts allerdings wirkt das Zentrum häufig wie ausgestorben, da der Großteil der Bevölkerung in den neueren Vierteln außerhalb wohnt.

Orientierung: Mittelpunkt der Stadt ist die *Alameda Cristina*, eine Mischung aus Platz und kleiner Parkanlage. Einen weiteren Fixpunkt stellt die südlich gelegene *Plaza Arenal* dar. Die Verbindung zwischen den beiden bilden die *Calle Puerto de Sevilla* und ihre südliche Verlängerung, die als Fußgängerzone ausgewiesene *Calle Larga*. Westlich dieser Linie erstreckt sich die Altstadt, östlich davon liegen die Geschäftsviertel samt der Mehrzahl der Unterkünfte und Lokale.

Information/Verbindungen/Adressen

• *Information* **Oficina Municipal de Turismo**, Alameda Cristina s/n, am Anfang der Alameda. Geöffnet im Sommer Mo–Fr 10–15, 17–19 Uhr, Sa/So 10–14.30 Uhr, im Winter Mo–Fr 9.30–15, 16.30–18.30 Uhr, Sa/So 9.30–14.30 Uhr. Die Filiale an der Plaza Arenal war (mit unsicherer Zukunft) wegen Umbau des Platzes zuletzt geschlossen. ✆ 956 331150, ✆ 956 331162, www.turismojerez.com.

• *Verbindungen* **Flug**: Flughafen „La Parra" (Info: ✆ 956 150000) etwa 7 km nordöstlich der Stadt. In bzw. vor der Ankunftshalle je ein saisonaler Infostand der Provinz und der Stadt, außerdem eine Reihe von Autovermietern. Bislang leider keine Busverbindung; es gibt jedoch Pläne, eines Tages hier einen Bahnhof der Linie Jerez-Sevilla einzurichten. Ein Taxi ins Zentrum sollte etwa 12 € kosten.

Zug: Architektonisch sehr schöner Bahnhof (Renfe-Info: ✆ 902 240202) an der Plaza Estación am südöstlichen Zentrumsrand. Züge nach Cádiz verkehren etwa stündlich; nach Sevilla alle ein bis zwei Stunden, Madrid 2-mal täglich.

Bus: Der Busbahnhof soll künftig von der Calle Cartuja (nahe Bodega Diez Merito) ins Gebiet beim Bahnhof verlegt werden; eventuell ist es schon mit Erscheinen dieser Auflage soweit. COMES nach Cádiz etwa stündlich, El Puerto de Santa María 18-mal, Sevilla 7-mal, Rota 9-mal, Arcos 7-mal, Ronda 4-mal, Málaga und Granada je 1-mal täglich. Nach Conil 3-mal tgl., aber Achtung: Der letzte Bus am Abend kommt aus Sevilla und ist oft voll belegt. LINESUR nach Sanlúcar/Chipiona etwa stündlich, Sevilla 11-mal, Algeciras 8-mal täglich. AMARILLOS nach Arcos de la Frontera etwa stündlich.

Auto: Das gesamte Zentrum ist gebührenpflichtige „Blaue Zone" mit limitierter Parkzeit. Eine günstig gelegene Tiefgarage liegt an der Plaza Mamelón nördlich der Alameda Cristina. Die Plaza del Arenal wurde zuletzt ebenfalls zur Tiefgarage umgebaut; weitere Möglichkeiten beim Alcázar.

Mietwagen: ATESA, am Flughafen, ✆ 956 186811. AVIS, am Flughafen, ✆ 956 150005; Alameda Cristina 13 (Hotel Tryp Jerez), ✆ 956 314120. EUROPCAR, am Flughafen, ✆ 956 150098. HERTZ, am Flughafen, ✆ 956 310015. ROMECAR-BUDGET, Calle Puerto 5 (südlich des Alcázar), ✆ 956 338054.

Fahrradverleih: El Motorista, Av. de Europa 13, ✆ 956 358500. Noch junges Büro, mal abwarten, ob es sich hält.

Taxi: Funktaxis unter ✆ 956 344860.

• *Deutsches Konsulat* Av. Duque de Abrantes 44, ✆ 956 306917, ✆ 956 314054.

• *Post* Calle Cerrón s/n, am südlichen Ende der Calle Honda, einer Parallelstraße zur Calle Larga; Öffnungszeiten: Mo–Fr 8.30–20.30 Uhr, Sa 9–14 Uhr.

• *Internet-Zugang* **Ciber Jerez**, Calle Santa María 3, erster Stock, um die Ecke von der Post; ✆ 956 334016.

Übernachten (siehe Karte S. 153)

Große Auswahl, darunter recht erfreuliche Quartiere. Unterkunftsprobleme sollten nur während Großveranstaltungen und Festen auftreten. Dann, nämlich in der Regel zur Semana Santa, zur Feria del Caballo und zum Motorradrennen Gran Premio de España, wird es mehr als eng; gleichzeitig steigen die Preise deutlich.

***** **Hotel Jerez (1)**, in etwas abgeschiedener Lage nördlich des Zentrums, mit einer schönen Parkanlage samt Swimmingpool. DZ/F nach Saison etwa 165–200 €, es gibt auch Superior-Zimmer. Av. Alvaro Domecq 35, ✆ 956 300600, ✆ 956 305001, www.jerezhotel.com.

**** **Hotel Los Jándalos (2)**, knapp nördlich des engeren Zentrums, 2004 eröffnet. Gut ausgestattetes, hübsch eingerichtetes Hotel; ein Teil der Zimmer geht leider auf eine laute Straße (Lärmschutzfenster). Parkplatz. Angeschlossen ein Spa mit Türkischem Bad, Jacuzzis etc., das in einer alten Bo-

Provinz Cádiz
Karte siehe Umschlagklappe hinten

dega untergebracht ist. DZ etwa 100–110 €, zu den Sonderterminen rund 230 €. C. Nuño de Cañas 1, ✆ 956 327230, ✆ 956 326030, www.jandalos.com.

**** **Hotel Bellas Artes (9)**, unweit der Kathedrale. Der schöne Palast des 18. Jh. wurde in ein sehr reizvolles Hotel umgewandelt, das 19 Zimmer beherbergt. Alle sind sie unterschiedlich ausgestattet und dekoriert (in einem steht sogar die Badewanne direkt im Zimmer), bei allen aber wurde der Charakter des alten Gebäudes bewahrt. Dachterrasse mit Kathedralenblick. Hoteleigener Parking, auch einige reservierte Plätze direkt vor der Tür. DZ/F etwa 100 €, zu den Sonderterminen 130 €; auch Suiten. Pl. del Arroyo 45, ✆ 956 348430, ✆ 956 169633, www.hotelbellasartes.com.

*** **Hotel Casa Grande (18)**, 2004 eröffnetes, charmantes Hotel in zentraler Lage, untergebracht in einem restaurierten, denkmalgeschützten Bau der Zwanzigerjahre. Freundliche, hilfsbereite und serviceorientierte deutsche Leitung durch Monika Schröder (mit dem Autor dieses Führers weder verwandt noch verschwägert ...). 15 komfortable, hübsch eingerichtete Zimmer mit Klimaanlage, gruppiert um einen zentralen Patio; große Dachterrasse. Parkscheine für die blaue Zone vor dem Hotel kosten 3 € für 48 Stunden. Gutes Preis-Leistungs-Verhältnis: DZ 75–85 €, zu Sonderterminen 140 €, es gibt auch Suiten. Pl. de las Angustias 3, ✆ 956 345070, ✆ 956 336148, www.casagrande.com.es.

*** **Hotel Res. Serit (16)**, ein freundlicher und gepflegter, zudem recht zentral gelegener Familienbetrieb. Gute Zimmer mit TV, Garage; DZ nach Saison und Ausstattung etwa 60–90 €, zur „Temporada Especial" von Ende April bis Mitte Mai bis zu 140 €. C. Higueras 7, ✆ 956 340700, ✆ 956 340716, www.hotelserit.com.

** **Hotel Nova Centro (10)**, an der Calle Arcos, einer aus dem Zentrum heraus führenden Einbahnstraße, in deren Umfeld sich zahlreiche Quartiere befinden. Funktionales, 2001 renoviertes Hotel mit 27 solide ausgestatteten (Klimaanlage, TV) Zimmern, manche mit Fenster nur zum Gang; Garage. DZ etwa 65 €, im Winter 45 €, zu den Spezialterminen knapp 90 €; auch einige Apartments. C. Arcos 13, ✆ 956 332138, ✆ 956 341097, www.hotelnovacentro.com.

** **Hotel Torres (8)**, in der Nähe. Von außen unscheinbar, innen verwinkelt, zwei Innenhöfe; besonders schön liegen die Räume auf den hinteren Patio. Das Hotel wurde zuletzt verkauft und soll komplett renoviert werden. C. Arcos 29, ✆ 956 323400, ✆ 956 321816.

* **Hotel El Coloso (20)**, ein ordentlicher Vertreter der Einsterneklasse, nahe der belebten Plaza de las Angustias; Garage. DZ etwa 50–60 €, im Mai 85 €; auch vier Apartments. C. Pedro Alonso 13, ✆ und ✆ 956 349008.

* **Hotel San Andrés II (7)**, ein sehr empfehlenswerter Ableger der benachbarten, gemütlichen Pensión gleichen Namens. DZ mit Klimaanlage und TV etwa 40 €, für die gebotene Ausstattung wirklich nicht zuviel. C. Morenos 14, ✆ 956 340983, ✆ 956 343196.

** **Pensión Sanví (5)**, gutes und sehr freundlich geführtes Quartier, wenn auch manche Zimmer relativ eng ausfallen – blitzsauber sind sie, vor einigen Jahren renoviert und auch recht ruhig gelegen. Ausreichend Parkmöglichkeiten im Haus (in einer alten Bodega!) vorhanden. DZ/Bad etwa 35–40 €, zu Festterminen bis 50 €. C. Morenos 10, eine nördliche Seitengasse der Straße nach Arcos; ✆ 956 345624.

* **Pensión San Andrés (6)**, ebenfalls preiswert und gut. Schöner Patio, nette Dachterrasse, sehr freundliche Leitung. DZ/Bad 35–40 €, ohne Bad etwas günstiger. C. Morenos 12, nahe der Pension Sanvi, ✆ 956 340983.

Jugendherberge (21), Albergue Juvenil (IYHF), ganzjährig geöffnet. Hässliche Umgebung, komfortables Quartier. Av. Carrero Blanco 30, etwa 20 Minuten südwestlich der Plaza Arenal, von dort mit Bus Nr. 1; ✆ 956 143901.

Essen/Nachtleben

Leider merkt man es manchen Restaurants in Jerez an, dass die Stadt häufig von Tagesausflüglern besucht wird: Nicht immer entspricht die Qualität den Preisen. Zu den Spezialitäten der Sherry- und Stierstadt Jerez zählen Nieren in Sherrysauce (*riñones a la jerez*) und Stierschwanzsuppe (*sopa de rabo de toro*).

• *Essen* **Restaurante Gaitán (3)**, traditionsreiches Lokal ohne Firlefanz. Gemütlich, viele Touristen als Besucher. Andalusisch-baskische Küche; manchmal relativ preiswerte Tagesmenüs, à la carte ab etwa 25 €. C. Gaitán 3, nahe der Plaza Mamelón, 200 Meter nördlich der Alameda Cristina. So-Mittag (im Winter So-Abend) geschlossen. ✆ 956 345859.

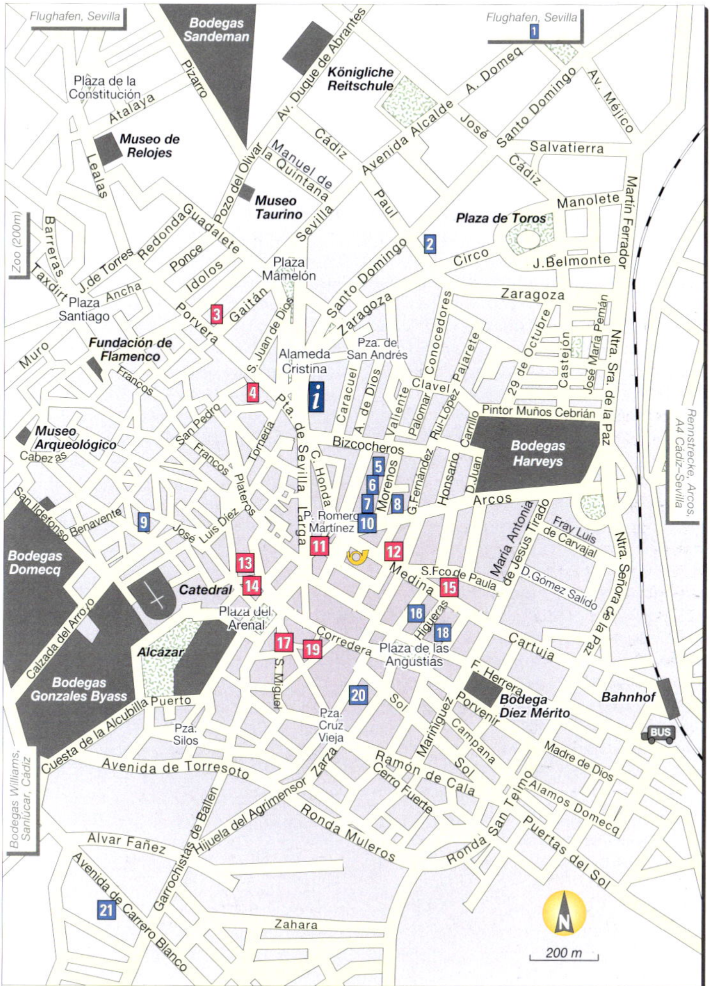

Übernachten

1 Hotel Jerez
2 Hotel Los Jándalos
5 Pensión Sanví
6 Pensión San Andrés
7 Hotel San Andrés II
8 Hotel Torres
9 Hotel Bellas Artes
10 Hotel Nova Centro
16 Hotel Serit
18 Hotel Casa Grande
20 Hotel El Coloso
21 Jugendherberge

Essen & Trinken

3 Rest. Gaitán
4 Bar La Tertulia
11 Bar-Rest. El Gallo Azul
12 Rest. Mesón Alcazaba
13 Bar El Almacén
14 Bar Juanito
15 Rest. Carboná
17 Bar La Marea
19 Bodega Tabanco San Pablo

Jerez de la Frontera

Provinz Cádiz
Karte siehe Umschlagklappe hinten

Rest. Carboná (15), östlich des engeren Zentrums. Spezialität des großen, in einer schönen ehemaligen Bodega untergebrachten Restaurants sind Fleischgerichte vom Grill. Hauptspeisen überwiegend um die 10 €, Schweinernes günstiger. C. San Francisco de Paula 2, Di Ruhetag.

Bar-Rest. Mesón Alcazaba (12), ein Tipp für den preisgünstigen Mittagstisch. Auch dieses Lokal, deutlich einfacher als das Carboná, ist in einer Ex-Bodega untergebracht; das umfangreiche Mittagsmenü kostet hier gerade einmal 7 €. C. Medina 19, ein Ableger findet sich in der C. San Francisco de Paula 6.

Bar Juanito (14), in einer verkehrsfreien kleinen Gasse, die von der Plaza Arenal abzweigt. Stadtweit berühmt als Tapa-Bar mit breiter Auswahl, allerdings nicht ganz billig. Spezialität sind Artischocken. Das schräg gegenüber liegende, ehemalige Bar-Rest. „Las Almenas" wurde angegliedert. C. Pescadería Vieja 8–10.

Bar El Almacén (13), um die Ecke. Schöne Tapa-Bar mit alten Möbeln innen und Tischen im Freien; meist auch dann belebt, wenn halb Jerez zu schlafen scheint. Zu den Spezialitäten zählen Auberginen mit Honig (berenjenas à la miel) und gebratene Artischockenherzen mit Sauce (alcachofas plancha). Guter Rioja. C. La Torre 8.

Bar La Marea (17), ebenfalls unweit der Plaza Arenal. Hier dreht sich alles um Fisch und Meeresfrüchte. Die Preise liegen nicht ganz niedrig (Ración um die 10 €, z.T. auch halbe Raciones im Angebot), die Qualität spricht aber für sich. C. San Miguel 3.

Bar-Rest. El Gallo Azul (11), direkt in der Fußgängerzone. Der „Blaue Hahn" ist ein sehr beliebtes Lokal, untergebracht in einem auffälligen halbrunden Gebäude mit Tischen im Freien. Die Bar im Erdgeschoss serviert preisgekrönte und innovative, dabei recht günstige Tapas in breiter Auswahl; das teurere Restaurant im ersten Stock ist nicht immer geöffnet. C. Larga 2.

Bar La Tertulia (4), ein Stück nördlich. Besonders zur Mittagszeit herrscht im „Gesprächszirkel", einer bekannt guten Tapabar, reichlich Betrieb. Spezialität sind „Montaditos", kleine belegte Brote. C. Porvera 11.

Bodega Tabanco San Pablo (19), zwar kein Essenstipp, für Sherryfans aber ein Muss: eine uralte Bodega-Bar mit historischen Fotos und natürlich feinstem Fino vom Riesenfass. C. San Pablo 12.

• *Nachtleben* Eine gewisse Konzentration von Music-Bars liegt im Gebiet um die Stierkampfarena. An Werktagen geht es nachts in Jerez aber oft ausgesprochen ruhig bis verschlafen zu.

Plaza de Canterbury: Kleiner Innenhof mit einer Reihe von Bars, die besonders am Wochenende beliebt sind. Calle Niño de Cañas, Ecke Calle Zaragoza, nicht weit von Stierkampfarena und Infostelle.

Avenida de Méjico: Nördlich der Arena und zusammen mit der Querstraße Comandante Paz Varela ein weiterer Fixpunkt der Barszene.

Bar Berebere, unweit des Archäologischen Museums, in einem lange Zeit heruntergekommenen Ex-Rotlichtbezirk, der langsam ins Visier der Stadtplaner rückt. Im „Berber" ist das Interieur marokkanisch inspiriert, die Musikskala (manchmal live) reicht jedoch von Jazz über Bossanova und Tango bis hin zu Rock. C. Cabezas 20, nur abends.

Einkaufen/Feste/Flamenco

• *Einkaufen* Sehr typisch sind natürlich Reitutensilien, aber auch Geflochtenes aus Weide. Haupteinkaufszone ist die Calle Larga.

Guarnicionería, Reiterzubehör: „Hipisur – La Botique del Caballo", C. Circo 1, nahe Plaza de Toros. www.hipisur.com.

Mimbre, Weidengeflecht: „La Casa del Mimbre", C. Corredera 46.

Zigarren: „Cava Paul", C. Paul 1, Nähe Oficina de Turismo. Breites Angebot.

Mercado de Abastos, die Markthallen an der Plaza Esteve südwestlich der Post.

Rastrillo, Flohmarkt an jedem Sonntag von Oktober bis Juni, an der Plaza del Merced, Calle Muro und Plaza del Mercado, etwa im Gebiet zwischen der Plaza und dem Museo Arqueológico.

• *Feste/Veranstaltungen* **Festival de Flamenco**, Ende Februar, Anfang März, organisiert vom Teatro Villamarta. Neben diversen Aufführungen werden während des etwa zehntägigen Festivals auch Tanzkurse und Workshops angeboten.

Semana Santa, die Karwoche; „Saeta"-Gesang und über 30 Prozessionen; Höhepunkt ist die Nacht zwischen Gründonnerstag und dem Sonnenaufgang des Karfreitags.

Feria del Caballo, an wechselnden Terminen etwa Anfang, Mitte Mai. Jerez ist eine Pferdestadt par excellence, der hiesige Pferdemarkt eine der ältesten Ferias Spaniens: Tradition seit dem 13. Jh.! Mit zahlreichen Wettbewerben für jeden Reiter natürlich ein Muss; Riesenstimmung, Stierkampf, Festzelte, Musik und Tanz sind jedoch auch für Nicht-Pferdeliebhaber eine absolute Attraktion.

Gran Premio de España, Anfang Mai. Lauf der Motorradweltmeisterschaft auf dem Richtung Arcos gelegenen Rundkurs „Circuito de Jerez" (Ctra. Arcos, Km 10; ✆ 956 151100, www.circuitodejerez.com), auf dem noch zahlreiche andere Rennen ausgetragen werden.

Fiestas de Otoño, etwa Mitte September. Das zweiwöchige Herbstfest fällt mit der Weinlese zusammen und glänzt mit einem üppigen Beiprogramm. Eines der Highlights ist das große Flamencofestival „Fiesta de la Bulería".

Corridas: Stierkämpfe während der ganzen Sommersaison, Höhepunkt wie immer die Festtermine. Information/Kartenverkauf: Calle Porvera s/n, unweit der Calle Puerta de Sevilla.

• *Flamenco* **Fundación Andaluza de Flamenco**, das Mekka für Interessierte. Riesiges Archiv, Ausstellungen, Schule, stündliche Filmvorführung etc., außerdem Verkauf der „Anuaria Flamenco Guía de Festivales", einer kompletten Auflistung der jährlich stattfindenden Flamencofestivals. Im schönen Palacio Pemartín, Plaza de San Juan 1, 300 Meter westlich der Alameda Cristina, Öffnungszeiten: Mo–Fr 9–14 Uhr; gratis. ✆ 956 349265, http://caf.cica.es.

Ciudad de Flamenco: Nicht wirklich eine ganze „Flamenco-Stadt", aber doch einen (maurisch inspirierten) Komplex mit Turm und großem Garten wird das bekannte schweizerische Architektenbüro Herzog und De Meuron an der Altstadt-Plaza Belén errichten. Der 12 Millionen Euro teure Bau soll u.a. ein Auditorium, eine Schule der Flamencokunst, ein Dokuzentrum sowie ein Flamencomuseum beherbergen. Ob der Zeitplan (Eröffnung 2006) eingehalten werden kann, erscheint allerdings fraglich.

Flamenco-Bars gibt es in Jerez gleich im halben Dutzend, doch sind auch hier die Vorführungen ziemlich auf Touristen zugeschnitten und finden zudem nicht regelmäßig statt; Anfrage beim Fremdenverkehrsamt empfiehlt sich. Eine Adresse mit regelmäßigen Aufführungen: „El Lagá de Tío Parilla", Plaza del Mercado s/n (Nähe Archäologisches Museum); ✆ 956 338334. Ein volkstümliches Bar-Restaurant, in dem Mo–Sa um 22.30 Uhr und 0.30 Uhr Shows vorgeführt werden. Eintrittsgebühr inkl. Getränk etwa 12 €.

Provinz Cádiz
Karte siehe Umschlagklappe hinten

Sehenswertes

Hauptanziehungspunkte sind sicherlich die Bodegas und die Königliche Reitschule, doch auch der Alcázar und das Archäologische Museum sind einen Besuch wert.

Catedral La Colegiata: Westlich der Plaza del Arenal. Die mächtige Kirche wurde auf den Grundmauern einer Moschee errichtet, im 17./18. Jh. jedoch fast völlig umgestaltet. Vor dem Westportal erhebt sich eine imposante Freitreppe; im Inneren lohnt sich ein Blick auf das Gemälde „Maria als Kind" von Zurbarán. Der frei stehende Glockenturm trägt Stilelemente der Gotik und des Mudéjar.

Öffnungszeiten Mo–Fr 11–13, 18–20 Uhr, Sa 11–14, 18–20 Uhr, So 11–14 Uhr; gratis.

Alcázar: Direkt südlich der Kathedrale gelegen, Eingang gegenüber. Die Festung geht noch auf die Maurenzeit des 12. Jh. zurück, wurde später jedoch deutlich verändert und ist derzeit in einem weit fortgeschrittenen Zustand der Renovierung. Der Zugang erfolgt durch die *Puerta de la Ciudad*, mit dem typischen Knick im Inneren erbaut, um Angreifern das Vorankommen zu erschweren. Von hier gelangt man zunächst zu einer restaurierten *Ölmühle* (Molino del Aceite) aus dem 18. Jh. Im Mühlstein wurden die Oliven zunächst zermahlen, die so entstandene Paste dann auf kreisrunde Matten (capachos) verteilt, schließlich die zu einer Art Turm aufeinander gestapelten Capachos in der großen Presse (prensa) unter so hohen Druck gesetzt, dass das Öl austrat. Weiter geht es zur Moschee

Mezquita, der einzig verbliebenen von insgesamt 18 Moscheen, die die islamische Stadt besaß. Später wurde sie zur Kapelle umgebaut, mitterweile jedoch wieder in ihren Originalzustand restauriert. Die kleine Quelle diente rituellen Waschungen, die Mihrab genannte Gebetsnische ist heute schmucklos; das Minarett kann leider nicht bestiegen werden. An die Mezquita schließt sich der Waffenhof *Patio de Armas* an. Hier erhebt sich der im 17. Jh. an Stelle eines maurischen Vorgängers errichtete Palacio de Villavicencio, in dessen Turm eine *Camera Obscura* ganz ähnlich der in der Torre Tavira von Cádiz (siehe dort) untergebracht ist. Auch hier genießt man ein sehr reizvolles Panorama der Stadt, und einmal mehr ist auch der Anblick der „lebenden Bilder" faszinierend. Durch die Gärten des Alcázar, die freilich keinen Vergleich mit denen von Granada oder Sevilla aushalten, erreicht man die *Maurischen Bäder*. Sie wurden im 13. Jh. für die Bewohner des Palastes errichtet und sind nach dem üblichen Schema unterteilt. Auf den Eingangsbereich und den Umkleideraum folgen drei unterschiedlich temperierte Feuchträume, der als Ruhezone dienende Kaltraum (bait albarid), der Warmraum (bait al wastani) für die Waschungen, größter der drei Räume, und der Heißraum (bait assajum), in dem mittels eines Systems im Fußboden Dampfbäder genommen werden konnten. Die sich anschließende Zone wurde erst kürzlich freigelegt, sollte aber mittlerweile besichtigt werden können. Hier steht etwas erhöht der so genannte *Pabellón del Patio de Doña Blanca*, ein entgegen seines Namens maurischer kleiner Palast mit Kuppel, der noch aus der Almohaden-Zeit des 12. Jh. stammt; die nahe Zisterne (Aljibe) ist weit jünger. Dahinter erhebt sich der achtecktige Turm *Torre Octogonal*, ebenfalls noch aus islamischer Zeit. Er ist der höchste maurische Turm der Stadt und bietet einen weiten Blick über Jerez, der bei klarer Sicht bis nach Medina Sidonia reicht. Gegenwärtig noch in Restaurierung ist sein Gegenstück, die 1471 errichtete *Torre del Homenaje*.

Öffnungszeiten 1. Mai bis 15. September 10–20 Uhr, So von Mitte Mai bis Mitte September nur 10–15 Uhr; 15. September bis 30. April tgl. 10–18 Uhr. Eintritt Alcázar 1,30 €, mit Camera Obscura (spanisch: Cámara Oscura) 3,30 €, Studenten ermäßigt.

Museo Taurino: Knapp nördlich des engeren Zentrums steht an der Calle Pozo Olivar 6 das Stierkampfmuseum von Jerez. Dass es nicht wie üblich in der Arena selbst untergebracht ist, hat seinen Grund: Die Ausstellung von allerlei Devotionalien rund um den Stier wurde von einer Gastronomiefirma eingerichtet, im Eintrittspreis ist deshalb auch eine „Degustation" enthalten.

Öffnungszeiten Mo–Sa 12–14 Uhr, Eintrittsgebühr rund 2,50 €.

Museo de Relojes „La Atalaya": Das Uhrenmuseum liegt an der Calle Cervantes, unweit des Museo Taurino. In einer früheren Bodega, einer der schönsten der Stadt, sind über 300 antike Uhren ausgestellt, außerdem Silberwaren und eine Sammlung von Spazierstöcken. Alle Uhren sind voll funktionsfähig und beginnen jeweils zur vollen Stunde zu schlagen, am eindrucksvollsten um zwölf Uhr mittags.

Öffnungszeiten Zuletzt war das Museum nur für Gruppen zu besichtigen, soll aber künftig wieder der Allgemeinheit zugänglich gemacht werden; aktuelle Infos im Verkehrsamt.

Real Escuela Andaluza de Arte Ecuestre: Neben den Bodegas ist die „Königliche Andalusische Schule der Reitkunst" die Hauptattraktion von Jerez. Die noble Anlage befindet sich in einem Park an der Avenida Duque de Abrantes s/n, in Fußentfernung nördlich des Zentrums. Gegründet wurde sie 1973 von Don Alvaro Domecq Romero, später vom Spanischen Tourismusministerium übernommen und ist heute im Besitz der Junta de Andalucía. Zentrum des „Recreo de las Cadenas“ genannten Geländes ist ein Palast im Barockstil, errichtet von Charles Garnier, der auch die Pariser Oper schuf, und natürlich die 1600 Plätze fassende Arena aus dem Jahr 1980, zu der neben fünf Ställen und einer edel ausgestatteten Sattelkammer nebst Werkstatt sogar eine Pferdeklinik gehört, die zu den modernsten Spaniens zählt. Seit 2002 gibt es auch ein teilweise interaktiv ausgestattetes Kutschenmuseum (Museo del Enganche).

Die Königliche Reitschule besitzt mehr als hundert Cartujanos, die auch europaweit auf Tournee zu sehen sind. In der Hohen Schule der Reitkunst zählt das Gestüt zu den besten der Welt. Die Figuren, Sprünge und schnellen Drehungen der Tiere leiten sich hauptsächlich aus der Dressur für den Stierkampf zu Pferd her, für den die Rasse ursprünglich gezüchtet worden war. Wer donnerstags oder (von Frühjahr bis Herbst) dienstags kommt, kann die Dressurvorführung *Como Bailan los Caballos Andaluces* sehen, den „Tanz der Andalusischen Pferde“. An den übrigen Wochentagen muss man sich mit dem kaum weniger interessanten Training begnügen. Die Dressurreiter sind dabei zwar nicht in den traditionellen Kostümen des 18. Jh. gewandet, dafür erkennt man jedoch genau, wer bereits ein geprüfter Pferdetrainer mit langer Ausbildung ist und wer noch ein Eleve: Erstere tragen ein blaues Poloshirt, letztere ein grünes.

Typisch Jerez: vor der Kathedrale ein Denkmal für den Sherrybaron

• *Zeiten/Preise* Dressur-Vorführungen donnerstags, von März bis Oktober auch dienstags (besser, weil nicht so voll) sowie im August auch freitags, jeweils um 12 Uhr, Eintrittsgebühr 13–21 €; Training an den übrigen Tagen von Mo–Fr 10–12.30 Uhr, Eintritt rund 6 €, Studenten, Rentner und Kinder jeweils ermäßigt. Reservierung (Aufpreis zum normalen Ticket) unter ✆ 956 318008, oder in jedem Reisebüro. Das Kutschenmuseum öffnet Mo-Fr 10–15 Uhr, Sa 10–14 Uhr; 3 €. www.realescuela.org.

• *Besichtigung eines Gestüts* **Yeguada de la Cartuja** auf der Finca Fuente del Suero gehört nicht zur Königlichen Reitschule, ist mit seinen mehr als 200 edlen Cartujanos (Hierro del Bocado) aber für jeden Pferdefreund sicher einen Besuch wert. Geöffnet wird jeden Samstag um 11 Uhr, Besichtigung p.P. 10 €. Die Finca liegt gut zehn km außerhalb, Anfahrt über die Straße Richtung Medina Sidonia, später rechts Richtung El Portal und El Puerto de Sta. María, dann bald wieder rechts. Ctra. Medina-El Portal, ✆ 956 162809, www.yeguadacartuja.com.

Spanische Pferde: Pura Raza, Cartujanos und Andalusier

Die Ursprünge der *Pura Raza Española* (P.R.E.), der reinen spanischen Pferderasse, sind nicht unumstritten. Mancher Pferdeexperte führt sie aber bis weit in die Vorgeschichte oder zumindest bis in die Antike zurück. Schon damals war ihre Beweglichkeit berühmt – bereits der griechische Schriftsteller, Philosoph und Kavallerieführer Xenophon, im 4. Jh. v. Chr. Verfasser einer Schrift über die Reitkunst, fand lobende Worte über das iberische Ross. Unter den Römern wurde die Pferdezucht in Spanien systematisiert. Dass während der Maurenzeit in größerem Umfang Einkreuzungen mit Arabern stattfanden, gilt heute als eher unwahrscheinlich. Gegen Ende des Mittelalters begann das spanische Pferd seinen Siegeszug durch Europa. Fürstenhöfe und Königshäuser schmückten sich mit den edlen Rössern. Iberische Zuchtpferde veredelten viele Rassen; die berühmten, ab 1580 gezüchteten Lipizzaner stammten ursprünglich sogar direkt aus einem Import von neun spanischen Hengsten und 24 Stuten ab.

Als älteste und reinste Linie innerhalb der Pura Raza Española gelten heute die Kartäuserpferde *Cartujanos*, die aus der bereits im 15. Jh. begründeten Zucht des Kartäuserklosters Nuestra Señora de la Defensión abstammen. Die Kartäusermönche waren sogar die Retter der Rasse: Als während der französischen Besetzung auf Befehl Napoleons größere und schwerere Pferde eingekreuzt werden sollten, verweigerten die Brüder des nahe Jerez gelegenen, meist schlicht „La Cartuja" genannten Klosters den Gehorsam, versteckten ihre Herden und führten die Auslesezucht heimlich weiter. Wenig später mussten sie wegen der Enteignung der spanischen Klöster ihre Zucht dennoch aufgeben. Die Arbeit der Kartäuser wurde jedoch weitergeführt, unter anderen vom Gestüt des Kaufmanns Pedro José Zapata, das heute im Besitz der staatlichen Gesellschaft Expasa ist. „Andalusier" dürfen sich übrigens viele Pferde nennen, der Begriff der „Pura Raza Española" (die immer einen gewissen Cartujano-Anteil enthält) hingegen ist streng geschützt.

Museo Arqueológico: In einem Palast an der Plaza del Mercado im Westen des Zentrums. Der Palacio des 18. Jh. steht mitten im historischen Viertel San Mateo, das den Kern der ehemaligen maurischen Medina markiert. Die chronologisch geordneten Exponate reichen vom Paläolithikum über Vorgeschichte und Römerzeit bis zur islamischen Herrschaft und dem späten Mittelalter. Einige der vielen Glanzstücke sind ein bestens erhaltener Soldatenhelm (Saal 4) des 7. Jh. v. Chr., der im Fluss Guadalete entdeckt wurde, Relikte aus dem römischen Hasta Regia (Säle 4–6), der Vorläufersiedlung von Jerez, eine Münzkollektion (Saal 7) und die Sammlung maurischer Funde in den Sälen 8–9.

Öffnungszeiten Di–Fr 10–14, 16–19 Uhr, Sa/So und vom 15.6. bis 31.8. nur 10–14.30 Uhr, Mo geschlossen. Eintrittsgebühr knapp 2 €.

Zoo Jerez: Der Zoo der Stadt, etwas außerhalb des Zentrums an der Calle Taxdirt unweit der Plaza Santiago gelegen, zählt zu den erfreulicheren Tierparks, wurde vom WWF zusammen mit den Zoos von Madrid und Barcelona zu den besten drei des Landes erklärt. Untergebracht ist er in einem ehemaligen botanischen Garten. Über 400 Arten sind hier zu sehen, darunter allein 40 unterschiedliche Spezies von Schlangen; Hauptattraktion ist jedoch ein weißer Tiger.

Öffnungszeiten Von Juni bis September tgl. 10–20 Uhr, im restlichen Jahr Di–So 10–18 Uhr; Eintrittsgebühr 4,20 €, Kinder 2,70 €.

Sherry in Jerez

Zu Herstellung und Sorten siehe vorne im Kapitel „Küche und Keller".

Die Wasser speichernden Kalkböden und das ideale Klima um Jerez nutzten schon die Phönizier und nach ihnen die Römer zum Weinbau. Auch unter maurischer Herrschaft wurde die Tradition fortgesetzt, trotz des Verbots von Alkohol durch den Koran. Schließlich soll man aus Trauben auch Saft oder Rosinen gewinnen können...

Zu seinem internationalen Namen kam der Sherry durch den Überfall des britischen „Hofpiraten" *Sir Francis Drake* auf Cádiz 1587. Der Engländer griff sich 3000 Fässer Wein und ließ sie in seine Heimat bringen – Großbritannien war begeistert, doch konnte man dort den Namen Jerez nicht aussprechen, also: Sherry (in Spanien aber immer noch „Jerez"). Später gründeten ausgewanderte Engländer auch eigene Kellereien, die sich, man merkt es an den Namen, z. T. bis heute in britischem Besitz befinden. González-Byass und Pedro Domecq, die beiden bekanntesten Marken und im Stadtbild wahre Sherry-Dörfer für sich, sind jedoch in spanischer Hand. Übrigens ist Jerez nicht nur die Stadt der Sherrys, sondern auch die Stadt der Brandys: Die besten Sorten reifen nach der Solera-Methode in alten Sherryfässern. Ebenso guten Ruf genießt der aus Sherry im Solera-Verfahren hergestellte, mit einer „D.O." herkunftsgeschützte Essig, der bis zu hundert Jahre lang in Eichenfässern gelagert wird – je dunkler die Farbe, desto älter der Essig.

Onkel Pepe, mal wieder randvoll

Bodega-Führungen: Alle genannten Bodegas liegen in Fußentfernung vom Zentrum. Führungen finden meist nur von Montag bis Freitag statt. Im August kann es schwierig werden, eine offene Bodega zu finden, viele haben dann Betriebsferien. Die angegebenen Zeiten können sich ändern, nach Möglichkeit deshalb vorher das Fremdenverkehrsamt kontaktieren. Die Führungen durch die „Kathedralen des Weins" dauern etwa eine Stunde und werden natürlich mit einigen Probiergläschen abgeschlossen. Bleibt zu erwähnen, dass die den Bodegas angeschlossenen Verkaufsstätten meist teurer sind als beispielsweise Supermärkte, sich für Liebhaber von Raritäten aber oft als Fundgrube entpuppen.

Wenn die Führer sich einen Spaß erlauben wollen, stellen sie, z. B. bei González-Byass, ein Glas Sherry mit einer kleinen Leiter auf. Manchmal taucht dann ein Mäuschen auf, das die Leiter hochklettert, um einen Schluck zu nehmen. Der Scherz hat einen Hintergrund: Mäuse sind versessen auf Sherry und dienten deshalb frü-

Provinz Cádiz
Karte siehe Umschlagklappe hinten

her als eine Art Warnsystem – sah man eine Maus betrunken durch die Gänge taumeln, musste irgendwo ein Fass undicht sein.

González-Byass: Hersteller der bekannten Marke Tío Pepe, benannt nach dem Onkel (Tío) des Firmengründers, der seinen Neffen anfangs finanziell kräftig unterstützt hatte. Auf den Führungen zu sehen sind unter anderem Fässer, die von Berühmtheiten wie Winston Churchill, El Cordobés, Paco de Lucía, Steven Spielberg und Ayrton Senna signiert wurden; ein Fass mit der Unterschrift Francos (früher von einer Panzerglasplatte geschützt!) wurde anlässlich eines Besuchs von König Juan Carlos entfernt und verstaubt seitdem in einem Lager. Führungen mit Fahrt per Minizug nach Sprachen getrennt, auf Deutsch zuletzt Mo–Sa 12.15 Uhr, 14 Uhr (mit Tapas) und 17.15 Uhr, auf Englisch 11.30 Uhr und 16.30 Uhr, auf Spanisch 11 Uhr und um 17 Uhr, am So nur die Vormittagstermine; Änderungen der Uhrzeiten sind leider nicht selten. C. Manuel María Gonzalez s/n, nahe Kathedrale und Alcázar. Gebühr 8 €, mit Tapas 12 €. ✆ 956 357016, www.gonzalezbyass.es.

Pedro Domecq: Führungen stündlich Mo–Fr 10–13 Uhr, 5 €; Do und Fr um 13 Uhr/Sa um 12 Uhr mit Tapas; 7 €. Nachmittags und am Wochenende nur nach Anmeldung. C. San Ildefonso 3, ebenfalls nicht weit von der Kathedrale in westlicher Richtung. ✆ 956 151500, www.domecqu.es.

Sandeman: Stündliche Führungen Mo-Fr 10.30–15.30 Uhr, auch auf Deutsch; Gebühr 6 €, Sa nur nach Anmeldung, 11.30–13.30 Uhr. Di/Do um 14 Uhr mit Tapas, ebenfalls nur nach Anmeldung, 10 €. C. Pizarro 10, nahe der Königlichen Reitschule, ✆ 956 151700, www.sandeman.com.

Williams & Humbert: Mit 180.000 Quadratmetern die größte Bodega Europas. Führungen Mo–Fr 9.30–15 Uhr, außerhalb dieser Zeit nur nach Voranmeldung. Mi und Fr um 12 Uhr eine Pferde- und Kutschenvorführung. Preis 4 €. Etwas ungünstig südwestlich außerhalb des Zentrums gelegen: Ctra. N IV, km 641,75, ✆ 956 353406, www.williams-humbert.com.

John Harveys: Besuche Mo–Fr 9–13 Uhr, 4,50 €; Voranmeldung nötig. Günstig zu den Bahnhöfen gelegen, von dort in nördlicher Richtung. C. Pintor Muñoz Cebrián s/n, nahe der Straße nach Arcos, ✆ 956 346004.

Díez Mérito: Mit qualifizierter, ausführlicher Verkostung, Voranmeldung ist jedoch zumindest offiziell erforderlich. C. Diego Fernández Herrera s/n, Mobil-✆ 616 907754.

Arcos de la Frontera

Eines der bekanntesten und schönsten „Weißen Dörfer". Schon seine Lage ist schlichtweg grandios – Arcos besetzt einen steilen, schroffen Felsrücken, der in eine Schleife des Río Guadalete ragt.

Ein spanischer Autor hat Arcos de la Frontera einmal mit einer großen Echse verglichen, die träge in der Sonne liegt. Man versteht dieses Bild am besten, wenn man den Aufbau des lang gestreckten, schmalen und dabei leicht gekrümmten Ortskerns auf einem Stadtplan betrachtet. Kein Wunder, dass die natürliche Festung schon in der Vorgeschichte besiedelt und während der Reconquista Jahrtausende später heftig umkämpft war. Erst im zweiten Anlauf gelang 1264 die endgültige Rückeroberung.

Das Dorf, mit knapp 30.000 Einwohnern eher schon eine Kleinstadt, liegt an der *Ruta de los Pueblos Blancos*, der vom andalusischen Fremdenverkehrsamt ausgewiesenen „Route der Weißen Dörfer". Dennoch wurde Arcos vom Tourismus nicht völlig vereinnahmt. Dabei präsentiert sich der Ortskern geradezu als Quintessenz eines Weißen Dorfs: steile Gassen, eben mal so breit, dass ein bepackter Maulesel hindurchpasst, schmucke Kirchen, frisch gekalkte Fassaden und immer wieder weite Ausblicke auf die Hügellandschaften der Umgebung. Mit zahlreichen kleinen und feinen Hotels ist Arcos auch ein sehr angenehmes Standquartier für Touren in die Umgebung.

Orientierung: Die A 382 Jerez-Málaga wird künftig zur Autovía ausgebaut, Arcos erhält eine Ortsumgehung. Der Hauptzugang zur Altstadt erfolgt über die von Westen kommende *Calle Corredera*. Autos sollte man besser vor dem Gewirr der engen Gassen parken; am Paseo Andalucía (noch vor der Calle Corredera) gibt es eine Tiefgarage. Hauptplatz des Ortskerns ist die mit weitem Blick ausgestattete *Plaza del Cabildo*, der dortige Parador ist ausgeschildert.

Gässchen, Bögen, Kirchen und Paläste: Architektur in Arcos

Information/Verbindungen

• *Information* **Oficina Municipal de Turismo**, direkt an der Plaza del Cabildo s/n. Öffnungszeiten: Mitte März bis Mitte Oktober Mo–Sa 10–14, 16–20 Uhr, So 10–14 Uhr; im restlichen Jahr Mo–Sa 10–14, 15.30–19.30 Uhr, So 10.30–15 Uhr. Hier auch Infos zu Stadtspaziergängen. ✆ 956 702264, ℻ 956 702226, www.ayuntamientoarcos.org.

Infokiosk an dem der Altstadt vorgelagerten Paseo Andalucía, nur im Sommer in Betrieb.

• *Verbindungen* **Bus**: Busbahnhof an der Calle Corregidores, etwa eine Viertelstunde südwestlich unterhalb der Altstadt; etwa halbstündlich verkehrt ein Verbindungsbus. AMARILLOS nach Jerez etwa stündlich, Sevilla 2-mal, Cádiz 5-mal, El Bosque und Ubrique 7-mal täglich. COMES nach Cádiz 6-mal, Jerez 7-mal, Olvera und Setenil 1-mal, Ronda 4-mal und Málaga via Marbella 1-mal täglich.

Übernachten (siehe Karte S. 162/163)

Mehrere wunderschöne Quartiere in alten Gebäuden, die für das Gebotene gar nicht einmal besonders teuer sind. Preiswerte kleine Pensionen sind selten.

• *Im Ort* *** **Parador de Arcos (11)**, in der ehemaligen „Casa del Corregidor" (Haus des Richters), mitten in der Altstadt. Traumhafte Lage, von vielen Zimmern und auch der Terrasse öffnet sich ein überwältigendes Panorama. Parkmöglichkeit am Platz. DZ etwa 135 €. Pl. del Cabildo s/n, ✆ 956 700500, ℻ 956 701116, www.parador.es.

*** **Hotel Res. Los Olivos (13)**, in einem alten Haus nahe der Altstadt. Von außen nett, aber unscheinbar, innen ein schöner Patio und freundlich eingerichtete Zimmer. DZ nach Saison etwa 60–70 €. C. San Miguel 2, in einer Seitengasse der Corredera, ✆ 956 700811, ℻ 956 702018.

** **Hotel Marqués de Torresoto (8)**, in einem Palast aus dem 17. Jh., mit herrlichem Renaissancepatio und elegant eingerichteten Zimmern. DZ nach Saison etwa 70–80 €. C. Marqués de Torresoto 4, unweit der zentralen Plaza del Cabildo gelegen, ✆ 956 700717, ℻ 956 704205.

** **Hotel El Convento (4)**, ganz in der Nähe des Paradors in Traumlage über dem Hang. Untergebracht in einem Kloster des 17. Jh., sehr schön dekoriert. Terrassen und Zimmer mit schöner Aussicht, leider nur wenige Betten, Reservierung ratsam. DZ nach Saison etwa 50–70 €. C. Maldonado 2, ✆/℻ 956 702333. www.webdearcos.com/elconvento.

* **Hotel Mesón La Fonda (12)**, westlich nahe der Altstadt. In einem hundertjährigen Haus, dicke Mauern, Deckenbalken ... Freundliche Besitzerin. 1998 von der Fonda zum Hotel hochrenoviert, gute Zimmer und Bäder. Viel Stil für relativ wenig Geld: DZ etwa 50–55 €. Ein gutes Restaurant ist im Haus. Debajo del Corral s/n, am Anfang der Corredera, ☎/℻ 956 700057.

** **Pensión La Casa Grande (7)**, in der Klassifizierung wieder mal sehr tief gestapelt: ein wunderschönes Altstadtquartier, untergebracht in einem Palast des 18. Jh., mit nur wenigen, sehr geschmackvoll und ganz individuell eingerichteten Zimmern und Studios. Die Gemeinschaftsterrasse bietet eine fabulöse Aussicht. Zimmer für zwei Personen nach Ausstattung und Saison etwa 70–95 €; auch Platz für bis zu vier Personen. Anfang Januar bis Mitte Februar geschlossen. C. Maldonado 10, ☎/℻ 956 703930, www.lacasagrande.net.

* **Pensión Callejón de las Monjas (3)**, in der Nähe der Plaza del Cabildo, direkt neben der Kirche Santa María und jenseits einer engen Durchfahrt. Der Besitzer, ein Friseur, ist ganz offensichtlich ein Aficionado des Stierkampfs. Nur wenige Zimmer, modern möbliert. DZ/Bad mit Klimaanlage 35 €, mit Terrasse 40 €; DZ ohne Bad knapp 30 €. Mittlerweile gibt es hier auch ein Apartment, eine Bar ist angeschlossen. C. Deán Espinosa 4, ☎ 956 702302.

* **Pension Hostal San Marcos (5)**, ebenfalls mitten in der Altstadt, dem gleichnamigen Restaurant angeschlossen. Nur vier Zimmer, sauber, ordentlich eingerichtet und mit Klimaanlage versehen; gemeinsame Terrasse. DZ/Bad etwa 30–40 €. C. Marqués de Torresoto 6, nahe dem gleichnamigen Hotel, ☎ 956 700721.

• *Außerhalb* ** **Hotel Cortijo Faín**, etwa 3 km südöstlich der Stadt. Der große Gutshof aus dem 17. Jh. besitzt fast schon Westernatmosphäre und ist gleichzeitig durchaus komfortabel. Nur zehn Zimmer; Pool. DZ etwa 90 €. Carretera Arcos-Algar km 3, ☎/℻ 956 231396.

** **Hotel Rural El Tesorillo II (6)**, etwa zwei km westlich der Stadt. 2002 eröffneter Neubau in traditionellem Gutshof-Stil, mit Salzwasserpool. Freundliche deutsche Leitung durch Hans Peter („Pedro") Kleinhans, familiäre Atmosphäre. Reitmöglichkeit und Schulung auf der nahen Hacienda El Tesorillo I.; Wander- und Radtipps. Essensmöglichkeit für Gäste. DZ/F nach Ausstattung 70–80 €, von Oktober bis Mai 20% Rabatt;

auch sechs Apartments. Carretera Arcos-Lebrija (Straße nach Gibalbín), km 1,6; mit Fertigstellung der Ortsumgehung dürfte sich die Zufahrt ändern. Mobil-☎ 619 328601 und 619 328609, www.eltesorillo.com.

* **Hotel Hacienda El Santiscal**, nahe Stausee und Campingplatz. Eine über 500 Jahre alte Hacienda bildet den Rahmen für dieses schöne kleine Hotel. Der Inneneinrichtung merkt man an, dass das Haus im Besitz einer spanisch-ägyptischen Familie ist. Zwölf Zimmer, DZ nach Saison etwa 70–110 €. Av. El Santiscal 129, ☎ 956 708313, ℻ 956 708268. www.santiscal.com.

• *Camping* **Arcos de la Frontera** (1. Kat.), unweit des Stausees Embalse de Arcos im Nordosten der Stadt, Urbanisation Santiscal. Prinzipiell recht ordentlicher Platz mit Pool, der jedoch, ebenso wie die angeschlossene Bar, nur im Sommer in Betrieb ist. Die Sanitäranlagen sind zwar sauber, für die Kategorie jedoch überaltert. Stadtbusse Richtung El Santiscal ab Plaza España zwischen Busbahnhof und Altstadt, Verbindungen 5-mal tgl., im Sommer häufiger. Beste Autozufahrt über die A 372 nach Grazalema/Ubrique. Ganzjährig geöffnet, p.P. knapp 4 €, Zelt etwa 3,50 €, Auto 3 €. ☎ 956 708333.

Provinz Cádiz
Karte siehe Umschlagklappe hinten

Essen/Feste

• *Essen* **Restaurante El Convento (1)**, in der Altstadt, in der Nähe des gleichnamigen und zugehörigen Hotels. In einem alten Palast, in dessen säulengestütztem Patio man sehr schön sitzt. Auch die Innenräume haben Stil. Die Essensqualität scheint gelegentlich zu schwanken. Lokale Küche, Menü à la carte ab etwa 25 € aufwärts. C. Maldonado 9, Reservierung ratsam: ✆ 956 7003222.

Rest. Mesón de la Fonda (12), im gleichnamigen Hotel, jedoch unabhängig betrieben. Altes Gemäuer mit hübscher Atmosphäre und ordentlicher Küche. Tagesmenü etwa 8 €, Hauptgerichte um die 10–12 €. Debajo del Corral s/n.

Restaurante Los Faraones (10), ägyptisch-marokkanische Küche wie Felafel (Gemüsefladen) und verschiedene Kebabs, aber auch spanische Gerichte. Festes Menüs 9 €, vegetarisches Menü 11 €; die ägyptischen Speisen stehen nur innen auf der Karte. Debajo del Corral 8, am Anfang der Calle Corredera.

Rest. Mesón Los Murales (2), an der Hauptroute durch die Altstadt. Beliebt und oft gut besucht vor allem wegen der schönen Lage an den alten Mauern, das Tagesmenü für etwa 8 € bietet jedoch keine originelle Auswahl. Pl. Boticas.

Bar-Rest. San Marcos (5), ganz in der Nähe, das Restaurant der gleichnamigen Pension. Kleiner Speiseraum, serviert wird eine moderne, schmackhafte Version der spanischen Hausmannskost; sehr günstiges Tagesmenü. Abends nur Tapas. C. Marqués de Torresoto 6, gegenüber dem Restaurant El Convento.

Bar-Rest. La Terraza (9), schlichtes Lokal in der Nähe der Tiefgarage, das ebenfalls ein ordentliches und preisgünstiges Tagesmenü (7 €) serviert. Paseo de Andaluciá s/n.

• *Essen außerhalb* **Rest. Mesón La Molinera**, unterhalb des Ortes in der Urbanisation El Santiscal am Stausee Embalse de Arcos, der ein beliebtes Ausflugsziel der Einwohner bildet. Hübsche Terrasse zum See, solide Küche, mittleres Preisniveau.

Wer mag, kann hier auch gleich übernachten, eine Pension ist angeschlossen. El Santiscal s/n, ✆ 956 700511.

• *Einkaufen* **Convento de las Mercedarias Descalzadas**, köstliche Süßigkeiten nach alten maurischen Rezepten, von den Klosternonnen selbst hergestellt und durch ein kleines Fenster (läuten) verkauft. Pl. Botica 2, der Konvent liegt im ehemaligen Stadtgefängnis.

• *Feste* **Encierro de Aleluya** („Halleluja"), Ostersonntag. Stierlauf durch die Gassen à la Pamplona, an dem (anders als dort) auch Frauen und Kinder teilnehmen dürfen. Unter den Besuchern sind auch viele Amerikaner aus Rota, die sich auf Papa Hemingways Spuren wähnen.

Velada de la Virgen de las Nieves, am 5. August, mit abendlichen Flamencogesängen.

Feria de San Miguel, Ende September zu Ehren des Stadtpatrons; das Hauptfest von Arcos. Das Festgelände mit zahlreichen „Casetas"-Zelten liegt unterhalb der Plaza España.

Sehenswertes

In erster Linie ist Arcos als Gesamtkomplex interessant, ein Städtchen für Streifzüge durch enge Pflastergassen und schmale Torbögen, vorbei an weiß gekalkten Fassaden und schön geschmückten Patios; immer wieder öffnen sich herrliche Ausblicke auf das tief unterhalb gelegene Umland.

Zuletzt war ein „Museo del Pueblo" nebst Interpretationszentrum geplant, ein Standort jedoch noch nicht gefunden.

Iglesia de Santa María de la Asunción, an der Plaza del Cabildo: Nach einem großen Streit des 18. Jh., der die halbe Einwohnerschaft von Arcos spaltete, wurde sie vom Appelationsgericht in Rom als Hauptkirche des Ortes bestätigt. Im 16. Jh. errichtet, erhebt sich das Gotteshaus auf den Fundamenten eines westgotischen Vorgängers. Das Hauptportal zeigt gotische und platereske Züge, im Inneren lohnt sich ein Blick auf den gewaltigen, dreiteiligen Hochaltar der Renaissance, an dem mehrere Künstler rund 20 Jahre lang arbeiteten. Sehenswert sind auch der fein geschnitzte Chor und die unter Denkmalschutz gestellte Orgel, die aus dem 18. Jh. stammt.

Öffnungszeiten Mo–Fr 10–13, 15.30–18.30 Uhr, Sa 10–14 Uhr; Eintritt 1,50 €. Am Sonntag nur zur Messe geöffnet, dann natürlich gratis.

Balcón de Arcos: Vom Aussichtspunkt *Mirador de la Peña Nueva* an der Plaza del Cabildo genießt man einen weiten Blick auf den gemächlichen Fluss und die sich anschließende, sanft gewellte Hügellandschaft. Er ist jedoch nicht der einzige Ausguck der Stadt, insgesamt gibt es ein gutes halbes Dutzend davon: Weiter südöstlich öffnen sich noch weitere Panorama-Plätze wie der *Mirador de la Peña Vieja* an der gleichnamigen Straße und der *Mirador de Abades* hinter der Kirche San Pedro.

Castillo: Ein kleines Stück westlich der Plaza España steht diese Festung, die teilweise noch auf maurische Ursprünge zurückgeht. Da seit langem in Privatbesitz, ist sie leider nur von außen zu besichtigen.

Palacio del Mayorazgo: Ein Stück weiter östlich gelegen. Der Stadtpalast (Mo–Sa 10–14, 17–20 Uhr, So 11–14 Uhr) entstand im 17. Jh. im strengen Stil Juan Herreras, des Erbauers des gigantischen El Escorial bei Madrid. Innen beeindrucken besonders die mit Säulen geschmückten Patios.

Iglesia San Pedro: Auch dieses Gotteshaus unweit des Palacio del Mayorazgo erhob einst Anspruch auf die Stellung als Hauptkirche von Arcos. Die Rivalität zu Santa María soll so weit gegangen sein, dass die Anhänger dieser Kirche, die „Pedristas", während des Streits in ihren Gebeten den Namen der Maria ausließen und beispielsweise beteten: „San Pedro, Mutter Gottes, bitte für uns ..." Das wehrhaft erscheinende Bauwerk, errichtet auf den Grundmauern einer maurischen Festung, steht fast am Abgrund und vereint Stilelemente der Gotik, Renaissance und des Barock. Ungewöhnlich geformt ist der (nicht mehr zugängliche) Glockenturm.

Öffnungszeiten Mo–Sa 10–14, 17–20 Uhr, So 11–14 Uhr; Eintrittsgebühr 1,50 €.

Von Arcos Richtung Küste

Ein weites und sehr dünn besiedeltes Land, geprägt durch riesige Stierweiden und ausgedehnten Großgrundbesitz. Es war kein Zufall, dass es gerade in dieser Gegend, in Arcos de la Frontera, Alcalá de los Gazules, Medina Sidonia und in einigen kleineren Dörfern, 1933 zu einer Reihe von Aufständen unterdrückter Landarbeiter kam. Die Unruhen wurden von der Guardia Civil blutig niedergeschlagen, die Forderungen nach einer Landreform blieben erfolglos.

Medina Sidonia

Medina liegt ähnlich beherrschend auf einem Hügel wie Arcos oder Vejer de la Frontera, besitzt auch eine ebenso lange Vergangenheit. Obwohl die Besucherzahlen steigen, wird Medina bislang jedoch weniger häufig von Fremden besucht.

Das rund 11.000 Einwohner zählende „Weiße Dorf", ursprünglich eine phönizische Gründung und später auch eine bedeutende Römersiedlung, hat bessere Zeiten gesehen als die vergangenen Jahrzehnte, die bis vor kurzem von Armut und Emigration geprägt waren. Medina Sidonia bildete jahrhundertelang den Sitz des gleichnamigen, mächtigen Herzogtums, das Mitte des 15. Jh. an Nachkommen des „guten" Guzmán El Bueno, des Stadtkommandanten von Tarifa, verliehen wurde. Berühmt und berüchtigt aufgrund ihrer Härte und Habgier, nahmen die Herzöge von Medina-Sidonia auch an der Kolonialisierung Amerikas teil, dessen Reichtümer einen steilen Aufstieg des Städtchens ermöglichten. An die Blütezeit des Herzogtums erinnern noch der große Hauptplatz *Plaza España* und die Tore der Stadtmauern, einst Teil wuchtiger Festungsanlagen. Bei einem Streifzug durch Medina Sidonia wird man da und dort jedoch auch noch ältere Reminiszenzen der Maurenzeit entdecken, wie den typisch geformten Torbogen am Ortsrand Richtung Arcos, eines von insgesamt drei Toren aus islamischer Zeit, und sogar römische Relikte sind zu bewundern.

• *Information* **Oficina Municipal de Turismo**, Pl. de la Iglesia Mayor s/n, weit oben im Ort, nahe der Hauptkirche; ✆/℡ 956 412404. Geöffnet ist im Sommer tgl. 10–14 Uhr, 16–20 Uhr (Juli/August bis 21.30 Uhr), im Winter 10.30–14, 16–18.30 Uhr. Hier auch Infos über Führungen durch das historische Zentrum, Minimum jedoch vier Personen.

• *Verbindungen* **Busse** der Gesellschaft COMES u. a. von/nach Jerez 1-mal, Chiclana de la Frontera 4-mal täglich.

• *Übernachten* *** **Hotel Medina Sidonia**, 2003 eröffnetes Hotel der kleinen „Tugasa"-Kette, untergebracht in einem Stadtpalast. Hübscher Patio, 15 geräumige Zimmer in dunklem Holz mit Klimaanlage und TV; Restaurant. DZ etwa 110 €, über Weihnachten und Ostern 125 €. Plaza Llanete de Herederos, im alten Ortskern; ✆ 956 412317, ℡ 956 412256, www.tugasa.com.

** **Hotel El Duque**, am Ortsrand Richtung Chiclana, ebenfalls erst vor wenigen Jahren eröffnet. Das Zentrum liegt in lockerer Fußentfernung, Parkplätze sind vorhanden. Neun hübsche Zimmer mit Klimaanlage und TV, das zugehörige Restaurant genießt im Ort besten Ruf. DZ nach Saison etwa 50–75 €. Avenida del Mar 10, ✆ 956 410040, www.hotelelduque.com.

* **Hotel Molino**, eine knappe Viertelstunde Fußweg nördlich des Zentrums. 1999 eröffnet, nur fünf Zimmer, die zwar ausreichend komfortabel, aber oft belegt sind; Restaurant angeschlossen. DZ/Bad knapp 40 €. Av. Al-Andalus 1, nahe der Ausfallstraße Richtung Arcos und Jerez, ✆ 956 410300.

Provinz Cádiz
Karte siehe Umschlagklappe hinten

** **Pensión Napoleón**, nördlich nahe der Plaza España. Schlichte Pension mit einfachen, aber brauchbaren Zimmern, DZ/Bad etwa 25–30 €. C. San Juan 21, ✆ 956 410183.

Casa Rural Los Balcones, in der Altstadt. Sieben unterschiedlich eingerichtete, allesamt jedoch schöne und gut ausgestattete Apartments, die sich um einen lichten Patio gruppieren. Dachterrasse mit Aussicht. Kein Mindestaufenthalt, prima Preis-Leistungs-Verhältnis: Zwei Personen zahlen nach Saison 50–60 €. Die „Rezeption" ist Di und am Wochenende nur bis 14 Uhr geöffnet und zur Siesta immer geschlossen. C. La Loba (Padre Felix) 14, ✆/✆ 956 423033, www.losbalcones.turincon.com.

• *Camping* **Camping-Cortijo Medina Sidonia**, neuer „Bauernhof-Camping" etwa 1,5 km nordöstlich des Ortskerns. Hübsch begrüntes Gelände mit Pool, zur spanischen Urlaubssaison gut besucht. Geöffnet über Ostern sowie Juli bis Mitte/Ende September; p.P., Auto, Zelt je etwa 4 €. Hoyo Santa Ana, Zufahrt vom Zentrum über die Straße Richtung Jerez, dann rechts ab (beschildert), das letzte Wegstück ist schmal und führt steil bergab; zu Fuß am kürzesten über den Kirchplatz. Mobil-✆ 670 589907.

• *Essen* Die Landgasthäuser am Fuß von Medina (Ventas **La Duquesa** und **Cuatro Caminos** Richtung Vejer, Venta **Candela** Richtung Chiclana) bieten gute Küche, in der sich maritime und bäuerliche Einflüsse vereinen, und sind an Sonntagen bestens besucht. Beliebt und gut ist auch das Restaurant des Hotels El Duque.

Bar-Rest. Cádiz, am Hauptplatz von Medina Sidonia. Feine, elaborierte Tapas, „Surtido" (Auswahl) für zwei Personen etwa 8 €. Auch komplette Mahlzeiten mit Schwerpunkt auf Fleischgerichten und lokal geprägter Küche nach Saisonangebot. Mittleres Preisniveau. Pl. España 13.

Bar-Rest. Ortega, schräg gegenüber. Hier gab es zuletzt „Comida casera", Hausmannskost, darunter ein sehr günstiges Tagesmenü für 6 € (ohne Getränke), außerdem sehr sättigende Tapas. Zuletzt wegen Renovierung geschlossen, mal abwarten, was daraus wird. Plaza España 10, Ecke Calle San Juan.

• *Einkaufen* Medina ist bekannt für seine guten Backwaren. Die süßen „Alfajores" (eine Art Mandelgebäck) von Medina sind so berühmt, dass der Name unter besonderen Schutz gestellt wurde; erhältlich sind sie in jeder Konditorei.

Pastelería Monasterio San Cristobál: Besonders leckeres Gebäck (nicht ganz so süß wie die sonstige Ware in Medina) und eine eigene Art von Einkaufsvergnügen offeriert das Frauenkloster San Cristobál an der Calle Hércules unweit nordwestlich der Plaza España, auf die Tafel „Pastelería" achten. Im Patio geht es rechts in einen Raum, dann rechts klingeln. Die Süßwarentheke ist hinter dem Gitter linker Hand, der Einkauf wird von der Nonne in eine Durchreiche gestellt. Geöffnet ist meist morgens.

• *Feste* **Feria y Fiestas**, Anfang Juni, das Hauptfest des Städtchens, mit einem Viehmarkt, der zu den ältesten ganz Andalusiens gehört.

Sehenswertes

Iglesia Santa María de la Corona: Hoch über dem Ortskern thront diese auch „Iglesia Mayor" genannte Kirche, die im 15./16. Jh. auf den Fundamenten eines noch älteren Gotteshauses errichtet wurde, das wiederum an Stelle einer Moschee entstand. Ihr Äußeres prägt gotisch-plateresker Stil, im Inneren steht ein prachtvoller Hauptaltar der Sevillaner Schule des 16. Jh. Der Glockenturm bietet eine wunderbare Aussicht.

Öffnungszeiten Wie die nahegelegene Infostelle; falls geschlossen, dort nachfragen. Eintrittsgebühr 2,50 €; „Bono turístico" inkl. Conjunto Arqueológico Romano 4 €.

Ruinas del Castillo: Ein wunderbarer Fernblick öffnet sich auch von den sonst eher spärlichen Resten der ehemaligen Burg von Medina, die unweit der Kirche liegen. Bei sehr klarem Wetter sieht man sogar bis Afrika. Leider ist das Gebiet nur mit Führer zugänglich, Anfragen im Verkehrsamt.

Conjunto Arqueológico Romano: Diese Reste der Römerstadt Assido-Caesarina wurden erst 1965 entdeckt und liegen mitten im Ortskern unweit der Plaza de la Pastora. Auch als „Cloacas Romanas" bekannt, handelt es sich um ein Abwassersystem des 1. Jh. n. Chr., dessen gemauerte unterirdische Kanäle noch auf einer Länge von rund dreißig Metern erhalten sind.

Öffnungszeiten Wie die Infostelle, Eintritt 3,10 €, zum „Bono turístico" siehe oben.

Maurisches Erbe: Stadttor in Medina Sidonia

Provinz Cádiz
Karte siehe Umschlagklappe hinten

Alcalá de los Gazules

Der Ort, gut zwanzig Kilometer östlich von Medina Sidonia unweit der neuen Autobahn nach Algeciras gelegen und nur etwa halb so groß wie Medina, bildet ziemlich genau den geografischen Mittelpunkt der Provinz Cádiz. Die Besiedlung des „Weißen Dorfs" geht bis auf die Römerzeiten zurück, an die Mauren erinnern noch die Reste eines Kastells und die Anlage der schmalen, winkligen Gassen. Alcalá ist ein ruhiger, ländlich-friedlicher Ort ohne große Attraktionen, sieht man einmal von der spätgotischen Kirche San Jorge ab, in der ein schöner Chor und eine Marienfigur von Martínez Montañes stehen.

• *Information* **Oficina de Turismo**, relativ zentrumsnah rechter Hand der Zufahrt von der westlichen Autobahnausfahrt zum Ortskern; gleichzeitig ein Infobüro des Naturparks sowie ein Büro des „Turismo activo". Geöffnet Di–Fr 9–14 Uhr, Sa/So 11–13.30 Uhr, am zweiten Wochenende des Monats geschlossen. Av. de los Alcornocales, ✆ 956 413005.

• *Übernachten* ** **Hotel San Jorge**, modernes Quartier in zentraler Lage. DZ etwa 45–55 €. Trotz der offiziellen Adresse Paseo de la Playa s/n etwas abseits in einer Gasse südlich des Taxistands gelegen. ✆ 956 413255, ℻ 956 420175.

** **Pensión Pizarro**, direkt am zentralen (und für ein Bergdorf etwas seltsam benannten) Paseo, unter gleicher Leitung wie das Hotel San Jorge. Schlichte und nicht mehr ganz taufrische, insgesamt aber brauchbare Zimmer, DZ/Bad etwa 30 €. Angeschlossen sind ein gleichnamiges Restaurant mit gutem Ruf und eine Disco. Paseo de la Playa 9, ✆ 956 420103, casapizarro@hotmail.com.

• *Camping* **Los Gazules** (2. Kat.), etwa 5 km östlich des Dorfs, zu erreichen über eine Abzweigung der Straße nach Ubrique. Ausgedehntes Wiesengelände mit wenig Schatten, aber großem Pool; Einkaufsmöglichkeit, Restaurant, Bungalows und Zeltverleih. Ganzjährig, p.P., Auto, Zelt je etwa 4 €. Carretera de Patrite, km 4; ✆ 956 420486, ℻ 956 420388, losgazules@hotmail.com.

Parque Natural de la Sierra de Grazalema

Im äußersten Nordosten der Provinz Cádiz gelegen, zu einem kleineren Teil auch zur Provinz Málaga gehörig, erstreckt sich der Naturpark der Sierra de Grazalema über eine Fläche von gut 50.000 Hektar.

Der Park, ein westlicher Ausläufer der Gebirgskette *Serranía de Ronda*, schließt sich nördlich fast direkt an den Naturpark Alcornocales an und reicht mit seiner östlichen Grenze bis nahe an das Bergstädtchen Ronda. Die Region bildet das regenreichste Gebiet Spaniens, mit einer durchschnittlichen jährlichen Niederschlagshöhe von über zwei Metern! Die Regenfälle konzentrieren sich jedoch erfreulicherweise auf die Wintermonate. Entsprechend grün bewachsen ist die felsige Karstlandschaft, ein zerklüftetes Gebiet der Grotten, Steilhänge und tiefen Schluchten. Gleich drei Eichenarten gedeihen hier, außerdem Johannisbrotbäume, wilde Olivenbäume und zahlreiche Orchideenarten. Die botanische Besonderheit ist jedoch die *Pinsapo-Tanne*, eine uralte, bis ins Tertiär zurückgehende und sehr seltene Koniferenart, die auch Igeltanne genannt wird. Die Tierwelt des Parks zeigt sich ähnlich vielfältig wie die Flora. Berühmt ist die Sierra de Grazalema durch ihre vielen Gänsegeier, im Flug leicht zu erkennen an ihrer riesigen Spannweite von bis zu zweieinhalb Metern.

Schönes Wanderrevier: am Río Bosque

- *Zugangsbeschränkungen im Park* Der Zugang zu einem Teilbereich des Parks, der so genannten „Área de Reserva", ist strikten Beschränkungen unterworfen. Betroffen ist in etwa das Dreieck Benamahoma-Grazalema-Zahara de la Sierra, also ungefähr das Gebiet nördlich der A 372 von El Bosque nach Grazalema und westlich der CA 531 von Grazalema nach Zahara de la Sierra. Hier sind mehrere Wanderwege, darunter der „Igeltannenweg" El Pinsapar und die „Grüne Schlucht" Garganta Verde, in der täglichen Besucherzahl limitiert und dürfen nur mit einer Erlaubnis der Behörden begangen werden, im Sommer sogar nur mit Führer.
- *Genehmigungen* Den „**Permiso**" (Genehmigung) erhält man von Oktober bis Juni kostenlos im Naturpark-Büro von El Bosque, das die Erlaubnis auch per Fax an Hotels und Infostellen verschickt, sowie in der Infostelle von Grazalema. Für die Wege „Sendero del Pinsapar", „Sendero del Torreón" und „Sendero del Llano del Ravel" ist die tägliche Besucherzahl auf 60 Personen limitiert, den „Sendero del Garganta Verde" dürfen täglich sogar nur 30 Personen begehen. Werktags bilden diese Einschränkungen normalerweise kein Problem, für Wochenenden ist Reservierung ratsam.

• *Führer* Von Juli bis September ist aufgrund der Waldbrandgefahr ein Führer zwingend vorgeschrieben. Autorisiert ist z. B. das Büro „Horizon" (✆ 956 132363) in Grazalema, Preis z.B. für den Pinsapar-Weg bei ausreichender Gruppenstärke etwa 16 €.

El Bosque

Ein gepflegtes „Weißes Dorf" von kaum zweitausend Einwohnern, westlich knapp außerhalb des Parks gelegen und Sitz einer Informationsstelle der Naturparkverwaltung. Die Mehrzahl der wichtigen Einrichtungen liegt an der Durchgangsstraße unterhalb des eigentlichen, steilen Ortskerns, der deshalb nur eher wenig besucht wird. Neben Grazalema und Zahara gibt auch El Bosque eine gute Ausgangsbasis für Touren im Park ab.

• *Information* **Centro de Interpretación**, Av. de la Diputación 10; ✆ 956 727029, 📠 956 716339. Ständige Ausstellung zum Park, Dia-Shows etc., außerdem Wandertipps, Verkauf von Karten etc. Auf Fremdsprachenkenntnisse des Personals sollte man aber besser nicht hoffen. Geöffnet Mo–Do 10–14 Uhr, Fr 10–14, 18–20 Uhr (Okt.–März 16–18 Uhr), Sa 9–14 Uhr, 18–20 Uhr (Okt.–März 16–18 Uhr), So 9–14 Uhr.

• *Verbindungen* **Busse** der Gesellschaft AMARILLOS fahren ab der Plaza Constitución 5-mal tgl. nach Arcos, nach Jerez 6-mal, Grazalema und Sevilla je 2x und Cádiz 3-mal täglich.

• *Übernachten* ** **Hotel Las Truchas**, moderner, innen hübsch dekorierter Bau, guter Mittelklassestandard. DZ nach Saison etwa 60–65 €. Av. de la Diputación 1, oberhalb der Durchgangsstraße, ✆ 956 716061, 📠 956 716086. www.tugasa.com.

* **Hotel El Tabanco**, oben im Ortskern. Sehr hübsches kleines Hotel; rustikal-schöne Zimmer unterschiedlicher Größe, ein Restaurant ist angeschlossen. Die Besitzer sprechen Deutsch. DZ nach Größe und Ausstattung etwa 50–60 €, auch eine Suite. C. La Fuente 3, ✆ 956 716081.

* **Pensión Enrique Calvillo**, unterhalb der Durchgangsstraße, nahe Naturpark-Büro. Großer Bau mit Restaurant, die Räume im ersten Stock moderner, die im Erdgeschoss dafür geräumiger. DZ/Bad etwa 40 €. Av. de la Diputación 5, ✆ 956 716105.

Jugendherberge Albergue Juvenil El Bosque, Molino de Enmedio s/n, ein Stück hinter dem Hotel Las Truchas. Mit angeschlossenem Zeltplatz, der auch Zelte vermietet. Sehr viele Gruppen, unbedingt anrufen, ob Platz ist: ✆ 956 716212.

• *Camping* **La Torrecilla** (2. Kat.), etwa 1,5 km außerhalb an der Straße nach Ubrique. Ruhiger und gepflegter Platz mit Bar, zur Saison auch mit Restaurant. Freundlicher Besitzer, recht günstige Preise. ✆ 956 716095.

• *Wanderung am Río Bosque nach Benamahoma*: Keine Genehmigung erforderlich, jedoch gutes Schuhwerk – an einigen Abschnitten kann der Weg unangenehm schlüpfrig sein. Man geht vorbei am Hotel Las Truchas und folgt noch einige Minuten der Asphaltstraße. Vor der Brücke, auf deren anderer Seite die Jugendherberge liegt, geht es links auf den markierten Wanderpfad. Der Weg verläuft ohne große Steigungen am Fluss Río Bosque entlang, wechselt dabei mehrfach über Brücken die Uferseiten. Er führt durch hohe Galeriewälder, vorbei an einer Vielzahl verschiedener Blumen und Büsche. Bis Benamahoma und zurück beträgt die reine Wanderzeit etwa 3,5 Stunden. In Benamahoma kann man auch einen der raren Busse von Grazalema nach El Bosque besteigen, sollte sich aber vorher über die Fahrtzeiten informiert haben.

Grazalema

Die bildhübsche Siedlung bildet das Zentrum der gleichnamigen Sierra. Kein Wunder deshalb, dass Grazalema zu einem beliebten Ferienziel avancierte, zumal der Ort auch eine ganz gute Infrastruktur besitzt.

Das „weiße Dorf" wird von zwei Parallelstraßen durchzogen, an denen die klassischen Häuser der Region stehen, geschmückt mit Schmiedeeisen, Schirmdächern und reichlich Blumen. Grazalema ist als Herstellungsort der typischen handgewebten Decken *Mantas* bekannt, aus Schafswolle gefertigt und im Ort zu erstehen. Die

Weberei „Fábrica de Mantas" kann auch besichtigt werden, Details dazu in der Touristeninformation.

• *Information/Wanderführer* **Información Turística**, am Hauptplatz Plaza de España 11, ✆ 956 132225. Deutschsprachig und freundlich geführt. Das Büro finanziert sich aus der angeschlossenen Verkaufsausstellung typischer Produkte, Di–So 10–14, 17–20 Uhr.

Horizon, neben Führern für Wanderungen durch die im Sommer gesperrten Gebiete der Área de Reserva auch Organisation diverser Abenteuersportarten, Höhlenexkursionen etc. C. Corrales Terceros 29, nahe Hauptplatz, ✆/℻ 956 132363, www.horizonaventura.com.

• *Verbindungen* **Busse** stoppen nahe Hauptplatz Plaza de España. AMARILLOS fährt 2-mal tgl. von und nach Ronda sowie 1- bis 2-mal von und nach El Bosque.

• *Übernachten* **** **Hotel Puerta de la Villa**, komfortables Quartier im Herzen von Grazalema. Restaurant angeschlossen. Ganzjährig geöffnet, DZ etwa 105–130 €, auch Zimmer mit Salon und Apartments. Pl. Pequeña 8, ✆ 956 132376, ℻ 956 132087, www.grazhotel.com.

*** **Villa Turística Grazalema**, etwas außerhalb des Zentrums. Die architektonisch angepasste Anlage bietet viele Zimmer mit Balkon; Swimmingpool und Restaurant. DZ/Bad nach Saison etwa 60–65 €, es gibt auch Villas für bis zu vier Personen. Ctra. Comarcal 344, ✆ 956 141162, ℻ 956 132213, www.tugasa.com.

** **Hotel Peñón Grande**, zentral gegenüber dem Hotel Puerta de la Villa gelegen, mit guter Ausstattung und zwölf hübschen, modernen und komfortablen Zimmern. Freundliche Leitung. Gutes Preis-Leistungs-verhältnis, DZ etwa 55 €. Pl. Pequeña 7, ✆ 956 132434, ℻ 956 132435.

** **Pensión Hostal Casa de las Piedras**, ebenfalls mitten im Ort, von der Plaza de España aus hinter der Kirche San Juan. Ein schönes, altes und verwinkelt gebautes Haus mit einem angenehmen Restaurant. Gute DZ/Bad etwa 45 €, der ältere Trakt mit DZ ohne Bad soll ausgebaut werden. Man spricht Deutsch, hält auch Infos zu Bussen, Reitausflügen etc. bereit. C. Las Piedras 32, ✆ 956 132014, ℻ 956 132238.

• *Camping* **Tajo Rodillo** (2. Kat.), etwas außerhalb an der Straße nach El Bosque, der Ort noch in Fußentfernung. Kleiner Platz auf hübsch terrassiertem Gelände. Gut für Zelte, schlecht für Wohnmobile: separater Parkplatz. Offiziell geöffnet April bis September, p.P., Zelt jeweils 4 €, Auto 3 €. Carretera Comarcal 344, ✆ 956 372321

• *Essen* **Restaurante Torreón**, praktisch um die Ecke von der Plaza de Andalucía, kaum zehn Meter vom städtischen Parkplatz. Solides Restaurant mit ortstypischer Küche; freundlicher Service, gute und reichhaltige Menüs für wenig Geld. C. Agua 44. Im Umfeld mehrere Tapa-Bars.

• *Feste* **Fiesta del Carmen**, das Hauptfest des Städtchens. Mehrere Tage um den 16. Juli, am folgenden Montag Stiertreiben.

Zahara de la Sierra

Schon von weitem sichtbar, schmiegt sich das hübsche Dorf an einen Felsklotz, der ein mittelalterliches maurisches Kastell trägt. Zahara besitzt einen sehr reizvollen, als Nationalmonument unter Denkmalschutz gestellten Ortskern mit alten Adelshäusern und der Kirche Santa María de la Meza, vom Kastell aus bietet sich ein weiter Blick. Unterhalb des Ortes liegt der Stausee *Pantano de Zahara*.

• *Information* **Centro de Visitantes**, ein privates Besucherzentrum des Naturparks, geöffnet tgl. 9–14 Uhr, Mo-Sa auch nachmittags. Pl. del Rey 3.

• *Verbindungen* **Busse** der Gesellschaft COMES 2-mal tgl. von und nach Ronda.

• *Übernachten* ** **Hotel Arco de la Villa**, am Ortsrand in toller Lage oberhalb einer Felswand, mit weiter Aussicht. 17 komfortable Zimmer, am Wochenende oft belegt. DZ etwa 60–65 €. C. El Fuerte s/n, ✆ 956 123230, ℻ 956 123244, www.tugasa.com.

** **Pensión Marqués de Zahara**, im Ortskern. Untergebracht in einem der Adelshäuser, eben dem des Marqués von Zahara. Ordentliche, wenn auch leicht altmodische Zimmer; Restaurant. DZ etwa 45 €. C. San Juan 3, ✆/℻ 956 137261. www.marquesdezahara.com.

* **Pensión Los Tadeos**, knapp außerhalb des Ortes Richtung Schwimmbad. Freundliche Wirtsleute, Parken problemlos, gutes Restaurant. Ordentliche und sehr saubere DZ/Bad à etwa 40–45 €. Paseo de la Fuente s/n, ✆ 956 123086.

• *Feste* **Corpus Cristi**, Fronleichnam, mit farbenprächtiger Prozession, deklariert als Fest von nationalem Interesse.

Spektakuläre Lage über der Schlucht: Ronda

Abstecher nach Ronda

Eine der berühmtesten, schönsten und auch meistbesuchten Städte Andalusiens, vor allem wegen der dramatischen Lage schon von Rainer Maria Rilke und Ernest Hemingway gefeiert.

Ronda liegt bereits in der Provinz Málaga und im Hinterland der Costa del Sol, von Grazalema sind es jedoch nur mehr etwa 30 Straßenkilometer. Der Abstecher lohnt sich, weshalb das Städtchen hier in der gebotenen Kürze vorgestellt wird. Den Reiz der uralten Siedlung, bis zur Rückeroberung 1485 eine Hochburg der Mauren, macht in erster Linie ihre einmalige Position aus. Ronda besetzt ein Felsplateau, das von den nahezu senkrecht abfallenden Wänden der über 100 Meter tiefen Tajo-Schlucht in zwei Teile gespalten wird. Kühne Brücken verbinden die beiden Seiten der Stadt. Häuser und Gärten drängen sich bis an den Rand des Abgrunds, Spazierwege erschließen beeindruckende Perspektiven der Schlucht.

Orientierung: Die berühmte Brücke *Puente Nuevo* bildet die Hauptverbindung zwischen den Ortsteilen. Auf der südlichen Seite liegt die Altstadt *La Ciudad* mit der Mehrzahl der Monumente, auf der nördlichen Seite um die lebendige Carrera Espinel die schachbrettartigen neueren Viertel von *El Mercadillo*.

• *Information* **Oficina de Turismo de la Junta de Andalucía**, am Hauptplatz Plaza España 1, beim Puente Nuevo; ✆ und ✆ 952 871272. Geöffnet im Sommer Mo–Fr 9–20 Uhr, Sa/So 10–14 Uhr, im Winter Mo–Fr 8–19.30 Uhr, Sa/So 10–14 Uhr.

Oficina Municipal de Turismo, Paseo Blas Infante s/n, ganz in der Nähe der Arena. Städtisches Büro mit etwas geringerem Andrang, geöffnet Mo–Fr 9.30–19.30, Sa/So 10–14, 15.30–18.30 Uhr. ✆ 952 187119, www.turismoderonda.es.

• *Verbindungen* **Zug**: Bahnhof im Norden der Neustadt, an der Av. Andalucía. Die landschaftlich großartige Route nach Algeciras wird 6-mal tgl. bedient.

Bus: Station in der Neustadt an der Plaza Concepción, am Anfang der Av. Andalucía. AMARILLOS nach Grazalema 1–2-mal, nach Sevilla 5-mal tgl., COMES nach Arcos und Jerez de la Frontera 5-mal, weiter nach Cádiz 4-mal täglich.

Auto: Achtung, im Umfeld des Hotels Reina Victoria kommt es häufig zu Autoeinbrüchen! Eine Tiefgarage liegt unterhalb der Plaza Socorro.

• *Übernachten* Zur Fiesta Anfang September ist ohne langfristige Reservierung kaum ein Bett zu bekommen!

**** **Parador de Ronda (12)**, direkt an der Plaza España, hinter der Fassade des alten Rathauses. Absolute Toplage mit schöner Aussicht in die Tajoschlucht; Garten, Garage und Schwimmbad. DZ kosten 135–145 €. Pl. España s/n, ✆ 952 877500, 📠 952 878188, www.parador.es.

**** **Hotel Reina Victoria (1)**, ein Klassiker, in dem schon Rilke bei seinem Aufenthalt im Winter 1912/1913 wohnte. Wunderbarer Blick, Terrassen, Garten und Swimmingpool. DZ etwa 105–130 €. C. Jerez 25, im nordwestlichen Bereich der Neustadt, ✆ 952 871240, 📠 952 871075, www.husa.es.

*** **Hotel San Gabriel (13)**, ein familiäres kleines Hotel mit nur 16 Zimmern in einem schönen Haus der Altstadtseite. Der geschmackvollen Einrichtung ist anzumerken, dass der Vater des Besitzers Antiquitätensammler war. Sehr geräumige Zimmer, Parkservice. DZ etwa 75–100 €. Ab Weihnachten bis etwa Mitte Januar geschlossen. C. José M. Holgado 19, ✆ 952 190392, 📠 952 190117, www.hotelsangabriel.com.

*** **Hotel Jardín de la Muralla (14)**, ganz im Süden der Altstadtseite. Der „Garten der Mauer" trägt seinen Namen zu Recht, erstrecken sich die Gartenanlagen des auf der alten Stadtmauer gelegenen Hotels doch gleich über mehrere Etagen. Schöner Fernblick, Pool. Viel Platz, da nur sechs Zimmer, alle mit Antiquitäten eingerichtet. DZ/F etwa 90 €, zu Ostern und zur Feria 110 €; die einzige Suite kostet etwas mehr. Bleibt abzuwarten, ob die Tarife nicht noch steigen werden, das Haus ist frisch eröffnet. C. Espíritu Santo 13, ✆ 952 872764, 📠 952 874481. www.jardindelamuralla.com.

** **Hotel Royal (6)**, ein solides Mittelklassehotel, das baulich keine Schönheit ist, aber relativ zentral gelegen, ordentlich eingerichtet und komfortabel, zudem recht preisgünstig: DZ kosten je nach Saison knapp 45–50 €. C. Virgen de la Paz 42, an der Zufahrt zur Plaza España; ✆ 952 871141, 📠 952 878132.

* **Hotel Virgen de los Reyes (4)**, gutes, preiswertes Hotel, geräumige und blitzsaubere Zimmer mit Klimaanlage und TV. DZ etwa 40 €; C. Lorenzo Borrego 13, die nördliche Parallelstraße zur Carrera Espinel, ✆ 952 871140.

* **Pensión Hostal Biarritz (3)**, ordentlich, aber nicht ganz so freundlich eingerichtet wie das nebenan gelegene Rondasol, das unter derselben Leitung steht. Einfache, aber geräumige DZ/Bad für etwa 25 €, ohne Bad noch unter 20 €. C. Almendra 7, eine nördliche Parallelstraße der Calle Espinel und die Verlängerung der Calle Lorenzo Borrego, ✆ 952 872910.

* **Pensión Hostal Rondasol (2)**, in dieser Klasse eine solide Adresse. Prima Preis-Leistungsverhältnis, gute Zimmer in hellem Holz und mit Steinboden – darauf achten, dass sie Fenster haben, es gibt auch einige fensterlose Räume. DZ, leider nur ohne Bad, knapp 20 €. C. Almendra 11, ✆ 952 874497.

• *Camping* **El Sur** (1. Kat.), an der Straße nach Algeciras etwa 2,5 km südlich des Zentrums. Gut ausgestattetes Hanggelände mit Pool, gepflegten Sanitärs, hübschem Restaurant. Verleih guter Fahrräder; auch Bungalows gibt es zu mieten. Sehr wenig Schatten, jedoch schöner Blick auf die Stadt. Die Besitzerfamilie spricht Deutsch. Ganzjährig geöffnet, p.P., Auto, Zelt jeweils etwa 4,50 €. Carretera de Algeciras, km 1,5, ✆ 952 875939. www.campingelsur.com.

• *Essen* **Restaurante Tragabuches (11)**, erst vor wenigen Jahren eröffnet und bereits mit einem Michelinstern geschmückt. Feines Ambiente, kreative Küche, sehr gute Weinauswahl; Menü à la carte ab etwa 40 € aufwärts. C. José Aparicio 1, nahe der Plaza España, So-Abend und Mo geschlossen. Reservierung ratsam: ✆ 952 190291.

Restaurante Pedro Romero (9), unweit der Arena. Nach dem größten Stierkämpfer der Stadt benannt und dementsprechend dekoriert; zwar gern von Touristen besucht, aber nicht touristisch. Örtlich geprägte Küche, Tagesmenü rund 15 €, à la carte ab etwa 30 €. C. Virgen de la Paz 18.

Pizzeria Michel Angelo (7), klein, preiswert und gut. Ordentliche Pizza und Pasta für wenig Geld; es gibt auch spanische Gerichte. C. Lorenzo Borrego 5, nahe Hotel Virgen de los Reyes.

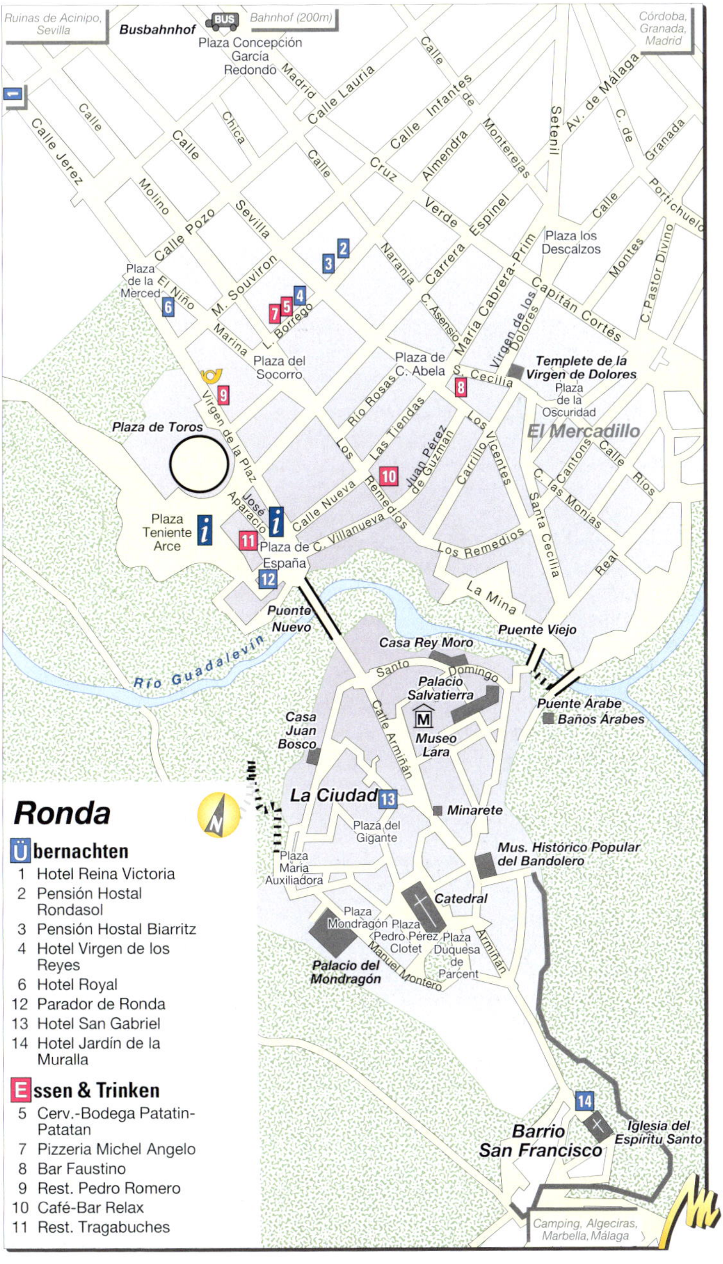

Abstecher nach Ronda
Karte siehe S. 173

Cafe-Bar Relax (10), das einzige vegetarische Lokal in Ronda. Gute Auswahl an Gerichten und Snacks, auch orientalische Küche. Bio-Weine, Säfte und mehr. Menü schon unter 15 €. C. Los Remedios 27, in der Neustadt.

Bar Faustino (8), lebhafte, gern von Einheimischen besuchte Bar, die mit gutem Wein und günstigen Preisen glänzt. Prima Tapas à la carte gibt es hier auch am Tisch. C. Santa Cecilia 4, unweit der Plaza de Carmen Abela.

Cervecería-Bodega Patatin-Patatan (5), ebenfalls eine gute Adresse mit preisgünstigen Tapas und Copas. Angenehm lockere Atmosphäre. C. Lorenzo Borrego 7, nahe dem Hotel Virgen de los Reyes. Ebenso beliebt ist die benachbarte **Bar La Viña**.

• *Feste & Veranstaltungen* **Feria de Mayo**, 20.–23. Mai. Stadtfest zur Erinnerung an die Reconquista. Belebter Viehmarkt, viel Trubel.

Romería Nuestra Señora de la Cabeza, zweiter Junisonntag. Wallfahrt mit Reitern und geschmückten Kutschen.

Fiestas de Pedro Romero, Anfang September. Ein Fest zur Erinnerung an den größten Matador der Stadt, mit „corridas goyescas" (Stierkampf in historischen Kostümen) und dem Flamencofestival „Festival del Cante Grande" – Ronda platzt dann fast aus den Nähten.

Sehenswertes

Puente Nuevo: Die „Neue Brücke", 1793 nach über vierzigjähriger Bauzeit fertig gestellt, erhebt sich 98 Meter über dem Grund der Tajoschlucht. Sie ist das Wahrzeichen der Stadt und eine technische Meisterleistung, die in einem „Centro de Interpretación" (Mo–Fr 10–19 Uhr, Sa/So 10–15 Uhr; 2 €) dokumentiert wird. Vom Puente Nuevo aus erkennt man im Osten zwei weitere Brücken: den *Puente Viejo,* auch Puente San Miguel genannt und vielleicht noch römischen Ursprungs, und dahinter den so genannten *Puente Arabe* aus dem 17. Jh. – seine Fundamente stammen zum Teil zwar tatsächlich noch aus islamischer Zeit, die eigentliche Brücke hat in ihrer heutigen Form nach diversen Zerstörungen und Wiederaufbauten aber nur noch wenige maurische Strukturen aufzuweisen.

Casa del Rey Moro: In der Calle Santo Domingo, die von der Neustadtseite kommend gleich hinter dem Puente Nuevo links abzweigt, nach wenigen Metern linker Hand. Das „Haus des Maurenkönigs" weist zwar arabische Stilelemente auf, entstand jedoch erst im 18. Jh.; Vorläufer war aber vielleicht wirklich der Palast eines maurischen Herrschers. Zugänglich sind nur die Gärten und vor allem die *Mina de Agua,* ein im Zickzack 60 Meter tief in den Fels geschlagener Tunnel des 14. Jh., der im Belagerungsfall die Wasserversorgung sichern sollte. Als Wasserträger herhalten mussten christliche Sklaven, die erst nach der Rückeroberung befreit wurden.

Öffnungszeiten Täglich 10–20 Uhr, im Winter bis 19 Uhr, Eintritt satte 4 €.

Baños Arabes: Die restaurierten Reste maurischer Bäder sind über Stufen unweit des Puente Viejo zu erreichen. Sie stammen aus dem 13./14. Jh. und zählen zu den besterhaltenen des Landes. Insgesamt eher schmucklos, lohnt ihre typische Architektur dennoch einen Besuch.

Öffnungszeiten Mo–Fr 10–19 Uhr, Sa/So 10–15 Uhr; Eintritt 2 €.

Museo Lara: Wieder an der Hauptstraße der Altstadt, der *Calle Armiñán,* beherbergt der im 18. Jh. errichtete Palast Palacio de los Condes de La Conquista ein privates Museum. Zu sehen sind unter anderem alte Uhren, Musikinstrumente, Näh- und Schreibmaschinen, Münzen, archäologische Funde und vieles mehr.

Öffnungszeiten Täglich 10.30–20 Uhr, Eintrittsgebühr 2,50 €.

Minarete de San Sebastian: Ebenfalls an der Hauptstraße steht, ein Stück weiter südlich und etwas zurückversetzt, ein einsames Miniatur-Minarett. Es ist der letzte Rest einer im 14. Jh. errichteten Moschee der Nasriden.

Museo Histórico Popular de Bandolero: In der Calle Armiñán 65, nur ein paar Schritte östlich der Kathedrale, liegt dieses Museum, das sich dem „Bandolerismo" widmet, dem Phänomen rebellischer Räuberbanden, die in den Sierras um Ronda bis ins 20. Jh. hinein ideale Verstecke fanden. Neben lebensgroßen Puppen berühmter Bandoleros präsentiert die Ausstellung auch Fotos, Waffen etc.

Öffnungszeiten Täglich 10–19 Uhr; Eintrittsgebühr etwa 3 €.

Kathedrale Santa María la Mayor: An der *Plaza de la Duquesa de Parcent*, dem weit im Süden und rechts der Hauptstraße gelegenen Hauptplatz der Altstadt. Die im 15. Jh. begonnene Kirche war ursprünglich eine Moschee. Der untere Teil des Glockenturms besteht aus dem ehemaligen Minarett; im Vorraum ist noch der *Mihrab*, die arabische Gebetsnische, zu sehen.

Öffnungszeiten Täglich 10–19 Uhr (Winter bis 18 Uhr), Eintrittsgebühr 3 €.

Häuser in Ronda: Wohnen am Abgrund

Barrio San Francisco: Südlich der Kathedrale liegt ein weiteres malerisches Viertel, in dem noch Reste der Stadtmauern und -tore sowie der Alcazaba, des sonst völlig zerstörten Palastes der Maurenherrscher, erhalten sind.

Palacio de Mondragón: Zu erreichen über eine Gasse links neben der Kathedralenfront. Bereits zur Maurenzeit soll hier die Residenz eines Herrschers gestanden haben, seine heutige Form erhielt der um drei Patios angelegte Palast jedoch bei mehreren Umbauten ab dem 16. Jh. Sein reizvolles Inneres beherbergt das *Stadtmuseum* von Ronda.

Öffnungszeiten Mo–Fr 10–19 Uhr (Winter bis 18 Uhr), Sa/So 10–15 Uhr; Eintritt 2 €.

Camino de los Molinos: Von einem Treppenweg an der Plaza María Auxiliadora führt ein gepflasterter Pfad hinunter zum Fluss. Tief unten, bei den Resten alter Mühlen und eines kleinen maurischen Tors, öffnet sich eine ungewohnte und sehr beeindruckende Perspektive der Tajo-Schlucht und des Puente Nuevo. Folgt man dem hübschen Camino de los Molinos weiter, erreicht man, vorbei an einem steilen Felskliff, das Barrio San Francisco.

Plaza de Toros: Die Stierkampfarena ist die einzige echte Sehenswürdigkeit der Neustadt, gleichzeitig ein Pflichtbesuch in Ronda, handelt es sich bei der 1785 errichteten Arena doch um die älteste des Landes. Da hier mit Pedro Romero auch noch einer der bedeutendsten spanischen Matadore aller Zeiten wirkte, gilt die schöne Plaza de Toros von Ronda geradezu als Wallfahrtsstätte der Aficionados. Gestaltet wurde sie wahrscheinlich von José Martín de Aldehuela, dem Architekten, der auch den Puente Nuevo schuf. Das Rund der Arena misst 66 Meter Durchmesser, die zweigeschossigen Zuschauertribünen, die von eleganten Säulen gestützt werden, bieten auf ihren jeweils fünf Rängen bis zu 5000 Zuschauern Platz. Das Stierkampfmuseum *Museo Taurino* präsentiert unter anderem nostalgische Plakate, Kostüme und alte Eintrittskarten, spart auch Fotos von den Todessekunden einiger Toreros nicht aus. Andere Aufnahmen zeigen berühmte Besucher wie „Papa" Hemingway oder Orson Welles. Interessant sind auch die Wandplakate, die den Bewegungsablauf des Matadors bei den einzelnen Figuren darstellen.

Öffnungszeiten Täglich 10–20 Uhr (Winter bis 18 Uhr); Eintritt inkl. Museum 5 €.

Von Ronda Richtung Küste

Die gut ausgebaute A 369 von Ronda nach Algeciras führt durch fantastische Gebirgslandschaften und zählt zu den schönsten Panoramastraßen Andalusiens. Sie führt am sehr ausgedehnten *Parque Natural de los Alcornocales* entlang, einem Naturpark, dessen Name auf die große Zahl von Korkeichen verweist. An und neben der Strecke liegen viele hübsche „Weiße Dörfer".

Cueva de la Pileta: Westlich etwas abseits der A 369 und knapp 30 Kilometer südwestlich von Ronda lockt in der Umgebung des Dörfchens Benaoján eine Tropfsteinhöhle zu einem nicht alltäglichen Ausflug. Die etwa einstündige „Expedition" im Schein von Petroleumlampen, vorbei an bizarren Tropfsteinen und kleinen Seen, ist ein kleines Abenteuer für sich. Höhepunkt sind die verschiedenfarbigen, etwa 20.000 bis 25.000 Jahre alten Felszeichnungen, die Tiere und auch menschliche Gestalten zeigen.

• *Öffnungszeiten* Täglich 10–13, 16–18 Uhr; häufige Änderungen, Anfrage bei den Infostellen in Ronda ratsam. Vor dem Eingang warten. Pro Person etwa 6.50 €, mindestens 4 Personen bzw. entsprechende Bezahlung. Die Besucherzahl ist auf 25 limitiert, zur Saison manchmal Wartezeiten. ✆ 952 167343. Die Innentemperatur der Höhle beträgt ganzjährig 15 Grad.

Jimena de la Frontera: Eine hübsche Übernachtungsstation auf dem Weg zur Küste ist dieses große, unter Denkmalschutz gestellte „Weiße Dorf" etwa 60 Kilometer südwestlich von Ronda. Überragt wird es von der heute teilweise verfallenen Burg *Castillo Algibe*, die eine weite Aussicht über die Umgebung bietet.

• *Übernachten* ** **Pensión Los Arcos**, eher einfache, aber ordentliche Übernachtungsmöglichkeit beim Bahnhof Jimena (Los Ángeles), etwa 2 km vom Ort selbst. Die Zimmer nach hinten sind deutlich ruhiger. Brauchbares Restaurant. DZ/Bad etwa 40–50 €. Av. Reina de los Ángeles 8, ✆ und 📠 956 640328.

Pensión Hostal El Anón, im Ort auf dem Weg zur Burg. Nett dekoriert; die Wirtin spricht Deutsch. DZ (das eigene Bad liegt z.T. auf dem Gang) mit F rund 55 €. C. Consuelo 34–40, ✆ 956 640113, 📠 956 641110.

Posada Casa Grande, weit hinten im Ort. Charmantes altes Haus; nur sieben Zimmer, teils ohne Bad, teils mit Dusche (ohne WC), DZ 35–45 €. C. Fuentenueva 42, ✆ 956 640578, 📠 956 640491.

• *Camping* **Los Alcornocales** (2. Kat.), etwa 500 m vom nördlichen Ortsrand. Ordentliche Ausstattung, Restaurant. Zufahrt über die CA 3331 Richtung Ubrique und Arcos, dann wieder links Richtung Ort. Pro Person und Zelt je etwa 4 €, Auto 3,50 €. Ganzjährig, außerhalb der Saison besser anrufen: ✆ 956 640060, 📠 956 641290.

• *Essen* **Bar-Restaurante Cuenca**, an der Zufahrt zum Ortskern, viel besucht von Einheimischen. Mit großer Terrasse nach hinten, gutem Essen und einer feinen Tapaauswahl. Mittleres Preisniveau. Av. de los Deportes s/n, gegenüber von einem Supermarkt. Di Ruhetag.

Castellar de la Frontera: Ein Festungsdorf wie aus dem Bilderbuch, zu erreichen über ein acht Kilometer langes, kurviges und sehr schmales Sträßchen, das von der A 369 nach Westen abzweigt, beschildert „Castillo de Castellar" und nicht zu verwechseln mit der neuen Siedlung namens „Nuevo Castellar", in die die früheren Einwohner umgesiedelt wurden. Mit fantastischer Aussicht hoch auf einer Bergkuppe gelegen, ist es umgeben von einer grandiosen, wildromantischen Felslandschaft. Sein Inneres, ein Labyrinth von Gassen, Treppenwegen und Steinhäusern, wird beschützt von einer Mauer mit mächtigen Türmen, die noch auf die maurischen Zeiten des 13. Jh. zurückgeht. Der bildhübsche Fleck ist schon seit einer ganzen Reihe von Jahren zu einem Refugium für Aussteiger geworden, die nach der Umsiedlung der Bevölkerung die halb verfallenen Häuser wieder bewohnbar machten. Allmählich wird das Dorf aber auch von (bislang hauptsächlich spanischen) Liebhabern des Urlaubs auf dem Lande entdeckt.

• *Übernachten* Ein Luxushotel im ehemaligen Palast der Burg war zuletzt fast fertig gestellt und wird wohl bald eröffnen.

Casas Rurales Castillo de Castellar, innerhalb der Festungsmauern, neun hübsche kleine Häuschen mit Schlafraum, Küche und Bad; von der Hotelgesellschaft „Tugasa" betrieben. Platz für bis zu vier Personen, Preis bei Zweierbelegung 70–75 €. Reservierung ratsam, Infos im angeschlossenen Restaurant „El Aljibe". C. Rosario 3, ✆ 956 236620, ✆ 956 236624, www.tugasa.com.

Ausflug nach Gibraltar

Ausflug nach Gibraltar
Karte siehe S. 181

Der steil aus dem Meer aufragende Felsklotz war im Altertum bekannt als eine der beiden mythischen „Säulen des Herkules". Als sein Gegenstück galt der Djebel Musa in Marokko. Jenseits dieser beiden Landmarken vermutete man damals das Ende der Welt.

Die 6,5 Quadratkilometer große und bis 426 Meter Höhe aufragende Halbinsel von Gibraltar ist seit Beginn des 18. Jh. britische Kronkolonie. Nach langen Querelen mit Spanien kann man heute problemlos mit dem Personalausweis einreisen. Vom spanischen Städtchen *La Línea de la Concepción* kommend, ist man nach der Grenzkontrolle und dem Überqueren der Landebahn des Flughafens mitten in England, schlagartig und unübersehbar: Bobbys, Fish and Chips, Doppeldeckerbusse, rote Briefkästen und uniformierte Schulkinder. Die rund 30.000 Einwohner von „Gib", so die geläufige Kurzform, scheinen den britischen Lebensstil geradezu verzweifelt gegen südländische Einflüsse verteidigen zu wollen.

Gibraltar lebt gut von seinem Status als Steueroase, ebenso gut vom Fremdenverkehr, dem die Grenzöffnung ein rasantes Wachstum ermöglichte. Auf den ersten Blick scheint die Stadt ein einziger riesiger Duty-Free-Shop zu sein: zollfreie Fotogeschäfte, Zigaretten- und Schnapsläden Tür an Tür. Außer dem amüsanten Kontrast zu Spanien, der wirklich faszinierenden Lage und den berühmten Affen hat „The Rock" sonst auch nicht viel zu bieten.

Orientierung: Über das Rollfeld des Flughafens auf der Landenge gelangt man in die Stadt. Sie zwängt sich schmal an die Westseite des gewaltigen Felsens und wird auf ganzer Länge von der Hauptstraße *Main Street* durchzogen. Weiter südlich schließen sich Wohn- und Armeebezirke an. Um den Fels herum führt, teils durch einen Tunnel, eine Ringstraße.

Gibraltar: Eintritt frei

Nicht ohne eine amüsante Note sind die kleinen Gaunereien, die spanische Betrüger vor der Grenze versuchen. Dort verkaufen sie alte Lotterielose, bevorzugt von der teureren Freitagsausspielung, als „Parkscheine", „Visa" oder „Eintrittskarten" für Gibraltar. Als Beweis der Echtheit zeigen sie auf den Schriftzug der spanischen Blindenlotterie Once: Parken beziehungsweise Eintritt „once", auf Englisch „einmal". Dabei ist der Eintritt zur Kronkolonie so ziemlich das Einzige, was in Gibraltar gratis ist ...

Geschichte: 711 von den Mauren besetzt, blieb Gibraltar mehr als 700 Jahre lang in islamischer Hand. Maurischen Ursprungs ist auch der Name: *Djebel Tarik*, „Berg des Tarik" hieß der Fels nach dem maurischen Feldherrn, der hier seinen Siegeszug durch Spanien begann. Erst 1462 gelang den Spaniern die Rückeroberung. Im Spanischen Erbfolgekrieg schafften es die Engländer 1704, den nur schwach mit Verteidigern besetzten Felsen einzunehmen, und im Vertrag von Utrecht 1713 ließen sie sich ihr Recht auf Gibraltar festschreiben. Versuche der Spanier, den Felsen dennoch zurückzuerobern, schlugen fehl: England hatte Gibraltar zur waffenstarrenden Festung ausgebaut, die auch lange Belagerungen aushalten konnte.

1967 ergab eine Volksabstimmung, dass gerade mal 0,4 % der Gibraltarians zu Spanien wechseln wollten. Franco konterte die Abfuhr auf seine Weise, ließ die Grenze schließen, Fährverbindungen unterbrechen, die Telefonleitungen kappen. Bis 1977 war Gibraltar vom Festland völlig abgeschnitten. Nach Francos Tod begann eine allmähliche Annäherung, doch erst 1985 wurde die Grenze völlig geöffnet, sehr zur Freude nicht nur der Einwohner, sondern auch vieler Schmuggler. Seitdem wird von der spanischen Regierung immer wieder mal die Entkolonialisierung des Felsens gefordert. Das Argument, Kolonien wären nicht mehr zeitgemäß, können die Spanier freilich nicht ins Feld führen, besitzen sie mit Melilla und Ceuta doch selbst zwei Exklaven in Afrika.

Dabei seien die Briten selbst, so heißt es, nicht einmal abgeneigt, Gibraltar wieder an Spanien zu übergeben. Die Einwohner Gibraltars sehen das mit weit überwiegender Mehrheit jedoch ganz anders – und haben vorgesorgt: In der Verfassung von 1969 ließen sie sich von Großbritannien zusichern, niemals ohne Volksabstimmung einem anderen Land (gemeint natürlich: Spanien) angeschlossen zu werden. Beide Seiten bewegen sich nur sehr langsam aufeinander zu. Von den Spaniern geradezu in Geiselhaft genommen fühlen sich die Bewohner Gibraltars. Ihrer Ansicht nach sind die spanischen Grenzkontrollen, die regelmäßig zu kilometerlangen Staus führen, eine reine Repressalie – ein Problem, das die vielen spanischen Arbeitskräfte, die täglich nach Gibraltar pendeln, natürlich ebenso betrifft.

Information/Verbindungen/Diverses

• *Information* **Tourist Information**, Casemates Square, ✆ 74982. Am Hauptplatz, an dem die Main Street beginnt, geöffnet Mo–Fr 9–17.30 Uhr, Sa 10–15 Uhr, So 10–13 Uhr. Erhältlich ein Stadtplan, eine Hotelliste und die Broschüre „Gibraltar Visitor Guide".

Tourist Information, im Duke of Kent House am Cathedral Square, unweit des Gibraltar Museum, ✆ 45000. Öffnungszeiten: Mo–Fr 9–17.30 Uhr.

Tourist Information, direkt an der Grenze, geöffnet Mo–Fr 9–16.30 Uhr, Sa 10–15 Uhr.

• *Internet-Info* www.gibraltar.gi

• *Telefonvorwahl* Ab **Spanien** 9567, ab **Deutschland** 00350.

„The Rock": Gibraltar

- *Verbindungen* **Achtung** – viele Wege führen über Algeciras, eine Stadt mit sehr hoher Kriminalitätsrate. Autoaufbrüche gehören im Hauptfährhafen nach Marokko ebenso zum Alltag wie Diebstähle aller Art. Ähnliches gilt für den Grenzort La Línea de la Concepción.

Zug: Nächster Bahnhof ist die Estación San Roque, sieben Kilometer außerhalb der zugehörigen Stadt; Busse nach La Línea 3-mal täglich. Bessere Verbindungen ab Bahnhof Algeciras.

Bus: Häufige Verbindungen zur Busstation im spanischen La Línea, nur fünf Fußminuten von der Grenze, z. B. von/nach Algeciras halbstündlich (Sa/So stündlich), Tarifa 9-mal, Cádiz 4-mal, Jerez 1-mal täglich.

Stadtbus: Bus Nummer 9 fährt von der Grenze zum Casemates Square, Nummer 3 zur Station der Cable Car und weiter zum Europa Point. Der Fußweg zieht sich.

Auto: Rechtsverkehr; Einreise mit grüner Versicherungskarte (Pflicht) unproblematisch, oft jedoch schwierig, einen der meist gebührenpflichtigen Parkplätze zu finden. Falls sich die politische Eiszeit nicht grundlegend ändert, ist zudem weiterhin mit teilweise mehrstündigen Staus bei der Ausreise zu rechnen! Besser in einer Tiefgarage (Autoknacker!) im spanischen La Línea de la Concepción parken.

- *Zoll* Grenze rund um die Uhr geöffnet, Personalausweis oder Reisepass nötig. Die Freimengen bei Ein- und Ausreise entsprechen denen eines Nicht-EU-Lands, also 1 Liter Spirituosen, 200 Zigaretten etc., die spanischen Kontrollen sind sehr genau.

- *Währung* Offizielle Zahlungsmittel sind Gibraltar pounds und British pounds sterling (1:1); Faustregel für den immer etwas schwankenden Wechselkurs: 1 Pound = 1,40 €. Achtung, der Rücktausch von Gibraltar pounds ist außerhalb von Gibraltar fast unmöglich. Euro werden jedoch zu etwas schlechterem Kurs auch überall akzeptiert. Banken geöffnet Mo–Fr 9–15.30 Uhr.

Übernachten/Essen/Bootstouren/Baden

- *Übernachten* Preisgünstiger sind die Quartiere im spanischen Grenzort La Línea de la Concepción. Die meisten Reisenden kommen ohnehin nur als Tagesbesucher.

Continental Hotel (2), kleines Hotel mit nur 17 Zimmern, in zentraler Lage nahe der Main Street. Solide Mittelklasse, DZ/Bad etwa 80 €, Frühstück inklusive. Engineer Lane 1, Ecke Main Street, ✆ 76900, 📠 41702.

Queens Hotel (5), südlich des Zentrums und nahe der Seilbahn. Preisgünstigstes Hotel vor Ort, in Spanien bekommt man aber mehr fürs Geld: DZ/F ohne Bad etwa 60 €, mit Bad je nach Lage 70–100 . Studenten erhalten 20 % Ermäßigung. Boyd Street 1, ✆ 74000, ✆ 40030.

Emile Youth Hostel (1), private Jugendherberge in zentraler Lage unweit des Casemates Square. Übernachtung inkl. Frühstück 21 €, gegen geringen Aufpreis auch EZ und DZ. Montagu Bastion, Line Wall Road, ✆ 51106, ✆ 78581.

• *Übernachten in La Línea* *** **Hotel AC La Línea**, komfortables Quartier unweit der Grenze zu Gibraltar. Gute Ausstattung, Pool und Garage. DZ rund 115 €. C. Los Caireles 2, ✆ 956 175566, ✆ 956 171563, www.ac-hotels.com.

* **Pensión La Campana**, in der Nähe des modernen Hauptplatzes Plaza Constitución. Recht ordentliche Zimmer, DZ/Bad nach Saison 30–45 €. C. Carboneros 3, ✆ 956 173059.

* **Pensión La Esteponera**, noch etwas preisgünstiger, dabei sehr sauber und für die Kategorie durchaus empfehlenswert. DZ/Bad etwa 25 €, ohne Bad unter 20 €. C. Carteya 10, ✆ 956 176668.

• *Essen* Gibraltar bietet internationale Auswahl. Die Preise jedoch sind hoch, selbst für Fastfood wie Fish and Chips.

Rest. Bunters (3), gehobenes Restaurant in einer engen Gasse des Zentrums. Menü etwa 15 €, à la carte deutlich mehr. Im August sowie Sa/So mittags geschlossen. College Lane 1, eine Seitengasse meerwärts der Main Street.

Rest. Penny Farthing (4), eine Parallelgasse südlich des Restaurant Bunters. Einfach und freundlich, Hauptgerichte ab etwa 7 €, auch Snacks und Frühstück. King Street 9.

• *Bootstouren* **„Dolphin Watching“** heißt die Hauptattraktion. Rund ein halbes Dutzend Gesellschaften offerieren Fahrten zu den Delfinen. Start ist am Hafen, meist an der Marina Bay oder dem Queensway Quay, Abfahrten im Sommer mehrmals täglich, im Winter eingeschränkt. Preisbeispiel: p.P. etwa 35 €, Kinder die Hälfte. Eine Liste ist in der Tourist Information erhältlich.

• *Baden* **Catalan Bay**, **Sandy Bay** und **Eastern Beach** sind Gibraltars größere Strände. Alle liegen an der Ostseite des Felsens, sind per Stadtbus zu erreichen und mehr als nur gut besucht.

Sehenswertes

Gibraltar Museum: In der Bomb House Lane, westlich der Main Street und zu erreichen über die King's Street, die etwa nach der Hälfte der Hauptstraße rechts abzweigt; dann links. Viel Militärhistorisches, naturgeschichtliche Abteilung, ein Modell des Felsens aus dem 19. Jh. und ein viertelstündiger Film über Gibraltar („The Gibraltar Story“). Angeschlossen ist die restaurierte Anlage maurischer Bäder aus dem 14. Jh.

Öffnungszeiten Mo–Fr 10–18 Uhr, Sa 10–14 Uhr; Eintritt etwa 3 €.

Alameda Gardens: Der Botanische Garten von Gibraltar liegt bei der Talstation der Seilbahn. 1816 eröffnet, beherbergt er rund 600 verschiedene Pflanzenarten, die oft aus ehemaligen britischen Kolonien wie Australien und Südafrika stammen. Geöffnet täglich bis Sonnenuntergang, Eintritt frei.

Upper Rock

Der als Naturschutzgebiet ausgewiesene Gipfel des Felsens ist bequem mit der Seilbahn *Cable Car* zu erreichen, deren Talstation am südlichen Ende der Main Street steht; eine Mittelstation ist beim Affenfelsen Apes Den eingerichtet. Die Aussicht von ganz oben reicht über Stadt und Strände, bei gutem Wetter bis zum marokkanischen Atlasgebirge; in jedem Fall aber auf die großen Auffangbecken, die die Wasserversorgung Gibraltars sichern.

• *Betriebszeiten/Preise* Die Seilbahn fährt Mo–Sa 9.30–18 Uhr, zuletzt war sie auch sonntags in Betrieb. Preis hin + zurück etwa 10 € (einfache Auffahrt kaum günstiger), das Ticket beinhaltet nicht die Eintrittsgebühr zu den unten aufgeführten Monumenten. Die SB-Restaurants oben verlangen unverschämte Preise.

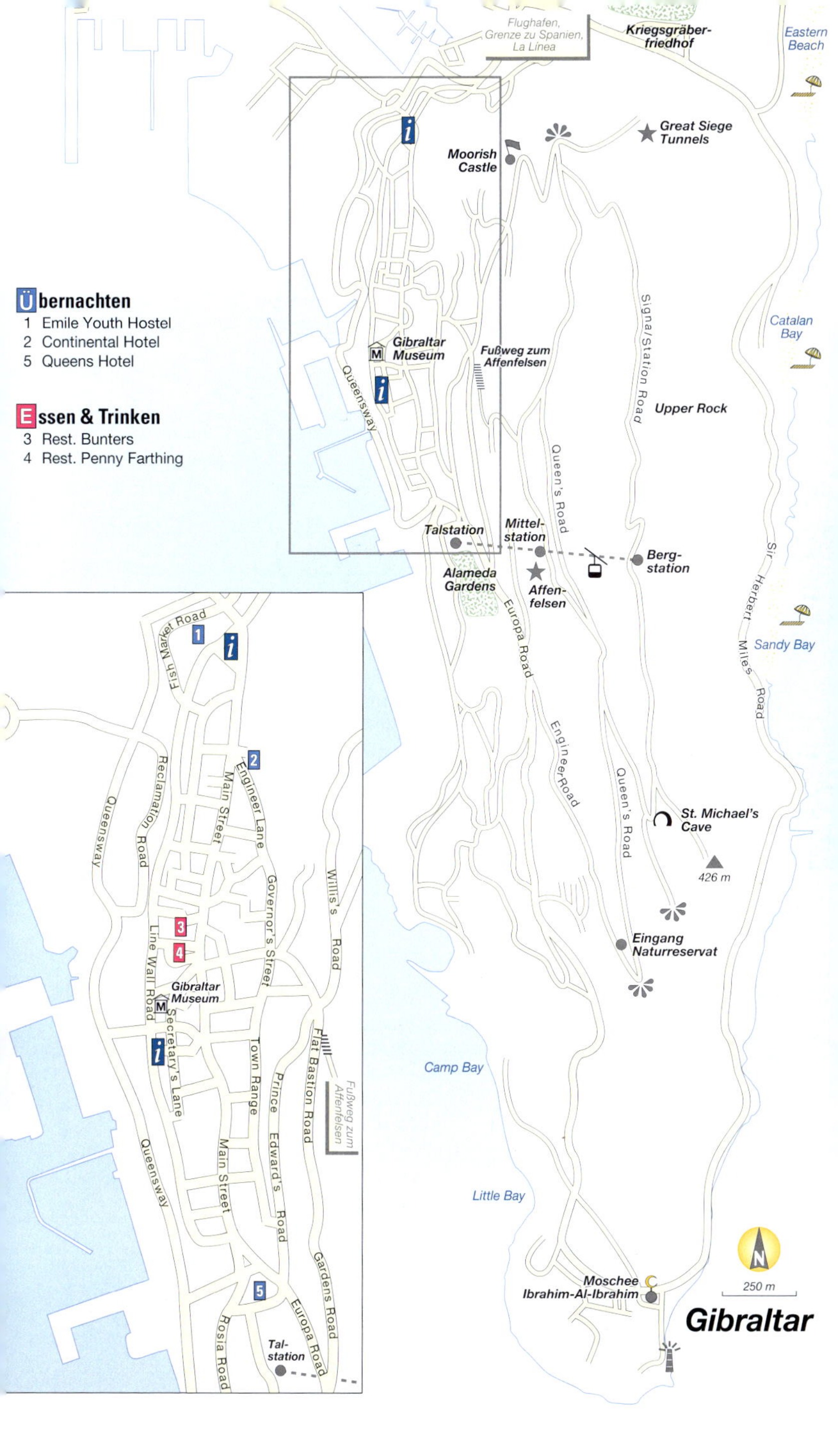
Gibraltar
250 m
N
Übernachten
1 Emile Youth Hostel
2 Continental Hotel
5 Queens Hotel
Essen & Trinken
3 Rest. Bunters
4 Rest. Penny Farthing
Flughafen, Grenze zu Spanien, La Linea
Kriegsgräber-friedhof
Eastern Beach
Great Siege Tunnels
Moorish Castle
Catalan Bay
Gibraltar Museum
Fußweg zum Affenfelsen
Queensway
Signal Station Road
Upper Rock
Queen's Road
Talstation
Mittel-station
Berg-station
Alameda Gardens
Affen-felsen
Europa Road
Sir Herbert Miles Road
Sandy Bay
Engineer Road
St. Michael's Cave
426 m
Eingang Naturreservat
Camp Bay
Little Bay
Moschee Ibrahim-Al-Ibrahim
Fish Market Road
Reclamation Road
Main Street
Engineer Lane
Governor's Street
Willis's Road
Line Wall Road
Secretary's Lane
Town Range
Prince Edward's Road
Flat Bastion Road
Gardens Road
Rosia Road
Tal-station

• *Organisierte Touren* Gibraltars Taxis bieten eine „Rock Tour" an, die etwa eineinhalb Stunden dauert und pro Person (Minimum 4 Personen) etwa 20 € kostet; Eintrittsgebühren inbegriffen. Infos bei der Gibraltar Taxi Association, ✆ 70052 oder 70027. Auch manche Reisebüros offerieren Touren zum Upper Rock.

• *Mit dem Auto/Zu Fuß* Die Auffahrt mit dem eigenen Fahrzeug über die sehr engen und steilen Straßen lohnt sich finanziell nicht, denn auch Autofahrer werden tagsüber kräftig zur Kasse gebeten: Eintrittsgebühr zur „Nature Reserve Upper Rock" inklusive Monumente („attractions") p.P. 10 €, pro Fahrzeug zusätzlich etwa 2 €. Fußgänger, die die Monumente besichtigen wollen, zahlen denselben Preis. Und auch wer auf die Besichtigung der Monumente verzichtet und vielleicht nur den Affenfelsen besuchen will, muss an der Straße zum Naturreservat noch eine gewisse Eintrittsgebühr berappen. Gratis ist nur der heruntergekommene Fußpfad vom Zentrum (siehe Karte) – noch.

St. Michael's Cave steuert man am besten über einen Fußweg in südlicher Richtung von der Bergstation aus an. Die riesige, 62 Meter tiefe Tropfsteinhöhle war schon in der Vorzeit besiedelt. Mit beleuchteten Nachbildungen bemüht man sich redlich, einen Eindruck vom Leben der damaligen Bewohner zu vermitteln. Heute finden im oberen Teil gelegentlich Konzerte und regelmäßig etwas kitschige Ton- und Lichtspiele statt.

Apes Den: Der Affenfelsen, von St. Michael's Cave über die Queen's Road in nördlicher Richtung bergab zu erreichen, ist wohl die Hauptattraktion Gibraltars. Die schwanzlosen Berberaffen (Macaca sylvanus), die einzigen in Europa frei lebenden Vertreter ihrer Art, wurden schon im 18. Jh. von britischen Soldaten importiert. Es heißt, wenn die Affen verschwänden, wäre die britische Zeit in Gibraltar zu Ende. Als im 2. Weltkrieg der Bestand deutlich abnahm, ließ Churchill deshalb „frische" Affen aus Marokko herüberbringen. Derzeit beträgt die Zahl der Affen etwa 160. Dabei ist die Herde am Apes Den mit etwa Tieren vergleichsweise klein, ebenso diejenige an der Gipfelstation der Seilbahn, denn die größte Affenkolonie Gibraltars lebt im Umfeld der Great Siege Tunnels. Die Affen sind possierlich, friedlich, solange man sie in Ruhe lässt, und flink: Auf Kameras, Brillen, Handtaschen und dergleichen sollte man gut aufpassen.

Moorish Castle: Im Norden, vom Apes Den etwa einen Kilometer entfernt und über die Queen's Road zu ereichen. Das maurische Kastell über der Stadt stammt aus dem 14. Jh., doch soll hier schon im 8. Jh. eine erste Burg des Feldherrn und Namenspatrons Tarik gestanden haben.

Great Siege Tunnels: Das Tunnelsystem von Gängen und Schießscharten liegt hoch oben an der Nordseite des Felsens. Es wurde während der „Großen Belagerung" 1779–83 aus dem Gestein gesprengt, als Stellung für gigantische Kanonen, die die spanischen Angreifer unter Feuer nehmen sollten. Nicht militärisch interessierte Naturen beeindruckt der Blick auf den Flughafen und das spanische Festland wahrscheinlich mehr.

Europa Point: Ganz im Süden der Halbinsel liegt dieser mit Kanonen und Leuchtturm bestückte Aussichtspunkt, von dem man bei gutem Wetter die marokkanische Küste erkennen kann. Er ist ausnahmsweise umsonst zu besuchen. Ganz in der Nähe steht die Moschee Ibrahim-Al-Ibrahim, 1997 dank einer Spende des Königs Fahd von Saudi-Arabien erbaut und ihres Zeichens die südlichste Moschee Europas.

Zwischen Kunst und Kitsch: Plaza España in Sevilla

Sevilla

(700.000 Einwohner)

Als Heimat des Don Juan, der Carmen und des berühmten Barbiers prägte Sevilla das gängige Andalusienbild wie keine andere Stadt. Das weckt Erwartungen. Mancher Besucher ist deshalb enttäuscht, wenn er nicht an jeder Ecke Flamenco hört. Die Metropole Andalusiens besitzt jedoch viele Gesichter: Wer nur die bekannten folkloristischen Klischees sucht, wird der facettenreichen Stadt Sevilla nicht gerecht.

Sevilla, Hauptstadt der gleichnamigen Provinz und gleichzeitig ganz Andalusiens, ist eine zukunftsorientierte Kapitale, die in den letzten Jahrzehnten einen gewaltigen wirtschaftlichen Aufschwung genommen hat. Die Zuwanderung ist enorm. In der Umgebung stinkt Industrie, und während des Berufsverkehrs herrscht das allgemeine Chaos. Da der ökonomische Erfolg vor allem den höheren Einkommensschichten zugute kam, erreichen Arbeitslosen- und Kriminalitätsrate Werte, die von kaum einer anderen Stadt Spaniens übertroffen werden.

Das andere, das charmante Bilderbuchsevilla, findet parallel trotzdem statt. Ein Ausflug, der dank der guten Verkehrsverbindungen von den meisten Ortschaften der Costa de la Luz aus problemlos möglich ist, lohnt sich deshalb unbedingt. Während der zu Recht berühmten Fiestas wird praktisch rund um die Uhr gefeiert. Die Abende und Nächte am Ufer des Guadalquivir und im Barrio de Santa Cruz sind genauso romantisch, wie man sich das schon immer vorgestellt hat. Auch die oft beschworene Lebenslust der Einwohner bleibt in den zahllosen Bars, Bodegas und Cafés weiterhin spürbar, wenn auch nicht immer und überall: Man muss schon zur richtigen Zeit am richtigen Ort sein. Und die wahrhaft glänzenden Monumente aus der langen Geschichte einer Stadt, die einst die reichste Spaniens war, sind

Karte siehe S. 188/189

ohnehin prächtig genug, um einen Besuch in Andalusiens Hauptstadt zum Pflichtprogramm zu machen. Vielleicht ist ja doch etwas dran am selbstbewussten Spruch der Einwohner: *Qien no ha visto Sevilla, no ha visto maravilla* – „Wer Sevilla nicht gesehen hat, der hat noch kein Wunder gesehen."

Orientierung: Sevillas Zentrum liegt östlich des Río Guadalquivir, der die Stadt etwa in Nord-Süd-Richtung durchzieht. Hauptstraße ist die *Avenida de la Constitución*. In ihrer unmittelbaren Umgebung liegen mit Kathedrale und Giralda sowie dem Alcázar die bedeutendsten Sehenswürdigkeiten der Stadt. Östlich schließt sich das *Barrio de Santa Cruz* an, Sevillas lauschiges Vorzeigeviertel. Die Avenida de la Constitución beginnt im Süden am Verkehrsknotenpunkt *Puerta de Jerez* und mündet im Norden in den Doppelplatz *Plaza San Francisco* und *Plaza Nueva*. Hier liegt auch das Geschäftsviertel um die Haupteinkaufsstraße *Calle Sierpes*. Südlich des engeren Zentrums erstrecken sich der Park *Parque de María Luisa* und das Gelände der Ibero-Amerikanischen Ausstellung von 1929, die *Plaza de España*. Jenseits des Guadalquivir sind zwei ehemals selbstständige Siedlungen zu Stadtvierteln geworden: das volkstümliche *Barrio de Triana* auf Höhe des Zentrums und, südlich anschließend, das neuzeitlichere *Barrio de los Remedios* auf Höhe des Parque de Maria Luisa.

Kriminalität: Umsicht ist geboten. Arbeitslosigkeit und Drogensucht verursachen eine extrem hohe Kleinkriminalität; Diebstähle und Autoaufbrüche sind Alltag. Kein Grund, die Stadt zu meiden, wohl aber, etwas Vorsicht walten zu lassen. Nichts, aber auch gar nichts im Auto lassen; unbedingt Parkhäuser aufsuchen.

Geschichte

Wohl eine Gründung der Iberer, später von Phöniziern und Karthagern besiedelt, wurde das damalige *Hispalis* 205 v. Chr. von den Römern erobert und in *Colonia Julia Romula* umbenannt. Im Krieg gegen Pompeius ließ Julius Cäsar die Stadt mit Mauern und Türmen befestigen und machte sie zur Hauptstadt der Südprovinz Baetica. Nach einem kurzen Zwischenspiel der Vandalen geriet Sevilla ab 441 in die Hände der Westgoten und fungierte auch unter deren Herrschaft eine Zeitlang als Hauptstadt.

712 wurde Sevilla von den Mauren erobert und hieß fortan *Ichbiliya*. Zunächst eigenständig, dann von den Omaijaden aus Córdoba regiert, später Sitz eines Teilkönigreichs, erlebte die Siedlung einen schnellen Aufschwung, überflügelte nach dem Zerfall des Omaijadenreichs sogar Córdoba. Fast alle heute bestehenden maurischen Bauwerke entstanden unter der mehr als hundertjährigen Herrschaft der fundamentalistischen *Almohaden*-Dynastie, die 1146 an die Macht kam. 1248 wurde Sevilla von den Christen unter Ferdinand III. zurückerobert.

Die Entdeckung Amerikas brachte Sevilla eine neue Blütezeit. Hier und in Cádiz entluden die Gold- und Silbergaleonen ihre kostbare Fracht. Sevilla besaß als Sitz der für den Warenverkehr mit Amerika zuständigen Behörde *Casa de Contratación* das Handelsmonopol für die überseeischen Kolonien. Unermessliche Reichtümer flossen in die Stadt, erneut entstand eine Fülle prächtiger Bauten. Der Niedergang begann erst, als im 17. Jh. eine schreckliche Pestepidemie wütete, der Guadalquivir versandete und 1717 die Casa de Contratación nach Cádiz verlegt wurde.

Im *Spanischen Bürgerkrieg* geriet Sevilla gleich zu Beginn in die Hände der Faschisten. Heute darf man sich wohl darüber freuen, blieb die Stadt dadurch doch vor den schlimmsten Zerstörungen bewahrt.

Information

• *Fremdenverkehrsämter* **Oficina de Turismo de la Junta de Andalucía**, Avenida de la Constitución 21 b, zuständig für Stadt, Provinz und ganz Andalusien. Häufig großer Andrang. Öffnungszeiten: Mo–Fr 9–19 Uhr, Sa 10–14, 15–19 Uhr, So 10–14 Uhr. ✆ 954 221404 und 954 218157, ℻ 954 229753, otsevilla@andalucia.org. Zweigstellen im Airport und im Bahnhof.

Turismo de Sevilla, Calle Arjona 28, in Flussnähe unweit der Plaza de Toros. Sehr informatives Büro der Stadt, deutschsprachig und engagiert geführt von Manuel Viñuelas. Geöffnet Mo–Fr 8.15–20.45 Uhr, von September bis Juni auch Sa/So 9–13.45 Uhr. ✆ 954 221714. Zweigstelle am Paseo de las Delicias 9 (nahe Parque de Maria Luisa), weitere Zweigstelle an der Plaza San Francisco (Anfang Calle Sierpes) geplant.

• *Internet-Info* **www.turismo.sevilla.org**, die Site des städtischen Touristik-Konsortiums. Auch auf Deutsch.

www.exploreseville.com, Super-Seite auf Englisch. Sehr viel Information, aktuell.

www.sol.com, umfangreiches Quartierverzeichnis, hauptsächlich in den oberen Kategorien. Spanisch und Englisch.

www.andalunet.com, ziemlich umfangreiches Sevilla-Portal mit üppigem Serviceangebot, leider nur auf Spanisch.

Verbindungen

• *Flug* Flughafen San Pablo (Info: ✆ 954 449000) zwölf Kilometer außerhalb nahe der A 4 nach Córdoba. Busverbindung mit AMARILLOS ab Puerta de Jerez/Hotel Al-

Karte siehe S. 188/189

fonso XIII. halbstündlich, p.P. etwa 2,50 €. Taxis kosten etwa 15–18 €. IBERIA-Büro: Av. de la Buhaira 8, ✆ 954 988207.

• *Zug* Die Estación de Santa Justa (Renfe-Info: ✆ 902 240202) liegt östlich außerhalb des Zentrums an der Avenida Kansas City s/n; Telefonzentrale, Gepäckaufbewahrung und kleine Infostelle. Bus Nr. 32 fährt zur Plaza de la Encarnación im nördlichen Zentrumsbereich. Die Busse C1 und C2 fahren einen Rundkurs ums Zentrum und dabei im Prinzip auch die beiden Busbahnhöfe an, allerdings nicht immer direkt – am besten beim Fahrer nachfragen. Züge nach Jerez und Cádiz alle ein bis zwei Stunden, nach Huelva 4-mal täglich.

• *Bus* Von den meisten Orten der Costa de la Luz das Hauptverkehrsmittel für die Anreise. Die Stadt besitzt zwei Busbahnhöfe, im Zweifel besser die Infostellen kontaktieren.

Estación Prado San Sebastián (Info: ✆ 954 417111), einige Blocks nördlich des Parks Parque de María Luisa, Abfahrts- und Ankunftsstelle für die meisten Bereiche Andalusiens: AMARILLOS nach Arcos 2-mal, COMES nach Jerez 9-mal, Cadiz 13-mal, Chiclana 6-mal, Tarifa 4-mal, Algeciras 4-mal täglich; LINESUR nach Jerez 10-mal, Algeciras 8-mal täglich.

Estación Plaza de Armas (✆ 954 908040), der neuere Busbahnhof in Flussnähe, ist für die meisten Fernbusse und für die Provinz Huelva zuständig: DAMAS fährt unter anderem nach Matalascañas je nach Saison 5- bis 8-mal tgl., nach Huelva halbstündlich bis stündlich, Ayamonte 6-mal tgl.; CASAL nach Aracena 2-mal täglich.

• *Auto* Nicht die günstigste Anreisemöglichkeit. In Sevilla ist der Pkw nutzlos, Orientierung und Parkplatzsuche sind schwierig.

Parken: Auf die oft anzutreffenden selbsternannten Parkwächter sollte man sich nicht verlassen. Unbedingt Parkhäuser bzw. bewachte Parkplätze ansteuern, trotzdem besser nichts im Auto lassen. Parkhäuser sind im Zentrum beschildert, z. B. beim Busbahnhof Plaza de Armas und am Paseo de Cristobal Colón.

Mietwagen, Mietmotorräder: Die internationalen Anbieter (EUROPCAR etc.) sind z. T. auch am Flughafen vertreten. Einige Vermieter im Zentrum: AVIS, im Bahnhof, ✆ 954 537861; ATESA, Av. Kansas City 3 (Nähe Bahnhof), ✆ 954 573131; CROWN, Avda. Kansas City 8, ✆ 954 980214. ALKI-MOTO, C. Fernando Tirado 5, ✆ 954 584927, hat Mopeds, Motorräder und Fahrräder im Angebot.

• *Stadtbusse* Dichtes Netz, häufig bediente Plätze in der Innenstadt sind Plaza Nueva und Plaza de la Encarnación. Tickets gibt es im Bus, deutlich preisgünstigere Zehnertickets („Bonobus") am Kiosk. Die meisten Sehenswürdigkeiten liegen allerdings fußgängerfreundlich im Zentrum.

• *Taxi* Funktaxis unter ✆ 954 580000 oder ✆ 954 622222.

• *Organisierte Stadttouren* **Flussfahrten** auf dem Guadalquivir veranstaltet die Gesellschaft „Cruceros Torre del Oro". Tägliche Abfahrten bei der Torre del Oro, zur Saison halbstündlich ab 10 Uhr bis 17 Uhr, im Winter etwas eingeschränkter; Dauer etwa eine Stunde, Preis p.P. etwa 12 €. Es gibt auch nächtliche Touren sowie Fahrten bis Sanlúcar de Barrameda (27 €), letztere in der Regel nur am Wochenende und auch dann nicht immer verlässlich. Aktuelle Daten bei den Infostellen oder unter ✆ 954 561692.

Stadtrundfahrten per Bus: „Sevilla Tour" und „Sevirama" bieten Touren mit Doppeldeckerbussen oder umgebauten Straßenbahnen an; halbstündliche Abfahrten jeweils am Paseo de Cristóbal Colón knapp nördlich der Torre de Oro. Preis p. P. etwa 11 €.

Adressen

Deutsches Generalkonsulat: Calle Fenández y Gonzáles 2/2 (nahe Plaza San Francisco); ✆ 954 230204, 📠 954 239552.

Österreichisches Konsulat: Calle Alcalde Isacio Contreras 1, Portal 4/2 (nahe Av. Menéndez de Pleayo); ✆ 954 987476, 📠 954 225365.

Fundbüro (Objetos Perdidos): Calle Manuel Vazquez Sagastizabal 3 bajo, beim Busbahnhof Prado San Sebastián; ✆ 954 420703. Auch nach Diebstahl kontaktieren: Meist ist nur das Geld interessant, Pass, Schlüssel etc. werden weggeworfen.

Internet-Zugang: The E-m@il Place, in einer Passage der Calle Sierpes auf Nr. 54; ✆ 954 218592.

Post: Avenida de la Constitución 32, Höhe Kathedrale. Öffnungszeiten: Mo–Fr 10–20.30 Uhr, Sa 9.30–14 Uhr.

Übernachten (siehe Karte S. 188/189)

Für den jeweiligen Standard sind die Preise fast regelmäßig überhöht. Zu Großveranstaltungen wie der Semana Santa und der Feria de Abril ist die Stadt voll belegt – Reservierungen mehrere Monate im voraus sind unumgänglich, das Preisniveau erreicht ungeahnte Höhen. Andererseits gibt es eine Reihe von Pensionen, die ihre offiziellen Preisangaben sehr hoch ansetzen, außerhalb der Saison jedoch kräftige Rabatte einräumen: Verhandeln kann sich lohnen.

• *Barrio de Santa Cruz & Umgebung* Eine romantische Adresse, viele Quartiere mit Patio. Das Preisniveau liegt hier allerdings sehr hoch, Autofahrer müssen in der Regel eine ganze Ecke entfernt parken.

***** **Hotel Casa Imperial (3)**, nahe der Plaza de Pilatos. Exklusives Quartier in einem bildschönen Adelspalast des 16. Jh., errichtet rund um einen Patio mit doppelstöckigem Arkadenumgang. Deutscher Eigentümer, auch das Personal spricht Deutsch. Junior-Suite für zwei Personen je nach Saison 210–260 €, Suite 260–330 €, zu den Hauptfesten 370 € bzw. 440 €. C. Imperial 29, ✆ 954 500300, ℻ 954 500330, www.casaimperial.es.

**** **Hotel Husa Los Seises (20),** nur einen Katzensprung von der Kathedrale. Auch dieser Palast des 16. Jh. wurde zum Hotel umgebaut; der Clou ist der Dachterrassenpool mit Giralda-Blick. Gutes Restaurant. DZ nach Saison etwa 170 bis 210 €, zu den Festterminen 300 €. C. Segovias 6, ✆ 954 229495, ℻ 954 224394, www.hotellosseises.com.

*** **Hotel Las Casas de la Judería (5)**, ebenda und gleichfalls eine charmante Adresse. Auf mehrere historische Gebäude und Innenhöfe verteiltes Quartier, das insgesamt 95 Zimmer zählt, unterschiedlich ausgestattet und dekoriert, z. T. mit eigenen Patios oder Balkonen. Garage. DZ nach Saison und Ausstattung etwa 140–170 €, zur Semana Santa und Feria de Abril etwa 270 €. Plaza Santa María La Blanca, Callejon de Dos Hermanas 7, ✆ 954 415150, ℻ 954 422170.

** **Hotel Hostería del Laurel (12)**, an einem winzigen Platz im Barrio, praktisch nur zu Fuß zu erreichen. Hübsches historisches Gebäude mit funktionellen, gut ausgestatteten Zimmern mit TV und vor allem mit Klimaanlage. Beliebtes Bar-Restaurant mit prima Tapas angeschlossen. DZ/F knapp 80 bis 110 €, zu Spitzenzeiten ein relativ moderater Aufschlag von 16 € pro Zimmer. Plaza de los Venerables 5, ✆ 95 4220295, ℻ 95 4210450, www.hosteriadellaurel.com.

** **Hotel Zurbarán (22)**, unweit des Alcázar und der Kathedrale. Teil einer kleinen Kette, die in der Nähe noch einige Pensionen betreibt; deren Preis allerdings liegt nicht unter dem des Hotels, das die größeren Zimmer bietet. Freundlich und mit Charme dekoriert, komfortabel ausgestattete Zimmer mit TV und Klimaanlage, die im Winter auch heizt. DZ/Bad etwa 55–90 €, zu den Festen 140 €. C. Mariana de Pineda 10, ✆ 954 210646, www.grupo-piramide.com.

** **Pensión Hostal Sierpes (16)**, mit dem Vorteil einer eigenen Garage; die Anfahrt durch die engen Gassen des Barrio gestaltet sich allerdings haarig. Als Gebäude stilvoll, die Zimmer nüchtern, teilweise ziemlich dunkel, aber sauber und, speziell die zur Innenseite gelegenen, erfreulich ruhig. Insgesamt durchaus ordentlich. DZ/Bad 65 €,

Noble Adresse: Hotel Casa Imperial

Sevilla
Karte siehe S. 188/189

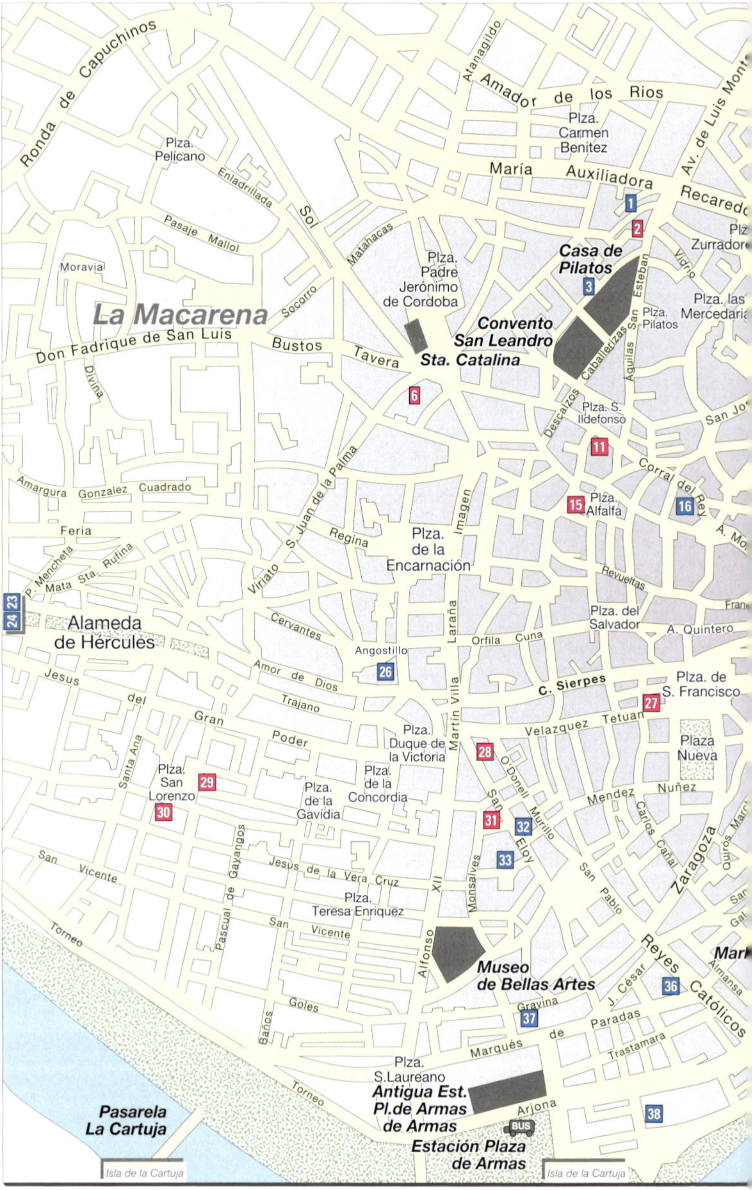

La Macarena
Ronda de Capuchinos
Plza. Pelícano
Enladrillada
Sol
Pasaje Mallol
Moravia
Socorro
Matahacas
Plza. Padre Jerónimo de Cordoba
Don Fadrique de San Luis
Bustos
Tavera
Sta. Catalina
Convento San Leandro
Casa de Pilatos
Atanagildo
Amador de los Rios
Plza. Carmen Benitez
María Auxiliadora
Av. de Luis Monte
Recaredo
Zurrador
Vidrio
Plza. las Mercedarias
Plza. Pilatos
San Esteban
Caballerizas
Aguilas
Descalzos
Plza. S. Ildefonso
San Jo
Corral del Rey
Plza. Alfalfa
A. Mo
Divina
Amargura
Gonzalez Cuadrado
Feria
S. Juan de la Palma
Regina
Plza. de la Encarnación
Imagen
P. Mencheta
Rufina
Sta. Mata
Viriato
Revueltas
Plza. del Salvador
A. Quintero
Alameda de Hércules
Cervantes
Angostillo
Laraña
Orfila
Cuna
Jesus del Gran Poder
Amor de Dios
Trajano
C. Sierpes
Plza. de S. Francisco
Martín Villa
Velazquez
Tetuan
Plaza Nueva
Plza. Duque de la Victoria
O'Donell
Santa Ana
Plza. San Lorenzo
Plza. de la Gavidia
Plza. de la Concordia
Mendez
Nuñez
Carlos Canal
San Eloy
Murillo
Zaragoza
San Vicente
Gayangos
Jesús de la Vera Cruz
XII
Monsalves
San Pablo
Pascual de Gayangos
Plza. Teresa Enriquez
San Vicente
Torneo
Alfonso XII
Museo de Bellas Artes
Reyes Católicos
Almansa
J. César
Gravina
Goles
Baños
Paradas
Marqués de Paradas
Trastamara
Plza. S.Laureano
Antigua Est. Pl.de Armas de Armas
Arjona
BUS
Estación Plaza de Armas
Torneo
Pasarela La Cartuja
Isla de la Cartuja
Isla de la Cartuja
1
2
3
6
11
15
16
23
24
26
27
28
29
30
31
32
33
36
37
38

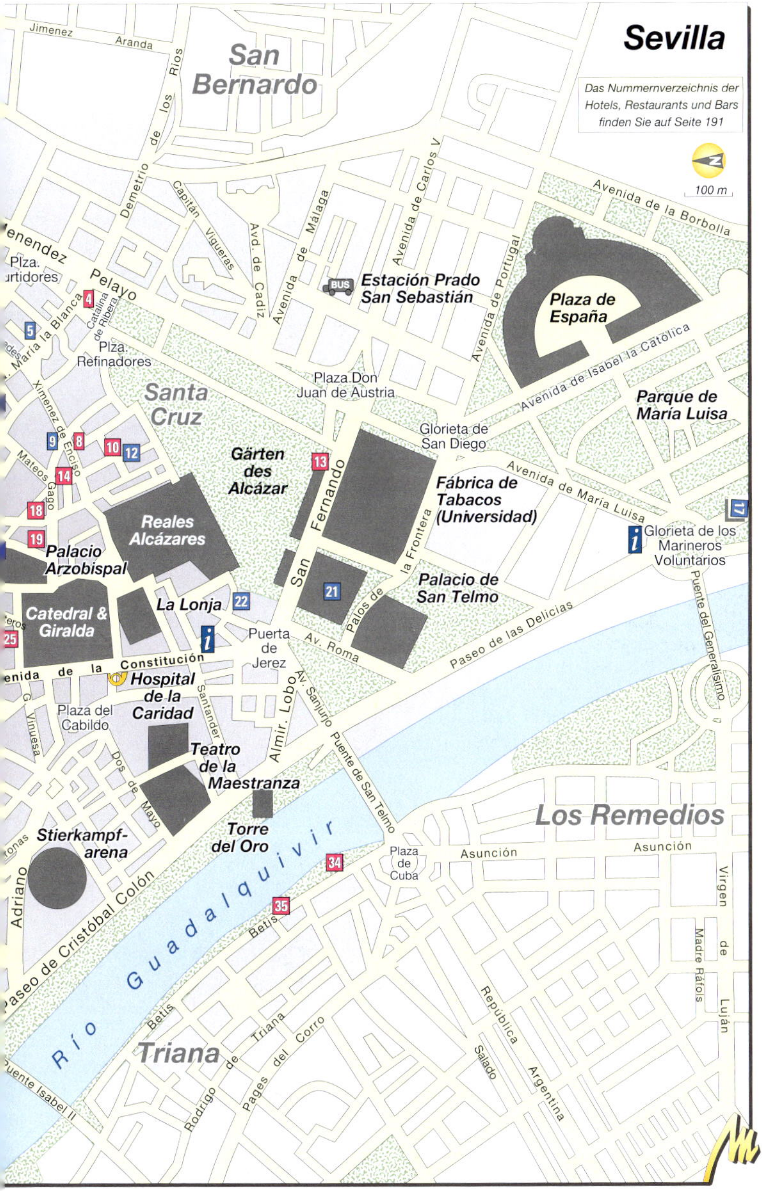

Karte siehe S. 188/189

Sevilla

zu den Festen 95 €; die Garage (14 €) geht wie üblich extra. C. Corral del Rey 22, von der Kathedrale über die Calle Argote Molina, ✆ 954 224948.

** **Pensión Córdoba (7)**, in einer engen, ruhigen Gasse. Geräumige Zimmer mit Klimaanlage und Heizung, gute Bäder. Insgesamt empfehlenswert, wenn man einen guten Preis aushandeln kann. DZ/Bad offiziell etwa 75 €, im Winter 60 €, ohne Bad 50–65 €; manchmal geht es aber auch günstiger. C. Farnesio 12, ✆ 954 227498.

* **Pensión Vergara (9)**, mitten im Barrio de Santa Cruz gelegen, untergebracht in einem stilvoll renovierten Haus des 15. Jh. Die Zimmer (es gibt auch Innenzimmer auf den Patio) sind schlicht, aber hübsch dekoriert und sehr sauber. Internetzugang. Alle Zimmer ohne eigenes Bad, neben DZ auch Drei- und Vierbettzimmer. Preis pro Person nach Saison 18–20 €, zu den Festen 24 €. C. Ximénez de Enciso 11, ✆ 954 215668.

• *Zentrum* Quartiere ohne Romantikzuschlag, das Preisniveau ist aber immer noch beträchtlich.

**** **Hotel Alfonso XIII. (21)**, das Tophotel von Sevilla, 1928 eröffnet. Schöner Bau im Stil des Neo-Mudéjar, ausgedehnter Park, Swimmingpool. Parkplätze eine Selbstverständlichkeit. Schön, wenn man es sich leisten kann: DZ im Preisniveau von rund 500 €, zu den Festen auch schon mal über 600 €... C. San Fernando 2, neben der Universität, ✆ 954 222850, ℻ 954 216033, www.hotel-alfonsoxiii.com.

**** **Hotel Becquer (36)**, Großhotel an einer der Hauptstraßen des Zentrums, der Kette „Best Western" angeschlossen und 2003 renoviert. Ein Vorteil ist die eigene Garage. DZ etwa 180 €, zu den Festen 200 €. C. Reyes Católicos 4, etwa zwischen Arena und Museo de Bellas Artes, ✆ 954 228900, ℻ 954 214400, www.hotelbecquer.com.

*** **Aparthotel Patio de la Alameda (24)**, am westlichen Rand der Alameda de Hércules. Hübsche und charmante Anlage mit guter Ausstattung, die Apartments mit Küche, Wohnzimmer mit Schlafcouch, Schlafzimmer und Bad können bis zu vier Personen beherbergen, sind für zwei aber bequemer. Eigene Garage, TV, Klimaanlage. Zweier-Apartment pro Tag 80–100 €, zu den Festen 165 €; für die dritte und vierte Person wird ein Aufpreis von je etwa 25 € fällig. Die Lage am Rand des bunten Szene- und Rotlichtviertels dürfte die Geister scheiden. Alameda de Hércules 56, ✆ 954 904999, ℻ 954 900226, www.patiosdesevilla.com.

*** **Aparthotel Patio de la Cartuja (23)**, das Schwesterquartier, ein paar Schritte Richtung Fluss. Baulich vielleicht sogar noch hübscher als der Patio Alameda, beide zusammen firmieren unter dem Sammelnamen „Patios de Sevilla". Ausstattung und Preise wie oben. C. Lumbreras 8–10, ✆ 954 900200, ℻ 954 902056.

** **Hotel Sevilla (26)**, an einem kleinen Platz unweit der Plaza de la Encarnación. Imposantes Foyer, die Zimmer selbst sind schlicht-solide eingerichtet, ohne Schnickschnack, aber mit Klimaanlage. Einige Leser waren recht zufrieden, Doris und Hans Strässle aber übten deutliche Kritik: „Zimmer dunkel, lärmig in der Nacht, einfachster Standard". DZ etwa 65 €, zu den Festterminen wird das Doppelte fällig. C. Daóiz 5, ✆ 954 384161, im Netz unter www.sol.com.

** **Pensión Hostal Puerta Carmona (1)**, nur knapp außerhalb des Barrio Santa Cruz, unweit der Casa de Pilatos. 2002 eröffnete Pension, die zu vernünftigen Preisen hotelähnlichen Komfort bietet; die 14 Zimmer sind zwar nicht sehr groß, aber mit TV und Klimaanlage ausgestattet. DZ/Bad nach Saison 40–50 €, zu den Festen 75 €. Plaza de San Agustín 5, ✆ 954 988310, ℻ 954 533986.

** **Pensión Hostal Jentoft (38)**, in Flussnähe, nicht weit vom Busbahnhof Plaza de Armas. Sehr großes Hostal mit fast 60 Zimmern (also auch zur HS gute Chancen auf ein Bett); viele hauseigene Parkplätze, wie üblich gegen Gebühr. Die Zimmer sind schlicht, aber sauber; die nach innen gelegenen fallen deutlich ruhiger aus als diejenigen zur Straße. DZ/Bad knapp 40 €, ohne Bad 25 €; zu den Festen 75 bzw. 50 €. Calle Benidorm 2, ✆/℻ 954 220981, www.hostaljentoft.com.

* **Pensión Hostal Generalife (33)**, in der Einkaufszone, trotzdem ruhig, da in einer Seitengasse gelegen. Sehr freundliches Besitzerpaar, Zimmer z. T. etwas dunkel, sonst gut in Schuss. DZ ohne Bad etwa 35 €, zur Fiestazeit das Doppelte; die beiden Zimmer mit Bad liegen ungünstig nahe der Rezeption. C. Fernán Caballero 4, ein Seitengässchen der Calle San Eloy; ✆ 95 4224639.

* **Pensión Hostal Gravina (37)**, stellvertretend für die Ex-Bahnhofspensionen in diesem Gebiet. Ordentliche Zimmer, funktionell eingerichtet, zum Innenhof hin ruhig. Zuletzt (wie viele Pensionen hier) in Renovierung, die künftigen Preise standen noch nicht fest. C. Gravina 46, zwischen der Calle Reyes Católicos und der C. Alfonso XIII., ✆ 95 4216414.

Sevilla Übersicht

Den Plan der Innenstadt, in den die Hotels, Restaurants und Bars eingezeichnet sind, finden Sie auf Seite 188/189

Übernachten

1 Pensión Hostal Puerta Carmona
3 Hotel Casa Imperial
5 Hotel Las Casas de la Judería
7 Pensión Córdoba
9 Pensión Vergara
12 Hotel Hostería del Laurel
16 Pensión Hostal Sierpes
17 Jugendherberge Residencia Juvenil
20 Hotel Husa Los Seises
21 Hotel Alfonso XIII.
22 Hotel Zurbarán
23 Aparthotel Patio de la Cartuja
24 Aparthotel Patio de la Alameda
26 Hotel Sevilla
32 Apartamentos Los Angeles
33 Pensión Hostal Generalife
36 Hotel Becquer
37 Pensión Hostal Gravina
38 Pensión Hostal Jentoft

Essen & Trinken

2 La Bodega Extremeña
4 Freiduría Puerta de la Carne
6 Bar El Rinconcillo
8 Café-Bar Las Teresas
10 Casa Román
11 Bar La Rocina
13 Rest. Egaña Oriza
14 Rest.-Pizzeria San Marco
15 Bar-Rest. Los Caracoles
18 Bar Patánchon & Patánchon
19 Cervecería Giralda
25 Casa Robles
27 Bar El Portón
28 Patio de San Eloy
29 Rest. Az-Zait
30 Rest. Eslava
31 Bar Rincón San Eloy
34 Bar La Primera del Puente
35 Nuevo Kiosko de las Flores

Karte siehe S. 188/189
Sevilla

• *Apartments* Siehe auch oben die Aparthotels „Patios de Sevilla".

Casa Andaluza in Conil (siehe dort) vermittelt Apartments in Sevilla, ebenso **www.citysiesta.com**, ✆ 933 425670.

Apartamentos Los Angeles (32), in der Einkaufszone, ein Lesertipp von Michael Müller: „Zentral in der schmalen Fußgängergasse San Eloy 37. Hübsche, verglaste Erker zur Straße, nachts ist es hier ziemlich ruhig. Einfach ausgestattete Zweizimmer-Apartments mit Kühlschrank und Kochnische für vier Personen ca. 75 € pro Nacht; Klimaanlage vorhanden. ✆ 954 228049, ✆ 954 561990."

• *Jugendherberge* **Residencia Juvenil (17)** (IYHF), modern und komfortabel, aber nicht billig: p.P. 13 €, über 26 Jahre gut 17 €, Frühstück inklusive. Weit außerhalb des Zentrums gelegen, Bus Nr. 34 ab Plaza Nueva via Prado San Sebastián. C. Isaac Peral 2; ✆ 954 613150.

Camping

Club de Campo (2. Kat.), bei Dos Hermanas, etwa zwölf Kilometer südlich des Zentrums, dem gleichnamigen Motel angeschlossen. Relativ kleiner Platz, wenig Schatten, Sanitärs gut; Swimmingpool. Ganzjährig geöffnet; p.P., Zelt, Auto je 4 €. Avenida de la Libertad 13, die alte Straße nach Sevilla; Busverbindung mit den Bussen nach „Dos Hermanas (Directo)" ab Avenida Palos de la Frontera, hinter der Fábrica de Tabacos und nahe Glorieta de San Diego; ✆ 954 720250.

Villsom (2. Kat.), der wohl beste Platz um Sevilla, trotz der nahen Hauptstraße recht ruhig. Vielfältige Bepflanzung, dennoch nur mittlerer Schatten, dafür ein hübscher und sehr gepflegter Gratis-Swimmingpool mit Liegewiese. Der rote Staubboden könnte reinliche Zeltler etwas stören. Kleine Bar mit Einkaufsmöglichkeit, gute Sanitärs, Waschmaschine. Ganzjährig geöffnet; Preise ähnlich oben. Am Westrand von Dos Hermanas, etwa zwölf Kilometer südlich des Zentrums. Anfahrt über die Autobahn Richtung Cádiz, noch vorbei an der Ausfahrt „Dos Hermanas Centro" und dem riesigen Carrefour-Einkaufszentrum; die zweite mit „Ctra. Isla Menor" beschilderte Ausfahrt nehmen. Häufige Busverbindung mit AMARILLOS ab der Avenida Palos de la Frontera (wie Camping Club de Campo), aber nur die Busse Richtung „Dos Hermanas/Barriada" nehmen, nicht die Direktbusse nach Dos Hermanas! Ctra.Sevilla-Cádiz, km 554,8; ✆ 954 720828.

Sevilla (2. Kat.), etwa sieben Kilometer östlich des Zentrums. Ziemlich großes Gelände, Schatten nur teilweise (Olivenbäume, Mattendächer), erhebliche Lärmbelästigung durch den Flughafen und auch durch die nahe Autobahn. Öffentliches Schwimmbad angeschlossen, extra zu zahlen. Ganzjährig geöffnet, Preise etwas niedriger als in den oben genannten Plätzen. An km 534 der A 4 nach Madrid, Busse ab Busbahnhof Prado San Sebastián Richtung Carmona etwa stündlich. ✆ 954 514379.

Essen (siehe Karte S. 188/189)

• *Restaurants* **Rest. Egaña Oriza (13)**, hinter den Gärten des Alcázar. Eines der Top-Restaurants der Stadt, mit innovativer Küche, die baskische und andalusische Einflüsse mischt. Elegantes Ambiente, gehobenes Preisniveau: Menü um die 40–50 €. C. San Fernado 41, Reservierung sehr ratsam: ✆ 954 227211. Sa-Mittag, So und im August geschlossen.

Casa Robles (25), direkt bei der Kathedrale. Lange Tradition als eines der berühmtesten Restaurants der Stadt, auch als Tapa-Bar viel gerühmt. Ortstypische Küche hoher Qualität, prima Desserts. Menü à la carte ab etwa 30 € aufwärts. C. Alvarez Quintero 58, ✆ 954 563272.

Rest. Az-Zait (29), am hübschen Hauptplatz des Viertels San Lorenzo, also etwas abgelegen, jedoch den Weg wert. Neue andalusische Küche mit dem gewissen Extra, aufmerksamer Service. Dabei nicht einmal wirklich teuer: Menü schon ab etwa 20 € aufwärts. Plaza San Lorenzo 1, ✆ 954 906475. So-Abend und im August geschlossen.

Rest. Eslava (30), um die Ecke und mit seiner guten Lokalküche eine mögliche Alternative; das Preisniveau liegt allerdings etwas höher als bei Az-Zait. Zum Haus gehört auch eine sehr beliebte Tapa-Bar. Calle Eslava 3, ✆ 954 906568. So und im August geschlossen.

Rest.-Pizzeria San Marco (14), Teil einer kleinen Kette italienischer Restaurants. Diese Filiale lockt mit sehr ungewöhnlichem Ambiente: Das Lokal ist in einer maurischen Badeanstalt des 12. Jh. untergebracht. Immer wieder von Lesern gelobt; angenehme Atmosphäre, ordentliches Essen, recht günstige Pizza und Pasta. C. Mesón del Moro 6–10, im Viertel Santa Cruz.

Bar Rincón San Eloy (31), im Geschäftsviertel, fürs komplette Mittagsmahl. Lang gestreckter, schmaler Saal voller Stierkampffotos und bunter Kacheln; preiswerte Mittagsmenüs, auch Tapas und Raciones. C. San Eloy 24, am Ende der Calle Sierpes links, nach 50 Metern an der Gabelung wieder links.

• *Tapabars* Ergiebige Jagdgründe sind zur Mittagszeit die Bars der Einkaufszone um die Calle Sierpes, am Abend die Viertel Triana und Santa Cruz. Die Vielfalt der sevillanischen Tapas ist beeindruckend, weshalb man sich darauf einstellen sollte, dass unter den vom Barmann genannten oder einer Liste zu entnehmenden Spezialitäten immer eine Reihe von unbekannten Tapas sein wird. In manchen Lokalen gibt es Tapas übrigens nur an der Bar, an den Tischen werden nur größere Portionen serviert: „En mesa solo se sirven raciones".

Bar El Rinconcillo (6), Tapaspezialist und Traditionslokal: die älteste Tapa-Bar Sevillas, gegründet 1670. Herrliches Kacheldekor, uralte Weinregale, hervorragende „Espinacas con garbanzos" (Spinat mit Kichererbsen) und andere Köstlichkeiten, allerdings nicht ganz billig. C. Gerona 20, eine Verlängerung der Calle San Juan de la Palma, östlich der Plaza de la Encarnación; mittwochs geschlossen.

Cervecería Giralda (19), Barrio de Santa Cruz. Nostalgischer Kneipen-Klassiker nahe der Kathedrale, Gewölbe, Kacheln, der Durchgang der Bar maurisch filigran gestaltet. Buntes Publikum, gehobene Preise. C. Mateos Gago 3, östlich der Kathedrale.

Bar Patánchon & Patánchon (18), ein paar Schritte weiter. Sehr beliebt und belebt, hübsches Dekor, breite Weinauswahl. C. Mateos Gago, Ecke Ángeles.

Casa Román (10), ebenfalls im Barrio Santa Cruz, im Gebiet östlich des Alcázar. Langjährige Spezialität sind Schinken- und Käsetapas. Nicht ganz billig. Plaza de los Venerables, So-Abend geschlossen.

Café-Bar Las Teresas (8), mitten im Barrio. Rustikale Dekoration, zu den Tapa-Spezialitäten zählen neben anderen Wurstwaren und Manchegokäse auch Schinken. C. Santa Teresa 2.

Zwei Sevillaner Wahrzeichen: Torre del Oro und Giralda

Freiduría Puerta de la Carne (4), am Ostrand des Barrio Santa Cruz gelegen. Eigentlich keine Tapa-Bar, aber ein Tipp für Liebhaber frittierten Meeresgetiers. Die tradtionsreiche Frittierstube, 1928 gegründet, wurde renoviert und besitzt seitdem auch Tische im Freien. Fisch und Meeresfrüchte holt man sich innen in Papiertüten nach Gewicht, die Getränke serviert der Kellner eines nahen Restaurants. C. Santa María la Blanca 36 a.

Bar La Rocina (11), eine der vielen reizvollen Bars im Viertel um die Plaza Alfalfa. Wie der Name schon verrät, dreht sich hier alles um die Wallfahrt nach El Rocío, entsprechend stimmig ist das Ambiente. Guter Käse und Schinken, nicht teuer. C. Boteros 28.

Bar-Rest. Los Caracoles (15), auch Casa Antonio genannt, ebenfalls in der Tapazone um die Plaza de la Alfalfa. Tische zum Draußensitzen an einem kleinen Platz, freundliche Wirtsfamilie. Die Schnecken sind ein Geheimrezept, die übrigen Tapas (auch an den Tischen serviert) sind ebenfalls üppig, preiswert und sehr lecker. Calle Guardarmino, eine winzige Seitengasse der Plaza de la Alfalfa; im Umfeld noch andere, ähnlich angenehme Lokale.

La Bodega Extremeña (2), nördlich der Casa de Pilatos. Spezialitäten aus der Extre-

Sevilla
Karte siehe S. 188/189

madura, in erster Linie Fleischgerichte und die berühmten Schinken und Käse der nördlichen Nachbarregion Westandalusiens, außerdem die guten und günstigen Extremadura-Weine. C. San Estebán 17.

Patio de San Eloy (28), im Einkaufsviertel. Eine weitere der altehrwürdigen Kneipen Sevillas, mittags Treffpunkt eines sehr bunten Völkchens. Berühmte Sandwichs, sättigende Gemüsetorte „Tarta vegetal" und Raciones. Preiswert. C. San Eloy 9.

Bar El Portón (27), Kneipenklassiker in dieser Fußgängerzone, in der es vor Tapa-Bars nur so wimmelt und die vor allem mittags sehr belebt ist; viele Möglichkeiten zum Draußensitzen. Beliebt bei den Angestellten aus dem nahen Rathaus, mittlere Preiskategorie. Calle General Polavieja 20, nördlich der Plaza San Francisco.

Bar La Primera del Puente (34), am Rand des Triana-Viertels. Am Flussufer, im Sommer Tische im Freien. Spezialitäten sind „Pavías" (sehr salzig), „Pepitos de Gambas", eine Art Garnelentoast, und die Spieße „Pinchitos". Die Portionen (an den Tischen nur ganze oder halbe Raciones) sind so groß, dass man vorsichtshalber jeweils nur eine halbe Ración bestellen sollte. Mittlere Preiskategorie, Mi geschlossen. C. Betis 66.

Nuevo Kiosko de las Flores (35), ganz in der Nähe. Der traditionsreiche Kiosk am Puente Isabel II., bereits 1930 gegründet, musste seinen Standort leider aufgeben und ist im Jahr 2000 hierher umgezogen – das treue Publikum kam mit. Spezialitäten sind frittierter Fisch, Gazpacho und verschiedene Aliños (Salate). C. Betis s/n.

Nachtleben

Das Nachtleben Sevillas tobt längst nicht immer so intensiv, wie man meinen sollte, ist zudem in ständiger Bewegung – wer am falschen Tag zur falschen Zeit am falschen Ort ist, wird nur gähnende Langeweile erleben. Am meisten Betrieb herrscht naturgemäß am Wochenende. Beliebte Treffpunkte sind das Barrio de Santa Cruz und im Zentrum die Plaza de la Gavidia und die Plaza del Salvador. Im Sommer schätzt auch die Jugend von Sevilla die kühleren Plätzchen am Fluss, vor allem im Gebiet nördlich der Brücke Puente Isabel II. Eine gute Informationsquelle für Konzerte, Flamenco und andere Veranstaltungen ist der Gratis-Freizeitführer „El Giraldillo", meist in den Infostellen erhältlich.

• *Barrio de Santa Cruz* **La Carbonería** ist schon eine richtige Institution. Großer, üppig begrünter Innenhof, mehrere Räume. Oft Ausstellungen und Musikveranstaltungen, darunter Jazz, Blues, Flamenco und dergleichen. Normalerweise keine Eintrittsgebühr, dafür gemäßigt angehobene Getränkepreise. C. Levies 18 (kein Schild!), in einer Seitenstraße der Calle Santa María la Blanca.

Abades, Calle Abades 15, nördlich der Calle Mateos Gago, ist in einem Palast des 18. Jh. untergebracht, der auch einen sehr lauschigen Innenhof besitzt.

Antigüedades, Calle Argote Molina 10, hier oft Live-Musik in künstlerischem Ambiente.

• *Costa del Guadalquivir* Die Promenade am Fluss, besonders im Gebiet um die Brücke Puente Isabel II. und weiter nördlich um die Pasarela La Cartuja, ist eine im Sommer ausgesprochen beliebte Nachtzone mit Dutzenden von Open-Air-Bars, den so genannten „Terrazas".

Terraza Bar Capote: Hübsche Open-Air-Bar am Fluss, direkt nördlich des Puente Isabel II. Oft Live-Musik, bis in den Morgen geöffnet.

• *Alameda de Hércules* Eine sehr beliebte Nachtzone etwas nördlich des engeren Zentrums. Atmosphärisch in Richtung Hippie- und Alternativszene, viele Gays; ein Touch von Rotlichtviertel ist aber auch dabei. An der belebten Alameda selbst dürfte nicht viel passieren, nördlich davon könnte es jedoch unangenehm werden.

Fun Club, traditionsreicher Rock-Club, der Anfang 2002 sein 15-jähriges Jubiläum feierte. Konzerte mehrmals wöchentlich. Alameda de Hércules 86.

Habanilla Café, Treffpunkt der kosmopolitischen Alternativszene, belebt vom Mittag bis in den frühen Morgen. Alameda de Hércules 63.

• *Flamenco* Eigentlich müsste man ja von „Sevillana" sprechen, ist Sevilla doch die Heimat dieses Tanzes, der im Gegensatz zum Flamenco so fröhlich ist. Die hiesigen Tablaos zeigen jedoch meist den echten Flamenco. **Los Gallos** genießt den Ruf, beste Flamencoadresse der Stadt zu sein. Eintrittsgebühr inklusive einem Getränk 27 €, zwei Shows pro Nacht, jeweils zwei

Teurer Spaß: Kutschfahrt bei der Kathedrale

Stunden volles Programm. Plaza de Santa Cruz, im Barrio Santa Cruz, nahe den Gärten des Alcázar gelegen; ✆ 954 216981.

El Arenal, im gleichnamigen Viertel, unweit der Stierkampfarena Plaza de Toros. Auch hier finden zwei Shows pro Nacht statt, Eintritt inklusive Getränk etwa 32 €. C. Rodó 7, ✆ 954 216492.

Casa Anselma, im Viertel Triana. Fast schon eine Institution in Sevilla, vor einigen Jahren auch dem ZDF ein Feature wert. Urige Flamencotaverne, erst ab 23.30 Uhr geöffnet, kurz nach Mitternacht oft voll bis vor die Tür. Viele Einheimische, keine Eintrittsgebühr. C. Pages del Corro 49.

Casa de la Memoria de Al-Andalus, im Barrio Santa Cruz, eine Art Kulturzentrum in einem sehr schön renovierten Patio (9–14, 18–20 Uhr für 1 € zu besichtigen). Flamenco-Veranstaltungen mit hohem Niveau, aber auch Konzerte mit andalusischer Musik, Tanz und Poesie. Täglich geöffnet, relativ günstige Eintrittsgebühren um die 11 €. C. Ximénez de Enciso 28, ✆ 954 560670.

Einkaufen

Haupteinkaufsstraße ist die *Calle Sierpes* („Schlangenstraße"), die Verlängerung der Avenida de la Constitución. Damit der Bummel auch in der Sommerhitze nicht zur Tortur wird, ist die gewundene Straße mit Planen überspannt.

- *Flohmärkte* **Donnerstag** in der Calle Feria nahe der Alameda de Hércules im Norden des Zentrums, **Sonntagvormittag** Briefmarkenmarkt an der Plaza del Cabildo und Haustiermarkt an der Plaza Alfalfa.
- *Kaufhaus/Einkaufszentrum* **El Corte Inglés**, Plaza Duque de la Victoria, in der Nähe der Calle Sierpes.

Antigua Estación Plaza de Armas, erwähnenswert vor allem wegen des Ambientes: Das Einkaufszentrum mit Boutiquen, Bars etc. ist in einem ehemaligen, im Neo-Mudéjarstil errichteten Bahnhof untergebracht. Plaza de la Legión, beim Busbahnhof Plaza de Armas.

- *Kunsthandwerk* **Lonja de Artesanía**, städtische Kunsthandwerks-Kooperative, mehrere Keramikwerkstätten. Calle Arfe s/n, etwa auf halbem Weg zwischen Kathedrale und Stierkampfarena „La Maestranza".

Keramik ist auch eine Spezialität des Viertels Triana, das auf der anderen Flussseite liegt. In der Calle San Jorge, zwischen Puente Isabel II. und Plaza Callao, findet sich eine ganze Reihe von Geschäften, die Töpferware offerieren.

Karte siehe S. 188/189 Sevilla

Spitzen bei „Artesanía Textil" in der Calle García de Vinuesa 33, einer westlichen Seitenstraße der Avda. Constitución.

Mantillas, die traditionellen Umhängetücher, bei „Foronda" in der Calle Alvarez Quintero 52, nördlich der Kathedrale.

Fächer: „Casa Rubio", C. Sierpes 56; handgearbeitet zu entsprechenden Preisen.

• *Süßigkeiten* Süßspeisen sind in Sevilla ein arabisches Erbe und von den hiesigen Klosterschwestern perfektioniert.

Convento Santa Inés, C. Doña María Coronel 5, östlich unweit der Plaza de la Encarnación. Breite Auswahl, gut zum Probieren die gemischte „Caja sortida".

Convento de San Leandro, an der gleichnamigen Plaza neben der Casa de Pilatos; hier natürlich die „Yemas de San Leandro".

El Torno, „Dulces de Convento" von mehreren Klöstern, in günstiger Zentrumslage: Plaza del Cabildo s/n, etwa auf Höhe der Kathedrale jenseits der Avenida de la Constitución.

Feste/Stierkampf

• *Feste* **Semana Santa**, mit den berühmtesten Feierlichkeiten Andalusiens. Zwischen Palmsonntag und Ostersonntag finden täglich bis zu acht Prozessionen statt. Sie beginnen in den Vierteln der jeweiligen Bruderschaften (Cofradías), vereinigen sich sich jedoch an der Calle Campana und folgen dann der Calle Sierpes und Avenida de la Constitución bis zur Kathedrale und durch sie hindurch. Den Höhepunkt bildet die Nacht zum Karfreitag, wenn ab Mitternacht alle 58 Cofradías der Stadt unterwegs sind. Den Weg zur Kathedrale beginnt als erste die älteste Bruderschaft „El Silencio", deren Umzug in völliger Stille abläuft. Am heftigsten umjubelt wird jedoch die Prozession der „Virgen de la Esperanza Macarena", Schutzheilige der Stierkämpfer und in gewissem Sinne auch der Stadt selbst. Programmhefte mit dem genauen Ablauf der einzelnen Prozessionen sind von fliegenden Händlern in der Innenstadt erhältlich; sehr gute Informationen enthält auch die konservative Zeitung ABC.

Feria de Abril: Das fröhliche weltliche Gegenstück zur Semana Santa beginnt zu wechselnden Terminen im April, kann aber durchaus auch bis in den Mai reichen. Das Festgelände, eine ganze Stadt aus mehr als tausend Zelten und Pavillons, den „Casetas", liegt im Süden des Viertels Los Remedios. Viele Casetas sind von reichen Familien gemietet und somit privat; nur wenige, z. B. von Parteien, Stadtteilen oder den Gewerkschaften betrieben, können von jedermann betreten werden. Die Höhepunkte der Feria bilden die vom Morgen bis zum frühen Nachmittag dauernden Umzüge der Kutschen und Reiter. Am Nachmittag zieht dieser „Paseo" dann vom Feriagelände zum Besuch des täglichen Stierkampfs durch die Stadt bis zur Arena Real Maestranza. Nachts ist das Gelände mit fünf Millionen roten und weißen Glühbirnen taghell beleuchtet, der Sherry fließt in Strömen, überall werden Sevillanas getanzt – ein Fest für die Sinne. Abschließend ein kleiner Tipp für diejenigen, die die Feria selbst knapp verpassen, weil sie schon vorher wieder heimreisen müssen: Am Sonntag vor der Feria findet in der Arena Real Maestranza ein Umzug der für das Fest geschmückten Kutschen statt.

Corpus Cristi, Fronleichnam. Am Morgen große Prozession mit einer riesigen Monstranz von Juan de Arfe, nachmittags in der Kathedrale Gesang und Tanz der „Seises", Jungen in Kostümen des 16. Jh. Im Triana-Viertel findet eine eigene Prozession statt, genannt „Corpus Chico".

Velas, im Sommer, die Patronatsfeste der einzelnen Stadtteile. Erlebenswert ist besonders die Vela „La Señora Santa Ana" im Viertel Triana, Ende Juli.

Virgen de los Reyes, 15. August; das Fest der Stadtheiligen Sevillas, von den noch verbliebenen Einwohnern enthusiastisch gefeiert – fast ganz Sevilla ist allerdings im Urlaub am Meer.

Bienal de Flamenco, von Anfang September bis Anfang Oktober. Großes und bedeutendes Flamencofestival, das alle namhaften Künstler anzieht, jedoch nur alle zwei Jahre (2006, 2008 etc.) stattfindet. Infos unter www.bienal-flamenco.org.

• *Stierkampf* Sevilla gilt neben Madrid als die Hauptstadt des Stierkampfs. Die hiesigen Corridas, besonders berühmt die der Feria de Abril, zählen zu den besten des Landes. Außer zur Feria und manchen anderen Festen im Sommer finden Corridas vornehmlich an Sonntagen im Juni und im September bis Anfang Oktober statt. Karten sind in der Arena „La Maestranza" selbst am günstigsten erhältlich. Die Verkaufsstellen im Zentrum nehmen Aufschlag, dem Schwarzmarkt hängt ein übler Ruf an.

„Ein ausgehöhlter Berg, ein umgestülptes Tal": Sevillas Kathedrale mit der Giralda

Sehenswertes

Gerade in Sevilla gilt ganz besonders die Regel, sich nicht nur auf das Besichtigen von Denkmälern und Museen zu beschränken.

Wer nicht auf Tapa-Tour durch die Bars war, sich am geschäftigen Nachmittag durch die Calle Sierpes drängelte und abends am Río Guadalquivir promenierte, hat Andalusiens Hauptstadt nicht kennengelernt. Doch sollte man deshalb auf den Besuch der Sehenswürdigkeiten Sevillas natürlich nicht verzichten. Schließlich sind hier wirklich hochrangige Monumente in eindrucksvoller Zahl versammelt, die Kathedrale, der Alcázar und die Casa de la Lonja sogar Bestandteil der Unesco-Liste des Weltkulturerbes.

Catedral Santa María

***„Lasst uns eine Kathedrale bauen, so groß, dass jeder, der sie sieht, uns für verrückt hält!"* So sollen die Domherren im Jahr 1401 beschlossen haben. Gesagt, getan. Die Kathedrale von Sevilla wurde, nach St. Peter in Rom und St. Paul's in London, die drittgrößte der Welt und die größte gotische Kathedrale überhaupt: 116 Meter lang, 76 Meter breit, die Kuppel 56 Meter hoch.**

Schon zu Zeiten der Westgoten stand hier eine Kirche, vielleicht auf den Grundmauern eines römischen Tempels. Die fundamentalistische Dynastie der Almohaviden ließ sie durch eine Moschee ersetzen, die den christlichen Rückeroberern eine Weile auch als Kirche diente. 1401 entschied man sich, die Moschee abzureißen,

Sevilla
Karte siehe S. 188/189

das Minarett jedoch zu erhalten: *La Giralda* genannt, ist es heute das Wahrzeichen der Stadt. 1420 wurde mit dem Bau der Kathedrale begonnen, und schon ein knappes Jahrhundert später waren die Arbeiten abgeschlossn. Das Ergebnis ist imposant, aber nicht einschüchternd: Die elegante, aber nüchterne Strenge, die die Mehrzahl der meist hoch aufgeschossenen gotischen Kathedralen prägt, gibt es bei Sevillas fünfschiffiger Kathedrale nicht – sofern man sie von außen betrachtet. Der Besuchereingang wird immer wieder mal verlegt, lag zuletzt im Süden der Kathedrale. Hier muss man meist an einigen Gitanas vorbei, die versuchen, den Touristen ein Kräutersträußchen in die Hand zu drücken oder eine Blume anzustecken und dann für diese „freundliche Geste" zu kassieren.

• *Öffnungszeiten* Kathedrale und Giralda Juli/August Mo–Sa 9.30–15.30 Uhr, So 14.30–18 Uhr, im restlichen Jahr Mo–Sa 11–17 Uhr, Mo–Sa 11–17 Uhr, So 14.30–18 Uhr. Eintrittsgebühr 7 €, Studenten und Senioren ermäßigt. Zu den Gottesdiensten, die bis 10.30 Uhr stattfinden, ist der Eintritt frei, die Seitenkapellen sind dann jedoch nicht zugänglich und es herrscht Fotografierverbot. Sonntags ist der Eintritt generell gratis. www.catedralsevilla.org.

▶ **Inneres der Kathedrale**: Das Kathedraleninnere wirkt auf den ersten Blick recht düster. Erst nachdem sich die Augen ans Dämmerlicht gewöhnt haben, erkennt man die wahrhaft gewaltigen Ausmaße. „Es ist ein ausgehöhlter Berg, ein umgestülptes Tal. Im Mittelschiff könnte Notre-Dame von Paris erhobenen Hauptes spazierengehen. Pfeiler wie dicke Türme, die einem so zerbrechlich erscheinen, dass man schaudert, steigen aus dem Boden und fallen von den Gewölben herab wie Stalaktiten in der Höhle eines Riesen. Obgleich die vier Seitenschiffe weniger hoch sind, könnten sie doch je eine Kirche samt Turm aufnehmen" (Théophile Gautier). Und weiter: „Der Versuch, die Schätze der Kathedrale Stück für Stück zu beschreiben, wäre heller Wahnsinn. Man würde ein ganzes Jahr brauchen, um sie gründlich zu besichtigen und hätte selbst dann noch nicht alles gesehen." In der Tat würde eine auch nur annähernde Beschreibung der in den zahlreichen Kapellen vertretenen Kunstschätze den Rahmen bei weitem sprengen. Wir beschränken uns deshalb auf die absoluten Glanzpunkte.

Choro: Der Chor ist, wie so oft in spanischen Kirchen, frei stehend in den Raum gesetzt und stört das Raumgefühl daher etwas. Er beeindruckt durch aufwendige Schnitzereien, entstanden im 15./16. Jh. in einer Mischung aus Mudéjar, Gotik und Plateresco. Eine der vier Alabasterkapellen an den Seiten des Chors birgt die „La Cieguita" genannte Marienstatue aus buntem Holz von Martínez Montañés.

Capilla Mayor: Auch sie steht, dem Chor gegenüber, mitten in der Kirche. Ein vergoldetes Schmuckgitter (Reja) umgibt die Capilla Mayor an gleich drei Seiten, die wahre Attraktion jedoch erhebt sich innerhalb: Der aus Holz geschnitzte Hauptaltar *Retablo Mayor* ist ein Wunder an Detailreichtum wie auch an schierer Größe – mit 23 Meter Breite und 20 Meter Höhe ist er der größte gotische Altar der Welt. Entworfen hat das vergoldete Prunkstück der Flame Pieter Dancart 1482. Seine Fertigstellung erlebte er jedoch nicht mehr: Die Schnitzarbeiten an den zahllosen Figuren der 45 Felder dauerten fast 50 Jahre! Die oberen Figuren sind übrigens größer dargestellt, um perspektivische Verzerrungen auszugleichen.

Sacristía de los Cálices: Die „Kelch-Sakristei" liegt, von der Capilla Mayor aus gesehen, linker Hand des mutmaßlichen Grabmals von Kolumbus. Sie enthält mehrere wertvolle Gemälde unter anderem von Murillo und Zurbarán. Die sehr schöne Darstellung der hl. Justina und Rufina vor dem Hintergrund der Kathedrale und Giralda stammt von Meister Goya, der sonst nicht viele religiöse Werke schuf. Die kleine Seitenkapelle San Andrés bewahrt mit der naturalistischen Christusfigur „Cristo de la Clemencia“ von Martínez Montañés (1603) einen der bedeutendsten Kunstschätze der Kathedrale.

Sacristía Mayor: Die Hauptsakristei liegt direkt links neben der Kelch-Sakristei und wurde erst 1543 fertig gestellt. Drei große Gemälde beherrschen den plateresken Raum: „Das Martyrium des Hl. Lorenz“ von Lucas Jordán, eine „Kreuzabnahme Christi“ von Pedro de Campaña und eine „Heilige Teresa“, wahrscheinlich von Zurbarán. Sie müssen sich die Aufmerksamkeit des Besuchers jedoch mit anderen Kunstwerken noch gewaltigerer Dimensionen teilen, darunter eine über drei Meter hohe Silbermonstranz von Juan de Arfe.

Sala Capitular: Der Kapitelsaal, links neben der Hauptsakristei und in der Südostecke der Kathedrale gelegen, erstaunt durch seine ungewöhnliche Ellipsenform. In der Kuppel ist eine berühmte „Unbefleckte Empfängnis“ (Inmaculada) von Meister Murillo zu sehen.

Capilla Real: Die platereske Königskapelle wurde erst Mitte des 16. Jh. nachträglich in die Ostseite der Kathedrale eingefügt. Über dem Altar thront die Statue der *Virgen de los Reyes*, der Schutzpatronin Sevillas. Davor steht die silberne Urne des bedeutenden Befehlshabers der Reconquista des 13. Jh., des später heilig gesprochenen Königs Ferdinand III. Links und rechts die Grabmäler seiner Frau Beatrix von Schwaben und ihres gemeinsamen Sohns König Alfons X. des Weisen (Alfonso el Sabio), so benannt wegen der von ihm geübten religiösen Toleranz.

Patio de los Naranjos: Der „Orangenhof“ an der Nordseite der Kathedrale geht noch, deutlich erkennbar, auf die maurische Zeit zurück. Das achteckige Brunnenbecken soll sogar aus der Kirche der Westgoten stammen und wäre damit das mit Abstand älteste Stück der Kathedrale.

▸ **La Giralda**: Der heutige Glockenturm der Kathedrale, gleichzeitig das Wahrzeichen Sevillas, wurde als Minarett der damaligen Moschee ab 1184 unter der Almohaden-Dynastie erbaut. Sein ungewöhnlicher quadratischer Grundriss ähnelt dem von Minaretten in Rabat und Marrakesch – auch dort herrschten damals die Almohaden. Nach der Rückeroberung ließen die Christen den Turm stehen, konnten jedoch offensichtlich nicht umhin, ihm ein katholisches Häubchen überzustülpen und vergrößerten so die Höhe von 70 auf 92 Meter. Im Inneren des Turms kann man über eine Rampe bis zur maurischen Plattform emporsteigen. Der Blick über Sevilla ist sagenhaft. Den höchsten Punkt der Giralda bildet seit 1558 die Bronzefigur „La Giraldilla“ („Die sich dreht“), eine Allegorie des Glaubens. Trotz ihres beträchtlichen Gewichtes von 28 Zentnern dreht sie sich tatsächlich mit dem Wind um ihre Achse.

▸ **Casa de la Lonja**: Das im späten 16. Jh. errichtete Gebäude der Börse Sevillas liegt gegenüber der Südfront der Kathedrale. Baumeister war Juan de Herrera, der berühmte Architekt des Escorial; eine gewisse Ähnlichkeit mit dem riesigen Komplex bei Madrid ist auch wirklich feststellbar. Die Lonja beherbergt seit dem 18. Jh. das *Archivo de Indias*, das Archiv der überseeischen Kolonien, dem sie auch die Ernennung zum Weltkulturerbe verdankt. Im Umfeld der Kathedrale stehen noch weitere historische Bauten, darunter im Nordosten der Bischofspalast *Palacio Arzobispal*.

Öffnungszeiten der Lonja Zuletzt war das Gebäude vorübergehend geschlossen, Öffnungszeiten bis dato Mo–Sa 10–13 Uhr; Eintritt frei.

Sevilla Karte siehe S. 188/189

Reales Alcázares

Ein orientalischer Festungspalast, so scheint es auf den ersten Blick. Die Grundzüge der Anlage, die als älteste Königsresidenz ganz Europas gilt, gehen auch tatsächlich noch auf die maurische Burg der Almohadenherrscher zurück.

Doch, und das ist das eigentlich Verblüffende, stammt der Palast an sich erst aus christlicher Zeit: *Pedro I. „der Grausame"*, ein Liebhaber islamischer Kunst, ließ ihn ab 1364 für sich erbauen. Die Handwerker stammten vom Hof des befreundeten Nasridenherrschers *Mohammed V.* aus Granada, eine gewisse miniaturisierte Ähnlichkeit mit der Alhambra ist deshalb auch unverkennbar. Den Eingang zum Alcázar bildet die *Puerta del León*. Von hier gelangt man über den Patio de la Monteria zum „Löwenhof", dem *Patio de los Leones*. Rechter Hand liegt der *Cuarto del Almirante*, das „Zimmer des Admirals", in dem Königin Isabella Christoph Kolumbus und auch den Weltumsegler Magellan empfing. Die Madonna „Virgen de los Navegantes" von 1540, Schutzpatronin der Seefahrer, ist also durchaus passend untergebracht.

Palast Pedro I.: Der eigentliche Herrscherpalast schließt sich direkt an den Löwenhof an. Schon die Fassade mit dem prächtigen Mittelstück ist hohe maurische Kunst. Was der katholische König wohl nicht wusste: Die pfiffigen islamischen Handwerker haben ihm über den Fenstern ein ornamentales Kachelband untergejubelt, dessen kufische Inschrift besagt: „Es gibt keinen Gott außer Allah". Auch an anderen Stellen des Gebäudes sind Koransuren versteckt. Der *Patio de las Doncellas* („Innenhof der Zofen") stellt den Mittelpunkt des Palastes dar. Die später im oberen Bereich angebrachte Renaissance-Galerie ist nicht ohne Eleganz, will zu den maurischen Fächerbögen aber nicht recht passen. Unter den sich anschließenden Räumen bildet die *Sala de los Embajadores* den Höhepunkt des Palastes: Jeder Quadratzentimeter des „Saals der Botschafter" ist mit Kacheln, Friesen und filigranen Ornamenten ausgeschmückt, die ganze Pracht überwölbt von einer vergoldeten Stalaktitenkuppel. Von hier gelangt man in den *Salón del Techo*, der seinen Namen der aufwendig geschnitzten Decke verdankt, und in die Räume, die von Pedros Lieblingsmätresse María de Padilla bewohnt worden sein sollen. Ihretwegen ließ Pedro seine rechtmäßige Gemahlin Doña Blanca de Borbón in den Kerker werfen, wo sie im Alter von 25 Jahren starb. Sein Beiname „der Grausame" macht also durchaus Sinn, auch wenn das Volk ihn rühmte, „Pedro der Gerechte" zu sein. Hinter einem Nebenraum des Botschaftersaals liegt der *Patio de las Muñecas*. Der „Innenhof der Puppen", benannt nach einigen Puppengesichtern in einer Ecke, war Mittelpunkt des privaten Palastbereichs. Die ihn umgebenden Zimmer dienten als Wohnräume.

Palast Karls V.: Er ist an die Seite des Baus von Pedro gesetzt und über den Patio de los Leones und einen weiteren Innenhof zu erreichen. Das Gebäude an sich ist nicht weiter bemerkenswert, interessant dagegen sind die flämischen Wandteppiche. Karl V. hatte Künstler auf seinen Tunis-Feldzug mitgenommen, damit diese des Kaisers Heldentaten im Kampf gegen die Ungläubigen dokumentierten. Einer der Teppiche zeigt eine Landkarte, die heutigen Kartographen vor Rührung das Wasser in die Augen treiben dürfte...

Gärten des Alcázar: Ein herrlicher Platz, um die heißen Mittagsstunden zu verträumen – Wasserspiele, Fischteiche, Blütenzauber und fremdartige Bäume beweisen einmal mehr die glückliche Hand der Mauren bei der Anlage von Parks. Ein Teil der Gärten stammt allerdings, deutlich zu erkennen, aus späteren Zeiten wie beispielsweise der Renaissance.

Öffnungszeiten April bis September Di–Sa 9.30–19 Uhr, So 9.30–17 Uhr; sonst Di–Sa 9.30–17 Uhr, So 9.30–13.30 Uhr. Eintritt 5 €, mit Studentenausweis gratis. Schöne Cafeteria.

Schlange stehen vor den Reales Alcázares

Barrio de Santa Cruz

Das eigentliche Viertel Santa Cruz erstreckt sich etwa im Dreieck zwischen der Kathedrale, dem Alcázar und der Calle Santa María La Blanca, ist also relativ klein. Die sich nach Norden anschließenden Gebiete zeigen sich jedoch ähnlich reizvoll wie das Vorzeigeviertel Sevillas selbst: gewundene Gassen, flüsternde kleine Brunnen, zierliche Plätze, duftend von Orangenbäumen und Jasminsträuchern; Innenhöfe, die in Blumenmeeren ertrinken. Man verläuft sich leicht im verwinkelten Labyrinth des Barrio de Santa Cruz, doch wen stört das schon in diesem Refugium der Romantik ...

Casa de Pilatos: Ein Stück nördlich der Calle Sta. María La Blanca, also außerhalb des eigentlichen Barrio. Der im 15. und 16. Jh. entstandene prachtvolle Privatpalast gilt nach dem Alcázar als das bedeutendste maurisch inspirierte Bauwerk der Stadt. In ihm vereinigen sich Elemente der Gotik, der Renaissance und des Mudéjarstils. Der wunderschöne zentrale Innenhof, die Gärten, die bunten Azulejo-Kacheln und die zahlreich ausgestellten Kunstwerke lohnen den Besuch unbedingt. Der Name des Palasts stammt übrigens von seiner Funktion als erster Station an einem 1520 angelegten Kreuzweg.

Öffnungszeiten Täglich 9–19 Uhr (Winter bis 18 Uhr), Eintritt 8 €; wer auf den Besuch des oberen Stockwerks verzichtet, kommt mit 5 € davon.

Plaza Alfalfa/Plaza San Salvador: Die beiden Plätze liegen westlich flusswärts der Casa de Pilatos und sind zusammen mit den sie verbindenden Straßen Heimat eines recht bodenständigen Stückchens Sevilla: Tapabars und Straßencafés im Wechsel mit altertümlich wirkenden Geschäften und Handwerksläden. Mittlerweile schiebt sich aber auch schon die eine oder andere Boutique dazwischen.

▸ **Calle Sierpes**: Boutiquen und andere edle Geschäfte finden sich auch an der gewunden „Schlangenstraße" flusswärts der Plaza San Salvador. Die Haupteinkaufsstraße der Stadt wird im Sommer zum Schutz vor der Sonne mit Planen („plachas") überspannt, was ihr gewisse Ähnlichkeit mit einem orientalischen Basar verleiht.

Sevilla Karte siehe S. 188/189

Museo de Bellas Artes

Das Museum der schönen Künste ist in einem ehemaligen Kloster des 16. und 17. Jahrhunderts untergebracht. Es steht an der Plaza del Museo, im Osten des Zentrums und unweit der Calle Alfonso XII. Besonders gut bestückt ist das um drei Patios gruppierte und für die Expo komplett renovierte Museum natürlich mit Malern der Sevillaner Schule des 17. Jahrhunderts. Aus der Fülle herauszugreifen sind besonders die Werke des asketischen Francisco de Zurbarán und die von Bartolomé Esteban Murillo. Spezielle Beachtung verdient der sinistre Juan de Valdés Leal, Maler des Todes und der Verwesung, von dessen Bildern Murillo einmal sagte, er müsse sich bei ihrem Anblick „die Nase zuhalten". Unter den Bildhauern bedeutsam ist Juan Martínez Montañés, dessen Arbeiten in vielen Kirchen Sevillas und der Umgebung zu sehen sind. Weitere, wenn auch nicht immer hochklassige Werke im Museum stammen von El Greco, Goya und anderen spanischen und ausländischen Meistern.

Öffnungszeiten Mi-Sa 9–20.30 Uhr, So 9–14.30 Uhr, Di 14.30–20.30 Uhr; Mo geschlossen. Eintritt für EU-Bürger gratis, sonst 1,50 €.

Entlang des Río Guadalquivir

Der Fluss hat Sevillas Geschichte bestimmt: Ohne ihn, und damit ohne eine Verbindung zum Meer, hätte der glanzvolle Aufstieg des 16. Jh. sicher nicht stattgefunden. Im Zuge der Arbeiten zur Weltausstellung wurde der Strom am Rand des Zentrums, der vorher nur mehr ein toter Seitenarm war, nicht nur in sein altes Bett zurückverlegt, sondern erhielt entlang der Calle Torneo auch eine neue und an heißen Sommerabenden gern genutzte Promenade.

Plaza de Toros „La Maestranza": Die Stierkampfarena am Paseo de Colón wurde schon im 18. Jh. errichtet und ist eine der schönsten und mit 14.000 Plätzen auch größten Arenen Spaniens. Die hiesigen *corridas* genießen besten Ruf, doch kann man die Arena auch besuchen, ohne einen Stierkampf zu sehen. Neben einem Museum gehört auch der blitzblanke Operationssaal, in dem eine Hornwunde in Minutenschnelle versorgt werden kann, zum Programm der Visite.

Öffnungszeiten Nur während der Stierkampfsaison, die etwa von der Feria de Abril bis Mitte Oktober reicht, dann Mo-So 9.30–19 Uhr; an Tagen mit Corrida nur 9.30–15 Uhr. Besichtigung alle 20 min., Eintritt 4 €.

Hospital de la Caridad: Ein Stück abseits des Guadalquivir in der Calle Temprado. Das im 17. Jh. gegründete „Hospital der Nächstenliebe" dient noch immer als Krankenhaus, doch sind in der zugehörigen Kirche die Werke großer Sevillaner Meister zu sehen: Murillo, vor allem aber Juan de Valdés Leal, der mit einigen seiner finstersten Darstellungen vertreten ist, darunter „Finis Gloriae Mundi", das einen König, einen Bischof und einen Bauern in einträchtiger Verwesung zeigt.

Öffnungszeiten Mo–Sa 9–13.30, 15.30–19.30 Uhr, So 9–13 Uhr; Eintrittsgebühr 4 €.

Torre del Oro: Ein Sevillaner Wahrzeichen fast im Rang der Giralda ist dieser stämmige, zwölfeckige Turm mit dem minarettähnlichen Aufsatz. Um 1220 unter den Almohaden direkt am Guadalquivir errichtet, diente er zur Überwachung des Stroms; mittels einer starken Kette, die zu einem gleichen, heute nicht mehr vorhandenen Turm am anderen Ufer reichte, konnte der Fluss gesperrt werden. Der Name „Goldturm" stammt von früherem Schmuck aus vergoldeten Ziegeln. Im Inneren ist heute ein kleines *Marinemuseum* untergebracht.

Öffnungszeiten Di–Fr 10–14, Sa/So 11–14 Uhr; im August geschlossen. Eintritt 1 €.

Harmonischer Stil-Mix: Brücke an der Plaza España

Parque de María Luisa

Die Ibero-Amerikanische Ausstellung von 1929 geriet durch die einsetzende Weltwirtschaftskrise zwar zum Flop, verschaffte Sevilla aber immerhin eine sehr großzügige Parkanlage. Der Park María Luisa ist mit den ehemaligen Pavillons der Ausstellung, üppigem Baumbestand, Zierteichen und angenehmen Ruheplätzen ein ausgesprochen beliebtes Wochenendziel der Sevillaner.

Plaza de España: Nicht nur ein Platz, sondern auch ein Gebäude – und was für eins. Der in elegantem Halbkreis für die Ausstellung 1929 angelegte *Palacio Español* vereint ein Sammelsurium aller spanischen Stilelemente und wirkt dennoch gar nicht so uneinheitlich. Die an den Bau gesetzten bunten Kachelbänke sind geschichtlichen Höhepunkten jeweils einer spanischen Provinz gewidmet. Auf dem Platz selbst vollzieht ein von graziösen Brücken überspannter Kanal das Halbrund des Palastes nach.

Plaza de América: Der zweite große Platz des Parks beherbergt zwei Museen, das *Museo Arqueológico* und das Volkskundemuseum *Museo de Artes y Costumbres Populares*, beide geöffnet Mi-Sa 9–20.30 Uhr, So 9–14.30 Uhr, Di 14.30–20 Uhr. Der Eintritt ist für EU-Bürger frei, sonst 1,50 €.

Isla de la Cartuja

Die Insel – genau genommen nur eine Halbinsel – war Standort der Weltausstellung 1992, geriet seitdem jedoch wieder etwas ins Abseits: Der Versuch, nach der Expo Unternehmen der High-Tech-Industrie anzulocken, war nicht so erfolgreich wie erhofft. Vom Zentrum aus ist die Isla de la Cartuja am einfachsten über die Brücke Puente del Cachorro zu erreichen.

Sevilla
Karte siehe S. 188/189

Monasterio de la Cartuja: Das Kloster, dem die Halbinsel ihren Namen verdankt, wurde um 1400 nach einer Marienerscheinung als „Monasterio de Santa María de las Cuevas“ gegründet. Auf seinen Reisen nach Sevilla diente das Kloster Kolumbus mehrfach als Unterkunft, und nach seinem Tod lag er von 1509 bis 1536 hier aufgebahrt. 1838 erwarb ein Engländer das inzwischen säkularisierte Kloster und baute es zu einer Keramikfabrik um, was dem Komplex bis heute auch anzusehen ist. Das Kloster birgt unter anderem mehrere Kapellen, von denen einige hübsch mit Kacheln verziert sind; das ehemalige Grab von Kolumbus liegt in der Kapelle Santa Ana. Sehenswert sind auch die Sakristei und der schöne Kreuzgang, beide im Mudéjar-Stil des 16. Jh., sowie das Refektorium mit seiner beeindruckenden Artesonado-Decke. Angeschlossen ist ein Zentrum zeitgenössischer Kunst.

Öffnungszeiten April bis September Di–Fr 10–21 Uhr (Winter 20 Uhr), Sa 11–21 Uhr (Winter 20 Uhr), So 10–15 Uhr, Mo geschlossen. Eintrittsgebühr 3 €, Ausstellungen 1,80 €; Di ist der Eintritt für EU-Bürger gratis.

Parque Temático de Isla Mágica: Die 1997 eröffnete „Magische Insel“, ein Themenpark nach amerikanischem Vorbild, liegt nahe der Brücke Puente de la Barqueta und widmet sich dem Zeitalter der Eroberung Amerikas im 16. Jh. Zu erleben sind Abenteuer in „Amazonia“ und „El Dorado“, Überfälle von Piraten, eine Fahrt mit der Achterbahn „El Jaguar“ oder der nassen „Anaconda“, eine Rafting-Tour auf den „Stromschnellen des Orinoco“ etc. An Restaurants und Läden herrscht natürlich erst recht kein Mangel, schließlich sollen die Besucher noch einige Euros mehr hierlassen als „nur“ den Eintrittspreis...

• *Öffnungszeiten* Betrieb etwa von April bis Ende Oktober, Anfang November. Geöffnet wird täglich um 11 Uhr, geschlossen je nach Jahreszeit und Wochentag zwischen 21 und 2 Uhr. Eintritt p.P. 21 €, Kinder bis 12 J. und Senioren 14,50 €. Ermäßigter Eintritt am Abend, je nach Schließzeit ab 16, 17 oder 19 Uhr: Erwachsene 14,50 €, Kinder und Senioren 11 €. Zur NS liegen die Eintrittspreise einen Tick niedriger. www.islamagica.es.

Umgebung von Sevilla: Itálica

Etwa neun Kilometer nordwestlich von Sevilla, am besten zu erreichen über die N 630 Richtung Cáceres, liegt beim Ort Santiponce die Ausgrabungsstätte der ersten bedeutenden römischen Siedlung in Spanien. Sie war eine Gründung des Feldherrn Publius Cornelius Scipio des Jüngeren. Ab dem Jahr 206 v. Chr. wurden hier Veteranen des 2. Punischen Kriegs angesiedelt, die sich im Lauf der Jahre mit der iberischen Bevölkerung vermischten. Itálica nahm einen raschen Aufschwung, war die Geburtsstätte der römischen Kaiser Trajan und Hadrian. Nach der maurischen Eroberung verfiel Itálica. Erst im 20. Jahrhundert begann man mit ernsthaften Ausgrabungsarbeiten. Das Gelände teilt sich in die eigentliche Siedlung und das riesige Amphitheater. Die *Römerstadt* ist nach dem üblichen Muster mit zwei sich rechtwinklig kreuzenden Hauptstraßen aufgebaut. In einigen ihrer Häuser sind schöne Mosaiken erhalten geblieben. Das *Amphitheater* war das größte Spaniens: 160 Meter Länge, Sitzplätze für 30.000 Zuschauer. Angeschlossen ist ein kleines *Museum*, doch wurde die Mehrzahl der hiesigen Funde ins Archäologische Museum von Sevilla gebracht.

• *Öffnungszeiten* Di–Sa 8.30–20.30 Uhr (Winter nur bis 17.30 Uhr), So 10–16 Uhr (Winter bis 15 Uhr). Eintritt für EU-Bürger und Studenten gratis, sonst 1,50 €.

• *Verbindungen* CASAL-Busse nach Santiponce/Itálica ab Busbahnhof Plaza de Armas Mo–Sa halbstündlich, So stündlich.

Das Markenzeichen der Provinz: kilometerlange Strände wie hier bei Matalascañas

Provinz Huelva

Viel stärker als in der Provinz Cádiz konzentriert sich der Fremdenverkehr in der Provinz Huelva auf den reinen, vorwiegend innerspanischen Badetourismus. Die Strände hier sind auch wirklich vom Feinsten, das Hinterland wird nur wenig besucht.

Abseits des Industriegürtels um die wenig attraktive Hauptstadt Huelva locken die Küsten der Provinz mit kilometerlangen, fast menschenleeren Sandstränden, die auf weiten Strecken bislang noch nahezu unbebaut sind. Freilich mangelt es deshalb auch ein wenig an Unterkünften. Wo Betten zu finden sind, handelt es sich meist um aus dem Boden gestampfte Feriensiedlungen: Matalascañas, komplett am Reißbrett geplant, ist das deutlichste Beispiel. Aber auch westlich der Provinzhauptstadt haben sich mehrere reine Feriendörfer etabliert, die in erster Linie auf spanische Besucher zugeschnitten sind, wie überhaupt der gesamte Fremdenverkehr der Provinz zumindest bislang vorwiegend auf die Bedürfnisse Einheimischer ausgerichtet ist.

Das Hinterland der Küste sieht nur wenige Besucher, ist in touristischer Hinsicht fast noch terra incognita. Völlig unverständlich ist das nicht, denn die ganz großen kulturellen Sehenswürdigkeiten gibt es, wohl auch aufgrund der seit jeher etwas abgeschiedenen Lage der Provinz, nicht zu bewundern, dafür jedoch viele ursprüngliche Dörfer und Städtchen, die ganz sicher nicht für den Fremdenverkehr herausgeputzt wurden. Gleichzeitig darf sich Huelva auch einiger der interessantesten und ungewöhnlichsten Glanzlichter Andalusiens rühmen. Besonders Naturfreunde werden sich hier näher umsehen wollen: Der Parque Nacional Coto de Doñana, im äußersten Südosten der Region, bildet eines der bedeutendsten Vogelreservate des

Karte siehe Umschlagklappe vorne

Kontinents. Auch im Norden sind Entdeckungen zu machen – die abgelegene Sierra Morena wird bislang von ausländischen Reisenden nur selten durchstreift. An ihrem Rand liegt das erstaunliche Bergbaugebiet Minas de Riotinto mit seinem hochinteressanten Minenmuseum, mitten in der Sierra das Städtchen Aracena, das Gelegenheit zum Besuch einer der schönsten Tropfsteinhöhlen Spaniens bietet.

Einen Termin im Kalender der Provinz sollte sich jeder Liebhaber spanischer Feste unbedingt dick anstreichen: Die Romería del Rocío an Pfingsten, bei der bis zu einer Million Pilger, viele in bunt herausgeputzten Karren und traditioneller Tracht, aus allen Regionen Andalusiens zur Madonna des winzigen, schon aufgrund seiner ungewöhnlichen Westernatmosphäre besuchenswerten Dörfchens El Rocío ziehen – ein Ereignis ohnegleichen, die größte Wallfahrt Europas.

Niebla

Nur ein kleines Stück nördlich der Autobahn Sevilla-Huelva gelegen, verlockt das uralte, im Kern noch deutlich mittelalterlich geprägte Städtchen zu einem kurzweiligen Abstecher.

Von Sevilla kommend, liegt Niebla nur noch etwa 30 Kilometer vor Huelva, gleichzeitig bereits ein gutes Dutzend Kilometer hinter der Abzweigung, die via Bollullos Par del Condado und El Rocío zur Küste bei Matalascañas führt. Obwohl eher verschlafen, ist der nicht einmal 4000 Einwohner zählende Ort dank seiner zahlreichen Monumente den kleinen Umweg durchaus wert. Von der Autobahn kommend, stört zwar zunächst Kleinindustrie das Bild, doch schon bei der Zufahrt zum Ortskern wird eine Brücke überquert, die den durch Mineralien dunkelrot gefärbten Río Tinto überspannt und bereits in römischer Zeit errichtet wurde. Die unter Denkmalschutz gestellte Altstadt selbst glänzt mit ihrer frisch restaurierten Burg und einem komplett erhaltenen mittelalterlichen Mauerring, der Niebla das stolze Prädikat „andalusisches Ávila" eingetragen hat – das kastilische Ávila besitzt die am besten erhaltene Stadtmauer Spaniens.

Geschichte: Niebla ist eine der ältesten Siedlungen der Region, geht bis ins 8. Jh. v. Chr. zurück. Die erste Stadtmauer wurde bereits während der tartessischen Epoche angelegt. Die Römer, unter denen Niebla *Ilipla* hieß und eine wichtige Station an der Straße von der Guadiana-Mündung nach Itálica war, erneuerten den Wall und verliehen der Stadt das Privileg, eigene Münzen zu prägen. Während der Herrschaft der Westgoten war Niebla Bischofssitz, bis es 718 von den Mauren erobert wurde und fortan *Lepla* hieß. Aus der Maurenzeit stammt auch der überwiegende Teil der heutigen Stadtmauern. Sie waren so wehrhaft, dass sich bei der Belagerung 1262 die christlichen Rückeroberer unter Alfons X. neun Monate lang die Zähne an ihnen ausbissen, obwohl – vermutlich zum ersten Mal in der westlichen Welt – auch Schießpulver eingesetzt wurde. Im 14. Jh. wurde die Stadt Grafschaft der Familie Guzmán, ab dem 16. Jh. verlor sie durch die Konzentration auf die Kolonien allmählich an Bedeutung.

• *Information* **Oficina de Turismo**, direkt im Castillo de Niebla, ✆ 959 362270. Geöffnet täglich 10–18 Uhr, von Anfang Juni bis Mitte September sogar von 10 bis 22 Uhr. www.castillodeniebla.com.

• *Übernachten* * **Pensión Los Hidalgos**, in einer kleinen Nebenstraße nördlich knapp außerhalb des Mauerrings, jenseits der Durchgangsstraße. Ruhige Lage; schlichte, aber sehr saubere Zimmer, freundliche und gut deutschsprachige Besitzerin. Nur acht Zimmer, z. T. mit, z. T. ohne Bad. Letztere liegen schöner, der Preis ist deshalb gleich: DZ 25 €. Die fünf Zimmer ohne Bad teilen sich zwei Gemeinschaftsbäder, Gedränge kommt also nicht auf. C. Moro 3, ✆ 959 362080.

• *Essen* **Taberna Mesón El Piti**, knapp jenseits der Durchgangsstraße, etwa auf Höhe der Kirchenruine San Martín und nicht weit von der Pension Los Hidalgos. Eine ehemalige Bodega, die sich aber nur an Wochenenden richtig füllt; Spezialität sind Fischgerichte und Fleisch vom Grill. Mittleres Preisniveau. Plaza Pinta s/n.

Bar-Rest. Casa Ramos, direkt an der Durchgangsstraße, nicht weit vom Kastell. Großer, nüchterner Speisesaal, vor allem an Werktagen mittags von Einheimischen gut besucht: solides Tagesmenü etwa 8 €. Av. Andalucía, Ecke C. San Lorenzo.

Bar-Rest. La Parada, ein paar hundert Meter weiter in Richtung Huelva, in Charakter und Preisniveau ganz ähnlich. Avenida de Palos de la Frontera s/n.

• *Feste & Veranstaltungen* **Festival de la Cerveza**, meist am ersten Wochenende im Juni. Ein Bierfest im Kastell, im Eintrittspreis von 6 € ist ein Krug nebst einer Füllung enthalten.

Veladas Andalusies, an Sonntagen im Juli und August. Festliche Abendessen im stimmungsvollen Rahmen des Kastells, begleitet von Theater, Musik und Tanz. Preis p.P. 35–40 €, Vorverkauf unter ✆ 902 400222 oder bei der Infostelle.

Fiesta de la Virgen del Pino, das Fest der Stadtpatronin am 8. September.

Feria Franca Medieval, mehrere Tage Anfang November. Großes mittelalterliches Fest im Kastell, mit Verkaufsständen, Kunsthandwerk, mittelalterlichen Kostümen, Musik und Tanz.

Dunkelrot: der Río Tinto bei Niebla

Sehenswertes

Stadtmauern: Ein imposanter Anblick ist der unregelmäßige, fast zwei Kilometer lange Wall um die Altstadt, der eine Fläche von 16 Hektar umschließt. Manche Bauteile der überwiegend in maurischer Zeit errichteten Verteidigungsanlage sollen noch bis auf iberische, römische und westgotische Zeiten zurückgehen. Rund 50 Türme zählt der wehrhafte Komplex; in fünf von ihnen sind Stadttore angelegt, deren Zugänge den typischen Knick aufweisen, um Angriffe zu erschweren.

Castillo de Niebla: Das weitläufige Kastell, auch „Castillo de los Guzmán“ genannt, ist der ganze Stolz von Niebla. Möglicherweise stand hier bereits eine römische Festung; das heutige Gebäude stammt aus dem 15. Jh., umfasst jedoch auch Reste seines Vorgängers, des maurischen Alcázar. Vom „Waffenhof“ Patio de Armas gelangt man über Treppen zum oberen Stockwerk, von dem sich ein weiter Blick bietet. Im „Ehrenturm“ Torre de Homenaje ist ein Raum der Falknerei gewidmet, eine von mehreren kleinen Ausstellungen, die sich über das Kastell verteilen. In den „Mazmorras“, ehemaligen unterirdischen Kerkerräumen, findet sich ein bunt gemischtes Museum; die unterste Etage, die sich unter dem Namen „Justicia Señorial“ mit Folter und Hinrichtungen befasst, erspart man Kindern besser.

Öffnungszeiten Täglich 10–16 Uhr, Juni bis Mitte September 10–22 Uhr. Eintritt 4 €.

Karte siehe Umschlagklappe vorne

Zweigeteilt: Iglesia San Martín

Mezquita Iglesia Santa María de la Granada: Das mozarabische Gotteshaus an der Plaza Santa María, etwa im Mittelpunkt der Altstadt, hat eine wechselvolle Geschichte hinter sich: Zuerst stand hier im 10. und 11. Jh. eine von den Mauren geduldete Kirche, von der noch einige Portale erhalten blieben. Im 13. Jh. wurde aus ihr eine Moschee, auf deren Minarett der quadratische Glockenturm verweist; im 15. Jh. schließlich erfolgte ein neuer Umbau, dessen Resultat die gotische Kirche von heute ist. Im nur selten zugänglichen Inneren blieben der maurische Innenhof (Sahn) und die Gebetsnische Mihrab erhalten.

Iglesia San Martín: Wahrhaft kurios ist der Anblick dieser Kirchenruine, die sich etwas nördlich der Plaza Santa María erhebt und durch eine Straße in zwei Teile getrennt wird – auf der einen Seite stehen Apsis, Glockenmauer und Kapelle, auf der anderen die Reste der Fassade mit dem Hauptportal. So seltsam sein Erscheinungsbild, so ungewöhnlich ist auch die Vergangenheit des Gotteshauses, das zunächst als Moschee, dann als Synagoge und schließlich als Kirche diente und Stilelemente der Gotik, des Mudéjar und des Barock aufweist.

Bollullos Par del Condado

Ein weiterer lohnender Abstecher, ob von der Autobahn nach Huelva oder von der bis Almonte vierspurigen Straße Richtung El Rocío und Doñana-Nationalpark. Bollullos nennt sich stolz „Ciudad del Vino", Stadt des Weins.

Das rund 12.000 Einwohner zählende Städtchen ist Mittelpunkt einer traditionsreichen Weinregion, deren edle Tröpfchen schon im 15. Jh. hoch geschätzt waren und heute als *Condado de Huelva* mit einer D.O.C. herkunftsgeschützt sind. In Bollullos Par del Condado dreht sich deshalb alles um den Wein. In der weitläufigen Landstadt, aus der übrigens auch sehr gute Brandys kommen, wurde an der Plaza Ildefonso Pinto ein Weinmuseum (Mo–Fr 9–15 Uhr, Sa 10–14 Uhr) eingerichtet, und Mitte September wird alljährlich bei der „Feria de la Vendimia" die Weinernte gefeiert. Um den Hauptplatz Plaza Sagrado Corazón stehen ein sehenswertes Rathaus im Mudéjarstil sowie die schöne Barockkirche *Iglesia Santiago Apóstol* von 1779.

Die Weinregion Condado de Huelva

Die Weißweine der „Grafschaft von Huelva“, unter Kennern fast noch als Geheimtipp gehandelt, reifen in den so genannten „Bocoyes“, riesigen Fässern aus Eichen- oder Kastanienholz. Als Traubensorten zugelassen sind Palomino, Garrido Fino, Moscatel und Zalema. Das Zentrum der Weinregion erstreckt sich um Almonte, Rociana del Condado und eben Bollullos Par del Condado. Es gibt drei Hauptsorten an Weinen:

Condado Viejo: Traditionsreiche Weine mit einem Alkoholgehalt von 16 bis 20 Prozent, als Dessertwein z. T. sogar bis zu 22 Prozent. Es gibt sie in Varianten von trocken bis süß, manche erinnern an Sherry.

Condado Pálido: „Bleiche“, strohgelbe und leicht bittere Weine von geringem Säuregehalt, die mit 15 bis 17 Prozent etwas leichter ausfallen und einen feinen Aperitif abgeben, aber auch gut zu Schinken passen.

Condado Blanco: Junge, leichte und frische Weißweine, die überwiegend aus der Zalematraube stammen und nur etwa 10 bis 12 Prozent Alkohol aufweisen. Weniger traditionsreich, aber perfekte Begleiter zu Fisch und Meeresfrüchten.

Bodegones: So nennen sich die zu ausgesprochen beliebten Restaurants umgebauten alten Bodegas, die vor allem an der Durchgangsstraße von Bollullos Par del Condado in breiter Auswahl zu finden sind. Wahre Kathedralen des Genusses, offerieren sie nicht nur Köstlichkeiten aus Küche und Keller zum Verzehr vor Ort, sie sind gleichzeitig auch Verkaufsstellen für Wein und andere lokale Produkte.

• *Essen* **Bodega Roldán**, an der Durchgangsstraße im nördlichen Ortsbereich. Ein paar Tische außen, die schönere Atmosphäre herrscht jedoch im Inneren des hohen Raums. Zu den Spezialitäten zählen gekochte Meeresfrüchte, frittierter Fisch, aber auch Wurstwaren und Fleisch vom Grill. Raciones kosten im Self-Service-Bereich (Autoservicio) ab etwa 7 €, an den Tischen mit Bedienung wird es etwas teurer. Av. 28. de Febrero 111.

Bodegón Abuelo Curro, ganz in der Nähe. Auch der „Großvater“ genießt den Ruf, eine der besten Adressen des Ortes zu sein, und auch hier beeindruckt die Atmosphäre ebensosehr wie die leckere Küche und die guten Weine. Spezialitäten und Preise wie oben, Av. 28. de Febrero 105.

Gemütliche Atmosphäre: Bodegón in Bollullos

Provinz Huelva
Karte siehe Umschlagklappe vorne

Almonte

Wie Bollullos ist auch Almonte eine ausgedehnte Landstadt, gleichzeitig der Gemeindesitz und das Versorgungszentrum von El Rocío und dem Ferienort Matalascañas.

Die 17.000 Einwohner zählende Siedlung lebt hauptsächlich von der Viehhaltung und der Landwirtschaft, insbesondere vom Weinbau, produziert sogar einen „Raigal“ genannten und aus der Zalema-Traube gekelterten Schaumwein, den „ersten Cava Andalusiens“, wie es der Stadtprospekt stolz vermerkt. Reisende machen sich eher rar in Almonte, die Zahl der Sehenswürdigkeiten hält sich auch wirklich in überschaubaren Grenzen. Immerhin zeigt sich das Zentrum der Stadt, das z. T. als Fußgängerzone ausgewiesen ist, von einer recht attraktiven Seite. Hier gibt es auch ein *Museo de la Villa* (Di–Sa 10–14, 17–21 Uhr, So 10–14 Uhr), das sich in mehreren Räumen den alten Sitten und Arbeitsweisen des Gebiets widmet und beispielsweise die Jagd, die Fischerei und die Viehhaltung am Rand der Marismas näher vorstellt.

• *Information* **Oficina Municipal de Turismo**, C. Alonso Pérez 1, im Zentrum, geöffnet Mo–Fr 8–15, Sa/So 11–15 Uhr, zur Saison auch Mo–Fr 18–21 Uhr. ✆ 959 450 419. www.aytoalmonte.es.

• *Verbindungen* **Busse** der DAMAS fahren nach Huelva 5-mal täglich, nach Sevilla 7-mal. El Rocío und Matalascañas 8-mal täglich; zur HS teilweise häufigere Anschlüsse.

• *Essen* **Venta La Piedra**, knapp 5 km außerhalb des Ortes in Richtung El Rocío. Typisches Straßengasthaus, vor dem oft mehr Geländewagen als normale Pkw parken, in diesem Gebiet kein schlechtes Zeichen. Bekannt für gute Fleischgerichte vom Grill, Portion etwa 10–12 €, zur Saison auch Wild. A 483, km 16.

• *Feste* **La Saca de las Yeguas**, am 26. Juni. Das „Einsammeln der Stuten“ ist ein Jahrhunderte altes Ereignis, bei dem die am Rand der Marismas halbwild lebenden Pferde und ihre Fohlen früh am Morgen zusammengetrieben werden. Vom Gebiet von El Rocío wandern die Herden dann mittags nach Almonte. Am folgenden Tag finden auf dem gemeindeeigenen Gelände „Huerta de la Cañada“ die Brandzeichnung der jungen Fohlen und ein kleiner Pferdemarkt statt.

Feria de San Pedro, mehrere Tage ab dem 29. Juni. Auch bei diesem Hauptfest der Stadt dreht sich vieles um das Pferd. Auf dem Festgelände „El Chaparral“ stehen Zelte, die so genannten „Casetas“, es gibt Reitwettbewerbe, Musik und Tanz etc.

El Rocío

Zwar nur ein winziges Nest, wird El Rocío einmal im Jahr zum Mittelpunkt Andalusiens. Zumindest eine Stippvisite lohnt sich jedoch auch dann, wenn man nicht zur berühmten Wallfahrt kommen kann.

Das kleine Dorf mit dem großen Namen liegt am Rand des Nationalparks Coto de Doñana, von der Autobahn Sevilla-Huelva am schnellsten über Bollullos Par del Condado und das Städtchen Almonte zu erreichen. Das Dörfchen besitzt einen ganz ureigenen Charakter – in El Rocío liegt mehr als nur ein Hauch von Westernatmosphäre in der Luft. Die ungewöhnlich breiten Straßen und riesigen Plätze der kaum 700 Einwohner zählenden Siedlung ertrinken im Sand, lassen Fußgänger, so sie sich der sengenden Sonne überhaupt aussetzen mögen, winzig erscheinen. Vor allem im August, wenn viele Fahrzeuge die Pisten umpflügen und den Sand aufhäufen, können Fahrer größerer Pkw schon mal ins Schwitzen kommen. Nachts, besonders zur Nebensaison, wenn El Rocío fast ausgestorben wirkt, wird die Szenerie noch unwirklicher. Pferde, Maulesel und Kutschen sind hier die besten Beförderungsmittel und deshalb absolut nicht ungewöhnlich – Reiter finden hier ein Paradies, zur Wallfahrt verzeichnet der Ort gar die größte Pferdekonzentration Euro-

Nur für die Nationalpark-Wächter gestattet: Reiten in den Marismas

pas. Schnell augenfällig wird auch die hohe Zahl der Kapellen der einzelnen Bruderschaften, die in der Bauweise an mexikanische Dorfkirchen erinnern und so ihren Teil zum besonderen Flair beitragen.

Ebenso auffallend sind die vielen Spanier und Ausländer, die Fotobjektive von der Größe eines Megaphons durch die Gegend schleppen: El Rocío, direkt am Rand des Feuchtgebiets *Marisma del Rocío* gelegen, gilt unter Ornithologen als einer der besten Plätze Europas zur Beobachtung der gefiederten Freunde. Ganz andere Passionen bewegen die Insassen der reichlich vertretenen Reisebusse, die am Ortsrand bei der Marienkirche parken. Sie wollen auch außerhalb der Pfingstzeit der Madonna ihre Aufwartung machen – an manchen Sonntagen werden Pilgergruppen aus ganz Andalusien im Stundentakt durch die Kirche und die dortigen Souvenirgeschäfte geschleust.

• *Information* **Oficina de Turismo**, an der Durchgangsstraße Richtung Matalascañas, in einem auffällig bemalten, traditionellen Häuschen. Eine Verkaufsausstellung lokaler Produkte ist angeschlossen. Öffnungszeiten zuletzt im Sommer Mo–Fr 9–15 Uhr, im Winter Mo–Fr 10–14, 17–19 Uhr; häufige Änderungen. Av. Canaliega s/n, ✆ 959 443808, ℻ 959 443811, www.turismodedonana.com.

• *Verbindungen* **Busse** der Gesellschaft DAMAS nach Sevilla 3-mal, in der Gegenrichtung 5-mal täglich, im Sommer häufiger. Von und nach Huelva nur im Sommer (sonst via Almonte), dann 2-mal täglich. Zur Romería kräftig verstärktes Angebot, jeder Bus dennoch mehr als voll.

• *Übernachten* Während der Romería ist in weitem Umkreis jede Badewanne belegt. Es ist dann absolut üblich, im Wagen zu schlafen oder zu zelten.

** **Hotel Toruño**, 1995 eröffneter, recht hübscher Bau, freundlich eingerichtete Zimmer mit TV und Klimaanlage. Direkt am Rand der Marismas gelegen, sind einige der Zimmer perfekte Aussichtsposten zur Vogelbeobachtung. DZ etwa 70 €, zur Romería rund 320 €. Plaza Acebuchal 22, ✆ 959 442323, ℻ 959 442338.

Alojamientos Rocío-Doñana, das ehemalige Hotel Puente del Rey. Ein großer, aber immerhin architektonisch an den ortsüblichen Stil angepasster Neubau am Ortsein-

Karte siehe Umschlagklappe vorne

gang. Komfortable Zimmer, DZ 60–80 €, auch DZ mit Salon. Zur Romería del Rocío werden Pakete geschnürt, z.B. DZ für sechs Nächte 1300 €. Av. Canaliega 1, ✆ 959 442435, 📠 959 443936. www.rociodonana.com.

Bar Central, ein rustikales Lokal, das im Nachbarhaus acht Zimmer vermietet, alle im ersten Stock um einen schönen Patio gelegen. Modern und gepflegt, alles sehr sauber, freundliche und zuvorkommende Besitzer – was man nicht von allen Pensionen im Ort behaupten kann. DZ/Bad 30 €, Mitte August knapp 40 €, zur Romería chancenlos. Plaza del Comercio 4, beim Supermarkt und nicht weit von der riesigen Plaza Doñana; ✆ 959 442050.

Bar Punto de Encuentro, gegenüber und dem „Central" freundschaftlich verbunden. Ebenfalls ein brauchbares Quartier mit angenehmer Atmosphäre. 13 Zimmer, überwiegend mit Bad, Preise ähnlich wie oben. Plaza del Comercio 2, ✆ 959 442205 oder 959 450285.

• *Übernachten außerhalb* **El Cortijo de los Mimbrales**, etwa 4 km in Richtung Matalascañas. Sehr schönes, im Frühjahr 2000 eröffnetes Quartier in einem weitläufigen Gutshof, dessen Arbeiterunterkünfte zu komfortablen, geräumigen Quartieren umgebaut wurden. Hübsche Einrichtung, viele Grünflächen, gutes Restaurant, Ausflüge, Pool. DZ nach Ausstattung 135–165 €, bei Wochenmiete Rabatt; auch ganze Häuser für zwei bis vier Personen. Carretera A 483, km 30; ✆ 959 442237, 📠 959 442443, www.cortijomimbrales.com.

• *Camping* **La Aldea** (1. Kat.), knapp außerhalb des Ortes in Richtung Almonte. Im Sommer 2001 eröffnet, die jungen Bäume bieten bislang wenig Schatten. Ordentliche Ausstattung mit Pool etc., gutes und preiswertes Restaurant. Ganzjährig geöffnet. Preise p.P., Auto, Zelt je etwa 4,50 €. ✆ und 📠 959 442677, www.campinglaaldea.com.

• *Essen* Gut, aber nicht ganz billig ist auch das Restaurant des Hotels Toruño, das dem eigentlichen Hotel gegenüber liegt.

Rest. Aires de Doñana, in toller Lage am Rand der Marismas. Traditioneller Bau mit schöner Aussicht, prima Küche, besonders gut die Fischgerichte. Die Lage zahlt man allerdings mit, Menü à la carte ab etwa 30 € weit aufwärts. Av. Canaliega 1, Mo und zur Wallfahrt geschlossen.

Bar Pedro Rada, ganz im Osten des Ortes, unweit der Sportanlage. Spezialitäten sind Fisch und Fleisch vom Grill, die man sich aus der Kühltheke aussucht – eine Speisekarte bekommt man hier höchstens im Hochsommer zu Gesicht. Solide Küche, mittleres Preisniveau. C. Torre de la Higuera 34.

• *Ausflüge* **Doñana Ecuestre** veranstaltet Fahrten mit Allradbussen im Naturpark, Dauer vier Stunden, Preis etwa 21 €, sowie Reitausflüge unterschiedlicher Dauer bis hin zu mehreren Tagen, z. B. zwei Stunden für ebenfalls etwa 21 €. Das Gestüt liegt an der Av. Canaliega s/n, noch etwas landeinwärts der Alojamientos Rocío-Doñana und westlich der Hauptstraße. ✆ 959 442474.

Was haben Sie entdeckt?

Haben Sie ein charmantes Hotel gefunden, eine prima Bar, einen schönen Wanderweg? Wo hat es Ihnen besonders gefallen? Und welcher Tipp war nicht mehr so toll?

Wenn Sie neue Informationen, Verbesserungsvorschläge oder Ergänzungen zu diesem Reisehandbuch haben, dann lassen Sie es mich bitte wissen. Ich freue mich über jeden Brief!

Thomas Schröder
Stichwort "Costa de la Luz"
c/o Michael Müller Verlag
Gerberei 19
91054 Erlangen
thomas.schroeder@michael-mueller-verlag.de

La Romería del Rocío

Im 13. Jh. war es, als ein Jäger in der Umgebung des Dorfs die heute so hoch verehrte Statue der *Nuestra Señora del Rocío* fand. Bald schon begannen Wallfahrten zu „Unserer Lieben Frau vom Morgentau“, die volkstümlich auch als „Weiße Taube“ gerühmt wird. Im 17. Jh. gründeten Pilger die ersten religiösen Bruderschaften, *cofradías* oder auch *hermandades* genannt. Der heutige Ablauf des Fests geht auf 1758 zurück. Bis zu einer Million Menschen vor allem aus den Provinzen Huelva, Sevilla und Cádiz pilgern an Pfingsten nach El Rocío. Die Mehrzahl kommt mit modernen Verkehrsmitteln, darunter leider immer mehr Geländewagen, doch legen Puristen den Weg immer noch auf kleinen Pfaden zu Fuß, mit dem Pferd oder dem Ochsenkarren zurück und sind dabei teilweise eine ganze Woche unterwegs.

Das eigentliche Fest, eine Mischung aus religiöser Inbrunst und sherryseligem Jahrmarkt, beginnt am Pfingstsamstag mit der Ankunft der verschiedenen Bruderschaften. Jeder Pilgerzug wird von einem üppig geschmückten Wagen angeführt, der den Schrein der heimischen Kirche trägt. Dahinter folgen Ochsenkarren mit herausgeputzten Zugtieren, Esel und Maultiere. Die echten *caballeros* sind natürlich zu Pferd unterwegs, im Damensitz hinter sich ihre traditionell im Rüschenkleid gewandeten Schönheiten. Die Nacht wird lang, der Schlaf kurz, denn am Pfingstsonntag morgen beginnt die Messe. Danach wird nahtlos weitergefeiert, bis im Morgengrauen des Montags der stundenlange Umzug der Madonna beginnt. Nur die Bruderschaft aus Almonte darf das Podest mit der Statue tragen, hart bedrängt von den Tausenden, die die Madonna berühren wollen. Die Verehrung steigert sich zu einer Ekstase, die verstehen lässt, warum die katholische Kirche diese Wallfahrt (wie die Semana Santa von Sevilla übrigens auch) etwas argwöhnisch beäugt. Bis in die Nachmittagsstunden hinein dauert die enthusiastische Prozession. Dann ist für diesmal alles vorbei, bis zum nächsten Jahr. Alle sieben Jahre verläuft die Prozession übrigens etwas anders als üblich, das nächste Mal allerdings erst 2006: Dann wird die Madonna in die Tracht einer Schäferin gekleidet, und auch die Prozessionsroute ändert sich.

Kritische Stimmen monieren, die Romería von El Rocío werde von Jahr zu Jahr mehr zum bloßen Fest der Sinnesfreuden (die sich, wie man hört, nicht nur auf Essen und Trinken beschränken sollen ...), verkomme zum amüsanten Jahrmarkt. Das mag zum Teil schon stimmen; schließlich ist, wie in ganz Westeuropa, auch in Spanien die Religiosität im Rückgang begriffen. Die Begeisterung der Menge beim Anblick der Madonna jedoch ist ganz gewiss nicht geheuchelt – und ein absolut erlebenswertes Ereignis bleibt die Romería so oder so allemal.

El Rocío Chico: So nennt sich eine kleinere Wallfahrt zu Pferde, die an mehreren Tagen Mitte August stattfindet und, natürlich in bescheidenerem Maßstab, ebenfalls viel besucht wird.

Karte siehe Umschlagklappe vorne

Parque Nacional Coto de Doñana

Das größte Vogelschutzgebiet Europas, alljährlich Rastplatz für sechs Millionen Zugvögel und Brutstätte für rund hundert Arten. Von der Unesco zum Weltnaturerbe erklärt, ist der Coto de Doñana leider auch der am stärksten bedrohte Nationalpark Spaniens.

Das ausgedehnte Areal westlich der Guadalquivirmündung diente schon ab dem 13. Jh. den spanischen Königen als exklusives Jagdgebiet („Coto") und blieb bis in unser Jahrhundert nahezu unberührt. Als in den Sechzigern riesige Trockenlegungen drohten, kaufte 1964 die Stiftung „Alonso de Herrera" zusammen mit dem „World Wildlife Fund" 7500 Hektar Land auf. 1969 wurde ein erweitertes Gebiet zum Nationalpark erklärt, der mit den umgebenden Vorparks, die eine Art Schutzpuffer bilden sollen, heute über 770 Quadratkilometer einnimmt. Mittlerweile engagiert sich auch die EU stärker für den Schutz des Coto de Doñana, anscheinend wurde die immense Bedeutung des Gebiets endlich erkannt.

Von allen spanischen Nationalparks ist der Coto de Doñana den massivsten Gefahren ausgesetzt. Die industrielle Belastung des Guadalquivir und besonders die Verseuchung der Feuchtgebiete durch Düngemittel und Pestizide der angrenzenden Landwirtschaft führten 1973 und 1986 zu großen Vogelsterben. Ein anderes Problem ist das allmähliche Sinken des Grundwasserspiegels, hervorgerufen durch die Trockenlegung der Marismas außerhalb der geschützten Zonen und durch den Tourismus: Die Urlauberstadt Matalascañas am Rand des Parks verbraucht an einem Sommerwochenende mehr als zehn Millionen Liter Wasser – pro Tag. Zur bislang schwersten Bedrohung des Ökosystems wurde jedoch der Dammbruch des Río Guadiamar in der Nacht zum 25. April 1998. Damals barst beim Dorf Aznalcóllar ein Auffangbecken des schwedischen Bergbaukonzerns Boliden. Fünf Millionen Kubikmeter hoch giftiger, stark säurehaltiger Schlämme ergossen sich in den Río Guadiamar, vernichteten alles Leben im Fluss. Auf einer mehrere hundert Meter breiten Todesschneise wälzte sich die Giftflut 40 Kilometer flussabwärts, direkt auf den Nationalpark zu. Nur mit eilig errichteten Deichen konnte das Eindringen der kontaminierten Schlammfracht in das Reservat verhindert werden. Da die Gewässer im flachen Mündungsbereich des Guadalquivir auf komplexe Art und teilweise sogar unterirdisch miteinander verbunden sind, gelangten die Gifte mit der Zeit dennoch auch in den Nationalpark. Die Doñana musste einer fast 400 Millionen Euro teuren, von der EU bezuschussten Sanierung unterzogen werden. Sie verlief erfolgreich und laut WWF sogar „wegweisend": 99 Prozent der im Boden enthaltenen Schwermetalle konnten beseitigt werden.

Die Ökosysteme des Coto de Doñana

Drei sehr verschiedene Systeme, die jedoch teilweise ineinander übergehen, sind charakteristisch für die Landschaft des Nationalparks.

Wanderdünen: Ein Folge hoher Dünen bildet eine natürliche Barriere zur Küste hin. Diese parallel zum Meer verlaufenden Dünengürtel, bewachsen nur von widerstandsfähigsten Planzenarten wie Strandhafer und Stranddistel, verändern sich durch den Einfluss des Windes ständig und bewegen sich so langsam landeinwärts. Zwischen den einzelnen Dünen entstehen Senken („Corrales") mit relativ feuchtem Boden, in denen für eine Weile eine komplexere Vegetation gedeiht. Die nächste von der Küste landeinwärts rollende Wanderdüne verschüttet die Büsche und Bäu-

Refugium für Wasservögel: Lagune im Nationalpark

me jedoch nach und nach wieder und hinterlässt nur die trockenen, abgeschürften Stämme der Bäume, die sogenannten „Cruces“ (Kreuze) des Coto de Doñana.

Cotos: Sie erstrecken sich im Bereich landeinwärts des Dünengürtels und machen heute den größten Teil des Parks aus. Hierbei handelt es sich um einen Jahrtausende alten, früheren Dünenstreifen, der durch Büsche und kleine Bäume mittlerweile gefestigt ist und sich als leicht wellige Landschaft präsentiert. Auf den Kuppen der Hügelketten gedeihen vor allem Zistrosenbüsche, daneben unter anderen auch Rosmarin und Lavendel; die Pinienwälder, die hier ebenfalls anzutreffen sind, wurden meist von Menschenhand zur Wiederaufforstung gepflanzt. Die feuchteren Senken zwischen den Kuppen beherbergen andere Vegetationsformen: dichten Buschbewuchs aus Stechginster und Heide, daneben vereinzelte Wäldchen aus Korkeichen und wilden Ölbäumen.

Marismas: Die Salzmarschen sind das dritte große Ökosystem des Naturparks; ein flaches Sumpfland, das durch Sedimentablagerungen des hier sehr verzweigten, trägen Río Guadalquivir entstanden ist. Mit dem Wechselspiel zwischen Ebbe und Flut dringt Salz- und Brackwasser in den Komplex von Lagunen und Kanälen, der, nach den Winterregen weitgehend überschwemmt, im Frühjahr kräftig grün wird und im Sommer zu einer harten, rissigen Wüstenei austrocknet. An vielen Stellen innerhalb dieser Gezeitensümpfe, aber auch der Cotos, tritt Süßwasser an die Oberfläche und bildet Lagunen und überflutete Senken, die so genannten „Caños“ mit Wasser- und Sumpfpflanzen, an den Rändern auch mit Weidenbäumen.

Die Tierwelt des Parks besteht aus vielen bedrohten Arten, unter ihnen auch der stark gefährdete iberische Luchs, von dem es hier noch an die 30 Exemplare gibt. Den eigentlichen Reichtum des Coto bilden die Vögel, die nach der Trockenlegung vieler spanischer Feuchtgebiete hier eines ihrer letzten Refugien finden. Dank seiner Nähe zu Afrika dient der Park vielen Spezies als Raststation auf ihren Wande-

Karte siehe Umschlagklappe vorne

rungen, andere kommen hierher, um zu brüten. Über 360 seltene Arten wurden hier gezählt. Mit etwas Glück zu beobachten sind eine ganze Reihe von Greifvögeln, Kolonien von Störchen, verschiedene Reiher und Enten, das seltene Purpurhuhn, Flamingos, der afrikanische Löffler aus der Gattung der Ibisse und viele andere mehr.

Touren im Park

Die besten Besuchszeiten sind das Frühjahr und der Winter nach den ersten Regenfällen. Im Sommer und Herbst sind viele Gebiete ausgetrocknet. In der Tierwelt ist dann wenig los, der Andrang von spanischen Besuchern zur Hochsaison dafür immens.

Das zentrale Schutzgebiet des Parks, östlich der Straße El Rocío-Matalascañas, darf auf eigene Faust nicht betreten werden. Einzige Möglichkeit, dieses Areal zu besuchen, sind die Touren mit Allradbussen ab Acebuche (Details siehe unten), die eine Fahrtstrecke von rund 80 Kilometern umfassen, ökologisch allerdings nicht ganz unbedenklich sind. Eine gute und umweltverträgliche Alternative stellen die Rundwege mit Beobachtungsständen dar, die in den Vorparks um die Infozentren angelegt sind, sich allerdings auf das Gebiet der „Cotos" beschränken.

Interessante Einblicke in die früheren Lebensverhältnisse der Bauern und Fischer des Coto bietet die permanente Ausstellung „Mensch und Doñana" im Informationszentrum Palacio de Acebrón.

• *Informationszentren* **Centro de Información La Rocina**, an der Straße von El Rocío nach Matalascañas, kurz hinter El Rocío. Hier beginnt der 2,5 km lange Wanderpfad „Charco de la Boca", der durch Pinienwald zu einer Lagune führt, die meist ganzjährig Wasser führt und an der drei Beobachtungshütten installiert sind. Unter den hier vertretenen Spezies sind Löffler, Störche, verschiedene Reiher- und Entenarten, im Winter auch Eisvögel; die besten Lichtverhältnisse zur Vogelbeobachtung herrschen ab Mittag. Das Zentrum öffnet täglich um 9 Uhr, geschlossen wird je nach Jahreszeit zwischen 19 und 21 Uhr. ✆ 959 442340.

Palacio del Acebrón, über dieselbe Zufahrt zu erreichen, noch etwa 4 km hinter La Rocina. Dauerausstellung „Mensch und Doñana", Wanderpfad „Charco del Acebrón" (1,5 km) durch den Wald El Bosque de Ribera und rund um eine kleine Lagune. Geöffnet wie oben.

Centro José Antonio Valverde (Cerrado Garrido), südöstlich von El Rocío, nur sehr kompliziert über weite Umwege oder aber auf einer organisierten Tour ab El Rocío zu erreichen, jedoch ein weiterer guter Beobachtungspunkt für Vögel. Mit Ausstellung „Wasserpfade", Videovorführung und Bar/Laden. Geöffnet 10–19 Uhr.

Centro Dehesa Boyal, neues Zentrum weit im Norden des Gebiets bei Villamanrique de la Condesa, Anfahrt z.B. über Almonte. Interaktive Ausstellung speziell für Kinder, auch verschiedene Angebote des „Turismo activo".

Centro de Recepción El Acebuche, das Haupt-Dokumentationszentrum, ebenfalls westlich der Straße El Rocío-Matalascañas. Abzweigung etwa 3–4 km vor Matalascañas, noch 2 km; Bushaltestelle an der Kreuzung. Permanente naturkundliche Ausstellung, Bar/Souvenirgeschäft, 4-mal täglich audiovisuelle Vorführungen, Wanderpfad (1,5 km) zur „Laguna del Acebuche" mit acht Aussichtspunkten. Geöffnet 7.30–20 Uhr, ✆ 959 448711.

• *Verbindungen* **Bus**: DAMAS-Busse 4-mal täglich von Sevilla nach Matalascañas, in der Gegenrichtung 3-mal täglich; jeweils dem Fahrer Bescheid sagen, wo man aussteigen will. Häufigere Busse auch auf der Linie Matalascañas-Almonte bzw. umgekehrt.

• *Landrovertouren* **„Visitas Todoterreno"** finden ab El Acebuche statt, Fahrten von etwa Mitte Mai bis Anfang September täglich um 8.30 und 17 Uhr, im restlichen Jahr um 8.30 und 15 Uhr; wegen der Wallfahrt nach El Rocío finden in der Woche vor Pfingsten keine Touren statt. Dauer jeweils etwa vier Stunden, Preis etwa 20 € pro Person. Für Gruppen ab 8 Personen sind auch Ganztagesfahrten möglich. Voranmeldung dringend geraten, mindestens einen Tag, zur Hauptsaison mehrere Wochen vorher: Cooperativa Marismas del Rocío, Plaza del

Spuren im Sand von Matalascañas

Acebuchal 16, 21750 El Rocío; ✆ 959 430432, ℻ 959 430451. Falls Platz ist, kommt man zwar auch so mit, Chancen dafür bestehen jedoch höchstens außerhalb der Saison. www.donanavisitas.com.

• *Ausflugsfahrten per Schiff* Der östliche Rand des Nationalparks kann auch bei einer Schiffstour in Augenschein genommen werden. Die „Real Fernando" startet dazu in Sanlúcar de Barrameda in der Provinz Cádiz; Näheres siehe dort.

Matalascañas

Ein künstlicher Ferienort, der mittlerweile mehr als zwei Jahrzehnte auf dem Buckel hat und nur im Sommer wirklich belebt ist.

Graubraune, weiße und gelbe Betonschachteln, standardisierte Villenviertel dazwischen geduckt, ziehen sich über mehrere Kilometer den Strand entlang. Der besseren Übersichtlichkeit wegen wurde die bei deutschen Pauschalreisenden durchaus beliebte Feriensiedlung in so genannte „Sektoren" (A, B, C, usw.) aufgeteilt. Im Juli und vor allem im August ist die Urlaubshölle los in Matalascañas, während des restlichen Jahres ähnelt der Ort dagegen eher einer modernen Geisterstadt.

Der Strand hier ist allerdings wirklich vom Feinsten. Abwechslung vom Sonnenbad bieten ein 18-Loch-Golfplatz, diverse andere Sportmöglichkeiten und der schöne *Parque Dunar* im Westen der Siedlung, ein teilweise durch hölzerne Spazierwege erschlossener Park in der Dünenlandschaft, in dem es auch ein Museum der Meereswelt (Museo Mundo Marino, siehe unten) gibt. Im Ort selbst steht in Sektor N der Turm „Torre Almenara", in dem neben einem privaten Museum zum Doñana-Park auch ein Aussichtsposten auf die Umgebung untergebracht ist.

• *Information* **Oficina Municipal de Turismo**, im neuen, runden Besucherzentrum „Centro de Acogida al Visitante" am Rand des Parque Dunar und unweit der Kreuzung der Straßen von Huelva und El Rocío; ✆ 959 430086. Öffnungszeiten zur HS Mo–Sa 10–14, 18.30–20.30 Uhr, So 11.30–13.30 Uhr, zur NS stark eingeschränkt.

Karte siehe Umschlagklappe vorne

• *Verbindungen* **Busse** der Gesellschaft DAMAS stoppen am Rand von Sektor A nahe der Infostelle. Verbindungen nach Sevilla bestehen 3-mal, in der Gegenrichtung 5-mal täglich, via El Rocío nach Almonte 8-mal, Huelva 3-mal; zur Hochsaison teilweise deutlich häufigere Abfahrten. Dann existiert auch eine innerörtliche Buslinie, die angesichts der Ausdehnung der Siedlung auch nötig ist.

• *Übernachten* Zur Wallfahrt an Pfingsten sowie im Hochsommer ist es fast unmöglich, ein Bett zu finden, ansonsten verläuft die Suche problemlos. Hohes Preisniveau für Individualreisende, da die meisten Hotels pauschal gebucht werden, was in der Regel deutlich günstiger kommt.

*** **Hotel El Cortijo**, ganz im Norden der Siedlung, zwar nah zum Golfplatz, vom Strand aber ein ganzes Stück entfernt. Kein Bauernhof (Cortijo), wie der Name nahelegt, aber eine für hiesige Verhältnisse architektonisch erfreulich angenehme und auch recht komfortable Anlage; Pool und Fahrradverleih. DZ offiziell etwa 115–135 €, in der Praxis werden die Preise jedoch nachfrageabhängig festgelegt. Sector E, Parcela 15, ✆ 902 383099 oder 959 448700, ℻ 959 448375.

*** **Gran Hotel El Coto**, mit Platz für fast tausend Personen zumindest von der Kapazität her wirklich „groß". Schöne ausgedehnte Gartenanlagen mit Pool, strandnahe, aber vom „Zentrum" sehr weit entfernte Lage im äußersten Westen. DZ etwa 80–160 €. Sector D, ✆ 959 440017, ℻ 959 440202. www.granhoteldelcoto.com.

* **Pensión Hostal El Duque**, eine der wenigen preisgünstigeren Möglichkeiten in Matalascañas, zudem in guter und relativ „zentraler" Lage in Sektor A. DZ/Bad nach Saison etwa 25 bis knapp 40 €, von Mitte Juni bis Mitte September 50 €. C. Rafael Pinto 1, ✆ und ℻ 959 430058.

• *Camping* **El Rocío Playa** (2. Kat.), mit dem Auto etwa 3 km vom Ort (zunächst Richtung Huelva), da die Zufahrt den Parque Dunar umgeht; zu Fuß parallel zur Küste und vorbei am Leuchtturm ist der Weg deutlich kürzer. Einer der größten Plätze Spaniens; unten am Strand und auf den fast schattenlosen Hügeln im Hinterland finden 4000 Personen Platz. Eine ganze Zeltstadt also, komplett eingezäunt, viele Dauercamper. Der Strand allerdings ist prima, die Ausstattung okay. Ganzjährig geöffnet, zur NS aber oft nahezu verwaist; p.P., Auto, Zelt je 5,50 €; auch Bungalowvermietung. ✆ 959 430240.

• *Essen* Deutliche Restaurantkonzentration in Sektor A, am Strand öffnet im Sommer zudem ein rundes halbes Dutzend Chiringuitos (Strandkneipen). Außerhalb der Saison bleibt vieles geschlossen.

Freiduría El Rey de la Gamba, für Matalascañas ausgesprochen traditionsreich: Bereits 1975 gegründet... Frittierter Fisch und Meeresfrüchte im Self-Service-Verfahren, verzehrt an einem der Tische am Platz. Nicht teuer (Viertelkilo nach Sorte 5–6 €). Zur spanischen Urlaubssaison brummt der Laden. Plaza del Pueblo 6, der Hauptplatz in Sektor A.

Bar Taberna Tío Paco, ebenfalls zentral in Sektor A. Spanische Küche, mittleres Preisniveau. Plaça de las Begoñas, in den Passagen parallel zur Hauptstraße und nördlich des Hauptplatzes.

• *Ausflüge/Sport* **Marismas Doñana** (Mobil-✆ 629 060545) und **Activa Doñana** (Mobil-✆ 657 825053) heißen zwei Agenturen nahe der Infostelle im Besucherzentrum „Centro de Acogida al Visitante". Beide veranstalten Exkursionen im Naturpark, Reitausflüge etc.

Club Hípico El Paso Doble, ein Reitstall, der Ausritte am Sandstrand und in den Parque Natural offeriert, Start 2x täglich, p.P. 22 €. Im Parque Dunar, ✆ 959 448241, buchbar auch bei Marismas Doñana, s.o.

• *Baden* Die kilometerlangen, feinsandigen Strände bilden das große Plus von Matalascañas, sind im Ortsbereich sogar Jahr für Jahr mit der „Blauen Flagge" ausgewiesen. Als Erinnerung an vergangene, vortouristische Zeiten ragt das Wahrzeichen des Ortes aus den Wellen, die Reste des vom Meer arg ramponierten Wachtturms *Torre de la Higuera*. Er ist einer von einst sechs Türmen, die gegen Ende des 16. Jh. in diesem Küstenabschnitt zur Abwehr von Piraten errichtet wurden. Durch den Anstieg des Meeresspiegels in den letzten Jahrhunderten wurden drei dieser Türme vollständig von den Fluten verschluckt, die anderen drei stehen noch.

Playa de Matalascañas: Der eigentliche Ortsstrand von Matalascañas zieht sich kilometerweit in beide Richtungen und ist bis zu 80 m breit. Im Siedlungsbereich wird er von einer behindertengerecht angelegten Promenade begleitet, und auch sonst lässt das Serviceangebot keine Wünsche offen: Duschen, Umkleiden, Wassersportmöglichkeiten, Strandrettung: alles da, aber alles nur zur Sommersaison.

Playa Torre de la Higuera: Die nahtlose Fortsetzung der Playa de Matalascañas beginnt am Ortsrand etwa auf Höhe des Leuchtturms. Offiziell endet er bereits nach 1,5 km, doch ist ein Übergang zur folgenden Playa de Castilla nicht auszumachen. Schön sind die bunt leuchtenden Sandsteinfelsen, ein Charakteristikum des Gebiets; das von Dünengürteln geprägte, unbebaute Hinterland ist Teil des Naturparks Doñana.

Museu Mundo Marino: Das noch recht junge Meeresmuseum (kein Aquarium) entwickelte sich schnell zum Besuchermagneten, zählte schon in den ersten fünf Monaten nach seiner Eröffnung 25.000 Besucher. Es liegt mitten im Parque Dunar, knapp 800 Meter Fußweg vom Besucherzentrum „Centro de Acogida al Visitante" entfernt. Die Ausstellung verteilt sich auf mehrere Themensäle. Der erste Saal, *Las Dunas*, ist den wandernden und den fossilen Dünen der Umgebung gewidmet, der zweite Saal *Los Cetáceos* den Walen; ausgestellt ist hier auch das Skelett eines 20 Meter langen und 51 Tonnen schweren Finnwals. Der dritte Saal, *El Mar*, befasst sich mit der Erforschung des Meeres; zu sehen ist u.a. eine so genannte Öko-Sphäre, ein völlig abgeschlossenes System, in dem Algen, Krill und Bakterien sich seit dem Jahr 2000 gegenseitig am Leben erhalten. Die Fischerei, darunter auch der Thunfischfang La Almadraba, ist Thema des vierten Saals *La Mar* – im Gegensatz zu den Landratten ist für Fischer in Spanien das Meer weiblich, daher der Artikel „La". Im fünften und letzten Saal, *Barcos y Rutas*, dreht sich alles um den Schiffsbau. Leider sind die Erklärungen bislang nur auf Spanisch gehalten, ein Flugblatt in Englisch ist an der Kasse erhältlich.

Öffnungszeiten Im Sommer Di–Sa 11–14.30, 18–21.30 Uhr, So 11–14.30 Uhr; im Winter Di–Sa 10–14, 15.30–18 Uhr, So 10–14 Uhr. Eintritt 5 €. www.parquedunar.com.

Auf buntem Sandstein erbaut: der Leuchtturm von Matalascañas

Karte siehe Umschlagklappe vorne

Zwischen Matalascañas und Huelva

Bis zur Feriensiedlung *Mazagón* trennt auf gut 25 Kilometer Länge eine teilweise mit Pinien bewachsene Dünenkette die Straße vom schier unendlichen Sandstrand. Das Gebiet ist, mit Ausnahme des Paradors, völlig unbebaut – nur Bäume, Sand und dahinter das Meer. Mobile Reisende können hier noch völlig einsame Fleckchen finden. Höchstens an Sommerwochenenden, wenn die Einwohner Huelvas ausschwärmen, kommt so etwas wie Betrieb auf. Einige wenige Kilometer sind als Militärgebiet *Zona Militar* ausgewiesen; die Schilder *No Pasar* („Betreten verboten") sollte man ernst nehmen.

• *Übernachten* **** **Parador de Mazagón**, etwa 22 km von Matalascañas und gut 5 km von Mazagón entfernt. Modernes Gebäude, Traumlage am Pinienwald und oberhalb des grandiosen Sandstrands; Schwimmbad, Tennis, Fahrradverleih. Ganzjährig geöffnet, DZ etwa 120–150 €. ✆ 959 536300, ℻ 959 536228, www.parador.es.

• *Camping* **1. Kat. Doñana Playa**, von Matalascañas kommend ein Stück vor dem Parador, einer von mehreren Plätzen östlich von Mazagón. Noch größer als Rocío Playa, Kapazität 6000 Personen. Ein Vorteil ist die überwiegend schattige Lage. Gute Ausstattung, mehrere Schwimmbäder, sehr viele Dauercamper, die aber meist nur im Juli, August und am Wochenende anwesend sind. Dann wird es eng, sonst ist Platz satt – auch am nahen Strand der Extraklasse. Geöffnet Mitte Januar bis Mitte Dezember, Miete einer kompletten Parzelle normalerweise obligatorisch: Rund 17 € sind zu rechnen. ✆ 959 5362281.

• *Baden* **Playa de Castilla**: Die Verlängerung der Playa Torre de la Higuera erstreckt sich über sage und schreibe 24 km bis nach Mazagón – ein Paradies für Strandläufer, und auch Plätzchen zum Nacktbaden lassen sich natürlich ohne weiteres finden. Wie auch an der Playa Torre de la Higuera trennen imposante, vielfarbige Sandsteinfelsen den Strand vom Hinterland. Zugänge zum Strand sind allerdings selten, es gibt sie unter anderem beim Parador und an der Cuesta de Maneli.

Cuesta de Maneli (El Asperillo): So heißt der Strandabschnitt bei einer besonders spektakulären, als Naturmonument geschützten versteinerten Dünenformation, die bis zu 15 Meter hoch ist. Nacktbaden ist üblich, im Sommer öffnet eine Strandbar. Leider hinterlassen manche Besucher ihren Müll, was man dem Strand zumindest zur Nebensaison auch ansieht. Zu erreichen ist die Cuesta de Maneli von einem Parkplatz (im Sommer bewacht) bei km 39 der Straße Matalascañas-Mazagón, etwa 13 km hinter Matalascañas. Von hier führt ein gut einen Kilometer langer Holzbohlenweg durch die schöne Dünenlandschaft zum Strand.

Mazagón

Wie Matalascañas ist auch Mazagón eine fast lupenreine Feriensiedlung, zwar nicht ganz so ausgedehnt und etwas weniger steril, außerhalb der Saison aber ebenfalls nahezu verwaist.

Der Ähnlichkeiten sind noch mehr: kilometerlange Straßen, Reihenhäuser und Villensiedlungen, vor der Tür wiederum ein toller Strand. Der allerdings verlockt wenig, wenn man weiß, dass direkt vor Mazagón der aus Huelva kommende *Río Odiel* mündet: Wer die dortigen Dreckschleudern von Raffinerien gesehen hat, wird hier kaum den Zeh ins Wasser halten wollen. Etwas außerhalb in Richtung Matalascañas ist die Wasserqualität jedoch in aller Regel in Ordnung. Ausländische Gäste sind zumindest bislang eine Rarität im Ort, der ganz überwiegend von Spaniern besucht wird. Doch hegt man in Mazagón große Pläne: In Richtung Matalascañas entstehen unter dem Projektnamen „Castillo de la Luz" gegenwärtig Erholungsgebiete, ein Reitzentrum und eine Reihe neuer Hotels, die künftig auch nichtspanische Urlauber anlocken sollen. Ein Golfplatz ist bereits fertig.

• *Information* **Oficina Municipal de Turismo**, Plaza Odón Betanzos s/n, im „Zentrum" etwas landeinwärts des Sporthafens, ✆ 959 376300. Geöffnet Mo–Fr 10–14 Uhr.

• *Verbindungen* **Busse** der Gesellschaft DAMAS nach Palos de la Frontera und Huelva 13x, nach Matalascañas 3x täglich.

• *Übernachten* Eine schöne Alternative ist der außerhalb in Richtung Matalascañas gelegene Parador, siehe oben.

*** **Hotel Carabela Santa María** etwas landeinwärts der Infostelle. Recht großes, 1998 eröffnetes Hotel in angenehmer Bauweise und mit ordentlicher Ausstattung. Ganzjährig geöffnet, DZ nach Saison etwa 60–100 €. Av. de Conquistadores s/n, an der Hauptzufahrt aus Richtung Huelva, ✆ 959 536018, ✆ 959 377258.

* **Pensión Álvarez Quintero**, freundlich geführtes Quartier in der Nähe des Sporthafens; Parkmöglichkeit. Nur elf Zimmer, DZ/Bad mit Klimaanlage nach Saison 25–30 €, ohne Bad und ohne Klimaanlage noch deutlich günstiger. C. Hernando de Soto 174, ✆ 959 376169.

• *Essen* **Rest. Las Dunas**, strandnah an der Hauptstraße auf Höhe des Sporthafens gelegenes Terrassenrestaurant. Gute Küche, Spezialität sind Grillgerichte, fein besonders der Fisch. Menü à la carte ab etwa 25–30 €. Av. de los Conquistadores 178.

• *Feste* **Nuestra Senora del Carmen**, am 16. Juli. Auch in Mazagón wird die Schutzheilige der Fischer und Seeleute mit einer Bootsprozession geehrt.

Richtung Huelva fallen die ersten Großanlagen der Petrochemie schon bald ins Auge – es qualmt und stinkt zum Grausen. Doch bewegt man sich in diesem Gebiet auch auf historischem Boden: Hier startete Christoph Kolumbus zu seiner ersten großen Entdeckungsfahrt, rekrutierte in den umliegenden Dörfern einen guten Teil seiner Mannschaft.

La Ruta Colombina

Gleich mehrere Orte östlich der Provinzhauptstadt Huelva sind mit dem Gedenken an die Reisen von Christoph Kolumbus verbunden.

Kein Zufall, dass an der Ría, der weiten Mündung des Río Odiel bei Huelva, ein großes, wenn auch nicht besonders schönes Monument an Christoph Kolumbus erinnert. Kein Zufall auch, dass das wichtigste Fest der Provinzhauptstadt dem Entdecker gewidmet ist. Die „Ruta Colombina" folgt den hiesigen Spuren des Amerikafahrers.

Gib niemals auf: Die Fahrten des Christoph Kolumbus

Die Herkunft von Christoph Kolumbus ist immer noch nicht genau geklärt. Man nimmt heute jedoch an, dass Kolumbus 1451 in der italienischen Hafenstadt Genua das Licht der Welt erblickte. Sicher ist, dass er, wie er selbst sagte, „schon in sehr jungen Jahren zur See fuhr". Nachdem Kolumbus in eine wohlhabende portugiesische Familie eingeheiratet, einige Jahre auf Handelsfahrten verbracht und sich in seinem Hobby, der Geographie, weitergebildet hatte, machte er sich an die Verwirklichung seiner Lieblingsidee: Westwärts segelnd wollte er Indien und den Fernen Osten ansteuern und so den langen Umweg um Afrika und das Kap der guten Hoffnung vermeiden. Beim portugiesischen König fand er jedoch keine Unterstützung für seine Pläne. 1485 wandte Cristóbal Colón, wie er in Spanien genannt wird, sich an das Königspaar Isabel und Ferdinand. Der königliche Schatzmeister hörte die Kunde von einer möglichen Expedition nach Westen gern, erhoffte er sich doch eine goldglänzende Aufstockung der vom Krieg um Granada weitgehend geleerten Staatskasse. Es folgten jahrelange Beratungen verschiedener Expertenkommissionen, der so genannten „Juntas".

Provinz Huelva
Karte siehe Umschlagklappe vorne

1490 jedoch wiesen die „Katholischen Könige“ den Plan des Seefahrers, der ihnen über sechs lange Jahre hinweg nachgereist war und immer wieder für sein Vorhaben geworben hatte, zurück – vorläufig, wie sie betonten. Deprimiert fuhr Kolumbus ins Kloster La Rábida, in dem er schon einmal freundliche Aufnahme gefunden hatte. Und dort traf er auf die richtigen Männer: den wagemutigen Reeder und Kapitän Martín Alonso Pinzón aus Palos und den Franziskanerpater Fray Juan Pérez. Der Pater war es schließlich auch, der die Königin 1491 bat, das Projekt noch einmal zu überdenken. Isabella willigte ein und lud Kolumbus in ihr vor Granada errichtetes Kriegsquartier Santa Fé, heute eine eigenständige Stadt. Fast wären die Verhandlungen doch noch gescheitert, denn Kolumbus stellte hohe Forderungen: Er wollte den zehnten Teil aller entdeckten Reichtümer, den Titel eines Admirals und den eines Vizekönigs der neuen Länder, die Anrede mit Don, die Adelswürde und das Recht, alle diese Annehmlichkeiten zu vererben. Unbeugsam beharrte er auf seinen Wünschen und hatte, als sie ihm verweigert wurden, Santa Fé schon im Zorn verlassen, als ein Bote ihn noch einholte und ihn bat, zurückzukehren. Am 17. April 1492 wurde der Vertrag unterzeichnet.

Mit Hilfe des Reeders Pinzón rüstete Kolumbus eine Flotte von drei Schiffen aus. Am 3. August 1492 stachen die „Pinta“, die „Niña“ und die „Santa María“ mit insgesamt 120 Mann Besatzung von Palos aus in See. Am 12. Oktober, die Expedition war durch drohende Meuterei der verschreckten Mannschaft bereits in Gefahr geraten, signalisierte ein Kanonenschuss der „Pinta“, dass Land in Sicht war: die Insel Guanahani, von Kolumbus San Salvador genannt. Am 27. Oktober erreichten die Schiffe Kuba, am 6. Dezember Haiti. In den Mittagsstunden des 15. März 1493 kehrte Kolumbus an Bord der mit Schätzen voll beladenen „Niña“ in den Hafen von Palos zurück.

Es folgten weitere Expeditionen nach Westen. Als Vizekönig zeigte sich Kolumbus jedoch weit weniger erfolgreich denn als Entdecker. Nachdem ihn ein Untersuchungsrichter für unfähig erklärt hatte, wurde er im Jahre 1500 von seinem Posten abgesetzt, musste die Heimreise nach Cádiz gar in Ketten antreten. Wieder rehabilitiert, startete Kolumbus 1502 zu seiner letzten großen Fahrt. Wenige Tage nach seiner Rückkehr starb im November 1505 seine Gönnerin Königin Isabella. Kolumbus, gichtkrank und verbittert, überlebte sie nur um wenige Monate. Am 21. Mai 1506 starb der große Seefahrer in Valladolid – ohne zu wissen, dass er zwar nicht Ostindien erreicht, aber dafür Europa einen neuen Kontinent entdeckt hatte.

Monasterio de la Rábida

In diesem kleinen Franziskanerkloster, damals gerade mal ein paar Jahre alt, aber bekannt für seine naturwissenschaftlich interessierten Geistlichen, hatte Kolumbus schon früh Gleichgesinnte gefunden.

Das Kloster steht auf einem Hügel östlich des Río Tinto, etwa acht Kilometer südöstlich von Huelva. Umgeben von Pinienhainen, bildet es mit seinen blitzweißen Mauern einen deutlichen Kontrast zu den Raffinerien der Umgebung. In seinem Vorstand Fray Juan Pérez fand Kolumbus einen Fürsprecher, der die so dringend benötigte Unterstützung gewährte. Heute ist das im Mudéjar-Stil errichtete Kloster zu einer Art Gedenkstätte geworden. Auf einer Führung durch das Kloster und die

Imposant: Nachbauten der Kolumbus-Karavellen

beiden Kreuzgänge sieht man neben einer Reihe von Kunstschätzen auch einen Raum, der vom örtlichen Künstler Vázquez Díaz mit Szenen aus dem Leben des Entdeckers gestaltet wurde, außerdem die Zelle, in der Kolumbus mit dem Pater und Pinzón seine Pläne besprach, und den sogenannten „Flaggenraum", der neben Flaggen der lateinamerikanischen Nationen auch eine Sammlung mit Erde aus den jeweiligen Ländern präsentiert. Angeschlossen sind eine Infostelle und ein hübsches Gartenrestaurant.

Öffnungszeiten Di–Sa 10–13, 16–19 Uhr, So 10.45–13, 16–19 Uhr; Nachmittagstermine im August erst ab 16.45 Uhr. Führungen etwa alle 45 Minuten, Eintrittsgebühr 2,50 €.

Im Umfeld des Klosters erinnern weitere Gebäude an die besondere Beziehung zwischen Spanien und Amerika, darunter die *Hispano-Amerikanische Universität* und das *Iberoamerikanische Forum*, in dem gelegentlich Konzerte und andere Veranstaltungen stattfinden. Das „Plus-Ultra"-Denkmal wurde in Erinnerung an einen Meilenstein der Luftfahrt errichtet, nämlich an jenes Wasserflugzeug, das in den 20er-Jahren des letzten Jahrhunderts von hier aus den Atlantik überquerte; der Kai, von dem aus es startete, wurde rekonstruiert. Auch der Botanische Garten *José Celestino Mutis* (Di–Fr 10–14, 17–21 Uhr, Sa/So 11–21 Uhr; 1,50 €) knüpft auf seine Weise Verbindungen zwischen den Ländern, denn er vereint spanische und amerikanische Flora.

▸ **Muelle de las Carabellas**: Das moderne Dokumentationszentrum „Mole der Karavellen" zeigt neben einer audiovisuellen Show auch ein Museum der Seefahrt des 15. Jahrhunderts, in dem Dokumente, Seekarten und nautische Geräte ausgestellt sind. Hauptattraktion der Ausstellung sind jedoch die Nachbauten der „Pinta", „Niña" und „Santa María", die in Originalgröße vor dem Museumsbau schwimmen. Erbaut wurden sie von einer Werft in Isla Cristina.

Öffnungszeiten Di–Fr 10–14, 17–21 Uhr, Sa/So 11–20 Uhr; Eintrittsgebühr 3 €.

Provinz Huelva
Karte siehe Umschlagklappe vorne

Wasserstelle der Karavellen, heute trocken: La Fontanilla in Palos

Palos de la Frontera

Auch dieses Städtchen am dunkelrot gefärbten Río Tinto, nur wenige Kilometer nördlich des Klosters, verweist auf Kolumbus.

In Palos startete der Entdecker zu seiner ersten großen Fahrt, von der er nach über sieben Monaten triumphal hierher zurückkehrte. Aus dem Ort stammte zudem der Reeder Martín Alonso Pinzón, der zusammen mit seinem jüngeren Bruder dafür sorgte, dass der Seefahrer die nötige Mannschaft erhielt, wohl keine ganz leichte Aufgabe. Martín Alonso Pinzón war es auch, der als Kapitän der „Pinta" Kolumbus auf seiner weiten Reise begleitete. Nicht unverständlich deshalb, dass sich Palos gern als „Cuna del Descubrimiento de América" bezeichnet, als Wiege der Entdeckung Amerikas.

In der Nähe des Rathauses ist dem großen Sohn des Städtchens ein Denkmal gewidmet, und das Geburtshaus der Gebrüder in der Calle Colón kann als *Casa Museo de Martín Alonso Pinzón* (zuletzt wegen Renovierung geschlossen) besucht werden. Weiter nördlich präsentiert sich die am Ortsrand gelegene Kirche *San Jorge*, in der Kolumbus vor der Abfahrt eine Messe hörte, als Bau im Mudéjar-Stil des 15. Jh. Durch das fein gearbeitete Portal „Puerta de los Novios" sollen der Seefahrer und seine Männer dann das Gotteshaus verlassen haben. Ganz in der Nähe ist der Brunnen *La Fontanilla* zu sehen, aus dem die Wasservorräte für die Reise zu der Zwischenstation Kanarische Inseln geschöpft wurden. Wie sich die Zeiten ändern: Der Brunnen gibt heute kein Wasser mehr, und auch der Hafen ist versandet. Palos hat sich von der Seefahrt ab- und der Landwirtschaft zugewandt, ist heute ein bedeutendes Zentrum der Erdbeerproduktion.

• *Verbindungen* **Busse** der Gesellschaft DAMAS nach Huelva halbstündlich bis stündlich, nach Mazagón 14-mal täglich, nach Moguer etwa stündlich.

• *Übernachten* ** **Hotel La Pinta**, eine der ersten Adressen vor Ort. Freundlich eingerichtet, gepflegtes Restaurant, Garage. DZ etwa 70 €, von November bis Februar 50 €.

An der Hauptstraße C. Rábida 75, ✆ 959 350511, ✆ 959 530164.
* **Pensión Rábida**, ein Stück weiter an derselben Straße, Nähe Rathaus und Hauptplatz. Schlichte DZ ohne Bad etwa 20 €; eine Cafeteria ist angeschlossen. C. Rábida 9, ✆ 959 350163.

• *Essen* Gut und beliebt ist auch das Restaurant im Hotel La Pinta.
El Bodegón, nicht weit vom Hotel La Pinta, eine große, gemütliche Kneipe im Bodega-Stil. Spezialität ist Fleisch vom Grill, serviert in üppigen Portionen; es gibt auch Käse, Schinken etc. C. Rábida 46.

• *Feste* Gleich mehrere Feste erinnern an die Fahrten von Kolumbus.
Día de Martín Alonso Pinzón, am 15. März, dem Tag, an dem die Pinta und die Niña von der Entdeckungsfahrt nach Palos zurückkehrten.
Festividad de San Jorge Mártir, am 23. April, Fest des örtlichen Schutzpatrons.
Conmemoración de la partida, am 3. August, dem Tag der Abfahrt der Schiffe.
Fiesta de la Nuestra Señora de los Milagros, am 15. August. Ende des Monats Wallfahrt zu Ehren der Madonna.
Día de la Hispanidad, am 12. Oktober, Tag der Entdeckung Amerikas, gleichzeitig spanischer Nationalfeiertag.

Moguer

Etwa acht Kilometer nördlich von Palos gelegen, präsentiert sich Moguer als durchaus reizvolles Landstädtchen, das auch einige bedeutende Baudenkmäler aufweist.

Wichtigste Sehenswürdigkeit des gut 12.000 Einwohner zählenden Ortes ist das renovierte Kloster *Monasterio Santa Clara* (Di–Sa 11–13, 17–19 Uhr; 1,80 €) aus dem 14. Jahrhundert. Beachtenswert an dem gotisch-mudéjaren Bau sind insbesondere der schöne Kreuzgang, das mit Azulejo-Kacheln geschmückte Chorgestühl und das Alabastergrabmal der Familie Portocarrero in der Capilla Mayor; angeschlossen ist ein kleines Museum sakraler Kunst. Natürlich fehlt auch hier der Bezug zu Kolumbus nicht: In diesem Kloster ließ der Seefahrer nach seiner Rückkehr aus Amerika eine Dankesmesse lesen.

Besonders stolz ist man in Moguer jedoch auf einen Schriftsteller: Hier wurde 1881 Juan Ramón Jimenez geboren, der Literaturnobelpreisträger von 1956. „Geschichte und Poesie" schreibt sich der Ort deshalb auf seine Fahnen. In Wohnhaus von Jimenez wurde sogar ein Museum eingerichtet: Die *Casa Museo Zenobia y Juan Ramón Jimenez* (Di–Sa 10.15–13.15, 17.15–19.15 Uhr; 1,80 €) zeigt Gegenstände aus dem Besitz des Dichters sowie eine komplette Sammlung der Erstausgabe seines Buchs „Platero und ich".

• *Information* **Oficina Municipal de Turismo**, Calle Castillo s/n, in einer ehemaligen Bodega auf dem Gelände des zerstörten Kastells von Moguer; ✆ 959 371898. Geöffnet Mo–Fr 10.30–13.30, 17–19 Uhr. Hier auch Infos über geführte Touren durch den Ort.

• *Verbindungen* **Busse** der Gesellschaft DAMAS halten an der zentralen Plaza Coronación; Verbindungen von/nach Palos de la Frontera und Huelva etwa stündlich.

• *Übernachten* ** **Pensión Platero**, mit 19 Zimmern größte Pension vor Ort; benannt nach dem Esel aus der bekannten Erzählung von Jimenez. DZ/Bad knapp 30 €. C. Sor Ángela de la Cruz 2–4, nicht weit von der Bushaltestelle; ✆ 959 372159.
* **Pensión Pedro Alonso Niño**, ganz in der Nähe; noch preisgünstiger, aber durchaus in Ordnung. DZ/Bad ganzjährig schon für unter 20 €. C. Pedro Alonso Niño 13, ✆ 959 372392.

• *Essen* **Rest. La Parrala**, in der Nähe des Klosters Santa Clara. Gepflegtes Restaurant mit guter und nicht überteuerter Küche; für ein Menü à la carte sind etwa 18–20 € aufwärts zu rechnen. Plaza de las Monjas 22.

Bar-Rest. Santa Clara, ebenfalls in der Nähe des Klosters. Einfaches, aber solides Lokal, das an Werktagen ein sehr preisgünstiges Mittagsmenü für etwa 6 € anbietet. Auch die Hausspezialitäten, Fleisch vom Grill und frischer Fisch, sind nicht teuer. Plaza Portocarrero 5, Di zu.

• *Feste* **Romería de la Nuestra Señora de Montemayor**, am zweiten Sonntag im Mai, Wallfahrt zum gleichnamigen, zwei Kilometer entfernten Heiligtum.

Karte siehe Umschlagklappe vorne

Huelva

(140.000 Einwohner)

Huelva, am Ufer des hier sehr breiten Río Odiel gelegen, ist nicht gerade die reizvollste Provinzhauptstadt Andalusiens. Der Ort musste nach einem verheerenden Erdbeben des 18. Jh. komplett neu aufgebaut werden, Baudenkmäler fehlen fast völlig.

Noch von seiner besten Seite präsentiert sich Huelva in den mitteleuropäisch anmutenden Fußgängerzonen der schachbrettartig aufgebauten Innenstadt. Der Rest der Stadt bildet eine Mischung aus modern und leicht verwahrlost. Gewisse rustikale Atmosphäre bewahrt hat sich allein das Viertel um die Markthalle, zwei Blocks östlich des Fremdenverkehrsamtes. Unbedingt gesehen haben muss man Huelva also nicht. Doch besitzt die Stadt immerhin ein recht interessantes Museum, und da es kaum Tourismus gibt, bietet sich natürlich auch die Möglichkeit, andalusisches Straßenleben „pur“ zu beobachten. Ansonsten hat Huelva für den Reisenden jedoch höchstens als Verkehrsknotenpunkt Bedeutung.

• *Information* **Oficina de Turismo de la Junta de Andalucía**, Av. Alemania 12, nahe einer Parkanlage am südwestlichen Rand des Zentrums, etwas landeinwärts vom Hafen und in der Nähe der Busstation; vom Bahnhof westwärts über die schnurgerade Av. de Italia. Öffnungszeiten: Mo–Fr 9–19 Uhr, Sa/So 10–14 Uhr. ✆ und ℻ 959 257403, othuelva@andalucia.org.

Información turística, Info-Kiosk der Stadt an der Plaza de las Monjas s/n, geöffnet Mo–Fr 9–15 Uhr, Sa 11–13.30 Uhr.

• *Verbindungen* **Zug**: Bahnhof an der Av. Italia (Renfe-Info: ✆ 902 240202), am südöstlichen Rand des Zentrums. Eine Verlegung ist jedoch geplant, möglicherweise an die Plaza del Punto, doch wird es bis dahin noch eine Weile dauern. Nach Sevilla 4-mal täglich, 1-mal täglich auch ein Direktzug nach Córdoba/ Madrid.

Bus: DAMAS-Busstation an der Calle Dr. Rubio (Info: ✆ 959 256900) im südwestlichen Zentrumsbereich. Häufige Busse in die nähere Umgebung der Stadt, im Sommer stündlich nach Punta Umbría. Nach Matalascañas 2-mal, El Rocío (nur im Sommer) 1-mal, Almonte 5-mal täglich; nach Palos und Moguer mindestens stündlich, El Rompido stündlich, Isla Cristina 11-mal, Ayamonte 11-mal, Aracena 2-mal, Riotinto 6-mal täglich. Nach Sevilla (Umsteigestation für den Rest Andalusiens), mindestens stündlich, nach Cádiz und Málaga je 1-mal täglich.

• *Post* Avenida Italia, Ecke Av. Tomas Dominguez, zwischen Bahnhof und Infostelle. Öffnungszeiten: Mo–Fr 8.30–20.30 Uhr, Sa 9.30–14.30 Uhr.

• *Übernachten* Den Baumaßnahmen in der Innenstadt fielen leider gleich mehrere kleine Pensionen zum Opfer – die Häuser wurden abgerissen. Ersatz ist nicht in Sicht.

**** **Hotel NH Huelva (7)**, komfortables Kettenhotel in noch halbwegs zentraler Lage, östlich der Innenstadt beim Museo Provin-

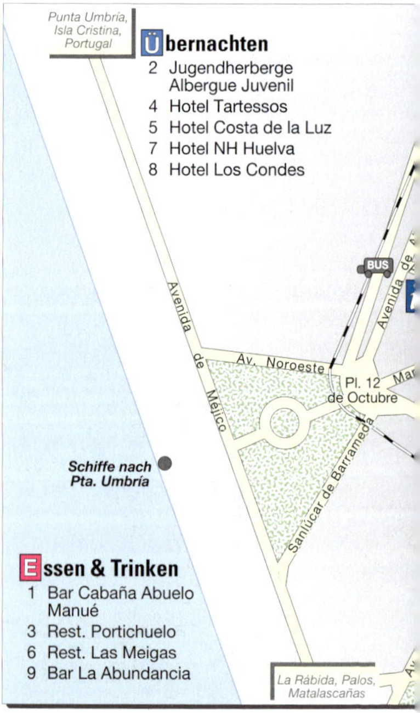

cial. Gut ausgestattete Zimmer, Parkmöglichkeit. DZ etwa 110–150 €. Alameda Sundheim 26, ✆ 959 250011, ✆ 959 258110, www.nh-hoteles.com.

*** **Hotel Tartessos (4)**, großer Bau direkt an der Hauptstraße der Innenstadt, eine öffentliche Parkgarage liegt fast um die Ecke. DZ etwa 110 €, gelegentlich Spezialangebote. Av. Martín Alonso Pinzón 13, ✆ 959 282711, ✆ 959 250617.

** **Hotel Los Condes (8)**, im selben Gebiet wie das Hotel NH Huelva, jedoch etwas stadtnäher gelegen. Ordentliche Zimmer mit Klimaanlage, TV etc., hauseigene Parkmöglichkeit. Ein Cafeteria-Restaurant ist angeschlossen. DZ etwa 60–75 €. Alameda Sundheim 14, 959 282400, ✆ 959 285041, www.hotelloscondes.com.

** **Hotel Costa de la Luz (5)**, zentral in Marktnähe gelegen. Für seine Kategorie relativ preiswert, dabei durchaus ordentlich. DZ etwa 55 €. C. José María Amo 8, ✆ 959 256422, ✆ 959 151029.

Jugendherberge Albergue Juvenil (2), in gestreckter Fußentfernung nördlich des Zentrums gelegen. Im Sommer ist wohl die JH in Punta Umbría die bessere und lebendigere Alternative. Av. Marchena Colombo 14, ✆ 959 253793.

• *Essen* Viel wird nicht geboten. Bestes Jagdrevier ist das Gebiet um den Markt.

Restaurante Las Meigas (6), derzeit das Top-Restaurant der Stadt, leider etwas außerhalb des Zentrums gelegen, noch knapp hinter der ehemaligen Engländersiedlung Barrio Obrero Reina Victoria. Originelle Mischung aus lokaler und galicischer Küche, Menü à la carte ab etwa 25 € aufwärts. Av. Guatemala 44, ✆ 959 271958. So Ruhetag.

Rest. Portichuelo (3), Nähe Hauptplatz. Ebenfalls eine gepflegte Adresse, sowohl für Tapas wie auch als Restaurant. Spezialität ist Fleisch vom Grill, Portion etwa 12 €; auch ein Tagesmenü wird angeboten. Av. Martín Alonso Pinzón 1.

Bar Cabaña Abuelo Manué (1), in der Kneipenzone knapp nördlich des engeren Zentrums. Neben spanischen Wurstwaren zählen auch hier Fleischgerichte vom Grill zu den Favoriten, das Preisniveau liegt ähnlich wie oben. Plaza Soledad 1.

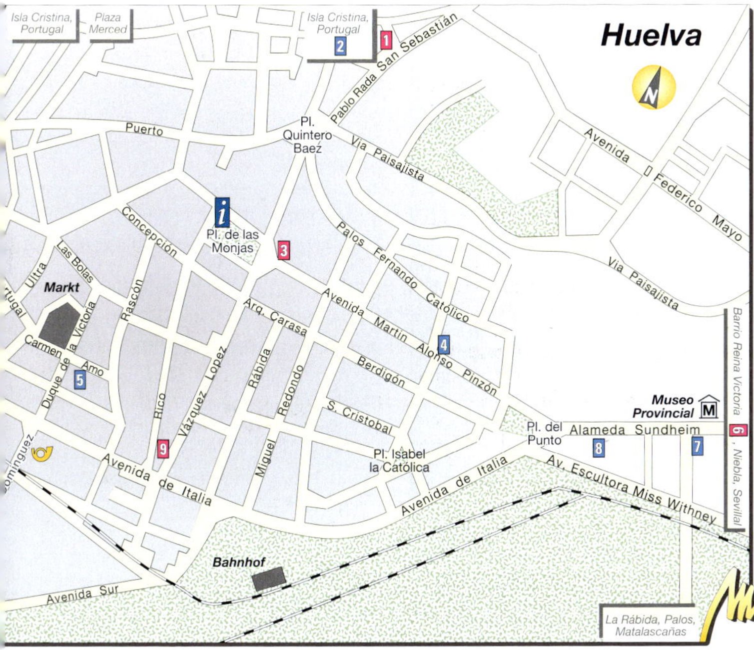

Karte siehe Umschlagklappe vorne

Bar La Abundancia (9), im südlichen Zentrumsbereich. Schlichte Nachbarschaftskneipe, Fisch und Meeresfrüchte in breiter Auswahl, zum Verzehr vor Ort oder zum Mitnehmen, auch halbe Raciones und Tapas. Das Tagesmenü kommt auf etwa 7 €. C. Vázquez Lopez, Nähe Av. de Italia.

• *Nachtleben* Im Sommer verlagert sich das Nachtleben hinaus nach Punta Umbría.

Plaza Quintero Baez und **Calle Pablo Rada**, beide knapp nördlich des engeren Zentrums gelegen, bilden eine relativ lebendige Kneipenzone innerhalb der Stadt. Weitere Bars, noch etwas weiter nördlich des Zentrums, an der **Plaza Merced**.

• *Einkaufen* **Haupteinkaufszone** ist der Bereich südlich der Plaza de las Monjas bis etwa auf Höhe der Markthalle **Mercado del Carmen**.

Kaufhaus: „Corte Inglés" östlich des Zentrums, in der Nähe des Museo Provincial und Richtung Sevilla.

• *Feste* **Fiestas Colombinas**, einwöchiges Fest, das von Ende Juli bis zum 3./4. August dauert, eine Erinnerung an den Tag, an dem Kolumbus 1492 von Palos in See stach. Mit Musik, Tanz, Sport- und Kulturereignissen, Stierkampf und einigem mehr.

Sehenswertes

Wie erwähnt, ist Huelva mit Sehenswürdigkeiten nicht gerade gespickt. Das Zentrum der etwas gesichtslosen Innenstadt bildet die rechteckige, hübsch begrünte *Plaza de las Monjas.* Von hier verläuft in etwa östlicher Richtung die Hauptstraße *Avenida Martín Alonso Pinzón.*

Museo Regional: Das Regionalmuseum liegt an der Alameda Sundheim 17, der Verlängerung der Hauptstraße nach Nordosten, und gliedert sich in zwei Abteilungen. Die *Archäologische Abteilung* ist sicher die interessantere. Sie besitzt nicht nur zahlreiche prähistorische Funde aus der Provinz, sondern geht insbesondere auch auf die vieltausendjährige Geschichte der Minengebiete im Norden ein. Zu sehen sind hier unter anderem ein römisches Wasserrad, das zur Trockenlegung der Gänge diente, tönerne Grubenlampen aus ebenfalls römischer Zeit und vieles mehr. Die *Abteilung der Schönen Künste* fällt dagegen etwas ab. Besonders stolz ist man hier auf eine Reihe von Arbeiten des örtlichen Künstlers Vázquez Díaz, eines späten Impressionisten.

Öffnungszeiten Di 14.30–20 Uhr, Mi–Sa 9–20 Uhr, So 9–14 Uhr. Eintritt frei.

Zu Ehren des Entdeckers: Kolumbusdenkmal bei Huelva

Barrio Obrero Reina Victoria: Ein Stück stadtauswärts des Museums liegt linker Hand der Avenida de Guatemala ein Wohnviertel besonderer Art. 1917 wurde hier von der britisch geführten Minengesellschaft von Riotinto für ihre Angestellten die „Arbeitersiedlung Queen Victoria" angelegt, ein streng rechteckig aufgebauter Komplex kleiner Häuser in typisch englischem Stil. Das kuriose Gebilde, heute von Spaniern bewohnt, wurde sogar unter Denkmalschutz gestellt.

Paraje Natural Marismas del Odiel: Noch im Stadtgebiet von Huelva erstreckt sich dieses Naturschutzgebiet auf der anderen Seite des Río Odiel. Kennzeichnendes Merkmal der Marismas von Odiel sind ihre Lagunen und Salzseen (*salinas*), in denen Flamingos, Reiher und Löffler leben und teilweise sogar brüten. Es gibt zwei Wanderwege in das Gebiet, die jedoch nur mit Erlaubnisschein der Parkverwaltung betreten werden dürfen. Daneben bilden ein großes Ausflugsschiff sowie Geländewagen der Organisation die bislang einzigen Möglichkeiten, die Schönheiten des Areals kennenzulernen; beide stehen jedoch nur für organisierte Gruppen zur Verfügung. Aktuelle Informationen hierzu im Fremdenverkehrsamt von Huelva oder beim Dokumentationszentrum des Schutzgebietes.

• *Informationen* **Centro de Visitantes La Calatilla**, Carretera Dique San Carlos I, km 3. An der Straße zur „Dique" genannten Landzunge südlich von Huelva, die Anfahrt (zunächst Richtung Punta Umbría), ist allerdings etwas kompliziert. Geöffnet Mi-So, Anfragen zu Ausflügen per Schiff oder Jeep unter ✆ 959 509011.

Punta Umbría

Eine Art Strandvorstadt von Huelva, gleichzeitig ein großer Fischerhafen, nur etwa zehn Kilometer südlich der Provinzhauptstadt, auf dem Landweg jedoch über zwanzig Straßenkilometer entfernt.

Im Sommer, etwa von Mitte Juni bis Mitte September, verkehren häufige, „Canoas" genannte Ausflugsboote ab dem Hafen von Huelva, die aber nur Fußgänger transportieren. In Mode gebracht wurde die Sommerfrische in Punta Umbría von den Angestellten der englischen Minengesellschaft. Heute lassen es sich hier fast nur Spanier wohl sein. Der modern wirkende Ort ist erstaunlich ausgedehnt. In der Strandsiedlung im Süden überblicken große Apartmentblocks die lang gezogene, im gesamten Siedlungsbereich mit der „Blauen Flagge" prämierte Playa de Punta Umbría.

Dort tobt im Sommer das Leben, öffnen die Tapabars, Discos und die Strandkneipen „Chiringuitos". Außerhalb dieser Monate ist in der Strandsiedlung jedoch kaum etwas los. Etwas mehr Betrieb herrscht dann noch an der Hafenseite des Ortes, die an der „Ría" genannten Mündung des Doppelflusses Río Tinto und Río Odiel liegt. Hier erstreckt sich das eigentliche Zentrum von Punta Umbría. Angesichts der vielen Fischerboote und der großen Fischauktionshalle Lonja spürt man deutlich, dass der Tourismus nicht die einzige Erwerbsquelle der immerhin fast zwölftausend Einwohner zählenden Siedlung ist.

• *Information* **Oficina Municipal de Turismo**, Av. Ciudad de Huelva s/n, ✆ 959 495160, 📠 959 495166. Im Zentrum am Ende der Straße von Huelva, geöffnet 10–14 Uhr sowie im Sommer 18–21 Uhr, im Winter 17–20 Uhr.

• *Verbindungen* **Busse** der Gesellschaft DAMAS starten am Busbahnhof unweit der Infostelle. Verbindungen nach Huelva etwa stündlich, im Sommer noch häufiger.

Schiff: „Canoas" nach Huelva nur zur HS, dann häufige Abfahrten ab der Muelle Viajeros, an der Hafenseite der Siedlung, Plaza Pérez Pastor. Preis p.p. 2,50 €.

• *Übernachten* Eine ganze Reihe Hotels und Pensionen, z. T. nur im Sommerhalbjahr geöffnet. Hohes Preisniveau.

**** **Hotel Barceló Punta Umbría (12)**, 2001 eröffnet. Am Ortsrand Richtung Huelva und direkt am hier besonders schönen Strand, vom Zentrum aber eine ganze Ecke entfernt. Großes Hotel mit rund 300 Zimmern, komfortable Ausstattung, Pool und Hallenbad. DZ/F etwa 160–210 €, im Winter 100 €. Av. del Océano as/n, ✆ 959 495400, 📠 959 310244, www.barcelo.com.

*** **Hotel Pato Amarillo (7)**, Ziegelbau in der Strandsiedlung, zwei Blocks hinter dem Strand, viele Zimmer mit Meerblick. Ebenfalls komfortabel ausgestattet, hübscher Garten mit Pool, der auch von der nahen, etwas preisgünstigeren und architektonisch attraktiveren Dependance **Pato Rojo (9)** mitbenutzt werden darf. Geöffnet von

Karte siehe Umschlagklappe vorne

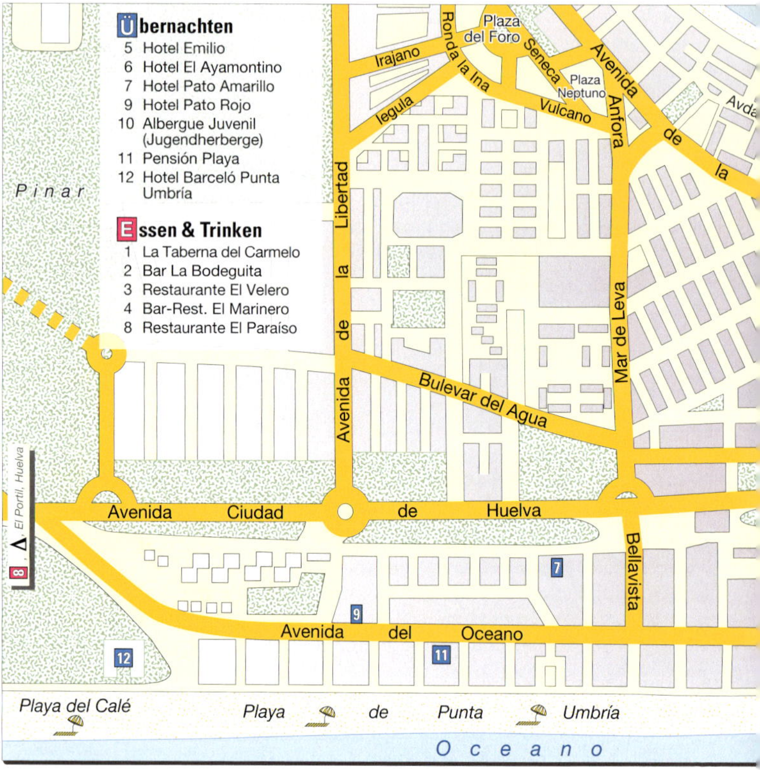

Februar bis November, DZ 80–110 €. Urb. Everluz s/n, ✆ 959 311250, 📠 959 311258. www.hotelespato.com.

** **Hotel El Ayamontino (6)**, solide untere Mittelklasse in recht zentraler, aber durch die Straße nicht immer ruhiger Lage unweit der Infostelle und der Post, mit eigener Parkmöglichkeit; ein bekanntes Restaurant ist angeschlossen. DZ 60–80 €. Av. Andalucía 35, ✆ 959 311450, 📠 959 310316.

* **Hotel Emilio (5)**, in der „Fressgasse" auf der Hafenseite. Auf der Straße geht es im Sommer oft rund, die Zimmer nach hinten sind deshalb empfehlenswerter. Passable Ausstattung, Garage. DZ etwa 50–80 €. C. Ancha 21, ✆ 959 311800, 📠 959 659051.

** **Pensión Playa (11)**, angenehmes Haus in der Strandsiedlung, nur einen Katzensprung vom Meer und deshalb mit leicht gehobenem Preisniveau: DZ/Bad 50–60 €. Av. Océano 95, ✆ 959 310112.

Jugendherberge Albergue Juvenil (10), sehr strandnah und dennoch halbwegs zentral gelegen. Ganzjährig geöffnet, vorheriger Anruf empfiehlt sich dennoch. Av. Océano 13, ✆ 959 311650.

• *Camping* **Playa La Bota** (2. Kat.), großer, ganzjährig geöffneter und gut ausgestatteter Platz; nette Cafeteria. Viele Dauercamper. Pro Person rund 5,50 €, Zelt etwa 4,50 €, Auto 4 €. Carretera Huelva, Paraje La Bota, in strandnaher Lage etwa 7 km außerhalb von Punta Umbría, auf Höhe der Playa de la Bota; ✆ 959 314537, 📠 959 314546.

• *Essen* Die Restaurantzone liegt im Gebiet hinter dem Hafen um die Calle Ancha und die Markthalle.

Restaurante El Paraíso (8), ein ganzes Stück außerhalb, Nähe Camping La Bota, siehe oben. Exquisite Küche aus hochwertigen Grundmaterialien, Menü à la carte ab etwa 30 €. Carretera Huelva-El Portil, km

15,5; von Punta Umbría zunächst Richtung El Portil, erst dann rechts ab. Reservierung ratsam: ✆ 959 312756.

Restaurante El Velero (3), an der Hafenstraße. Prima Fischgerichte, viel gerühmt wird besonders der „Rape a la Marinera", Seeteufel nach Seemannsart. Mittleres bis leicht gehobenes Preisniveau. Paseo de la Ría 13.

Bar-Rest. El Marinero (4), direkt an der Calle Ancha, nicht weit von der Markthalle. Bereits 1975 gegründete, innen mit Kacheln geschmückte Kneipe. Raciones frittierter Fisch und Mariscos um die 8 € bzw. nach Gewicht. C. Ancha 61.

Bar La Bodeguita (2), ebenfalls in der Calle Ancha. Optisch sehr schlichtes Fischlokal, ein großer kahler Raum mit Plastikstühlen und Papiertischdecken. Breite Fischauswahl, preisgünstig. C. Ancha 86.

La Taberna del Carmelo (1), um die Ecke. Hier stehen spanischer Schinken und Wurstwaren im Mittelpunkt. Gehobene Qualitäten haben ihren Preis. Av. de Andalucía 5.

• *Feste* **Muestra de la Coquina y la Chirla**, in der zweiten Februarhälfte, ein gastronomisches Fest zu Ehren der typischen Muschelarten des Orts.

Virgen del Carmen, am 16. Juli, mit einer Meeresprozession geschmückter Boote.

Feria del Marisco y de la Gamba, Ende Juli. Wie der Name schon sagt, ein kulinarisches Fest zu Ehren der Meeresfrüchte.

Fiestas del Verano, großes Sommerfest in den Tagen um den 15. August.

• *Baden* Die Strände von Punta Umbría erstrecken sich von der Flussmündung über rund 12 km nach Nordwesten.

Playa de Punta Umbría: Der eigentliche Stadtstrand, von Apartmentblocks und Ferienhäusern begleitet, ist bereits mehr als 3 km lang und im Schnitt 50 m breit. Ausstattung und gastronomisches Angebot sind gut.

Karte siehe Umschlagklappe vorne

Playa del Calé, Playa de los Enebrales: Weniger Service, aber eine attraktivere Landschaft bieten diese beiden Strände, die sich im Nordwesten anschließen. Ihr unbebautes, durch Fuß- und Fahrradwege erschlossenes Hinterland wird von Dünen, Pinienbäumen und phönizischem Wacholder geprägt und ist unter Naturschutz gestellt. Sogar Chamäleons leben hier.

Playa de la Mata Negra, Playa de la Bota: Die nahtlose Fortsetzung der Playa de los Enebrales, etwa auf Höhe der Abzweigung Richtung Huelva gelegen. Zwei weitere kilometerlange, breite und sehr weitläufige Strände; Parkplätze sind an der Straße reichlich vorhanden. In einigen Bereichen ist Nacktbaden üblich.

▸ **El Portil**: Die Urbanisation El Portil, etwa auf halbem Weg zwischen Punta Umbría und El Rompido gelegen, ist ganz vorwiegend auf innerspanischen Tourismus eingestellt. Dies gilt trotz der beiden neuen Großhotels (AC Nuevo Portil Golf und Hotel Playacartaya) ebenso für den westlichen Ableger *Nuevo Portil*. Eine Besonderheit ist die *Laguna del Portil*, ein unter Naturschutz gestellter Süßwassersee, der in einer knappen Stunde auf einem Spazierweg umrundet werden kann.

El Rompido

Ein bislang noch kleiner Ort an großer Bucht, die durch eine vorgelagerte Halbinsel vom offenen Meer getrennt wird. Effekt: kaum Seegang, günstig für Schlauchbootkapitäne, Surfanfänger und Segler.

Die „Flecha del Rompido" ist eine rund zwölf Kilometer lange Sandbank, die sich durch Sedimentablagerungen aus Meeres- und Flussströmungen zwischen dem Río Piedras und dem offenen Ozean gebildet hat und mit einer Geschwindigkeit von etwa 30 Metern pro Jahr weiter wächst. Kein Wunder, dass sich auf der Landseite des Flusses, gut geschützt durch eben diese lang gezogene und dabei sehr schmale „Barra", wie sie auch genannt wird, ein kleiner Fischerhafen angesiedelt hat. Die niedrigen Häuser des winzigen Weilers besitzen bei weitem mehr Charme als die umliegenden und weiter wachsenden Urbanisationen: Der Bauboom hat El Rompido voll erfasst.

• *Verbindungen* **Bus**: DAMAS-Busse fahren etwa stündlich von und nach Huelva.

• *Übernachten* Ein Hotel der „Fuerte"-Kette (→ Conil) ist in Bau und dürfte bald nach Erscheinen dieser Auflage öffnen.

***** **Golf Hotel El Rompido**, etwa einen Kilometer außerhalb, ein 2004 eröffnetes Hotel der Luxusklasse mit 18-Loch-Golfplatz, Pool, Wellnessbereich etc. Tennis- und Reitmöglichkeit in der Nähe; Shuttle-Service per „Straßen-Bahn" zum Strand, weiter per Schiff zur Flecha. DZ/F nach Saison und Ausstattung 110–260 €, es gibt auch Suiten. Carretera Cartaya-El Rompido, ✆ 959 024320, ℻ 959 024321, www.sethotels.com.

* **Hotel Hacienda San Miguel**, etwa 2 km außerhalb in Richtung Cartaya, Zufahrt rechter Hand. Wunderbare, ruhige Einzellage auf einem Hügel mit sehr weiter Fernsicht, gute Zimmer, freundliche Leitung. Eine Bar ist angeschlossen. Ganzjährig geöffnet, DZ nach Lage und Saison 55–80 €. Carretera de Cartaya a El Rompido, km 6; ✆ und ℻ 959 504262.

• *Camping* **Catapum** (2. Kat.), vom Hafen etwa 3 km Richtung Punta Umbría, durch die Straße vom Strand getrennt. Gut schattig, viele Dauercamper. Ganzjährig geöffnet, Bar/Rest., Einkauf. Pro Person, Auto, Zelt je 4,50 €; ✆ 959 399165.

• *Essen* **Bar-Rest. La Ola**, Beispiel für die Handvoll netter Fischrestaurants im Ortskern von El Rompido. Schöne Lage, Terrasse zum Strand. Raciones Fisch in der Bar etwa 6–8 €, Grillgerichte im Restaurant nach Gewicht, dann dementsprechend teurer. Ebenfalls gut ist das benachbarte Bar-Rest. **Caribe II**.

• *Unterhaltung* **Aquopolis**, ein kleiner Wasserpark einige Kilometer außerhalb in Richtung Cartaya, der aber nur zur Saison in Betrieb ist. Direkt nebenan liegt eine **Kartbahn**.

• *Baden* Der Strand selbst verlockt eher wenig, die zahlreichen Sportboote sorgen zudem für regen Verkehr. Ganz anders sieht es auf der „Flecha" aus.

Playa de Nueva Umbría: Der kilometerlange, dem Meer zugewandte Naturstrand auf der „Flecha del Rompido" selbst ist natürlich ein Traum. Zur Saison sind mehrere Fußgängerfähren (Transbordadores) zur Flecha in Betrieb, eine startet gleich westlich vom Hafen.

Westlich von El Rompido blockiert das Sumpfgebiet des Río Piedras die Weiterfahrt; der Umweg landeinwärts über den Gemeindesitz Cartaya und weiter über die N 431 ist deshalb unvermeidlich.

Lepe

Der recht große Inlandsort an der N 431 bildet den Gemeindesitz und das Versorgungszentrum des Strandorts La Antilla und der Feriensiedlung Islantilla. Umgeben von weiten Erdbeerfeldern, stellt Lepe eine besondere Kuriosität dar: Aus unerfindlichen Gründen sind die armen Leute von Lepe gewissermaßen die „Ostfriesen Andalusiens", nämlich Gegenstand zahlloser, nicht eben schmeichelhafter Witze über ihre Geisteskraft.

El Terrón

Die winzige Hafensiedlung von Lepe lohnt einen Abstecher, sei es von Lepe selbst oder den Ferienorten La Antilla oder Islantilla.

Am weiten Río Piedra gelegen, entfaltet sich in dem seit Jahrhunderten genutzten Naturhafen Fischerambiente pur – alte Herren beim Flicken der Netze und Lackieren der Boote, Fischversteigerungen und das Anlanden des Fangs; auch schon mal ein Reiter hoch zu Ross, der sich aus einer Bar das Bier direkt ans Pferd bringen lässt. Die Fischrestaurants hier wirken schlicht, servieren aber alle Köstlichkeiten des Meeres, darunter die begehrten Langostinos. In den Sommermonaten ist El Terrón auch ein beliebtes Nachtziel der Jugend der Umgebung,. Für die modernen Zeiten wappnet sich der alte Ankerplatz mit einem Sporthafen und einer „Aula Ma-

Fischeralltag: Flicken der Netze in El Terrón

Provinz Huelva
Karte siehe Umschlagklappe vorne

rina" (☏ 959 383187), einem kleinen Museum und Aquarium, das den spanischkundigen Besucher mit den nahen Gezeitensümpfen Marismas und ihrer Tierwelt vertraut macht. Geöffnet ist im Sommer Mo–Fr 17.30–21.30 Uhr, sonst Sa/So 12–14, 16.30–19 Uhr; Eintrittsgebühr 4 €.

• *Essen* **Bar-Rest. El Puerto**, eines von einem knappen halben Dutzend Lokale hier. Rustikale Bar mit Fernseher und guten Tapas, angegliedert ein einfaches Restaurant. Raciones frittierter Fisch kosten um die 8 €, vom Grill werden die Köstlichkeiten nach Gewicht berechnet. Eine Preisliste hängt aus, 300 Gramm pro Person sind etwa zu rechnen.

• *Baden* Die **Playa de Nueva Umbría** (siehe El Rompido und La Antilla) ist von El Terrón über den „Sendero de Nueva Umbría" zu erreichen, einen Weg, der etwas außerhalb von El Terrón in Richtung La Antilla gegenüber der Zufahrt zu einer Urbanisation abzweigt und durch die Marismas del Catalán führt. Am Flusshafen von El Terrón selbst wird niemand baden wollen.

La Antilla

Einst ein reines Fischerdorf, entwickelte sich die Strandsiedlung schon vor geraumer Zeit zu einem Ferienort von zunächst bescheidenen Ausmaßen. Die Dimensionen sind jedoch dabei, sich zu ändern.

Im Zentrum und entlang der Strandzeile macht die etwa fünf Kilometer südlich von Lepe gelegene, nach offizieller Rechnung kaum mehr als 500 Einwohner zählende Ortschaft auch immer noch einen sympathischen Eindruck, fast rührend wirkt das winzige, ganz im Westen gelegene Fischerviertel Barrio de los Pescadores. Im Umfeld allerdings wird immer mehr gebaut, und bald wohl wird La Antilla mit dem benachbarten, erst vor wenigen Jahren aus dem Boden gestampften Touristenzentrum Islantilla völlig zusammengewachsen sein. Da ganz überwiegend auf spanische Urlauber eingestellt, betrifft das Phänomen der kurzen Saison natürlich auch La Antilla – außerhalb des Hochsommers und der Wochenenden fällt es gar nicht einmal so leicht, überhaupt ein geöffnetes Restaurant zu finden. Eine Wucht ist jedoch der hier schier endlose, breite und und feinsandige Strand.

• *Verbindungen* **Busse** der Gesellschaft DAMAS fahren 7-mal täglich nach Huelva, 5-mal täglich nach Isla Cristina. Sa/So bestehen kaum Anschlüsse.

• *Übernachten* Die Mehrzahl der Quartiere ist nur zur Saison geöffnet.

** **Hotel Lepe Mar**, einziges Hotel vor Ort und gewissermaßen das Zentrum von La Antilla. Relativ großer, direkt an der Strandpromenade gelegener Bau von erträglicher Architektur; ein Teil der 72 ordentlich möblierten Zimmer geht direkt aufs Meer. Eigene Tiefgarage, auf der Dachterrasse öffnet im Sommer eine Snackbar. DZ etwa 60–75 €, zur HS nur mit Halbpension. C. Delfín s/n, ☏ 959 481001, ℻ 959 481478, www.hotasa.es.

* **Pensión Hostal Playa**, eine von mehreren kleinen Pensionen im Umfeld des Hotels Lepe Mar. Nur zwölf Zimmer, ganzjährig geöffnet, DZ/Bad etwa 40–65 €. Plaza de la Parada s/n, ☏ und ℻ 959 480726.

• *Camping* **La Antilla** (2. Kat.), nicht im Ort selbst, sondern rund 2 km außerhalb Richtung El Terrón, auch vom Strand eine ganze Ecke entfernt. Gute Ausstattung, Platz für mehr als tausend Personen. Offiziell ganzjährig geöffnet, p.P. und Zelt je etwa 4,50 €, Auto 4 €. ☏ und ℻ 959 480829.

• *Essen* **Bar-Rest. La Langosta**, auch als „Rodri" bekannt. In der „Restaurantzone" von La Antilla, die unweit des Hotels Lepe Mar zwei Parallelstraßen landeinwärts der Uferpromenade liegt. Gute Küche, Hauptgerichte überwiegend um die 10 €, Raciones deutlich darunter. Oft auch ein günstiges Mittagsmenü für etwa 6 €. Ganzjährig geöffnet. C. Castilla s/n.

Bar-Rest. Lino, schräg gegenüber La Langosta. Mittags wird hier ebenfalls ein günstiges Festmenü angeboten, dann ausgesprochen beliebt. C. Castilla s/n.

• *Baden* Die **Playa de Nueva Umbría** verläuft östlich von La Antilla auf der „Flecha del Rompido" genannten Sandbank zwischen Meer und dem Fluss Río Piedras über sagenhafte 12 km Länge: ein Paradies

Schöner Wohnen: Apartments in Islantilla

für Strandwanderer. Da und dort wird nackt gebadet, seit wenigen Jahren auch mit Billigung der Behörden – die Playa de Nueva Umbría ist ganz offiziell als erster Nacktbadestrand der Provinz Huelva ausgewiesen. Keinerlei Einrichtungen.

Playa de la Antilla: Auch der eigentliche Ortsstrand, von einer Promenade begleitet und im Schnitt fast 90 Meter breit, erstreckt sich noch über gut 2 km. Er reicht bis nach Islantilla, wo er sich nahtlos gen Westen fortsetzt. Im Sommer gutes Serviceangebot (nicht umsonst weht hier die „Blaue Flagge"), außerhalb der Saison wirkt er fast verwaist.

Islantilla

Der Ferienkomplex am langen Dünenstrand zwischen La Antilla und Isla Cristina ist erst wenige Jahre alt und expandiert weiterhin.

Zu der sehr ausgedehnten Urbanisation gehört neben mehreren Hotels und Apartmentanlagen auch ein großer Golfplatz mit 27 Löchern. Mittelpunkt des Geschehens ist sinnigerweise das zweistöckige Einkaufszentrum „Centro Comercial", das mit einer Reihe von Bars und Restaurants die gastronomische Versorgung sichert und sogar ein Kino besitzt. Wie in den meisten jüngeren Urbanisationen der Provinz Huelva hat man auch in Islantilla versucht, der Siedlung mit niedrigen Gebäuden, pseudomaurischen Architekturanklängen und sanften Farben ein ansprechendes Erscheinungsbild zu verleihen, der Eindruck einer gewissen Sterilität bleibt dennoch bestehen. So künstlich wie das Feriendorf selbst ist auch sein Name, zusammengesetzt aus „La Antilla" und „Isla Cristina", wie die beiden Nachbarorte heißen. Hintergrund der Namensgebung: Islantilla gehört zu zwei Gemeinden, nämlich Isla Cristina und zu Lepe, das auch La Antilla verwaltet. Traumhaft ist auch hier der Strand, an dem leidenschaftliche Muschelsammler viel zu tun haben dürften.

• *Information* **Oficina de Turismo**, Av. Ríofrío s/n, nahe der Durchgangsstraße Richtung La Antilla; ✆ 959 646013. Geöffnet Mo–Fr 10–14, 17.30–19.30 Uhr, Sa/So und im Winter nur 10–14 Uhr.

Karte siehe Umschlagklappe vorne

• *Übernachten* Die hiesigen Großhotels werden fast ausschließlich (und preisgünstiger) pauschal gebucht.

**** **Grand Hotel Puerto Antilla**, erst im Sommer 2004 eröffnet. Wie die meisten Hotels hier strandnah gelegen. Exklusive Ausstattung mit schöner Pool-Landschaft, Spa etc., DZ für Individualbucher etwa 100–180 €. Landeinwärts waren zuletzt ein weiteres Hotel sowie ein Kongresspalast in Bau. ✆ 959 625100, www.puertoantilla.com.

**** **Confortel Islantilla**, neben dem Einkaufszentrum. Mehr als 340 Zimmer, zwei Pools, große Gartenanlagen, insgesamt fünf Bars und Restaurants etc. Preise ähnlich wie oben, von Mitte Juli bis Ende August ist Halbpension obligatorisch. Av. de Islantilla s/n, ✆ 959 486017, ℻ 959 486211, www.confortel.es.

**** **Hotel Oasis Islantilla**, vom Strand ebenfalls nur durch die Promenade getrennt. Wie auch bei der Konkurrenz mag man über die Außenarchitektur der großen Anlage (über 470 Zimmer!) streiten, das Innerere und die Gartenanlagen können jedoch gefallen. Die Ausstattung ist dem Confortel vergleichbar, die Preise liegen (zumindest offiziell) etwas günstiger. Av. de Islantilla s/n, ✆ 959 486422, ℻ 959 486421, www.hotelesoasis.com.

**** **Islantilla Golf Hotel**, nicht am Strand, sondern mitten im Golfplatz von Islantilla. Damit sich auch nicht golfende Angehörige wohl fühlen, gibt es einen hoteleigenen Beachclub mit Shuttleservice. Ausstattung und Preise etwa wie oben, ✆ 959 486377, ℻ 959 486203, www.islantillagolfresort.com.

• *Camping* **Luz** (2. Kat.), am westlichen Rand der Urbanisation, oberhalb der Straße nach Isla Cristina, zum Strand etwa 400 Meter. Exzellente Sanitärs, Pool, gute sonstige Ausstattung. Ganzjährig geöffnet, p.P., Auto, Zelt jeweils etwa 4,50 €. ✆ 959 341142, ℻ 959 486459.

Taray (2. Kat.), noch etwa einen Kilometer weiter Richtung Isla Cristina, ebenfalls landeinwärts der Straße, jedoch etwas strandnäher als die Konkurrenz. Mittlerer Schatten, Ausstattung ordentlich, aber nicht ganz so umfangreich wie im Camping Luz. Ganzjährig, p.P., Auto, Zelt je etwa 4 €. ✆ 959 341102.

• *Baden* Die feinsandige **Playa de Islantilla**, direkt vor der Siedlung gelegen, verläuft über gut einen Kilometer und erreicht eine mittlere Breite von üppigen 85 Metern. Die Ausstattung ist exzellent und mit der „Blauen Flagge" belohnt, es gibt zahlreiche Wassersportmöglichkeiten und sogar eine Segelschule. Im Osten Richtung La Antilla und im Westen Richtung Isla Cristina schließen sich weitere Strände an.

Playa Redondela: Besonders reizvoll ist dieser breite Strand gleich westlich von Islantilla, der sich über rund 2 km erstreckt. Sein Hinterland ist völlig unbebaut und mit schattigen Kiefern bewachsen, am Strand selbst finden sich Dünen, die zum Schutz der Vegetation teilweise eingezäunt werden mussten. In seiner direkten Verlängerung reicht er bis zum Strand von Isla Cristina und heißt dann **Playa del Hoyo**.

Isla Cristina

Von ausgedehnten Marismas und Salinen umgeben, ist die Siedlung keine Insel, wie der Name vermuten lassen könnte und wie es Isla Cristina vor Aufschüttung eines Damms einst auch war.

Das weitläufige Städtchen von fast 18.000 Einwohnern, im 18. Jh. von katalanischen Fischern gegründet, hat sich zwar auch als Badeziel etabliert, verdient sein Geld aber immer noch vorwiegend mit der Fischerei. Im großen Hafen am Fluss Río Carreras wird die Beute eingedost und kann als Konserve vor Ort erstanden werden. Außerhalb der Saison scheint hier manchmal mehr Betrieb zu sein als im Städtchen selbst, das dennoch mehr Eigenleben entfaltet als die meisten anderen Küstensiedlungen der Costa de la Luz von Huelva. Das schachbrettartig aufgebaute Zentrum von Isla Cristina erstreckt sich um die Kirche und eine Palmenallee und macht einen angenehm entspannten Eindruck, zeigt sich um den hübschen Blumenplatz *Plaza de las Flores* sogar recht romantisch. Unerfreulicher präsentiert sich die Wohnsiedlung östlich des Ortskerns, die mit Isla Cristina heute praktisch zusammengewachsen ist. Mit den hiesigen Hotel- und Apartmentkomplexen sowie

Tierische Wohngemeinschaft: Storchkolonie in Isla Cristina

einem Sporthafen sichert sich Isla Cristina seinen Teil am vorwiegend national geprägten Fremdenverkehr dieser Küste. Der Strand, der sich nach Osten durchgängig viele Kilometer weit über die Feriensiedlung Islantilla hinaus bis zur Sandbank Flecha del Rompido hinter La Antilla erstreckt, hat in der Tat Klasse und ist auch für Muschelsucher ein Paradies.

• *Information* **Oficina de Turismo**, Calle Ayamonte s/n, pavillonartiger Bau an einem kleinen Platz Nähe Rathaus, ☏ 959 332694. Engagiertes Personal. Öffnungszeiten von April bis September Mo–Fr 10–14, 17.30–19.30 Uhr, Sa/So 10–14 Uhr; sonst täglich 10–14 Uhr.

• *Verbindungen* **Busse** der Gesellschaft DAMAS halten an der Calle Manuel Siurot im nördlichen Ortsbreich, nahe der Ausfallstraße nach Ayamonte; Anschlüsse nach Huelva 14-mal täglich, davon 5-mal via Islantilla und La Antilla; nach Ayamonte 5-mal täglich.

• *Übernachten* ***** **Hotel Isla Cristina Palace (14)**, das erste große Ferienhotel von Isla Cristina, 2002 eröffnet. Vom Strand nur durch ein Pinienwäldchen getrennt, zum Ortskern aber ein Stück zu laufen. In der Umgebung wurde zuletzt kräftig gebaut. 165 Zimmer, sehr gute Ausstattung, Innen- und Außenpool, Wellness-Center etc. DZ/F für Direktbucher 160–300 €, pauschal geht´s günstiger. Avda. del Parque 148, ☏ 959 344499, ℻ 959 344498, www.islacristinapalace.com.

**** **Hotel Barceló Isla Cristina (13)**, frisch eröffnetes Hotel der bekannten Kette, ebenfalls strandnah und einen Tick näher am Zentrum gelegen. Mehr als 200 Zimmer, fast 100 Apartments, von Barceló beworben als „ganz besonders geeignet für junge Reisende und Abenteurer". Viele Freizeit- und Sportmöglichkeiten. Individualgäste zahlen fürs DZ/F nach Saison 100–240 €. C. Doctor Delgado Carrasco s/n, ☏ 959 621100, ℻ 959 330228, www.barcelo.com.

** **Hotel Paraíso Playa (7)**, in der Strandsiedlung an der Playa Central. Familiäres Haus mittlerer Größe, recht hübsch gelegen und mit kleinem Pool. DZ nach Saison etwa 50–70 €, Juli/August 110 €. Von Mitte Dezember bis Mitte Januar ist geschlossen. Av. de la Playa s/n, ☏ 959 331873, ℻ 959 343745. www.hotelparaisoplaya.com.

** **Hotel Sol y Mar Playa (8)**, ebenfalls an der Playa Central und das in der ersten Reihe, viele Zimmer deshalb mit Meerblick. Ausstattung etwas einfacher als im Paraíso Playa, die Preise liegen ganz ähnlich. Playa Central s/n, ☏ 959 332050.

Provinz Huelva
Karte siehe Umschlagklappe vorne

** **Hotel Los Geranios (10)**, ebenfalls in diesem Gebiet, gegenüber Paraíso Playa. Gut geführt und hübsch dekoriert; Parkplatz und kleiner Pool. DZ/F 70 €, im August bis zu knapp 160 €. Av. de la Playa s/n, ✆ 959 331800, ✆ 959 331950.

* **Hotel Brisamar (5)**, verteilt auf zwei Gebäude der „Wohnstadt", vom Zentrum Richtung Playa Central. Kleines Hotel mit gerade mal 18 schlicht-hübschen Zimmern, ausgestattet mit Klimaanlage und Kühlschrank. DZ nach Saison etwa 55–80 €. Von Januar bis März geschlossen. C. 29 de Julio 187, ✆ 959 331139.

* **Pensión Gran Vía (4)**, absolut zentral, aber nicht immer ruhig nahe der Kirche gelegen. Gut geführte, etwas altmodische, aber solide und gut in Schuss gehaltene Pension, nebenan eine beliebte Bar. Geöffnet Mai bis Oktober; DZ/Bad nach Saison knapp 40–55 €. Gran Vía 10, ✆ 959 330794.

• *Camping* **La Giralda** (1. Kat.), noch recht neuer Platz unweit des östlichen Ortsrands, ins Zentrum gut 2 km, zum Strand nur ein paar Minuten. Sehr großer Platz mit einer Kapazität von mehr als 2000 Personen, schattig und gut ausgestattet, unter anderem mit Pool. Ganzjährig geöffnet, p.P., Zelt jeweils um die 5,50 €, Auto 4,50 €. Carretera Isla Cristina-La Antilla, km 1,5; ✆ 959 343318.

• *Essen* Fisch und Meeresfrüchte sind in Isla Cristina nicht nur frisch, sondern oft auch erfreulich preisgünstig.

Casa Rufino (12), in der Strandsiedlung an der Playa Central, also ein ganzes Stück vom Zentrum. Wohl das beste Restaurant des Städtchens, ein Familienbetrieb mit kreativer Küche. Probiermenü für zwei Personen 40 €. Av. de la Playa s/n, zur NS nur mittags geöffnet.

Restaurante Acosta (3), ebenfalls ein alteingesessenes Lokal, im vorderen Bereich eine Bar, hinten edler, aber noch erschwinglich. Neben Meeresgetier gehört auch Fleisch vom Grill zu den Hausspezialitäten. Menü à la carte ab etwa 18 €. Plaza de las Flores 13.

Restaurante Macarena Marchena (6), in der „Wohnstadt", vom Zentrum zunächst ein gutes Stück Richtung Playa Central, dann links. Kleines, familiäres Restaurant, das für seine Fischgerichte und Mariscos guten Ruf genießt. Preisniveau etwa wie oben. C. Faneca 44.

Restaurante La Isla (9), gleichfalls in der Neustadt. Solides Restaurant mit guter Küche, umfangreichen Portionen und aufmerksamem Service; das Tagesmenü kommt auf etwa 10 €. C. Extremadura 70. Um die Ecke in der Calle Emiliano Cabot 51 liegt das ebenfalls bei Einheimischen beliebte **Restaurant Casa Cacherón (11)**.

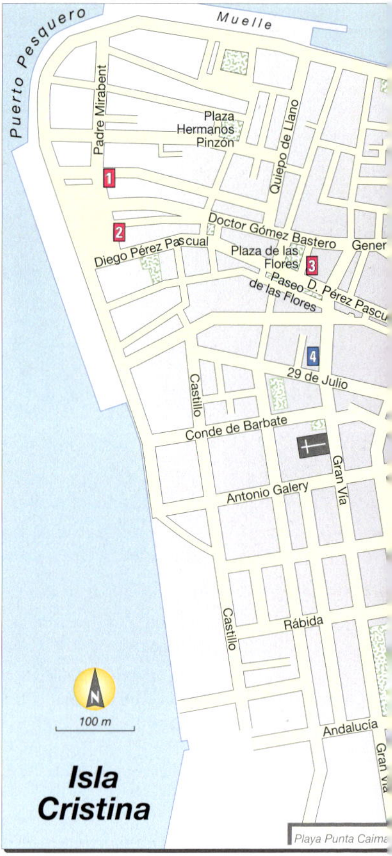

Bar El Pescador (1), am Fischerhafen. Rustikale Bar und günstiges Restaurant, Spezialität Guisos Marineros, also Eintöpfe nach Seemannsart, Portion 6–8 €. C. Padre Mirabent 21. Nur 50 Meter weiter liegt die im Charakter ganz ähnliche **Bar Hermanos Moreno (2)**.

• *Ausflüge* **Schiffsausflüge** von „Cruceros Torre del Oro" starten zur Sommersaison im Sporthafen; eines der Ziele ist z.B. die Guadiana-Mündung (p.P. 12 €). Dieses Ausflugsprogramm wurde frisch aufgelegt;

bleibt abzuwarten, ob es sich lohnt und beibehalten wird.

Crocodile Parc, 5 km außerhalb in Richtung Ayamonte, an der Kreuzung mit der Fernstraße, ein Reptiliengehege mit vielen Krokodilen, Schlangen, Schildkröten und Echsen, interessant wohl vor allem für Kinder. Geöffnet ist 10.30–14, 16–20 Uhr, Eintrittsgebühr 6 €, Kinder 4 €.

• *Feste* **Carnaval**, der Karneval von Isla Cristina, mit einer langen Tradition. Die Vorbereitungen dauern einen runden Monat, das eigentliche Fest beginnt mit einem Umzug am Sonntag und endet am Aschermittwoch mit dem „Verbrennen der Sardinen" und dem „Umzug der trauernden Witwen".

Fiestas del Carmen, um den 16. Juli. Das Fest der Schutzheiligen der Fischer und Seeleute wird in Isla Cristina gleich eine ganze Woche lang gefeiert.

Fiesta de la Virgen del Mar, in der zweiten Augusthälfte, das Fest des Stadtviertels Punta del Caimán vor dem gleichnamigen Strand.

• *Baden* Die **Playa Punta Caimán** erstreckt sich im Süden des Ortes und ist von dort über eine Holzbrücke zu erreichen, die den gleichnamigen Flussarm überquert. Ein schöner, feinsandiger Dünenstrand, an dem man die Einheimischen gelegentlich bei der Ernte der „coquinas" (eine Art Venusmuscheln) beobachten kann.

Provinz Huelva
Karte siehe Umschlagklappe vorne

Playa Central: Der rund 2 km lange und sehr breite Hauptstrand von Isla Cristina bildet die direkte Verlängerung der Playa Punta Caimán nach Osten. Er liegt keineswegs so zentral, wie der Name suggeriert, sondern am östlichen Ortsrand, vom Zentrum also ein gutes Stück entfernt. Der feine Sand und die schönen Dünen entschädigen jedoch für den Weg. Nach Osten setzt er sich, zunächst als „Playa de Hoyo", später unter anderen Namen, bis weit über Islantilla und La Antilla hinaus fort und ist bis auf diese beiden Siedlungen völlig unbebaut.

Marismas del Isla Cristina: Im Hinterland von Isla Cristina erstreckt sich ein ausgedehntes System von Kanälen, Lagunen und ehemaligen Salinen, das aufgrund seiner ökologischen Bedeutung als Naturschutzgebiet ausgewiesen ist. Beim Örtchen Pozo del Camino, etwa zwei Kilometer außerhalb von Isla Cristina, finden Interessierte westlich der Straße zur N 431 das Besucherzentrum *El Hombre y la Marisma* (nur Juli/August, Mo 17.30–19 Uhr, Do 10–12 Uhr; gratis), das über die Natur des Gebiets und seine Nutzung durch den Menschen informiert; es war zuletzt geschlossen, soll aber künftig wieder öffnen. Ganz in der Nähe verläuft die *Via Verde Litoral*, eine ehemalige Bahnstrecke zwischen Ayamonte und dem Inlandsstädtchen Gibraleón, die zum Rad- und Wanderweg umgebaut wurde.

Ayamonte

Das Städtchen am Río Guadiana besitzt die betriebsame Atmosphäre vieler Grenzorte. Die Strände der Siedlung liegen weit außerhalb.

Noch zu Anfang der Neunzigerjahre waren die Fähren von Ayamonte nach Vila Real de Santo Antonio die einzige Möglichkeit in weitem Umkreis, ins Nachbarland Portugal zu gelangen. Dann wurde einige Kilometer nördlich die Straßenverbindung nach Portugal fertiggestellt, die über eine spektakuläre Brücke führt. Für durchreisende Autofahrer fällt die Zeit raubende Einschiffungsprozedur seitdem weg – und Ayamonte vermisst schmerzlich einen Teil der bisherigen Kurzzeitgäste. Als Einkaufsziel für Portugiesen ist Ayamonte jedoch weiterhin beliebt, gleich beim Fähranleger liegen deshalb große Supermärkte.

Das 16.000 Einwohner zählende Städtchen besitzt zudem einen gewissen Charme. Ayamonte ist keine junge Siedlung, erhielt bereits im 17. Jh. die Stadtrechte verliehen. Spürbar wird die lange Geschichte des Ortes besonders in seinem ältesten Ortsteil, dem im Norden der Siedlung gelegenen Viertel La Villa mit den Mudéjarkirchen *Iglesia del Salvador* und *Iglesia de San Francisco*, beide im 15. Jh. erbaut. Auch im heutigen Zentrum im Gebiet hinter dem Fähranleger zeigt sich Ayamonte durchaus ansehnlich. Die engen Gassen sind teilweise als Fußgängerzone ausgewiesen, Kachelbilder und gekachelte Bänke schmücken die beiden Hauptplätze, den *Paseo de la Ribera* und die *Plaza de La Laguna*. Womit Ayamonte hingegen nicht dienen kann, sind eigene Strände – schon der ortsnächste Strand liegt rund sieben Kilometer südöstlich bei der Urbanisation Isla Canela.

• *Information* **Oficina de Turismo**, häufig heimatlos oder gerade in Umzug. Letzter geplanter Standort war die Polizeistation am Fähranleger Muelle de Portugal.

• *Verbindungen* **Busstation** der Gesellschaft DAMAS etwas außerhalb des Zentrums an der Straße nach Huelva; Busse von und nach Huelva 10-mal, Isla Cristina und Sevilla je 5-mal täglich.

Fähren nach Vila Real de Santo Antonio in Portugal verkehren im Sommer halbstündlich, im Winter alle 40 Minuten; Preis pro Person 1,10 €. Gelegentlich veranstaltet die Fährgesellschaft auch Ausflugsfahrten auf dem Río Guadiana.

• *Übernachten* Die großen Ferienhotels liegen in den Urbanisationen außerhalb.

*** **Parador Costa de la Luz**, in fantastischer Aussichtslage auf einem Hügel oberhalb der Stadt, von dem der Blick bis weit nach Portugal reicht. Modernes Gebäude mit dem üblichen Komfort inklusive Schwimmbad, DZ nach Saison 90–120 €. El Castillito s/n, am nördlichen Ortsrand hinter dem Viertel La Villa; ✆ 959 320700, 📠 959 022020, www.parador.es.

* **Hotel Res. Marqués de Ayamonte**, im Zentrum. Recht groß, mit Ausnahme der Jahreswende ganzjährig geöffnet. Geräumige Zimmer, Mobiliar nicht das jüngste, aber in Ordnung. DZ/Bad nach Saison etwa 35–45 €. C. Trajano 14, nahe Paseo del Ribera; ✆ 959 320125.

• *Essen* **Rest. Casa Luciano**, im neueren Viertel südlich des Zentrums, Nähe Sporthafen und Park Parque Prudencio Navarro. Ganz unspektakulär in einem Wohnblock untergebracht, jedoch mit bekannt guter Küche. Recht hohes Preisniveau, Menü à la carte ab etwa 30 €. C. La Palma 1, ✆ 959 471071; So geschlossen.

Rest. Casa Barberi, ein Klassiker der Stadt – bereits 1917 gegründet! Spezialität des Hauses sind, wie in vielen Restaurants des Ortes und seiner Umgebung, Reisgerichte, z. B. der „Arróz Marismeño", für zwei Personen etwa 17 €. Am Hauptplatz Paseo de la Ribera 12, nebenan die gleichnamige Cafetería.

Mesón La Casona, ebenfalls ein alteingesessenes Restaurant, spezialisiert auf Meeresküche. Dabei vergleichsweise preiswert: Hauptgerichte kosten hier etwa 8–10 €, Meeresfrüchte natürlich etwas mehr. C. Lusitania 2, in der Einkaufszone des Zentrums.

• *Feste* **Fiestas de la Alegría**, das „Fest der Freude", die hiesige Version des Karnevals, an dem Gruppen von beiden Seiten der Grenze teilnehmen.

Semana Santa, die Karwoche mit bedeutenden Prozessionen, ausgewiesen als „Fest von nationalem touristischen Interesse".

Fiesta de Sant Salvador, Anfang August, das Fest des Schutzheiligen des Stadtviertels La Villa.

Fiesta de la Nuestra Señora de las Angustias, Anfang September. Das einwöchige Fest der Stadtpatronin von Ayamonte, mit Stierkämpfen, Bootsrennen auf dem Fluss etc.

Ayamonte: Kacheln schmücken die Plaza de la Laguna

Provinz Huelva
Karte siehe Umschlagklappe vorne

Umgebung von Ayamonte

Die Küste zwischen dem Grenzfluss Río Guadiana und der Mündung des Río Carreras bei Isla Cristina war Anfang der 90er-Jahre noch nahezu unbebaut. Mittlerweile hat sich das geändert, Platz bleibt aber noch reichlich. Im Hinterland erstrecken sich die Gezeitensümpfe Marismas, Heimat einer artenreichen Tier- und vor allem Vogelwelt.

▸ **Isla Canela**: Sieben Kilometer von Ayamonte entfernt, ist Isla Canela die dem Städtchen näher gelegene der beiden Urbanisationen. Auf 1700 Hektar Fläche entstanden hier Hotels und Apartments, ein Golfplatz liegt etwas außerhalb Richtung Ayamonte. Man mag Isla Canela zugutehalten, dass die Bauten zumindest relativ geschmackvoll ausgefallen sind. Wie in fast allen künstlichen Küstensiedlungen herrscht außerhalb der Hochsaison jedoch auch hier gähnende Leere, sind die meisten Geschäfte und Lokale geschlossen. Der lange Strand freilich ist auch dann wunderschön.

• *Übernachten* ***** **Hotel Vincci Selección Canela Golf**, nicht am Strand, sondern etwas landeinwärts mitten im Golfplatz. Knapp 60 Zimmer, luxuriöse Ausstattung; DZ nach Saison rund 100–170 €. C. Golf Norte s/n, ✆ 959 477830, 959 477831, www.vinccihoteles.com.

**** **Hotel Ríu Canela**, fast 350 Zimmer große, strandnahe Hotelanlage in neomaurischem Stil. Große Pool-Anlage, komfortable Ausstattung, wie in dieser Klasse üblich, mehrmals täglich Shuttle-Bus nach Ayamonte. Die Preise liegen offiziell bei etwa 110–190 € für das DZ, doch wird das Haus praktisch ausschließlich pauschal (und dann deutlich günstiger) gebucht. Paseo de los Gavilanes s/n, ✆ 959 477124, 959 477170, www.riu.com.

• *Baden* Die **Playa de Isla Canela** erstreckt sich über mehr als 5 km, ist feinsandig und im Schnitt 60 Meter breit. Im Siedlungsbereich wird sie von einer Promenade begleitet. Hier existiert auch die komplette Infrastruktur inklusive diverser Wassersportmöglichkeiten. Hübsch ist ein Spaziergang am Strand entlang bis zum Ende der Sandbank, die weit in den Ríu Guadiana ragt.

▸ **Punta del Moral**: Bis Ende der 90er-Jahre stand der Name nur für eine winzige Fischersiedlung mit flachen Häusern und Staubstraßen, die nach Schiffstypen benannt sind. Das kleine Dorf gibt es auch noch. In der Umgebung allerdings, durch einen neuen Sporthafen von Punta del Moral getrennt und in Sichtweite von Isla Cristina, wuchs eine neue Urbanisation, die Isla Canela an Kapazität noch übertrifft. Die Erschließung der lange jungfräulichen Küste ist damit bei weitem noch nicht beendet, vor allem in Richtung Isla Canela ragen reihenweise Kräne in die Luft. Bleibt zu fragen, wozu überhaupt Bauvorschriften erlassen werden, und ob die Küste der Provinz Huelva unbedingt dem schlechten Vorbild der Costa del Sol folgen muss ...

• *Übernachten* **** **Hotel Ríu Atlántico**, im Stil ähnlich wie die etwa ebenso große Anlage von Isla Canela. Natürlich ist auch hier die Ausstattung inklusive Innen- und Außenpool prima, und auch in diesem Hotel sind Individualreisende eine unbekannte Spezies: „Für die haben wir doch gar keinen Platz", so die Rezeptionistin. Mehrmals täglich Shuttlebusse nach Ayamonte. ✆ 959 621000, 959 621003, www.riu.com.

**** **Hotel Playa Canela**, 2002 eröffnetes Hotel mit rund 200 Zimmern, in der Ausstattung dem Ríu-Hotel vergleichbar. Individualgäste können hier das DZ/F für etwa 70–200 € buchen, auch All Inclusive wird angeboten. Gleich nebenan entsteht ein weiteres Haus der Kette, Eröffnung voraussichtlich noch 2006. ✆ 959 479545, 959 479075, www.hotelesplaya.com.

**** **Hotel Iberostar Isla Canela**, direkt neben dem Playa Canela. Burgähnliches, innen maurisch inspiriertes Gebäude mit 300 Zimmern, angeschlossen ein Apartmenthotel. Auch dieses Haus wird praktisch ausschließlich pauschal gebucht, All Inclusive ist ebenfalls möglich. ✆ 959 479565, ℻ 959 479079, www.iberostar.com

• *Essen* Die kleinen Bars und Restaurants der Fischersiedlung sind berühmt für Fisch und Meeresfrüchte, besonders aber für Reisgerichte. Schleichende Änderung ist freilich in Sicht, die ersten deutschsprachigen Speisekarten hängen bereits aus.

Bar-Rest. Contrabando, ein Beispiel für die sympathischen, schlichten Restaurants hier. Raciones frittierter Fisch kosten um die 6–8 €, die Spezialität Arróz a la marinera („Seemannsreis") sollte man vorbestellen.

Bar La Pamela, ein Lesertipp von Otto Bitter: „Lokal mit Terrasse direkt an der kleinen Hafenbucht. Dem Besitzer gehören zwei Fischerboote, das Beste vom Fang gelangt im Restaurant auf den Tisch. Alle Gerichte sind im wahrsten Sinne des Wortes preis-wert. Sehr freundliche Bedienung. Nur abends geöffnet".

• *Baden* Die **Playa Bunta de la Barra**, quasi der Hausstrand der neuen Urbanisation, reicht bis zum Río Carreras. Der Strand wird von Dünen begleitet, ist deutlich mehr als einen Kilometer lang, ausgesprochen breit und feinsandig.

Der Norden der Provinz Huelva

Der Norden der Provinz war lange Zeit vergessenes Land. Die bewaldeten Hügel der Sierra Morena werden von Ausländern nur selten besucht, Unterkünfte und andere Einrichtungen sind rar.

Am besten auf Besucher eingestellt ist man im Städtchen *Aracena*, das mit seiner großen Tropfsteinhöhle ein reizvolles Ausflugsziel bildet. Bei der Anfahrt lohnt sich eine Visite in der *Minenregion von Riotinto* (Comarca Minera de Riotinto), etwa 70 Kilometer nordöstlich von Huelva gelegen. Benannt ist sie nach dem „Gefärbten Fluss" Río Tinto, dessen stark mineralienhaltiges Wasser tatsächlich alle möglichen Farbschattierungen zwischen zartem Rosa und tiefem Violett aufweist. Dies ist ein anderes Andalusien als das der blumengeschmückten Patios und Weißen Dörfer: Rostige Fördertürme ragen in den Himmel, Mineralien glänzen aus alter Schlacke, Gewässer mit Namen wie „Stausee des Kupfers" schillern in kräftigen, giftig anmutenden Farben. Tiefe Löcher gähnen in der Landschaft, die gezeichnet ist von den jahrtausendelangen Eingriffen des Menschen – auf seine ganz eigene Art ein absolut faszinierendes Gebiet.

Minas de Riotinto

Minas de Riotinto, meist kurz Riotinto genannt, ist völlig auf den Bergbau eingestellt. Die hiesigen Minen wurden schon während der Kupferzeit, dann von Phöniziern und Römern ausgebeutet.

Im Moment sind sie allerdings wegen mangelnder Rentabilität geschlossen. Die Vorräte an Gold und Silber sind erschöpft, der Kupferabbau lohnt sich wegen des derzeit niedrigen Preises nicht mehr. Als Konsequenz leidet die Region unter einer Arbeitlosenrate von etwa 50 Prozent. Immerhin sorgt die engagierte Stiftung *Fundación de Riotinto* für ergänzende Arbeitsplätze, die überwiegend rund um den bislang noch bescheidenen Fremdenverkehr angesiedelt sind. Das hoch interessante *Minenmuseum*, touristischer Dreh- und Angelpunkt von Riotinto, bietet Lehrwerkstätten für Handwerker aller Art, und auch die touristischen Angebote im Umfeld schaffen neue Arbeitsplätze.

• *Verbindungen* **Bus**: CASAL fährt ab Sevilla 2-mal, DAMAS ab Huelva 6-mal täglich; Tagestrips sind möglich, doch sollte man sich vorher über die Rückfahrtzeiten erkundigen. Viele Hotels der Küste von Huelva offerieren auch Ausflugsfahrten.

• *Übernachten* *** **Hotel Santa Barbara**, in schöner Lage hoch über dem Ort. Erst 1998

Provinz Huelva
Karte siehe Umschlagklappe vorne

1200 Meter lang, 900 Meter breit, 330 Meter tief: Abbaustätte Corta Atalaya

eröffnetes, recht komfortables Quartier. DZ inkl. Frühstück etwa 65–70 €. C. Cerro de los Embusteros s/n, Zufahrt vorbei am Rathaus; ✆ 959 591188, ℻ 959 590627.

** **Pensión Galán**, noch recht neuer Ziegelbau direkt neben dem Museum, mit angeschlossenem, ganz passablem Bar-Restaurant. DZ/Bad knapp 40 €. Romero de Villa s/n, Bda. Los Carlos, ✆ 959 590840.

Museo Minero de la Comarca de Riotinto: Ein Bummel durch das 1992 eröffnete Minenmuseum gleicht einem Streifzug durch die Zeit. Erstaunlich, was die Bergleute bei ihrer Arbeit im Laufe der Jahre alles entdeckt haben: Schieferschmuck der Kupferzeit; keltische Idole und Minenwerkzeug der Bronzezeit; ein komplettes römisches Wasserrad, das von Menschenhand betrieben wurde und dazu diente, die Minengänge leer zu pumpen... Im Keller liegt der originalgetreue Nachbau eines römischen Stollens. Fündig werden auch Liebhaber der Industriearchäologie und der Eisenbahn. Angeschlossen sind ein Café, ein Souvenirgeschäft und ein Raum, in dem (spanischsprachige) Videofilme über den Bergbau gezeigt werden.

• *Öffnungszeiten, Informationen* Täglich 10.30–15, 16–19 Uhr, zur HS bis 20 Uhr; Eintrittsgebühr 3 €. Es gibt auch Kombi-Tickets mit den übrigen Angeboten, siehe unten. Bei Spezialinteressen und Anfragen bezüglich der anderen Offerten kann man sich an Frau María Teresa López Fernández wenden. Sie spricht ausgezeichnet Deutsch: ✆ 959 590025, ℻ 959 591074.

Corta Atalaya: Ein Stück außerhalb von Riotinto liegt die größte Übertage-Abbaustätte Europas. Das gigantische, in konzentrischen Terrassen abgestufte Loch der Corta Atalaya misst 1200 Meter Länge, 900 Meter Breite und über 330 Meter Tiefe. Die einzelnen Absätze zeigen unterschiedliche Farben, je nachdem, ob sie rotes Eisenoxid oder grauen Schwefelkies enthalten. Angesichts der riesigen Dimensionen schrumpfen die wuchtigen Lastwagen und Lokomotiven mit ihren übermannshohen Rädern, die man tief unten in der Grube sehen kann, zu zwergenhafter Größe.

• *Führungen* Abfahrten in Kleinbussen ab dem Minenmuseum je nach Jahreszeit 4–6x täglich, erster Termin jeweils um 12 Uhr. Gebühr 5 €, als Kombiticket mit dem Eintritt fürs Museum 7 €.

Ferrocarril Turístico-Minero: Für Eisenbahn-Romantiker sicher eine unwiderstehliche Versuchung, aber auch sonst ein Spaß, sind die Fahrten mit den ehemaligen Minenzügen, deren Wagenmaterial aus den Anfängen des 20. Jh. stammt. Die bisher restaurierte Strecke führt auf etwa zwölf Kilometer Länge den Río Tinto entlang, wobei die Fahrt derzeit gut eine Stunde dauert. Eines Tages, so hofft man, wird die ganze alte Linie bis hinunter nach Niebla wieder befahrbar gemacht werden können.

• *Abfahrten* Treffpunkt ist das Museum. Von Juli bis September täglich 13.30, im August zusätzlich 17 Uhr, im restlichen Jahr nur am Wochenende, jeweils 16 oder 17 Uhr. Fahrpreis etwa 9 €, mit Museum und Corta Atalaya 15 €; es gibt auch Sammelangebote für Familien. Am 1. So im Monat fährt eine Dampflok, Fahrpreis 15 €. Reservierungen für alle Angebote sehr ratsam: ✆ 959 590025.

Aracena

Auf 700 Meter Höhe im südlichen Bereich des Naturparks gelegen, schmiegt sich Aracena in die waldreiche Hügellandschaft der gleichnamigen, unter Naturschutz gestellten Sierra.

Die Sierra de Aracena, im *Parque Natural Sierra de Aracena y Picos de Aroche* unter Naturschutz gestellt, ist ein Teil des lang gestreckten Gebirgzugs der Sierra Morena, die seit jeher die kulturelle Grenze zwischen Andalusien und der Extremadura bzw. Kastilien bildet. Das kleine Landstädtchen selbst wird von einer maurischen Festungsruine samt gotischer Templerkirche überragt, die eine weite Aussicht bietet. Aracena selbst zeigt sich mit seinen weißen Hausfassaden mit Gitterbalkonen und einem reizvollen, von schmiedeeisernen Bänken flankierten Hauptplatz von ruhigem Charme. Seine Hauptattraktion jedoch liegt am westlichen Ortsrand und ist unterirdischer Natur: Die *Gruta de las Maravillas*, die „Höhle der Wunder", eine der beeindruckendsten Tropfsteinhöhlen Spaniens.

• *Information* **Oficina Municipal de Turismo**, Plaza San Pedro s/n, ✆ 959 128206. Bei der Höhle, freundlich und hilfsbereit. Geöffnet ist täglich 10–14, 16–18.30 Uhr.

• *Verbindungen* **Busse** halten an der Avenida Sevilla. DAMAS fährt 2-mal täglich von und nach Huelva, CASAL 2-mal täglich von und nach Sevilla.

• *Übernachten* ** **Hotel Los Castaños**, an der Hauptstraße unweit der Höhlen, mit Garage. In seiner Klasse ein sehr empfehlenswertes Quartier, angeschlossen ein gutes Restaurant mit hübscher Aussicht. DZ etwa 55 €. Av. de Huelva 5, ✆ 959 126300, Fax 959 126287.

** **Hotel Sierra de Aracena**, in zentraler Lage unweit des Hauptplatzes. Ebenfalls ein angenehmes Haus mit Garage, jedoch ohne Restaurant. DZ rund 50–60 €. Gran Vía 21, ✆ 959 126175, Fax 959 126218.

• *Camping* **Sierra Aracena** (1. Kat.), etwas abseits der Straße von Sevilla, etwa vier Kilometer vor dem Ort. Gut ausgestattet, unter anderem mit Swimmingpool. Ganzjährig, pro Person, Auto, Zelt jeweils etwa 4 €. Carretera Sevilla-Lisboa, km 83, ✆ 959 501004.

• *Feste* **Feria de Agosto**, Sommerfest am vorletzten Wochenende im August, mit Kultur, Folklore und Sportveranstaltungen.

▶ **Gruta de las Maravillas**: Die 1,2 Kilometer lange „Höhle der Wunder" wird im Besucherprospekt bescheiden als „größte und schönste Höhle der Welt" gepriesen. Tatsächlich ist sie immerhin die größte Tropfsteinhöhle der Iberischen Halbinsel und bereits seit 1914 für Touristen geöffnet, war auch Drehort von Teilen des Films „Die Reise zum Mittelpunkt der Erde" nach dem Buch von Jules Verne. Den Besu-

Karte siehe Umschlagklappe vorne

cher erwarten auf dem etwa einstündigen Gang eine Reihe von bis zu 40 Meter hohen Sälen, Wasserläufe und mehrere Seen, in denen sich die farbig beleuchteten Tropfsteine spiegeln. Die musikalisch untermalten Führungen finden in Gruppen statt, man muss deshalb am Eingang meist eine Weile warten. Die Zeit vertreiben kann man sich dort mit der Betrachtung der farben- und formenprächtigen Mineraliensammlung, die ein Mineningenieur in der ganzen Welt zusammengetragen hat.

• *Führungen* Täglich 10.30–13.30 Uhr, 15.30–18 Uhr, Minimum 25 Personen, Maximum 35 Personen pro Gruppe, zur HS und an Wochenenden kann es deshalb eventuell zu Engpässen kommen. Eintritt etwa 8 €. Fotografieren ist verboten, festes Schuhwerk ratsam, ebenso einigermaßen warme Kleidung: Im Inneren der Höhle liegt die Temperatur ganzjährig bei etwa 16–18 Grad.

Westlich von Aracena

▸ **Jabugo**: Das kleine Dorf etwa 20 Kilometer westlich von Aracena, inmitten von Kork- und Steineichenwäldern nahe der Kreuzung der Fernstraßen N 433 und N 435 gelegen, ist in ganz Spanien bekannt. Jabugo lebt vom Schwein. Seinen besonders in Gourmetkreisen guten Ruf verdankt der kaum 1500 Einwohner zählende Ort den hier hergestellten Schinken, die wohl die besten Andalusiens und möglicherweise sogar ganz Spaniens sind. Grund für die hohe Qualität der hiesigen Räucherwaren sind neben sorgfältiger Verarbeitung vor allem die idealen Lebensbedingungen der halbwild gehaltenen Schweine, die sich überwiegend von Eicheln ernähren.

Pata Negra: Schwarzhufer-Schinken aus Jabugo

Die Schinken aus Jabugo sind etwas ganz Besonderes. Das Etikett *jamón serrano*, „Bergschinken", dürfen sich viele spanische Räucherwaren anheften. Doch nur wenn der Schinken von einem Schwein der Rasse Cerdo Iberico stammt, einer Mischung aus Wild- und Hausschwein, trägt er den „Schwarzen Huf", die *pata negra*. Neben der Rasse ist auch die exakte Verarbeitung ein wichtiges Qualitätsmerkmal. Die Keule wird etwa acht bis zwölf Tage in grobkörniges Salz gelegt, nach einer Faustregel genau so viele Tage, wie der Schinken in Kilogramm wiegt. Dann wandert er in Klimakammern, in denen er bei einer konstanten Temperatur von fünf Grad im Verlauf von zwei Monaten rund ein Drittel seines Gewichts verliert. Schließlich muss der Schinken in großen Trockenhallen, den „Secaderos", noch gut ein Jahr lang reifen, bevor er zum Verkauf angeboten wird. Das fertige, etwa zwischen sechs und acht Kilo schwere Produkt hält sich im Ganzen bis zu einem Jahr lang. Wird er jedoch angeschnitten, so sollte der Schinken innerhalb von zwei Wochen verbraucht werden, sonst verliert er an Geschmack und Konsistenz. Auch das Anschneiden ist fast eine Wissenschaft für sich: Mit einem langen, dünnen und scharfen Messer wird von der trockeneren Schmalseite zunächst die Haut entfernt, bevor die bissfertigen Happen, die *lonjas*, abgeschnitten werden. Am besten isst man sie pur, begleitet nur von etwas Weißbrot und einem feinen Fino.

Kleiner Sprachführer

Für Ihren Urlaub müssen Sie nicht unbedingt Spanisch lernen. Deutsch, Englisch und die Gebärdensprache reichen meist völlig aus, um einzukaufen, ein Auto oder Zimmer zu mieten. Wer aber näher mit den Menschen im Lande in Kontakt kommen möchte, wird schnell merken, wie erfreut und geduldig Spanier reagieren, wenn man sich ein bisschen Mühe gibt. Der folgende kleine Spanisch-Sprachführer soll Ihnen helfen, sich in Standardsituationen besser zurechtzufinden. Vor Ort fällt es dann leicht, ein vorhandenes Grundvokabular weiter auszubauen. Scheuen Sie sich nicht, am Anfang auch einmal Sätze zu formulieren, die nicht gerade durch grammatikalischen Feinschliff glänzen – wer einfach drauflosredet, lernt am schnellsten.

Aussprache

c: vor a, o, u und Konsonanten wie k (caldo = kaldo), vor e und i wie engl. "th" (cero = thero)

ch: wie tsch (mucho = mutscho)

h: ist stumm (helado = elado)

j: wie ch (rojo = rocho)

ll: wie j (calle = caje), manchmal auch wie lj

ñ: wie nj (año = anjo)

qu: wie k (queso = keso)

v: wie leichtes b (vaso = baso), manchmal wie leichtes süddeutsches "w" (vino = wino)

y: wie j (yo = jo)

z: wie engl. "th" (zona = thona)

Zahlen

¼	un cuarto	14	catorce	60	sesenta
½	un medio	15	quince	70	setenta
0	cero	16	dieciséis	80	ochenta
1	un/una	17	diecisiete	90	noventa
2	dos	18	dieciocho	100	ciento, cien
3	tres	19	diecinueve	200	doscientos
4	cuatro	20	veinte	300	trescientos
5	cinco	21	veintiuno (-ún)	500	quinientos
6	seis	22	veintidós	1000	mil
7	siete	23	veintitrés	2000	dos mil
8	ocho	30	treinta	5000	cinco mil
9	nueve	31	treinta y uno	10.000	diez mil
10	diez	32	treinta y dos	100.000	cien mil
11	once	40	cuarenta	1.000.000	un millón
12	doce	50	cincuenta		
13	trece				

Elementares

Grüße

Guten Morgen	buenos días
Guten Tag (bis zum Abend)	buenas tardes
Guten Abend/ gute Nacht	buenas noches
Hallo	Hola (sehr gebräuchlich)
Auf Wiedersehen	adiós
Tschüss	hasta luego (= *bis später*)
Gute Reise	buen viaje

Small Talk

Wie geht's?	qué tal? (bei Freunden)
Wie geht es Ihnen?	cómo está?
(Sehr) gut und Dir?	(muy) bien y tú?
Wie heißt Du?	cómo te llamas?
Ich heiße ...	me llamo ...
Woher kommst du?	de dónde eres?
Ich komme aus ...	soy de ...
... Deutschland	Alemania
... Österreich	Austria
... Schweiz	Suiza
Sprechen Sie deutsch?	habla usted alemán?
englisch/französisch/italienisch	inglés/francés/ italiano
Ich spreche nicht spanisch	yo no hablo español
Ich verstehe (nicht)	yo (no) comprendo/ entieno
Verstehst du?	comprendes/entiendes?
Ist das schön!	qué bonito!
Das gefällt mir	me gusta
Ein bisschen langsamer, bitte	un poco más despacio, por favor
In Ordnung/passt so/ o.k. (auch als Frage sehr gebräuchlich)	vale? – vale!

Minimal-Wortschatz

Ja	sí
Nein	no
Bitte	por favor
Vielen Dank	muchas gracias
Entschuldigung	perdón
Verzeihung	disculpe
groß/klein	grande/pequeño
gut/schlecht	bueno/malo
viel/wenig	mucho/poco
heiß/kalt	caliente/frío
oben/unten	arriba/abajo
ich	yo
du	tú
Sie	usted
Können Sie mir sagen, wo ... ?	podría decirme dónde está ... ?
verboten	prohibido
Mädchen	chica
Junge	chico
Frau	señora
junge Frau	señorita
Herr	señor

Fragen & Antworten

Gibt es ... ?	hay?
Was kostet das?	cuánto cuesta esto?
Wie/wie bitte?	cómo?
Wissen Sie?	sabe usted ... ?
Ich weiß nicht ...	yo no sé
Wo?	dónde?
Von wo?	De dónde?
Wo ist ... ?	dónde está ... ?
Haben Sie ... ?	tiene usted ... ?
Ich möchte ...	quisiera ...
Um wieviel Uhr?	a qué hora?
Ist es möglich/ kann ich?	es posible?
Warum?	por qué?
Weil	porque

Orientierung

nach ...	hacia
Links	izquierda
Rechts	derecha
Geradeaus	todo derecho
die nächste Straße	la próxima calle
hier	aquí
dort	allí, ahí
Adresse	dirección
Stadtplan	plano de la ciudad
Ist es weit?	está lejos?

Zeit

vormittag(s)	(por la) mañana
nachmittag(s)	(por la) tarde
abend(s)	(por la) noche
heute	hoy
morgen	mañana
übermorgen	pasado mañana
gestern	ayer
vorgestern	anteayer
Tag	el día
jeden Tag	todos los días
Woche	semana
Monat	mes
Jahr	año
stündlich	cada hora
wann?	cuándo?

Wochentage

Montag	lunes
Dienstag	martes
Mittwoch	miércoles
Donnerstag	jueves
Freitag	viernes
Samstag	sábado
Sonntag	domingo

Jahreszeiten

Frühling	primavera
Sommer	verano
Herbst	otoño
Winter	invierno

Monate

Januar	enero
Februar	febrero
März	marzo
April	abril
Mai	mayo
Juni	junio
Juli	julio
August	agosto
September	septiembre
Oktober	octubre
November	noviembre
Dezember	diciembre

Uhrzeit

Stunde	hora
Um wieviel Uhr?	a qué hora?
Wieviel Uhr ist es?	Qué hora es?

Unterwegs

Wann kommt ... an?	cuándo llega ... ?
Wieviel Kilometer sind es bis ... ?	cuántos kilómetros hay de aquí a ... ?
Ich möchte bitte aussteigen!	quisiera salir, por favor!
Hafen	puerto
Haltestelle (Bus)	parada
Fahrkarte	bono/billete/tiquete
Hin und zurück	ida y vuelta
Abfahrt	salida
Ankunft	llegada
Information	información
Kilometer	kilómetro
Straße	calle
Telefon	teléfono

Reservierung	reservación
Weg	camino
Autobus	autobús
Bahnhof	estación
Flughafen	aeropuerto
das (nächste) Flugzeug	el (próximo) avión
Hafen	puerto
Schiff	barco
Deck	cubierta
Fährschiff	transbordador/ferry
Reisebüro	agencia de viajes
(der nächste) Bus	(el próximo) autobús

Auto/Zweirad

Ich möchte ...	quisiera ...
wo ist ... ?	dónde está ... ?
... die nächste Tankstelle	... la próxima gasolinera
Bitte prüfen Sie, ob ...	por favor, compruébe usted si ...
Ich möchte mieten (für 1 Tag)	Quisiera alquilar (por un día)
(die Bremse) ist kaputt	(los frenos) no funcionan
Wieviel kostet es (am Tag)?	cuánto cuesta (un día)
Benzin	gasolina
bleifrei	sin plomo
Diesel	gasóleo
(1/20) Liter	(un/veinte) litro(s)
Auto	coche
Motorrad	moto
Moped	ciclomotor
Anlasser	starter
Auspuff	escape
Batterie	batería
Bremse	frenos
Ersatzteil	pieza de recambio
Keilriemen	correa
Kühler	radiador
Kupplung	embrague
Licht	luces
Motor	motor
Öl	aceite
Reifen	rueda
Reparatur	reparación
Stoßdämpfer	amortiguator
Werkstatt	taller
Autobahn	autopista
Baustelle	obras
Kreuzung	cruce
Einbahnstraße	dirección única; sentido único
Straße gesperrt	carretera cortada
Umleitung	desvío
parken	aparcar
Kann ich hier parken?	puedo aparcar aquí?

Bank/Post/Telefon

Bank	banco
Postamt	correos
Brief	carta
Karte	tarjeta
Briefkasten	buzón
Briefmarke	sello
eingeschrieben	por certificado
Geld	dinero
mit Luftpost	por avión
Päckchen	pequeño paquete
Paket	paquete
postlagernd	por lista de correos
Telefon	teléfono
Telegramm	telegrama
Schweizer Franken	francos suizos

Übernachten

Haben Sie ... ?	tiene usted. .. ?
Gibt es ... ?	hay ... ?
Wieviel kostet es (das Zimmer)?	cuánto cuesta (la habitación)
Ich möchte mieten (...)	quisiera alquilar (...)
für 5 Tage	para cinco días
Kann ich sehen... ?	puedo ver... ?
Kann ich haben... ?	puedo tener... ?
ein (billiges/gutes) Hotel	un hotel (barato/ bueno)
Haben Sie nichts Billigeres?	no tiene algo más barato?
Zimmer	habitación
ein Doppelzimmer	habitación doble
Einzelzimmer	habitación individual
Bett	cama
Pension (Voll/Halb)	pensión (completa/ media)
Haus	Casa
Küche	cocina
Toilette	servicios
mit ...	con ...
ohne ...	sin ...
... Dusche/Bad	... ducha/baño
... Frühstück	... desayuno
Reservierung	reserva
Wasser (heiß/kalt)	agua (caliente/fría)
Hoch/Nebensaison	temporada alta/baja
Campingplatz	el camping
zelten ("wild")	acampar (libre)
Zelt (klein)	tienda individual
Hauszelt	tienda familiar
Schlafsack	saco de dormir
Wohnmobil	coche cama
Wohnwagen	caravana
Stellplatz	parcella

Im Restaurant/in der Bar

Speisekarte und Spezialitäten: Siehe im ausführlichen Kapitel "Essen und Trinken" vorne im Buch.

Haben Sie ... ?	tiene usted ... ?
Ich möchte ...	quisiera ...
Eine Tapa hiervon	una tapa de esto, por favor
Wieviel kostet ... ?	cuánto cuesta ... ?
Ich möchte zahlen, bitte	quisiera pagar, por favor
Die Rechnung (bitte)	la cuenta (por favor)
oder: la cuenta, quando pueda! *(höflicher)*	
Speisekarte	menú
zum Mitnehmen	para llevar
Glas/Flasche	vaso/botella
(Glas) Bier	(caña) cerveza
Mineralwasser (sprudelnd/still)	agua con/sin gas
Wasser	agua
Hauswein	vino del país/de la casa
Rotwein	vino tinto
Weißwein	vino blanco
süß/herb	dulce/seco
Saft	zumo
Kaffee	café
Milchkaffee	café con leche
Zucker	azúcar
Tee	té
Milch	leche

Einkaufen

Was kostet ...	cuánto cuesta ... ?
Haben Sie ... ?	tiene usted ... ?
geben Sie mir bitte	déme... por favor
klein/groß	pequeño/grande
1 Pfund (= 1/2 Kilo)	medio kilo
1 Kilo/Liter	un kilo/litro

100 Gramm	cien gramos
geöffnet	abierto
geschlossen	cerrado
Geschäft	tienda
Supermarkt	supermercado
Einkaufszentrum	hipermercado
Bäckerei	panadería
Konditorei	pastelería
Metzgerei	carnicería
Friseur	peluquería
Buchhandlung	librería
Apfel	manzana
Brot	pan
Butter	mantequilla
Ei(er)	huevo(s)
Essig	vinagre
Gurke	pepino
Honig	míel
Joghurt	yogurt
Käse	queso
Klopapier	papel higiénico
Knoblauch	ajo
Kuchen	pastel
Marmelade	mermelada
Milch	leche
Öl	aceite
Orange	naranja
Pfeffer	pimienta
Salz	sal
Seife	jabón
Shampoo	champú
Sonnenöl	bronceador
Streichhölzer	caja de cerillas
Tomaten	tomates
Wurst	embutido
Zeitung	periódico
Zeitschrift	revista
Zucker	azúcar
Kleidung	vestidos
Bluse	blusa
Hemd	camisa
Hose	pantalones
Pullover	jersey
Rock	falda
Schuhe	zapatas
Kann ich probieren?	puedo probar?
Es gefällt mir	me gusta
Ich nehme es	me lo llevo

Hilfe & Krankheit

Hilfe!	ayuda!
Helfen Sie mir bitte	ayudeme por favor
Ich habe Schmerzen (hier)	me duele (aquí)
Gibt es hier ... ?	hay aquí ... ?
Ich habe verloren ...	he perdido ...
Haben Sie ... ?	tiene usted ... ?
Wo ist (eine Apotheke)?	dónde hay (una farmácia)?
Wann hat der Arzt Sprechstunde?	cuándo pasa el médico la consulta
Ich bin allergisch gegen ...	yo soy alérgico a ...
Deutsche Botschaft	embajada alemana
Polizei	policía
Tourist-Information	oficina de turismo
Arzt	médico
Krankenhaus	hospital
Unfall	accidente
Zahnarzt	dentista
Ich möchte (ein) ...	quisiera (un/una) ...
... Abführmittel	laxante
... Aspirin	aspirina
... die "Pille"	la píldora
... Kondome	preservativos
... Penicillin	penicilina
... Salbe	pomada
... Tabletten	pastillas
... Watte	algodón
Ich habe ...	yo tengo ...
Ich möchte ein Medikament gegen	quiero una medicina contra ...
... Durchfall	diarrea
... Fieber	fiebre
... Grippe	gripe
... Halsschmerzen	dolor de garganta
... Kopf ...	dolor de cabeza
... Magen ...	dolor de estómago
... Zahn ...	dolor de muelas
... Schnupfen	catarro, resfriado
... Sonnenbrand	quemadura del sol
... Verstopfung	estreñimiento

Verlagsprogramm

Deutschland
- Allgäu
- Altmühltal
- Berlin & Umgebung
- *MM-City* Berlin
- Bodensee
- Franken
- Fränkische Schweiz
- Mainfranken
- Nürnberg, Fürth, Erlangen
- Ostseeküste – von Lübeck bis Kiel
- Schwäbische Alb

Niederlande
- *MM-City* Amsterdam
- Niederlande
- Nordholland – Küste, IJsselmeer, Amsterdam

Nord(west)europa
- England
- Südengland
- *MM-City* London
- Schottland
- Irland
- Island
- Norwegen
- Südnorwegen
- Südschweden

Osteuropa
- Baltische Länder
- Polen
- Polnische Ostseeküste
- *MM-City* Prag
- Westböhmen & Bäderdreieck
- Ungarn

Balkan
- Mittel- und Süddalmatien
- Kroatische Inseln & Küste
- Nordkroatien – Kvarner Bucht
- Slowenien & Istrien

Griechenland
- Amorgos & Kleine Ostkykladen
- Athen & Attika
- Chalkidiki
- Griechenland
- Griechische Inseln
- Karpathos
- Kefalonia & Ithaka
- Korfu
- Kos
- Kreta
- Kreta – der Osten
- Kreta – der Westen
- Kykladen
- Lesbos
- Naxos
- Nord- u. Mittelgriechenland
- Paros/Antiparos
- Peloponnes
- Rhodos
- Samos
- Santorini
- Skiathos, Skopelos, Alonnisos, Skyros – Nördl. Sporaden
- Thassos, Samothraki
- Zakynthos

Türkei
- *MM-City* Istanbul
- Türkei – gesamt
- Türkei – Mittelmeerküste
- Türkei – Südküste
- Türkei – Westküste
- Türkische Riviera – Kappadokien

Frankreich
- Bretagne
- Côte d'Azur
- Elsass
- Haute-Provence
- Korsika
- Languedoc-Roussillon
- *MM-City* Paris
- Provence & Côte d'Azur
- Südfrankreich
- Südwestfrankreich

Italien
- Apulien
- Chianti – Florenz, Siena
- Dolomiten – Südtirol Ost
- Elba
- Gardasee
- Golf von Neapel
- Italien
- Italienische Riviera & Cinque Terre
- Kalabrien & Basilikata
- Liparische Inseln
- Marken
- Oberitalien
- Oberitalienische Seen
- *MM-City* Rom
- Rom & Latium
- Sardinien
- Sizilien
- Südtirol
- Südtoscana
- Toscana
- Umbrien
- *MM-City* Venedig
- Venetien & Friaul

Nordafrika u. Vorderer Orient
- Ägypten
- Sinai & Rotes Meer
- Tunesien

Spanien
- Andalusien
- *MM-City* Barcelona
- Costa Brava
- Costa de la Luz
- Ibiza
- Katalonien
- Madrid & Umgebung
- Mallorca
- Nordspanien
- Spanien

Kanarische Inseln
- Gomera
- Gran Canaria
- *MM-Touring* Gran Canaria
- Lanzarote
- La Palma
- *MM-Touring* La Palma
- Teneriffa
- *MM-Touring* Teneriffa

Portugal
- Algarve
- Azoren
- Madeira
- *MM-City* Lissabon
- Lissabon & Umgebung
- Portugal

Lateinamerika
- Dominikanische Republik
- Ecuador

Österreich
- *MM-City* Wien

Schweiz
- Genferseeregion
- Tessin

Malta
- Malta, Gozo, Comino

Zypern
- Zypern

Aktuelle Informationen zu allen Reiseführern finden Sie im Internet unter www.michael-mueller-verlag.de

Gerne schicken wir Ihnen auch das aktuelle Verlagsprogramm zu.

Michael Müller Verlag GmbH, Gerberei 19, 91054 Erlangen, Tel. 0 91 31 / 81 28 08-0; Fax 0 91 31 / 20 75 41; E-Mail: mmv@michael-mueller-verlag.de

Sach- und Personenregister

Geographisches Register